中国辞书发展状况报告

（1978—2008）

Lexicography in China (1978—2008)

魏向清 等 著

商务印书馆
The Commercial Press

2014年·北京

图书在版编目(CIP)数据

中国辞书发展状况报告:1978～2008/魏向清等著.
—北京:商务印书馆,2014
ISBN 978-7-100-09441-2

Ⅰ.①中… Ⅱ.①魏… Ⅲ.①辞书—出版业—研究报告—中国—1978～2008 Ⅳ.①G239.297

中国版本图书馆 CIP 数据核字(2012)第 218051 号

所有权利保留。
未经许可,不得以任何方式使用。

中国辞书发展状况报告(1978—2008)
魏向清 等 著

商 务 印 书 馆 出 版
(北京王府井大街36号 邮政编码100710)
商 务 印 书 馆 发 行
北京市白帆印务有限公司印刷
ISBN 978-7-100-09441-2

2014年1月第1版 开本 880×1230 1/32
2014年1月北京第1次印刷 印张 14¼
定价:46.00元

作者 魏向清
耿云冬
赵连振
蒋　莹
田翠云
王东波
艾尔肯·哈德尔

本研究为江苏高校优势学科建设工程、南京大学"985"三期工程相关成果。

前　言

辞书是国家语言生活一个十分重要的方面，其发展水平能够反映出国家语言生活的基本状况，两者的关系极为密切。自《尔雅》开创中国辞书的先河以来，中国辞书历经两千多年的不断演进，既造就了我国灿烂辉煌的古代辞书文化，也形成了我国近现代辞书事业传承与变化的格局，更见证了新中国成立以来我国辞书事业的全新发展。在源远流长的中国辞书发展历史长河中，1978—2008 年这 30 年，尽管时间跨度不算很长，但其发展的迅猛态势可谓波澜壮阔，非常值得关注。这一时期的辞书发展状况，不仅有着中国辞书史研究的特殊价值，而且它对于描述同期我国语言生活的总体状况也是一个很重要的参考。

新中国成立以来的辞书编纂出版事业发展大致可分为两个历史时期，恰好前后各 30 年的跨度。其中，前 30 年是我国辞书编纂出版事业的基础建设时期，后 30 年则是快速发展时期。1978—2008 年这 30 年，根据我们的相关数据统计与分析，我国辞书编纂出版事业的总体发展大致经历了三个不同的阶段，即初步发展期(1978—1987 年)、快速发展期(1988—2000 年)和平稳发展期(2001—2008 年)。在这三个历史发展时期，我国的各类辞书都有了长足的发展。这其中，汉语类和外语类辞书的发展最为突出，少数民族语言类辞书也有了很大发展，而作为辞书领域中新生事物的电子类以及在线类辞书也在后两个时期内分别得到了快速的发展。我国改革开放 30 年辞书事业的繁荣与发展，得益于我国改革开放总体发展大环境的优势，也是广大辞书编纂出版领域的工作者们艰苦奋斗、辛勤耕耘的结果。

　　本书力求以翔实可靠的数据统计分析为基础,较为全面细致地描述我国改革开放30年辞书编纂出版事业发展的状况,详细客观地记录汉语类辞书、外语类辞书、电子类辞书、在线类辞书和少数民族语言类辞书的发展历程,旨在提交一份迄今为止有关改革开放30年中国辞书发展状况最为全面而且客观的研究报告。本书是"中国辞书发展报告:1978—2008"这个研究课题的主要代表性成果,前后共花费了近五年的时间。在本课题的研究过程中,我们得到了很多相关人士的大力支持和关心鼓励,对此,我们已在本书后记中对参与和协助本课题研究的相关单位和人员一一列举说明,以示真诚感谢。在本报告书稿的撰写过程中,主要有七位同志参与了相关工作。魏向清负责全书的总体写作思路设计、统稿工作,及书稿的总论、结论、前言和后记部分的撰写。书稿各部分写作的具体分工如下:第一部分(汉语类辞书发展状况):耿云冬、赵连振;第二部分(外语类辞书发展状况):魏向清;第三部分(电子类辞书发展状况):蒋莹、田翠云;第四部分(在线类辞书发展状况):王东波;第五部分(少数民族语言类辞书发展简况):艾尔肯·哈德尔。

　　在本课题研究及书稿撰写的过程中,我们还要特别感谢几位长者。他们分别是南京大学的李开先生、鲁国尧先生、张柏然先生以及原中国辞书学会的周明鉴先生、江苏教育出版社的徐宗文先生、人民教育出版社辞书部的刘玲女士以及江苏凤凰传媒集团出版部的吴迪女士,他们分别以不同的方式对我们的研究工作给予了积极肯定和热情指导,还有具体的帮助,令我们备受鼓舞。商务印书馆的副总编辑周洪波先生一直对本课题研究给予高度关注与热情鼓励,特别是为此报告的顺利出版给予了大力支持。此外,本书稿的责任编辑朱俊玄先生做了大量认真细致的工作,给我们提出了许多宝贵的修改建议，在此一并表示衷心的感谢。

由于本书相关课题研究的时间比较紧，研究条件有所限制，而且撰写者的认识及理论水平有限，本书稿的写作难免有不足之处。此外，鉴于目前尚无完整权威的官方辞书（尤其是汉语类辞书和外语类辞书）出版统计数据可资参考，本报告中所涉及的统计数据都是我们通过查阅各种出版文献资料和网络信息，经过整理、甄别与反复核对之后得出的辞书出版统计数据。虽然有计算机信息处理软件的协助，但大量数据的搜集、整理、加注辞书类别标记和文字核对工作仍主要依靠人工完成，加上相关研究数据和资料的收集也可能有疏漏，所以敬请学界同行和广大读者批评指正。

本着学术资源和成果共享的精神，我们还在本书后附了一张光盘，包含如下内容：(1)中国改革开放30年来大陆出版纸质辞书信息查询系统及检索说明。(2)掌上电子词典调查问卷。这份问卷是南京大学双语词典研究中心于2008年11月至2009年1月期间面向江苏省35所高校在校学生开展的一次大规模的掌上电子词典用户调研。

我们深知，本书对改革开放30年辞书出版状况的描述、分析与反思还仅是一项探索性的研究。我们衷心希望能在大家的帮助下，把我国辞书出版数据统计作为一项常规工作坚持做下去，建成一个动态的、共享的"中国辞书出版信息数据库"。该数据库将为我国辞书出版主管部门和广大出版社提供出版规划决策依据，为辞书（出版）研究者提供可靠的数据，从而弥补我国辞书史研究长期缺乏完整数据统计与分析的局限。

魏向清

2013年秋于南京大学

目 录

总论 ……………………………………………………………（ 1 ）

第一部分 汉语类辞书发展状况 ……………………………（ 23 ）

  上篇 两次汉语类辞书的全国规划及其具体实施………（ 23 ）

    1. 两次汉语类辞书的全国规划情况 ………………………（ 24 ）

    2. 两次汉语类辞书全国规划的具体实施情况 ……………（ 29 ）

    3. 国家辞书编写出版规划对汉语类辞书发展的主要
       影响 ………………………………………………………（ 35 ）

  下篇 改革开放30年汉语类辞书的发展状况 ……………（ 37 ）

    1. 初步发展期（1978—1987年）内汉语类辞书的发展
       状况 ………………………………………………………（ 37 ）

    2. 快速发展期（1988—2000年）内汉语类辞书的发展
       状况 ………………………………………………………（ 52 ）

    3. 平稳发展期（2001—2008年）内汉语类辞书的发展
       状况 ………………………………………………………（ 72 ）

    4. 汉语类辞书在三个发展时期内实际出版状况的横向
       比较 ………………………………………………………（ 88 ）

  结语 …………………………………………………………（ 91 ）

第二部分 外语类辞书发展状况 ……………………………（ 93 ）

  上篇 两次外语类辞书的全国规划及其具体实施………（ 93 ）

    1. 两次外语类辞书的全国规划情况 ………………………（ 94 ）

  2. 两次外语类辞书全国规划的具体实施情况……………(103)

  3. 国家辞书编写出版规划对外语类辞书发展的主要
   影响………………………………………………………(116)

 下篇 改革开放30年外语类辞书的发展状况…………(118)

  1. 初步发展期(1978—1987年)内外语类辞书的发展
   状况………………………………………………………(118)

  2. 快速发展期(1988—2000年)内外语类辞书的发展
   状况………………………………………………………(133)

  3. 平稳发展期(2001—2008年)内外语类辞书的发展
   状况………………………………………………………(150)

  4. 外语类辞书在三个发展时期内实际出版状况的横向
   比较………………………………………………………(168)

结语……………………………………………………………(171)

第三部分 电子类辞书发展状况………………………(175)

 上篇 改革开放30年电子类辞书的发展状况…………(175)

  1. 电子类辞书发展状况概述………………………………(175)

  2. 掌上电子词典的发展状况………………………………(178)

  3. 其他类型电子词典的发展状况…………………………(249)

 下篇 掌上电子类辞书使用状况调查分析………………(266)

  1. 调查对象及调查内容……………………………………(266)

  2. 调查方法和步骤…………………………………………(269)

  3. 调查结果和数据分析……………………………………(269)

  4. 小结………………………………………………………(311)

 结语…………………………………………………………(312)

第四部分 在线类辞书发展状况………………………(313)

  1. 在线类辞书的界定和发展状况…………………………(313)

2. 在线类辞书的类型 …………………………………（317）
　　3. 在线类辞书的优势 …………………………………（322）
　　4. 在线类辞书的不足之处 ……………………………（327）
　　5. 在线类辞书的个案统计分析 ………………………（329）
　　6. 结语 …………………………………………………（343）
第五部分　少数民族语言类辞书发展简况 …………………（345）
　　1. 有关少数民族辞书文化的简介 ……………………（345）
　　2. 部分民族辞书出版简况 ……………………………（351）
　　3. 中国北方古文字和其他民族文字及其辞书简况 …（360）
　　4. 中国南方其他民族文字及其辞书简况 ……………（364）
　　5. 新中国成立后新创的部分民族文字及其辞书简况 …（366）
　　6. 结语 …………………………………………………（370）
结束语：面向全媒体的未来中国辞书编纂出版 …………（371）
参考文献 …………………………………………………（377）
附录 ………………………………………………………（384）
　附录1　新中国成立以来有关辞书编纂出版的大事记
　　　　（1950—2008年）……………………………（384）
　附录2　荣获前十四届中国图书奖的辞书名录 …………（407）
　附录3　荣获前六届国家图书奖的辞书名录 ……………（414）
　附录4　荣获前五届国家辞书奖的辞书名录 ……………（419）
　附录5　荣获首届中国出版政府奖的辞书名录 …………（429）
　附录6　大陆主要辞书研究机构 …………………………（431）
　附录7　常用在线辞书资源列表 …………………………（433）
后记 ………………………………………………………（439）

总　　论

众所周知,中国是一个有着悠久辞书传统的国家。在中国五千多年的历史和文化沿革中,各类辞书以其特有的方式记录并传承了华夏文明的精髓。这期间,各类辞书演进的历史轨迹与其所赖以生存的文化语境息息相关,也深刻反映并见证了各个相关历史时期我国政治、经济和文化的综合发展面貌,即所谓辞书文化时代折射作用的体现,这方面的例子不胜枚举。以新中国成立60年以来的辞书发展状况来说,中国各类辞书发展的盛衰起伏就与新中国60年来历史发展的总体脉络紧密关联,互为印证。根据我们的研究数据统计分析,新中国成立后的60年里,前后各30年各类辞书的发展状况有着迥然的巨大差异。1978—2008年这30年可谓新中国辞书发展史上一个急速而迅猛发展的时期,远远超过了前30年总的辞书发展速度与规模,而这毫无疑问是与我国改革开放30年总体发展的状况相吻合的。

"30年的改革开放……教育和科学事业快速发展,全社会文明程度进一步提高,文化体制改革取得重要进展,文化事业和文化产业整体实力和竞争力显著增强……"(赵智奎,2008:27)辞书文化事业作为与国家语言文化生活密不可分的重要文化产业,见证了改革开放30年我国文化事业的发展与繁荣。这一点仅从各类辞书出版的总体数字对比就很能说明问题。根据新中国成立30年以来辞书出版的相关数据,新中国成立的前30年(1949.10—1979.12),全国共出版了各类辞书891种(方厚枢,1980:134),①而改革开放30年(1978.01—2008.12)当中,根据我们的研究数据统计,汉语和外语类(纸质)辞书的出版就多达14090部/卷②,基本上是前30年同类(纸质)辞书出版总量的约16倍。③ 与此同时,"新中国成立以来,经过几代人的艰苦努力,我国少数民族辞书编纂出版事业从小到大,逐渐发展起来,特别是上世纪80年代末以来,少数民族地区经济文化事业有了突飞猛进的发展,少数民族辞书编纂出版也取得了令人瞩目的成就……实现了由传统辞书向现代辞书的过渡,而且逐步形成了以少数民族文字的形、音、义为系统的字书、训诂书、韵书三大门类,出现了各自的代表作……"(包和平,2009:18—19)这样的发展态势在整个中国辞书出版的历史上是非常少见的,很值得我们认真地进行记录和总结。而只有在充分把握翔实数据资料的基础上,我们才能够审视以往辞书发展的真实历程,也才能够更好地思考中国辞书的未来发展。

《中国辞书发展状况报告:1978—2008》将通过改革开放30年来辞书编纂与出版的总体发展和变化来描述1978—2008年我国辞书

---

① 在891种辞书中,汉语语文辞书215种,少数民族语文辞书48种,盲文辞书1种,外文语文辞书103种,专科辞书524种。

② 本报告在统计相关数据时,采用了"部/卷"的单位表述方式,代表"部或卷"的含义。加"卷"表明包含百科全书在内,按卷数算。如此处的"14090部/卷"即表示"14090部(或卷)"。下同。

③ 针对新中国成立的前30年(1949.10—1979.12)和改革开放30年(1978.01—2008.12)这两个时间段内,1978年和1979年出现重复的情况,在统计辞书出版数据时,我们采取了如下做法:新中国成立的前30年这一时间段内的1978年和1979年的辞书编纂数据,是以方厚枢先生连载于《辞书研究》(1980年第1至4期,1981年第1至3期)的"建国三十年来出版辞书编目"为参照,分别为1978年出版了45部(汉语类辞书10部,外语类辞书35部),1979年出版了64部(汉语类辞书24部,外语类辞书40部);而改革开放30年这一时间段内的1978年和1979年的辞书编纂数据是按我们研究小组所搜集到的统计数据为参照,分别为1978年出版了35部(汉语类辞书6部,外语类辞书29部),1979年出版了66部(汉语类辞书22部,外语类辞书44部)。特此说明。

事业迅猛发展的实际状况,这将对如实记录中国改革开放以来辞书事业大发展的情况以及从一个侧面反映的与之密切相关的我国同时期语言生活的发展状况有重要意义和价值。本报告主要通过所搜集整理和统计分析的研究数据来展示这30年中国辞书编纂与出版事业的一个真实面貌,旨在为今后全国的辞书编纂与出版规划以及相关的辞书编纂与出版研究提供第一手的研究数据。本报告共分五个部分,即汉语类辞书发展状况、外语类辞书发展状况、电子类辞书发展状况、在线类辞书发展状况和少数民族语言类辞书发展简况。其中第一和第二部分侧重描述我国汉语及外语类的各种纸质辞书的实际编纂与出版情况并分析其主要特点,第三部分和第四部分则重点描述和分析我国电子类和在线类辞书的发展概况及用户使用情况,第五部分侧重描述与各少数民族语言文字相关的各类纸质辞书的实际编纂与出版情况并分析其主要特点。与此同时,本报告还将基于充分的研究数据对未来我国辞书发展的前景及趋势进行一些思考和分析,并提出相应对策和建议。

一、研究背景与目的

中国辞书滥觞于公元前2世纪前后的《尔雅》,有着两千余年的演进与发展史,这在世界辞书史上也是较为罕见的。然而,相比之下,就辞书史的相关研究而言,我国学者在这方面的努力却是比较滞后的,特别是缺乏较为系统的宏观研究。"中国词典史研究现状与具有2200多年词典文化的泱泱词典大国的地位格格不入。"(雍和明等,2006:3)我国词典史研究的这种滞后现状主要体现为:"首先,在20世纪70年代以前,有关中国词典史的思考大致见于辞书的'序言''凡例''前言'等正文前信息中,主要对有关辞书引用文献做些评论或对其来龙去脉做些交代……其次,有关成果在方法上重词典研究的本体性,轻词典研究的社会性、文化性和跨学科性……第三,现有成果大都重局部,轻全局;重个案孤立分析,轻宏观理论概括……第四,现有成果大都集中讨论汉语单语词典,忽视或轻视汉语双语词典;重视汉语语言词典,轻视或完全忽视其他类型的词典。"(雍和明等,2006:4—5)而这些词典史研究的不足或者局限性,追根求源,就是词典史的研究者在从事相关研究的过程中很少拥有充分的第一手研究数据和资料,尤其是对我国各类辞书出版的历时记录缺乏真正的准确了解和把握。以往的研究所依据的更多是二手甚至是三手的数据资料,自然也就难免亦步亦趋,没有数据支持的观点必然显得底气不足。当然,我们强调数据调查和统计分析的重要性,并不是否认微观的个案研究的必要和重要性,但两者应该是互补的,单纯强调哪一方面都会美中不足。与此同时,辞书出版作为一种现代文化产业,其发展思路与政策导向密切相关,而一个国家的出版方针决策则必须要依赖相关数据的支持。尤其是在现代辞书事业大发展、辞书出版日新月异且数量惊人的社会背景下,不掌握第一手出版数据,要对辞书产业的发展走向进行有效规划是比较盲目的。因此,《中国辞书发展状况报告:1978—2008》便是希望能为改革开放30年的辞书发展史,特别是辞书编纂出版相关研究提供第一手可靠的数据资料,因为到目前为止,我国这方面的统计数据及相关研究还基本上是一个空白。如果从辞书出版产业的未来发展考虑,做好相关的数据统计工作无疑更是非常重要的。2009年1月7日时任国务院总理温家宝就统计工作曾做出重要批示:"努力做好统计工作……提供准确的信息、科学的判断和政策依据。"因此,本研究报告的价值与贡献无疑首先取决于相关的第一手数据的搜集整理与统计分析,而统计工作的准确与否则决定了我们所得结论的可靠与否。这些数据的统计分析是改革开放30年中国辞书发展状况研究的依据与基础。

具体来说,本课题相关的研究背景与目的主要体现在以下三个方面:

首先,中国改革开放的30年,辞书编纂出版事业得到了极大的发展,各类辞书的编纂与出版达到了空前的繁荣。无论是汉语类辞书、外语类辞书还是少数民族语言类辞书都在数量和种类上极大地超过了新中国成立以来的前30年各类辞书出版数字的总和。其中,汉语类辞书的发展很好地服务了我国各层次的基础和高等教育以及各行各业民众获取知识的多种需要,而且也在一定程度上为国外非母语的汉语学习者提供了必要的工具书。与此同时,中国外语类辞书编纂与出版的这30年不断的进步与发展则有效地推动了中国与外国多方面的交流与合作,很好地服务了我们改革开放事业的总体需要。从某种程度上来说,外语类辞书的编纂与出版为中国更好地了解世界、走向世界做出了特殊的贡献,有效缩短了中国与其他国家的地理与心理距离。至于少数民族语言文字类的辞书,它们也同样为少数民族人群提供了相关语言文化认知的辅助工具。少数民族多元而丰富的语言文化也通过辞书的编纂出版而得以记录且被人们所关注。此外,20世纪80年代末以来各类电子辞书和在线辞书的问世与快速发展也得益于我国改革开放30年总体发展的大环境。因此,这30年我国各类辞书编纂出版事业的成就是非常值得回顾与总结的。但在另一方面,我们也应该清醒地看到各类辞书编纂出版事业取得巨大成就的同时,仍面临着一些亟待解决的问题,甚至是一些可能影响未来可持续发展的困境。这种成就与问题共存的反差现状促使我们有必要冷静地回望过去30年的发展历程,总结其中的经验教训和成败得失,为使我国今后成为文化实力意义上的真正"辞书强国"而非目前出版数字意义上的"辞书大国"做好多方面的准备。① 从这个意义上来说,我国词典学研究领域的专家学者也是责无旁贷的。我们除了应该关注词典学本体研究的理论与实践问题,同时也非常有必要关注我国辞书编写出版事业发展中的一些现实问题。

其次,根据我们对中国出版网上所记载的中国出版大事记的相关检索,1978—2008 这 30 年,我国有关辞书的国家级规划工作的事件并不是很多,主要涉及 7 个年份当中的 8 次相关记录,基本上就是两次全国辞书编写出版规划工作。我们可以看到,自新中国成立以来,我们国家所进行的两次大规模辞书编写与出版规划工作分别是在改革开放前的 1975 年和改革开放中的 1988 年,而这两次国家级辞书规划的具体实施或出成果阶段则无疑都在改革开放的 30 年当中,深受整个改革开放大环境的影响。过去的历史表明,这两次全国性的辞书编写出版规划对于我们国家辞书事业的快速蓬勃发展起到了积极的保障和推动作用。距第二次国家辞书规划 20 年之后,我国正酝酿第三次的全国性辞书编写出版规划工作,而这就迫切需要科学可靠的辞书编纂与出版发展的数据资料来作为决策的基础。由于目前还没有改革开放 30 年各类辞书编纂与出版的较为全面的、较新的数据资料和相关分析报告,填补这方面的研究空白就非常有必要。

第三,本研究项目的开展也是出于辞书研究机构的职责考虑。李宇明先生曾经指出:"辞书领域的研究中心要研究国内外辞书出版的现状和我国应有的发展对策,例如,国家用什么政策来调节辞书市场,出版商用什么对策来发展辞书事业,学校用什么办法来发展辞书

---

① 什么叫辞书强国?不同的人可以给出不同的标准,我认为最少有三条:第一,本国辞书有多大的国际市场;第二,有世界领域的经典样本;第三,要有领跑学术的理论和观念。辞书发展离不开实践但也不完全靠实践,还要有理性的学术思维。在辞书理论上,要形成有影响的"辞书学"学派,才可称为辞书强国。(李宇明,2008)

专业(包括术语学专业)。我建议,汉语辞书研究中心将来能办一个'辞书动态',或者叫'辞书的现状与对策',可以是网络版,也可以是纸版,呈送相关部门。这种信息动态一定很有用。"(李宇明,2008:3)南京大学双语词典研究中心作为高等院校常设的专门研究机构,我们觉得有责任将改革开放30年来我们国家辞书编纂与出版的总体情况做一次较为可靠的数据统计与分析,为国家权威规划部门提供决策依据,因为"在国家语言规划里,辞书和教科书都有一席之地,辞书与国家语言生活的关系十分密切"(李宇明,2008:2)。

同样,正如李宇明先生在谈"学术原动力"时的论述:"学术的原动力,是解决社会发展和人类认知中遇到的各种问题,各学科概莫能外。'问题'是学术的原动力,解决这些问题也就是科学的学术责任和社会责任……之所以要思考学术原动力的问题,是因为我感到语言学多年来得不到社会的关注,而语言研究者也不怎么关注社会语言生活,这样的两不'关注'使语言学处于不利的生态环境中。"(李宇明,2010:199)因此,本课题研究实际上也是词典学领域研究者关注辞书发展生态状况的一次有益尝试。

鉴于上述关于本课题研究背景与目的的介绍与分析,我们有理由相信,此项研究的重要性和必要性是不言而喻的,而且通过我们的认真努力,这项工作的成果一定有较为重要的研究价值和意义。

二、研究思路与历史分期

新中国成立60年来,我国的各项事业由弱到强,发生了翻天覆地的巨大变化。这60年当中,前30年可谓新中国的基础建设时期,而我国综合国力的增强则主要有赖于改革开放30年各行各业的快速发展。同样,当我们回顾改革开放30年我国辞书编纂出版事业发展的历程时,也不能脱离整个改革开放的历史语境。在本研究报告

中,我们将改革开放这30年来中国辞书编纂出版事业的发展划分为三个历史阶段,其基本思路源自两个历史研究参数:

第一,改革开放30年思想史演进的历程及阶段划分。思维决定存在。纵观人类历史的发展,古今中外,凡人类意识形态领域的深刻变化必然会引起其社会实践活动的相应变革。中国改革开放30年的巨变,其决定性因素就在于30年当中我们改革开放思想的不断发展和深入。回顾改革开放30年,其思想发展史可谓波澜壮阔,它主要经历了三个时期,即"以邓小平理论为主要标志的中国特色社会主义理论体系开创和奠基时期(1978—1992年);以'三个代表'重要思想为主要标志的中国特色社会主义理论体系推进和丰富时期(1989—2002年);以科学发展观为主要标志的中国特色社会主义理论体系发展和完善时期(2002—2008年)"(赵智奎,2008:61)。在这三个历史时期中,伴随着改革开放思想不断的发展与深入,各行各业的改革实践也不断向前推进。就辞书编纂出版事业而言,其发展历程与改革开放30年来思想史的历史分期基本吻合。

其次,围绕我国两次国家级辞书编写出版规划及实施而进行的历史分期。新中国辞书编纂出版事业的发展在很大程度上得益于两次全国辞书编写出版规划,即第一次全国辞书规划时期(1975—1985年)及第二次全国辞书规划时期(1988—2000年)。因此,我们在回顾这段改革开放的发展历史时,根据辞书规划活动及其影响来考虑辞书编纂与出版的相关分期也是比较合适的。依据我们本次研究的数据统计与分析结果来看,30年来我国的辞书事业发展进程大致也呈现出类似的发展阶段特征,即初步发展期(1978—1987年)、快速发展期(1988—2000年)以及平稳发展期(2000—2008年)。我们可以从这个基于调研数据分析的辞书编纂出版事业发展分期来反映改革开放30年的思想发展脉络及其对实践的深刻影响。

三、研究方法与步骤

1. 本研究报告所用相关数据的搜集和整理

A. 汉语类和外语类辞书出版数据的搜集和整理

(1) 数据来源

本研究报告是基于辞书实际出版数据对中国改革开放 30 年来辞书发展状况的客观描述与分析。本报告的第一和第二部分,即"汉语类辞书发展状况"和"外语类辞书发展状况"中所用到的全部辞书出版数据基于以下八种来源(按检索度高低排序):

a)《全国总书目》(新闻出版总署信息中心、中国版本图书馆编,中华书局出版)中所收相关辞书信息条目;

b) 中国国家图书馆·中国国家数字图书馆(http://www.nlc.gov.cn/)联机公共目录查询系统;

c)《中国出版年鉴》(1978—2008 年)中所涉及的有关辞书出版的相关资料文献;

d) 国内(大陆)各主要出版社[①](共 42 家)对我们所编制的该社相关外语类辞书出版目录的反馈函;

e)《辞书研究》等期刊上发表的有关辞书编纂与出版的相关文章,特别是一些与辞书出版数据相关的信息;

f) 相关出版社官方网站所列出的辞书出版数据信息;

g) 国内部分高校图书馆(如北京大学图书馆、南京大学图书馆等)的在线书目检索系统;

h) 网络搜索,如百度、Google、读书网(http://www.dushu.

---

① 这些出版社的确定主要是依据《2007 中国出版者名录(图书分册)》中对相关出版社是否具有辞书出版范围的描述。

com/)、孔夫子旧书网(http://www.kongfz.com/)等。

在本课题研究的早期,课题组曾联系了国家新闻出版总署的CIP信息中心,期望可以获取相关的研究数据。但是,据CIP信息中心的相关人士介绍,该信息中心的出版数据没有详细的类别划分,而且相关数据主要是由各出版社报送提供,与实际最终正式出版物的数据存有差异,不完全符合出版的实际情况。此外,提供CIP整体出版数据供课题组进行辞书出版相关数据的提取与筛选也有悖CIP信息中心数据仅供内部工作使用的保密原则,所以课题组最终放弃了这类数据的参考选择。最终,基于以上八种主要数据来源,我们分别编制了"改革开放30年来(1978—2008年)汉语类辞书出版简目"(以下简称"汉语类辞书出版简目")和"改革开放30年来(1978—2008年)外语类辞书出版简目"(以下简称"外语类辞书出版简目")。这两个简目均已被制作成可检索的查询软件,以光盘形式附于书后。

(2)数据的整理与辞书类别标记

在"汉语类辞书出版简目"和"外语类辞书出版简目"的基础上,我们又通过人工逐条核对辞书出版信息(主要包括辞书名称、编者、出版者、出版日期、版次等),然后对搜集到的所有辞书信息进行了辞书类型标记。这里需要指出的是,本研究报告中所采用的辞书类型划分是基于所掌握的统计数据,主要从性质上对已出版辞书进行的描述性分类,[1]旨在便于统计分析和相关研究的文字描述,不属于严格的辞书类型学研究分类范畴。以下为汉语类辞书和外语类辞书描

---

[1] 国内已有较多学者对辞书类型的划分发表过独到的见解,如杨祖希先生的"辞书的类型和辞书学的结构体系"(见《词典和词典编纂的学问》,上海辞书出版社,1984年)、李开先生的"词典类型学"(见《现代词典学教程》,南京大学出版社,1990年)、黄建华先生的"双语词典类型"(见《双语词典学导论》修订本,商务印书馆,2001年)等。有别于这些学术理论性较强的辞书类型划分,本研究报告在借鉴这些辞书类型划分观点的基础上,采用了实用描述性分类方法,以便相关统计分析。

述性类别划分举例:

表1 汉语类辞书类别划分举隅(共6大类,11小类)

辞书类别	举例
汉语(通用)语文类辞书①	古代汉语实用词典 魏励、张力伟主持编写,《古代汉语实用词典》编写组编 中华书局 2004
	现代汉语词典(第5版) 中国社会科学院语言研究所词典编辑室编 商务印书馆 2005
汉语专项类辞书②	古代汉语虚词辞典 中国社会科学院语言研究所古代汉语研究室编 商务印书馆 1999
	反义词大词典 张庆云、张志毅主编 上海辞书出版社 2003
	现代汉语方言大词典(南京方言词典) 李荣主编,刘丹青编纂 江苏教育出版社 1995
	3500常用字五体毛笔书法字典 沈乐平等书写 浙江古籍出版社 2008
	唐诗鉴赏辞典 俞平伯、萧涤非等撰写 上海辞书出版社 1983
汉语专科类辞书	公共关系辞典 袁世全主编 汉语大词典出版社 2003
汉语百科类辞书	文史哲百科辞典 高清海主编 吉林大学出版社 1988
汉语类百科全书③	中国大百科全书 胡乔木、姜椿芳等 中国大百科全书出版社 1980—1993
汉语外向型辞书④	商务馆学汉语词典 鲁健骥、吕文华主编 商务印书馆 2006

---

① 实际上,在"汉语(通用)语文类辞书"这个类别下,我们又细分了两个次类别:"古代汉语语文类辞书"和"现代汉语语文类辞书"。

② 根据实际出版情况,在"汉语专项类辞书"这一类别下,我们又细分了五个次类别:"古代汉语专项辞书""现代汉语专项辞书""汉语方言类辞书""字体书法类辞书"和"鉴赏类辞书"。其中,前两个次类别的汉语专项类辞书又主要涵盖了如下辞书类型:同义词词典、反义词词典、虚词词典、新词词典、成语词典、谚语词典、歇后语词典、惯用语词典、典故词典、名言警句词典等。

③ 这里的"汉语类百科全书"仅指国内学者自主研编的百科全书,未包含引进版百科全书。

④ "汉语外向型辞书"是指汉语外向型单语词典。至于外向型双语词典,则放在外语类辞书下讨论。

表 2　外语类辞书类别划分举隅(共 6 大类,67 小类)

辞书类别	举例
外语语文类辞书①	英汉大词典(第 2 版)　陆谷孙主编　上海译文出版社　2007
	新时代汉英大词典　吴景荣、程镇球主编　商务印书馆　2000
	外研社英汉汉英词典　本社辞书部编　外语教学与研究出版社　2002
	COBUILD 英汉双解词典　[英]John Sinclair 主编,《柯伯英汉双解词典》编译组译　上海译文出版社　2002
	常用汉英双解词典　傅永和等编　上海教育出版社　2002
	半双解英汉词典　吴昊、宋小缦、凌志国译,上海辞书出版社编译　上海辞书出版社　2005
	新牛津英语词典　[英]皮尔索编　上海外语教育出版社　2001
	最新汉英辞典(袖珍本)　[新加坡]胜友编辑部编著　世界图书出版公司广东公司　1996
	最新英汉汉英两用辞典(2 版)　[新加坡]胜友编辑部编著　广东世界图书出版公司　1999
	最新英汉双解五用辞典(2 版修订本)　[新加坡]胜友编辑部编著　广东世界图书出版公司　2000
	新世纪法汉大词典　陈振尧主编　外语教学与研究出版社　2005
	简明汉西词典　北京语言学院《简明汉西词典》编写组编　商务印书馆　1984
	精选俄汉汉俄词典(第 2 版修订本)　竺一鸣等编　商务印书馆　1994
	朗氏德汉双解大词典　叶本度主编　外语教学与研究出版社　2000

---

①　外语语文类辞书又可细分为如下次类别：英汉、汉英、英汉汉英双向、英汉双解、汉英双解、英汉半双解、原版引进英文版、原版引进汉英、原版引进英汉汉英、原版引进汉英双解、小语种汉语、汉语小语种、小语种汉语汉语小语种双向、小语种汉语双解、原版引进小语种、原版引进小语种汉语、原版引进汉语小语种、原版引进汉语小语种双向、原版引进多语种、汉语方言小语种、小语种小语种、原版引进英语小语种双向、多语种、编译、自编英英、汉语方言英语。这里的例子也按此顺序逐一列举。

（续表）

外语语文类辞书	朗氏德语词典 [德]迪特·格茨等著 上海译文出版社 2007
	岩波日中词典（第2版）[日]仓石武四郎、折敷濑兴编 商务印书馆/岩波书店 2003
	实用汉日词典 [日]杉本达夫、牧田英二、古屋昭弘主编 外语教学与研究出版社 2000
	外研社-三省堂日汉汉日词典（中型版）[日]杉本达夫等编 外语教学与研究出版社 2002
	外研社-三省堂日汉英·汉英日词典 [日]三省堂编修所编 外语教学与研究出版社 2005
	北京口语俄语词典 李亚明主编 广东教育出版社 2000
	日韩辞典 曹喜澈等编 黑龙江朝鲜民族出版社 2000
	柯林斯袖珍德英-英德词典 上海外语教育出版社 2002
	俄英汉学生词典 应云天主编，张竺静等编 高等教育出版社 1996
	新知识英汉辞典 纪秋郎主编，林连祥等编译 外文出版社 2001
	基础英英词典 韦会编著 北京语言学院出版社 1989
	简明粤英词典 杨明新编著 广东高等教育出版社 1999
外语专项类辞书①	简明英语同、反义词四用词典 张柏然主编 江苏科学技术出版社 1992
	汉英成语词典 施正信、王春菁、张健钟编著 中国对外翻译出版公司 2006
	新编俄汉缩略语词典 潘国民、卜云燕编 商务印书馆 2001
	波斯语汉语谚语汉语波斯语成语词典 曾延生编 商务印书馆 2003

---

① 外语专项类辞书又可细分为如下次类别：英汉、汉英、小语种汉语、小语种汉语汉语小语种双向、汉语小语种、英汉汉英双向、英汉双解、多语种、编译、汉英双解、原版引进英文版、原版引进汉英、小语种汉语双解、汉语小语种双解、原版引进小语种。这里的例子也按此顺序逐一列举。

(续表)

外语专项类辞书	简明汉西成语词典 方瑛等编辑 商务印书馆 1995
	简明英汉-汉英谚语词典 陈璞等编著 中国书籍出版社 2002
	朗文袖珍英汉双解短语动词词典 [英]德拉·萨默斯主编,张树玲、闫秋燕、崔冰清译 商务印书馆 2007
	汉英缅分类词典 姜永仁主编 北京大学出版社 2004
	德语常用动词例解 [德]Jurgen Lorenz主编,朱章才编译 外语教学与研究出版社 1982
	汉英双解成语词典 聂崇信编 商务印书馆 1983
	朗文英语联想活用词典 上海外语教育出版社引进 上海外语教育出版社 1997
	学生英汉动词字典 巴思(Barth, V.)编,梅康(Maykong)绘 现代出版社/(新加坡)联邦出版社私人有限公司 1989
	俄语成语双解词典 夏志德主编,姜励群等编 北京师范大学出版社 1992
	汉日双解汉语惯用语词典 马中林、杨国章主编 现代出版社 1991
	杜登德语缩略语词典 [德]安雅·施泰因豪尔编著 上海译文出版社 2006
外语专科类辞书①	综合英汉科技大词典 顾仁敖主编 商务印书馆 1997
	汉英科学技术大词典 王起慎主编,中国科学技术信息研究所编 人民邮电出版社 2001
	实用英汉汉英传媒词典 倪剑、叶叙理、孙哲主编 复旦大学出版社 2005
	日英汉造船技术词典(增订版) 喻漠南、张培培编 人民交通出版社 1989

① 外语专科类辞书又可细分为如下次类别:英汉、汉英、英汉汉英双向、多语种、小语种汉语、小语种汉语汉语小语种双向、英汉双解、汉英双解、汉语小语种、原版引进英文版、原版引进英汉汉英、小语种汉语双解、原版引进多语种、编译。这里的例子也按此顺序逐一列举。

(续表)

外语专科类辞书	俄汉综合科技词典 上海外国语学院《俄汉综合科技词典》编写组编 上海外语教育出版社 1992
	法汉汉法专名词典 钱治安编著 武汉大学出版社 2000
	上海科技英汉双解生物词典 宋大新、韦正道译 上海科学技术出版社 1998
	汉英双解中医小辞典 张廷模等主编 人民卫生出版社 2003
	新汉德科技词典 翟永庚主编 上海译文出版社 2004
	多兰医学词典（英文原版） W. B. Saunders Company 编著 人民卫生出版社 2001
	英汉·汉英中医词典 [英]魏遒杰编 湖南科学技术出版社 1995
	新俄汉双解教学词典 汪震球主编，于永明等编 北京出版社 1994
	世界传统色彩小辞典（中日法文版） 日本 DIC 色彩设计株式会社编 中国美术学院出版社 2005
	英汉遗传学与细胞遗传学词典 [德]里格尔等著，吕宝忠等译 上海科学技术出版社 1988
外语百科类辞书①	英汉百科知识词典 张柏然主编 南京大学出版社 1992
	汉英简明百科辞典 柯文礼主编 南开大学出版社 2003
	牛津英美文化词典（英汉双解版） [英]Jonathan Crowther 主编，黄梅等翻译 商务印书馆 2007
	中国语言文化背景汉英双解词典 沈善洪主编 商务印书馆 1998
	最新万用英文事典（汉英、英汉两用） 许清梯编，李约翰校订 科学普及出版社广州分社 1983
	俄语文化背景知识词典 吴国华主编 河南人民出版社 1992
	日语综合新辞典 [日]旺文社编 世界图书出版公司北京公司 1996
	简明科林斯百科辞典 陈建华等编译 陕西人民教育出版社 1987

---

① 外语百科类辞书又可细分为如下次类别：英汉、汉英、英汉双解、汉英双解、英汉汉英双向、小语种汉语、原版引进小语种、编译。这里的例子也按此顺序逐一列举。

(续表)

外语类百科全书①	简明工商管理大百科全书(英文版/影印版) [英]马尔科姆·沃纳(Malcolm Warner)主编 辽宁教育出版社 1998
	康普顿百科全书(技术与经济卷) [美]戴尔·古德(Dale Good)主编,吴衡康等编译 商务印书馆 2001
	英汉对照分项图解奥林匹克运动百科全书 卜纯英主编 兵器工业出版社 2001
外语类外向型辞书	基础汉语学习字典(韩语版) 郑述谱总主编,张春新、张鹤编(汉语),郑万石、金顺姬编(韩语) 外语教学与研究出版社 2007

按如上所列举的情况,我们根据所搜集的全部汉语及外语类辞书的出版数据,将改革开放30年正式出版的辞书按语种分成了两大类(即汉语类和外语类),这两大类下又分了6个次类(即语文类、专项类、专科类、百科类、百科全书类和外向型),而就汉语类辞书的6个类别而言,下面细分了11个小类,外语类辞书中的6个类别下又细分了67个小类别(如表1和表2所示)。应该说,这些基于数据进行的描述性分类覆盖了我们所搜集的全部数据,满足了下文数据统计分析和描述的类别区分需要。

此外,需要说明的是,在改革开放30年辞书目录的编制过程中,我们未将考试类词汇书(如"金典""词汇必备""使用指南""汇编""词汇表"等)、应试词汇手册等"非典型辞书"的图书纳入数据统计的范围之内,这主要是考虑到数据的典型性和代表性要求。因为众所周知,上述这些词汇书或手册等的出版数量非常大,但多为词汇对照手册,并不具备真正意义上的辞书特征,不能反映我国改革开放30年辞书编纂出版的真实水平。比如:《10天背会大学英语词汇》《全新大学英语词汇必背1—4级》等。当然,对于部分具有辞书特征而名

---

① 外语类百科全书又可细分为如下次类别:原版引进英文版、编译、英汉。这里的例子也按此顺序逐一列举。

称为"词汇(书)"或"手册"的出版物我们也酌情予以收录,这些主要指收录外汉或汉外对照专科类词汇的出版物,比如:《日英汉建筑工程词汇》、《英法汉国际法词汇》、《日英汉贸易常用词汇》等。

B. 电子类辞书出版数据的搜集和整理

本研究报告的第三部分,即"电子类辞书发展状况",主要对我国改革开放以来电子类辞书的历史沿革、总体成就和主要问题等方面做了客观描述和简要评析。具体来说,本部分的写作主要基于以下三种数据来源(按检索度高低排序):

a)南京大学双语词典研究中心于 2008 年 11 月至 2009 年 1 月开展的面向江苏省 35 所高校学生的电子词典用户需求问卷的调查数据(共 3361 份有效问卷);

b)网络信息,包括主要掌上电子词典品牌的官方网站所提供的产品参数信息以及网络讨论区的相关资料等;

c)现有的文献资料,包括相关词典学研究论著以及《辞书研究》等期刊上发表的相关文章。

C. 在线类辞书出版数据的搜集和整理

本研究报告的第四部分,即"在线类辞书发展状况",主要对我国新世纪以来在线类辞书的发展及使用状况进行了客观描述和简要评析。由于在线类辞书在我国的发展历史很短,因此相关的研究资料和数据都非常缺乏。为填补这方面的空白,本课题研究力求根据在线类辞书的使用和发展特点,努力搜集整理第一手资料和数据,以确保能够较为直观和真实地反映在线类辞书的发展状况。因此,在线类辞书发展状况的研究数据主要集中在两类数据上,即在线辞书的网址数量以及英汉双语在线辞书中短语对和句子对的对数。基于相关的计算机、计算语言学的技术和知识,本部分的数据主要直接或间接地从网络上获取。研究数据的具体来源和样例如下:

a) 在线辞书网址来源和样式

i) 网络版网址黄页

本部分研究所使用的大部分在线辞书网址都来源于网络版网址黄页,如:"好 123 网"站上的英语学习网站集合:http://www.hao123.com/campuseng.htm。

ii) 纸质出版物上有关在线辞书的网址

本部分研究所涉及的纸质出版物包括报纸、专书和学术期刊等,主要是从学术期刊上获取,如从《网络在线词典及专业词汇网址汇编》一文中获取了一部分有效的在线辞书网址。

iii) 从语言学习论坛上获取在线辞书网址

各主要语言学习论坛,特别是外语学习论坛上有一部分在线辞书网址,本文在核实和鉴别的前提下汇集了部分论坛上的网址。

相关数据样式请见表 3:

表 3 网址数据样例

在线辞书名称	网址	注册编号	检索特点	服务方式	收录词典类型
C 书	http://zh.cshu.org/	豫 ICP 备 06008034 号	模糊检索	免费	百科辞书
在线新华字典	http://xh.5156edu.com/	浙 ICP 备 05019169 号	精确检索	免费	语文辞书

b) 英汉双语短语和句子对数据来源

基于抓取工具 Wget,面向网络抓取一定量的网页,并从中提取出英汉双语短语和句子对数据。

D. 少数民族语言类辞书出版数据的搜集和整理

为真实反映中国辞书发展状况的全貌,本发展报告也将我国各少数民族语言类辞书的编纂出版数据及相关描述包括在内,即报告的第五大部分。由于本课题组成员对少数民族语言及文化了解甚少，对相关的辞书编纂出版状况也不太熟悉，为确保本发展报告数据的可靠性及描述的权威性，我们特邀请民族出版社的副总编辑艾尔肯·哈德尔先生专门撰写了这部分的内容。艾尔肯·哈德尔先生本人长期关注我国各少数民族语言类辞书的发展状况，而且其所在的民族出版社相关的资源非常丰富。因此，这部分内容应该说较为翔实可靠地展现了我国各少数民族语言类辞书的发展状况，有较为重要的学术研究参考价值。考虑到我国各少数民族语言类辞书发展的多元化与特殊性，我们基本尊重艾尔肯·哈德尔先生所撰原文的表述风格，未做任何内容方面的改动，仅在文字和体例方面略有调整。对于这部分内容，艾尔肯·哈德尔先生曾有这样的陈述："此稿是本人在参考《中国出版通史》、《中国的多种民族文字及文献》和相关民族辞书等资料的基础上，在了解和学习少数民族辞书文化过程中所获得的常识和感想，我并非此领域的专家，肯定存在不少不足之处，请参考并提出宝贵意见。"

2. 本研究报告所用相关数据的统计与分析

A. 汉语类和外语类辞书出版数据的统计与分析

为了提高本课题研究的数据统计的准确性及确保获取数据的高效性，我们开发设计了相应的辞书数据统计分析软件，命名为"中国改革开放 30 年来大陆出版辞书信息查询系统"[①]。该软件的主要功能是按照研究者的统计需求，以单个关键词或不同关键词的组合为查询条件，自动从原始数据底表[②]中生成相应 TXT 文档，以供研究

[①] 考虑到数据的复杂性和查询需求的多样性，我们把该软件设置成可默认模糊查询。研究者可对按查询需求生成的文档进行进一步的细致分析。

[②] 在此需要说明的是，原始数据底表是以 TXT 文档形式存储的，经过多次人工校读、相关程序去重、调整格式后，转换成 Microsoft Office Access 文件，以供软件检索。

者进一步统计和分析辞书出版的相关数据。

B. 电子类辞书相关数据的统计与分析

本报告第三部分电子类辞书发展状况的相关统计与分析数据主要是指由南京大学双语词典研究中心所进行的大规模掌上电子词典问卷调查的数据。该数据获取的流程具体如下：

a) 发放和回收掌上电子词典用户调查问卷；

b) 为了便于统计和后续的数据分析，开发数据录入系统；

c) 借助数据录入系统，将每一份数据人工录入数据库；

d) 把掌上电子词典调查数据从数据库中导出到文本文件（TXT）中；

e) 在文本文件中，使用程序把调查问卷中每一个问题的答案用程序提取出来；

f) 使用基于C++平台开发的掌上电子词典调查问卷程序统计每一个问题的答案的具体数值；

g) 将统计出来的具体数据存入EXCEL表格中，以备后续的相关分析及文字表述使用。

C. 在线类辞书相关数据的统计与分析

由于在线类辞书中英汉双语在线辞书的数量比较庞大并且被检索次数较多，我们在这部分重点对出现在英汉双语在线辞书网页上的短语对和句子对进行了统计分析。所有短语对和句子对内容都来源于网络，考虑到数据分析的有效性和对相关知识产权的尊重，本文从5个主要在线辞书网站上，通过Wget采取随机抽样的方法共获取了125673个网页，并使用数据提取软件从中提取了25000对短语对或句子对，并从学术研究的角度对这些数据进行了简要的统计分析。抓取软件所经流程见下图：

抓取软件 Wget 流程示意图

具体数据样例请见表4：

表4　抓取的英汉双语对数据样例

在线辞书名称	英语短语或句子平行语料对	汉语短语或平行语料对
金山词霸在线词典	He was a boy from a poor family who had hitched his wagon to a star and was determined to get a good education for himself.	他是个有雄心壮志的贫家子弟,打定主意要受好的教育。
海词在线	She had abandoned all attempts at remonstrance with Thomas.	她已经放弃劝诫托马斯的一切尝试。

在获取的英汉双语短语对和句子对基础上,使用分词软件对汉语进行了自动分词,使汉语和英语是在词的基础上达到平行。接下来,我们从如下三个方面对抓取到的英汉双语短语对和句子对展开具体的统计分析：短语和句子词汇频次、句子与短语的构成比率、短语和句子长度分布。

D. 少数民族语言类辞书相关数据的统计与分析

有关我国各少数民族语言类辞书发展状况的数据信息均由民族出版社的艾尔肯·哈德尔先生根据相关资料提供,具体的数据统计和研究分析也均由其独立完成。

第一部分 汉语类辞书发展状况[①]

上篇 两次汉语类辞书的全国规划及其具体实施

党的十一届三中全会以后,整个中国的出版工作迅速得到了恢复,辞书的编纂与出版事业也逐渐回归正常的轨道并开始进入一个快速发展的时期。其间,两次国家级的辞书编写出版规划对30年来中国辞书事业的总体发展起到了很好的导向和推动作用,有着重大的历史意义。"……辞书编写出版工作的一条重要经验,是辞书的编写出版需要通盘考虑,制订国家规划,加强宏观指导。"[②]本篇将简要回溯两次全国性辞书编写出版规划中汉语类辞书的相关情况,并结合本课题研究的相关统计数据,对两次全国辞书规划期内汉语类辞书的实际出版状况进行描述与分析。

---

① 在本部分的初稿校改过程中,我们得到了南京大学文学院李开先生的悉心指导,李先生严谨细致的治学学风和对辞书编纂出版的睿智见解,让我们受益颇多,特致谢忱!
② 新闻出版署《关于全国辞书编写出版规划(1988—2000年)的报告》,载《中国出版年鉴》,第473—474页,中国出版年鉴社,1989年。

1. 两次汉语类辞书的全国规划情况

1.1 第一次全国辞书编写出版规划(1975—1985年)中汉语类辞书的规划情况

1975年5月23日至6月17日,经国务院批准,国家出版事业管理局在广州召开了中外语文词典编写出版规划座谈会。参加会议的有来自中央和北京、上海、天津、辽宁、吉林、黑龙江、山东、江苏、福建、广东、湖北、陕西、四川等13个省、市的文教、出版、高等院校有关部门的负责人,以及工农兵和老专家的代表共115人。应该说,第一次全国辞书编写出版规划的制定是有着相当强烈的现实意义的,正如国家出版事业管理局和教育部当时给国务院呈交的《关于召开中外语文词典编写出版规划座谈会的请示报告》中所指出的:"近几年来,新的词典出版不多,品种不全。现在公开出售的中外文词典,只有《新华字典》、《工农兵字典》和《简明英汉词典》、《袖珍英汉词典》、《袖珍日汉词典》等少数几种。这些都是小型词典,收词较少,群众反映很不够用。特别是中文的大中型词典和英、日、俄、法、德、西班牙、阿拉伯等几个主要语种的大中型词典,目前还没有。"[①]

会议经过讨论,制定了《1975年至1985年中外语文词典编写出版规划(草案)》,计划出版中外语文词典160部,其中汉语词典31部。根据国家出版事业管理局于1975年7月16日提交给国务院的《关于中外语文词典编写出版规划座谈会的报告》,在第一次全国辞书编写出版规划期内(1975—1985年),我国的汉语类辞书出版规划目标具体分为两步实现:第一步,在1975至1980年内,出版汉语词

[①] 《关于召开中外语文词典编写出版规划座谈会的请示报告》(国发[1975]第48号)。

典25部,"为了适应当前的迫切需要,汉语方面,应尽快出版面向广大工农兵群众普及的中小型语文词典,及早完成《辞海》的修订出版任务"①;第二步,在1981至1985年内,出版汉语词典6部。第一次全国辞书编写出版规划在汉语类辞书出版上要达到的目标是"争取在10年左右逐步达到大中小型的汉语词典……配套补齐"②。

在第一次全国辞书编写出版规划中,计划编写出版的31部汉语类辞书中修订辞书9部,新编辞书22部,这实际上也反映了当时我国汉语类辞书资源的匮乏状况。值得注意的是,本次规划主要为语文类辞书。具体来说,通用语文词典(包括古代汉语和现代汉语)占多半(19部),而且考虑了大中小型词典的配套问题。关于大型综合性的语文辞书,即《辞源》(修订本)、《辞海》(语词分册)、《辞海》(简明本)和《辞海》(修订本),规划的情况如下:《辞源》由广东、广西、湖南、河南《辞源》修订组和商务印书馆编辑部1958年开始协作修订,从原来的兼收古今语词和知识性条目的综合性词典,修订成为阅读与研究一般古籍服务的大型古代汉语工具书,预计完成时间为1984年。根据规划(草案),《辞海》(语词分册)(修订)共4册,由上海人民出版社《辞海》编辑室负责修订,出版者为上海人民出版社,预计完成时间为1976至1977年。《辞海》(简明本)(新编)的编者为上海人民出版社《辞海》编辑室,由上海人民出版社出版,预计完成时间为1979年。《辞海》(修订本)由上海人民出版社《辞海》编辑室负责修订,由上海人民出版社出版,预计完成时间为1978年(1975年开始出版分册)。其他大型的汉语语文辞书有《汉语大字典》《汉语大词典》,中型的有

---

① 国家出版事业管理局《关于中外语文词典编写出版规划座谈会的报告》(国发[1975]137号)。

② 《关于召开中外语文词典编写出版规划座谈会的请示报告》(国发[1975]第48号)。

《新华词典》、《现代汉语词典》(修订本)等,小型的有《新华字典》(修订本)、《小学生字典》等。规划编写出版的汉语类专项辞书主要包括虚字用法字典(4部)、成语词典(2部)、同义词反义词词典(2部)、语法修辞词典(2部)、正音正字字典(1部)、谚语词典(1部)等。承担汉语类辞书出版任务的出版社主要有商务印书馆、文字改革出版社和9个省市的人民出版社。第一次辞书规划中的汉语类辞书的规划情况,具体情况见表1-1:

表1-1 第一次全国辞书规划中汉语类辞书的规划情况(单位:部)

语文类			专项类					专科类	百科类	百科全书	外向型
古代汉语	现代汉语	综合类	古代汉语	现代汉语	方言	鉴赏	字体书法	0	0	0	0
4	11	4	1	11	0	0	0				

1.2 第二次全国辞书编写出版规划(1988—2000年)中汉语类辞书的规划情况

1988年11月21至25日,国家新闻出版署在成都召开全国辞书编写出版规划座谈会,讨论制定了《1988—2000年全国辞书编写出版规划(草案)》,这是新中国成立以来的第二次关于辞书编写出版的国家级规划。1990年4月17日,新闻出版署发布经国务院批准的《关于全国辞书编写出版规则(1988—2000年)的报告》,列入本次规划的辞书共169部,其中汉语类辞书有100部。第二次全国辞书编写出版规划同样也是基于现实考虑的,"在拟定这个规划草案的过程中,我们主要考虑的是什么?一是纵向的考虑,就是向纵深发展,不同层次,成龙配套。二是横向的考虑,就是填补空白。三是精益求精,已经成书得到好评的再进一步修订"(刘杲,1989:470—473)。因此,第二次全国辞书编写出版规划中汉语类辞书规划在辞书类型上有所增加,不仅包括了语文辞书,而且专科类、百科类辞书及百科全书也都被纳入出版规划之中,尽管数量很少。值得注意的是,第二次全国辞书编写出版规划中已经考虑将"汉语外向型"这一类别纳入编写出版规划,即《对外汉语教学词典》(语种:汉,字数:150万,新编,编纂单位:南京大学外国留学生部,出版者:译林出版社,预计出书日期:1990年)。

根据国务院批准的新闻出版署于1989年7月18日提交的《关于全国辞书编写出版规划(1988—2000年)的报告》,跨度期为13年的第二次全国辞书编写出版规划大体分两个阶段完成:1988至1993年为第一阶段,1994至2000年为第二阶段。在本次规划中,"汉语语文词典强调了品种齐全,填补缺门,成龙配套……专科词典首先确保基本学科的大型综合性词典的建设,并注意具有中国特色词典的选题安排……百科全书的安排采取了少而精的原则"①。新闻出版署在提交国务院的报告中对第二次全国辞书编写出版规划的定位是"新的《全国辞书编写出版规划(草案)》应当具有承上启下的作用"。应该说这个定位是在第一次全国辞书编写出版规划全面顺利实施后,进一步针对我国辞书事业未来发展以及辞书使用的总体需求而设定的。从我们所搜集整理的数据来看,事实上,这第二次全国辞书编写出版规划的具体实施所取得的成就在整个改革开放30年的辞书发展过程中也确实扮演了这样一个"承上启下"的角色,很好地推动了中国辞书编纂出版事业总体上的快速发展。

在第二次全国辞书编写出版规划的100部汉语类辞书当中,汉语类通用语文辞书(包括古代汉语和现代汉语等)有15部,汉语类专

---

① 新闻出版署《关于全国辞书编写出版规划(1988—2000年)的报告》,载《中国出版年鉴》,第473—474页,中国出版年鉴社,1989年。

项辞书(包括古代汉语、现代汉语、方言)26部,汉语类专科辞书50部,汉语类百科辞书3部,汉语类外向型辞书1部,汉语类百科全书5种①。本次规划中的汉语类辞书,除了《辞源》(第二次修订本)、《辞海》(1989年版)为修订外,其余全部为新编辞书。在本次全国辞书编写出版规划当中,汉语类专项辞书更多关注了相关类别辞书的"填补缺门"。具体来说,在第一次辞书编写出版规划涉及的虚字用法字典、成语词典、同义词反义词词典、语法修辞词典、正音正字字典、谚语词典等次类别的基础上,又增添了新词词典、搭配词典、缩略语词典、难字字典、典故词典、俗语词典、歇后语词典、方言词典等新的次类别。具体情况见表1-2:

表1-2 第二次全国辞书规划中汉语类辞书的规划情况(单位:部)

语文类			专项类					专科类	百科类	百科全书	外向型
古代汉语	现代汉语	综合类	古代汉语	现代汉语	方言	鉴赏	字体书法	50	3	5(种)	1
3	10	2	5	18	3	0	0				

通过比较两次国家级辞书编写出版规划(见表1-1和表1-2),我们可以看出,汉语类辞书的规划在数量和种类上都有较大幅度的增加。这说明,随着时间的推移和国家总体形势的发展变化,辞书的规划建设也在与时俱进。在汉语类辞书的所有类别中,专科类辞书的规划数量增加最多,这也反映了我国改革开放以来社会经济发展和科学技术进步对专科类辞书需求的不断增加。正如时任我国新闻出版署副署长的刘杲同志所指出的,"这次规划增加了专科辞书,包

---

① 第二次辞书规划中涉及的5种汉语类百科全书分别是《中国大百科全书》(70卷)、《小百科全书》、《中国少年儿童百科全书》、《中国农业百科全书》(30卷)和《中国军事百科全书》。

括自然科学和社会科学的。这几年专科辞书有很大发展,说明社会很需要"(刘杲,1989:470—473)。而且,第二次全国辞书编写出版规划增加了外向型辞书的内容(尽管只有 1 部),这说明随着改革开放的深入推进,中国与世界的交流逐渐增加,汉语的学习与推广开始在世界范围内兴起。从相关的历史文献来看,第二次全国辞书编写出版规划的制定更具专业性特点,而且对第一次全国辞书编写出版规划的实施结果也有非常清楚的调查和研究,比较客观,有延续性。这也充分说明规划工作只有建立在对发展现状具有明确认识的基础上才能做得更好。

2. 两次汉语类辞书全国规划的具体实施情况

2.1 第一次全国辞书编写出版规划实施期间汉语类辞书的实际出版状况

据我们的数据统计,在第一次全国辞书编写出版规划实施的 10 年期间(1975—1985 年),汉语语文类、专项类、专科类、百科类和外向型辞书共出版了 381 部(详见表 1 - 3)以及 8 种百科全书(共 78 卷)。从表 1 - 3 可以看出,汉语专科类辞书出版量最大,为 285 部;其次为专项类辞书,为 56 部;再次为语文类辞书,共出版了 32 部。在此期间,《辞源》(修订本)、《辞海》(简明本)以及《辞海》(修订本)[①]也都陆续出版问世。

对于我国首次全国辞书规划的具体实施情况,已经有相关调查研究和初步的结论,即"经国务院批准的 1975—1985 年编写出版的 160 种中外语文词典编写出版的规划,在各方面的支持和努力下已

[①] 据我们从国家图书馆所检索到的信息,从 1975 年起,《辞海》(修订本)有 28 个分册陆续出版(检索时间:2010-04-16)。

表1-3 第一次全国辞书规划期间汉语类辞书的实际出版概况(单位:部)

语文类		专项类					专科类	百科类	百科全书	外向型
古代汉语	现代汉语	古代汉语	现代汉语	方言	鉴赏	字体书法	285	6	8种78卷	2
4	28	7	38	7	2	2				

基本完成,辞书编写出版工作取得了很大成绩,呈现出繁荣局面"(金石,1989:469)。应该说,第一次全国辞书编写出版规划的实施是较为顺利的。

在本课题研究的过程中,我们将所收集到的数据与第一次全国辞书编写出版规划的相关数据进行了比对(见图1-1)。通过比较,我们发现,在第一次全国辞书编写出版规划实施期内,实际出版的辞书数量往往多于规划的数量。其中,专科辞书的出版数量增加尤为

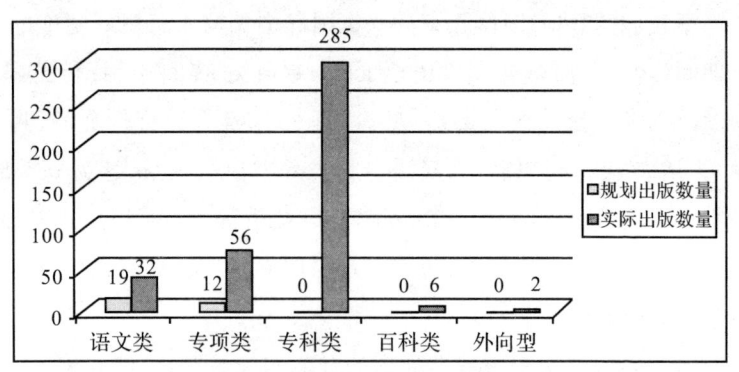

图1-1 第一次全国辞书规划期间汉语类辞书规划情况与实际出版状况对比(单位:部)①

---

① 由于百科全书的出版统计涉及"种"和"卷"两个层面,为避免混淆,所以本图中并未标注百科全书的出版数量(8种78卷),而第一次规划中并未提及百科全书的编写与出版。

突出。此外,还有不少未在规划范围内的辞书,如汉语百科类辞书、汉语专项类辞书(方言)、汉语外向型辞书等类别都有相当数量的出版。这些规划之外的辞书出版应该属于受市场需求调节或者是各相关出版单位的局部规划所致,因为国家级的辞书编写出版规划主要是起到宏观调控和引导作用。

从我们所搜集的该规划实施期内实际出版辞书的目录来看,汉语类辞书的编纂与出版呈现出纵向、横向发展的态势:

1)从纵向上看,汉语类辞书的编写出版呈现出多层次、系列化的特点。例如,通用现代汉语语文辞书在第一次全国辞书编写出版规划草案中只有11部[即《新华字典》、《工农兵字典》、《小学生字典》(2部)、《汉语图解小字典》、《汉语小词典》、《四角号码新词典》、《新华词典》、《现代汉语词典》、《汉语大字典》、《汉语大词典》],而实际上则出版了28部之多。第一次全国辞书编写出版规划实施的10年期间,我国出版了面向不同文化层次、满足不同年龄读者需要的现代汉语通用语文类辞书,如《少年儿童新字典》(钱奇等编写,上海少年儿童出版社,1981)、《中小学生字典》(钱觉民等编,甘肃人民出版社,1985),以及按不同检字法编排的词典,如《三角号码字典》(陈以强编著,辽宁人民出版社,1983)等。

2)从横向上看,汉语类辞书的实际出版并不囿于规划范围之内,而是根据社会需求,适当调整,呈现选题面扩大、新词典类型迭出的特点。以现代汉语专项类辞书为例,第一次全国辞书编写出版规划中规划出版11部,即《汉语成语小词典》、《现代汉语成语词典》、《汉语同义词反义词词典》、《汉语同义词词典》、《汉语正字正音字典》、《汉语谚语词典》、《汉语虚字用法字典》(3部)、《汉语语法修辞词典》(2部)。但据我们所搜集到的出版信息,实际出版了38部,出现了许多规划中未涉及的次类别辞书,如写作词典、疑难字(词)词典、歇后语词典、名言(警句)词典等。

此外,这个时期值得关注的还有外向型辞书的编写出版。虽然在首次全国辞书编写出版规划中并未提及此类辞书的规划,但实际上却有出版的,如 1980 年的《现代汉语八百词》(吕叔湘主编,商务印书馆)以及 1982 年的《实用汉语图解词典》(梁德润主编,外语教学与研究出版社)。

2.2 第二次全国辞书编写出版规划实施期间汉语类辞书的实际出版状况

据我们的数据统计,在第二次全国辞书编写出版规划实施的 13 年期间,汉语语文类、专项类、专科类、百科类和外向型辞书共出版了 3529 部(详见表 1-4)以及 216 种百科全书(共 538 卷)。从表 1-4 可以看出,专科类辞书的出版在各类别辞书中依旧独占鳌头,为 1822 部。

表 1-4 第二次全国辞书规划期间汉语类辞书的实际出版概况(单位:部)

语文类		专项类					专科类	百科类	百科全书	外向型
古代汉语	现代汉语	古代汉语	现代汉语	方言	鉴赏	字体书法	1822	250	216 种 538 卷	5
58	292	84	690	77	192	59				

对比两次全国辞书编写出版规划期间汉语类辞书的实际出版状况(见表 1-3 和表 1-4),我们发现,在第二次全国辞书编写出版规划实施期间,汉语类辞书的出版数量在语文类、专科类、百科类、专项类、外向型几个类别上增幅至少都在 4 倍以上。应该说,汉语类辞书的编纂出版在 1988—2000 年这 13 年的时间里取得了突飞猛进的发展。

如果把第二次全国辞书编写出版规划与实际出版情况做个对比(见图 1-2),我们可以看出,在第二次全国辞书编写出版规划期内,实际出版的辞书数量也是远大于规划的数量,其中专科类辞书表现得最为明显,汉语专项类和语文类辞书紧随其后。

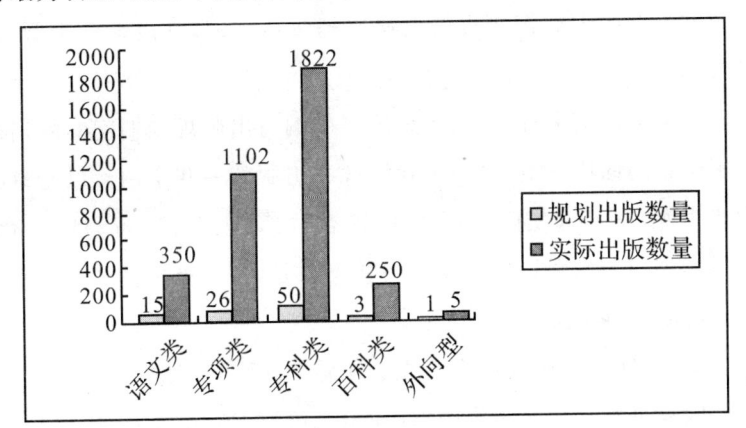

图 1-2 第二次全国辞书规划期间汉语类辞书规划情况与实际出版状况对比(单位:部)①

在第二次全国辞书编写出版规划实施的13年里,辞书出版继续保持纵向和横向双向发展的态势:

1)从纵向上看,在同一辞书类别内部多元化特征进一步发展。以古代汉语通用语文辞书为例,列入第二次全国辞书编写出版规划的仅有3部,即《古汉语字典》、《实用古汉语字典》以及《古汉语词典》。但在1988—2000年这段时期内实际却出版了58部,是规划出版数量的19倍之多。这其中有面向不同文化层次的《古汉语小字典》(徐振邦主编,大众文艺出版社,2000)、《基础古汉语词典》(郭清津等编著,广西人民出版社,1991)、《中华古汉语大辞典》(王松茂主编,解保勤编,吉林文史出版社,2000);有满足不同年龄读者需要的

---

① 由于百科全书的出版统计涉及"种"和"卷"两个层面,为避免混淆,所以本图中并未标注百科全书的出版数量(216种538卷),而第二次辞书规划中涉及的汉语类百科全书为5种。

《学生古汉语词典》(卢元等主编,上海辞书出版社,1988)、《中学文言大词典(初中部分)》(王福庆、金晓春主编,北京航空航天大学出版社,1991)、《中学文言文实用词典》(杨凤清主编,甘肃教育出版社,1992)等。

2)从横向上来看,第二次全国辞书编写出版规划期间实际出现了不少新的词典类型,填补了我国辞书出版的一些空白。以专科类词典为例,13年间实际出版了1822部,接近规划(50部)的37倍。专科辞书出版数量剧增带来的直接结果是,各一级学科基本上都有了自己的专科工具书。

另外,这一时期值得关注的是外向型汉语辞书的出版。在第二次全国辞书编写出版规划中,外向型汉语辞书有所涉及,比如《对外汉语教学词典》(南京大学外国留学生部,译林出版社)[①]。当然,实际出版的数量要略多,据我们的统计数据共有5部,分别为:《现代汉语常用词用法词典》(李忆民主编,傅亿芳等编写,北京语言学院出版社,1995)、《现代汉语学习词典》(孙全洲主编,上海外语教育出版社,1995)、《汉语常用词用法词典》(李晓琪等编,北京大学出版社,1997)、《汉语水平考试词典》(邵敬敏主编,华东师范大学出版社,2000)和《现代汉语离合词用法词典》(杨庆蕙主编,北京师范大学出版社,1995)。这表明,随着改革开放的逐步推进、对外交流的深入,汉语开始在世界范围吸引更多的学习者,外向型汉语辞书的研编也越来越引起词典学界和对外汉语教学领域学者的关注。这些变化让我们领略到对外开放促进了对外汉语教学的大发展。对外开放促进了对外汉语教学,对外汉语教学需要辞书,辞书文化借开放和留学生教学得以兴盛。

---

① 遗憾的是,据我们的统计资料,这部《对外汉语教学词典》并未得到出版。

3. 国家辞书编写出版规划对汉语类辞书发展的主要影响

1975年和1988年制定的两次国家级辞书编写出版规划对我国辞书编纂与出版事业的恢复、发展以至繁荣起到了非常重要的保障和推动作用。就汉语类辞书的编写出版规划而言,汉语类辞书出版的种类逐步增加,逐步系列化,配套成龙,填补缺门等,都充分显示了国家级辞书规划对辞书编纂与出版的重要导向作用。国家级辞书规划的宏观指导作用还表现在对辞书编写工作的统筹安排,例如对大型辞书编纂出版的规划与扶植,以及对编纂力量和资源的调控与分配。辞书编纂与出版事业能有今天的繁荣局面,两次国家级辞书编写出版规划功不可没。

当然,我们也应该看到,辞书规划也有鞭长莫及的地方,即规划颁布后的实际出版中存在的某些无序状况。正如第二次全国辞书编写出版规划座谈会所指出的:"在辞书出版发展快、数量大的同时,也存在一些值得注意的问题,主要是:选题交叉,特别是'热门'词典大量重复;一些词典质量不高,甚至粗制滥造,有的词典抄袭现象严重。"(金石,1989:469)其中,尤其值得辞书学界引以为戒的是"王同亿现象",这种现象指的是"王同亿及其同类人物炮制伪劣辞书的行为"[①]。据巢峰先生于2003年12月19日发表在《中华读书报》上的《辞书界的"三大战役"——打假批劣纪事及启示》一文指出,辞书学界开展的三次打假批劣战役中,前两次(第一次为1992年冬到1995年,第二次为2001至

---

① "王同亿现象"曾引发了中国辞书界最大的著作权诉讼和空前的集体批评。近十几年来,批评王同亿现象的专题文集已出版多本,如《发人深思的笑话——语言大典短评集》(上海辞书出版社,1995年)、《我们丢失了什么——"王同亿现象"评论文集》(商务印书馆,1999年)、《需要批评,需要反思——中国辞书评论集》(商务印书馆,2003年)。我国辞书学界的诸多前辈学者如巢峰、曹先擢、韩敬体、周明鉴、徐庆凯、李行健等先生均对"王同亿现象"做出过深刻的学术剖析和批判,彰显了辞书学界的浩然正气。

2002年)都把矛头指向了王同亿自编、主编的劣质辞书如《语言大典》、《现代汉语大词典》、《新现代汉语词典》、《新世纪现代汉语词典》、《新世纪规范字典》、《新世纪字典》等,足见"王同亿现象"的典型性。巢先生概括了这种现象的三大突出特点:抄袭剽窃、粗制滥造和弄虚作假。巢先生强调说,"这种现象以王同亿为突出代表,但并不是王同亿一个人的问题,而是某一阶段中辞书界带有较大普遍性的现象"。粗制滥造、剽窃抄袭和重复出版已成为影响我国辞书事业发展的突出问题。那么未来的辞书规划除了在辞书选题、出版数量等方面做出规划外,是否也要对规划的具体实施给予明确的指导意见,如针对辞书出版社的资格审查和准入制度的建设、辞书选题的审批、辞书质量的审核等,尤其是中小型辞书的出版与质量监管。当然,各相关辞书出版单位的局部规划意识以及出版单位之间的相互沟通与合作也十分重要。特别要注意避免同一类辞书选题的出版"一窝蜂"现象,各出版单位应结合自己的优势和特色,生产符合市场需求的优质辞书产品。

我们认为,这种无序状态在计算机时代是容易克服的。"无序"无非是"计划外""规划外"造成的。在"计划外"自选题时,项目主持人应当做些"设计调查工作",问计于上下百年,问计于同时异地,力避重复劳动。任何一部词典,都像是一座图书馆,牵涉到方方面面的知识,动手之前,多问几个"你准备好了吗?"是十分有益的。今天,像18世纪英国的约翰逊一人编一部《英语词典》,八十多年前我国的朱起凤一人编一部《词通》的事几乎没有了。往往是一个班子编一部词典,编纂组织工作成了现代词典业务中的必修科目,主持人应当反复考问:你的班子的总体与任务目标相适应吗?此外,我们还曾设想,国家教育部语言文字信息司应当有专人负责管理全国的词典编纂,任何单位和个人拟编一部词典,均需上报,挂在网上,以备查询,也便于监督,在辞书文化日益成为我国主流文化一部分的今天,此举尤为必要。

下篇 改革开放30年汉语类辞书的发展状况

1. 初步发展期(1978—1987年)内汉语类辞书的发展状况

1978年党的十一届三中全会以来,在拨乱反正、实事求是的强劲东风的催发下,我国辞书事业迎来了百花吐蕊、群芳争艳的春天(杨祖希,1989:490—492),进入了一个初步发展的历史时期。在初步发展期内,据我们的统计,我国汉语类语文、专项、专科、百科和外向型辞书共出版了700部以及12种百科全书(共137卷)。具体来说,专科类辞书出版量最多,为482部,其次为专项语文类辞书,共出版了127部。其他类别的辞书出版状况依次为:(通用)语文类辞书59部、百科类辞书30部以及汉语外向型辞书2部。下面将对初步发展期内我国汉语类辞书的发展状况进行分类概述。

1.1 汉语语文类辞书的发展状况

在初步发展期内,汉语通用语文类辞书的出版量相对较少。据我们的统计,共出版了59部,平均每年约为6部(准确平均值为5.9部)。其中,古代汉语语文类辞书为11部,现代汉语语文类辞书为48部。汉语类辞书的这个出版规模总体与当时的社会状况相符合。党的十届三中全会以后,辞书的出版工作正从"文革"的破坏中慢慢得以恢复并逐步进入初步发展的阶段。因此,本阶段内汉语辞书的出版总量不是很多,总体上呈现出一个缓慢增加的初步发展态势。

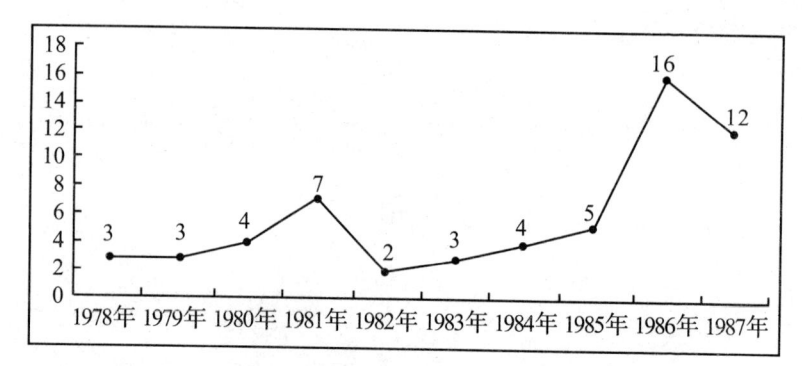

图 1-3 初步发展期内汉语语文类辞书年度出版数量的
实际分布情况(单位:部)

在初步发展期内,虽然古代汉语普通语词词典数量有限,但已开始呈现出向多层次、系列化发展的趋势。例如,除了通用型的古代汉语词典(如《古汉语常用字字典》,《古汉语常用字字典》编写组编,商务印书馆,1979;《简明古汉语字典》,张永言等编,四川人民出版社,1986)之外,还出版了规模较小、面向中学生的词典(如《中学文言文词典》,王作人等编,福建人民出版社,1985;《中学生文言字典》,《中学生文言字典》编写组编,福建人民出版社,1987)。

在本时期内,汉语语文类辞书最值得关注的是 1978 年由中国社会科学院语言研究所词典编辑室编纂的《现代汉语词典》的出版,这是我国第一部以推广普通话、促进汉语规范化为目的的中型现代汉语词典,是一部集规范型、查考型、学习型和研究型于一身的高水平汉语词典。到目前为止,总的来说,我们对它的研究还很不够,对它的使用多于研究,应当进一步加强对它的研究,它的编纂思想、编纂方法、编纂体例和编纂历史等都值得我们很好地研究。该词典"体例精当、审辨明晰,对推广普通话、进行汉语教学、促进汉语规范化起了极大作用"(林玉山,2001:57)。自该词典出版以来,1978—1987 年间我国汉语普通语词词典的品种逐步齐全，不同规模及各类词典均有出版。据我们的统计数据，这一时期出版的48部现代汉语普通语词词典内容既包括篇幅较大的《汉语大字典》(第2卷)、《汉语大词典》(第1卷)，也有收词较少的《汉语小词典》(《汉语小词典》编写组编，上海辞书出版社，1979)、《现代汉语小词典》(中国社会科学院语言研究所词典编辑室编，商务印书馆，1980)和《新华字典》(1979年修订重排本/5版修订本)(商务印书馆，1980)等；也有面向语言文化认知水平较低的读者对象的幼儿、儿童词典以及学生词典，如《幼儿图画字典》(张美芬编，晓迟等画，中国少年儿童出版社，1986)、《小学生常用字典》(宫汝惠、郑欣编，黄山书社，1986)和《中学实用语文词典》(易理栋等著，四川辞书出版社，1986)等；同时还有不同类型的检字法词典，如《倒序现代汉语词典》(中国社会科学院语言研究所词典编辑室编，商务印书馆，1987)、《三角号码字典》(陈以强编著，辽宁人民出版社，1983)、《四角号码新词典》(商务印书馆，1978)、《五码查字法简明字典》(罗先安编，湖南人民出版社，1984)等；还有一些频率词典、图画词典和学习词典等。由此可见，《现代汉语词典》的编纂出版带动了一批相关同类辞书的编纂出版，有效地满足了汉语教学与使用的多层次及多元化需求。这些小词典、实用词典之类的工具书都不是《现代汉语词典》的卫星词典，但可以配合使用，补充未录，最大限度地发挥各自的答疑问难的作用。

在中国影响最大的两部综合性大型词典——《辞海》和《辞源》，虽然在50年代后期就开始重新修订，但作为正式出版的修订本，都是在1979年之后才与读者见面。(严庆龙，1989:479—482)具体来说，从1979年开始，《辞源》(修订本)由商务印书馆出版(第一册，1979；第二册，1980；第三册，1981；第四册，1983)。应该说，《辞源》的修订在第一次全国辞书编写出版规划规定的完成时间内基本顺利完成。1977年《辞海》(语词分册)的上、下册出版(上海人民出版社),《辞海》(1979年三卷本)(上海辞书出版社)也都得以出版。此外,《辞海》的各分册也在同一时期陆续出版。

在本时期内,值得我们关注的汉语辞书编写活动还有:《汉语大词典》和《汉语大字典》开始编纂并陆续出版。《汉语大词典》(13卷本)由罗竹风主编,汉语大词典出版社于1986—1994年出版。《汉语大词典》是中国第一部大型的古今兼收、源流并重的历史性规范语文词典,是汉语词汇的宝库。(林玉山,2001:58)本词典1975年由山东、江苏、安徽、浙江、福建、上海共5省1市开始协作编写,先后有1000多人参加了资料整理和编写工作。(雍和明等,2006:425)可以看出,与我国第一次全国辞书编写出版规划的要求——"汉语大词典,新编,上海人民出版社,完成时间:1985,备注:上海市和山东、江苏、浙江、安徽省协作"相比,这部大型语文词典的实际编纂出版要有所滞后,由此我们也看到大型辞书项目完成的难度。同样,与第一次全国辞书编写出版规划中的要求——"汉语大字典,新编,承担编写省市:湖北、四川,出版者:湖北人民出版社,1985"相比,《汉语大字典》(8卷本)也经过了一个较长的出版周期,即1986—1990年由四川辞书出版社和湖北辞书出版社联合陆续出版。该书反映汉字形体源流演变,采取上古音、中古音、现代音三段注音法,有重点地适当地反映汉字字音的历史演变和发展。《汉语大字典》是中国迄今最完备、最大规模、最先进的一部汉字字典。(林玉山,2001:58)

1.2 汉语专项类辞书的发展状况

在初步发展期内,根据我们的数据统计,汉语专项语文类辞书共出版了127部,仅次于专科类辞书的出版,平均每年出版约13部(准确平均值为12.7部)。具体来说,在专项类辞书中,现代汉语专项类辞书出版量最多,为86部,其次是古代汉语专项类辞书,出版了16

部。此外，方言类专项辞书出版了12部，鉴赏专项类辞书出版了10部，还有字体书法专项类辞书3部。[①] 从图1-4可以看出，从1978年开始，专项类辞书的出版量基本上是逐年增加的。汉语专项语文类辞书的这一发展特征主要得益于改革开放初期，越来越多的人开始学习语文知识，恶补"十年动乱"中知识匮乏的情况。专项类辞书的大量出版满足了人们进行语文知识深度学习的需求（特别是对古代汉语语言和文学两个方面的学习）。

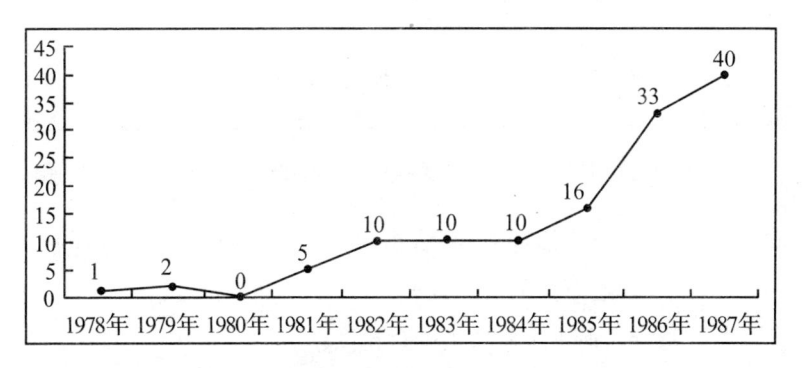

图1-4 初步发展期内汉语专项类辞书年度出版数量的实际分布情况（单位：部）

在初步发展期内，据我们的数据统计，古代汉语专项类辞书出版了16部，主要是典籍词典、文言虚词词典以及断代词典等。

现代汉语专项类辞书出版总量为86部，次类别的种类趋于完整，主要有如下类别：成语词典、惯用语词典、写作词典、类义词典、谚语词典、文学描写词典、歇后语词典、名言警句词典、典故词典、文章体裁词典、难字词典、动词搭配词典、新词词典、同音词词典等。这些

[①] 关于方言词典的类型归属，是通用语文类还是专项语文类，我们特请教了南京大学中文系鲁国尧先生，将方言词典归为专项语文类。另，由于数据搜集伊始，我们主要关注语词词典，对"鉴赏""字体书法"两个次类别相关辞书出版数量的统计可能比实际出版量略少。

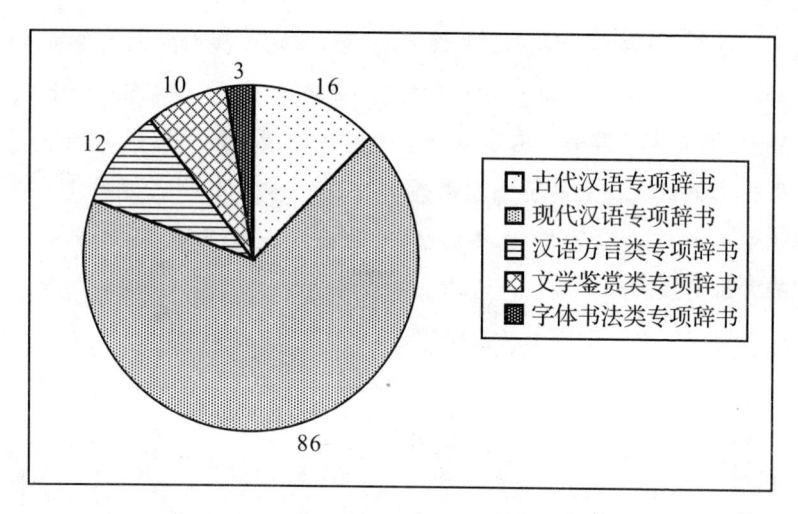

图 1-5 初步发展期内汉语专项类辞书各次类别出版数量对比图(单位:部)

辞书规模不一,以成语词典为例,小到儿童成语词典、中小学生成语词典,大到收词逾万条的成语词典。图 1-6 是现代汉语专项类辞书中出版数量排在前十位的次类别对比图:

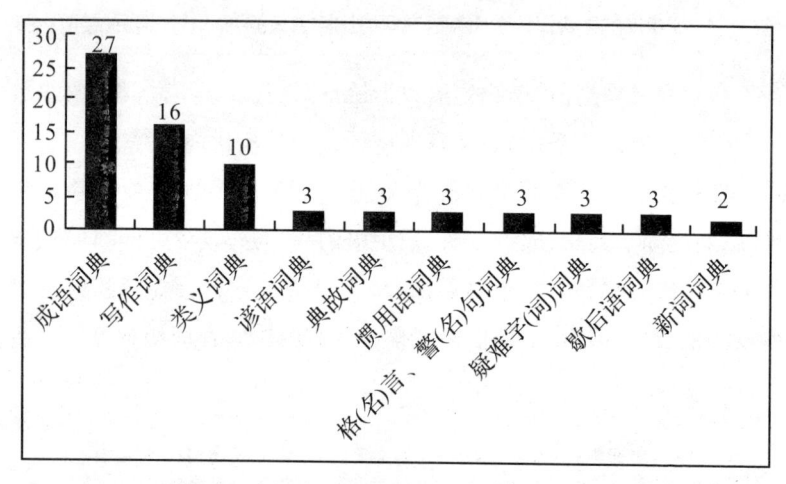

图 1-6 初步发展期内汉语专项类辞书中出版量排在前十位的次类别出版情况(单位:部)

此外,据我们的数据统计,在初步发展期内,我国的方言类辞书出版了12部,涵盖了闽语区(4部)、官话区[北京官话(2部)、西南官话(2部)]、粤语区(1部)、吴语区(1部)等4个大方言区,①另有两部综合性的方言类辞书,分别为《方言调查字表(增订本)》(中国社会科学院语言研究所,商务印书馆,1981)和《方言小词典》(傅朝阳编,山东教育出版社,1987)。(请见表1-5)1979年中国社会科学院语言研究所创办《方言》杂志、1981年全国汉语方言学会成立,以及全国方言的实地调查和理论研究等都为汉语方言词典的编纂与出版提供了诸多有利的学术研究与实践基础条件。

表1-5 初步发展期内汉语方言类辞书出版情况统计(单位:部)

官话								晋语	吴语	徽语	赣语	湘语	闽语	粤语	平话	客家话	综合性	其他
东北官话	北京官话	冀鲁官话	胶辽官话	中原官话	兰银官话	西南官话	江淮官话											
0	2	0	0	0	0	2	0	0	1	0	0	0	4	1	0	0	2	0

据我们的数据统计与分析,在初步发展期,还有10部文学鉴赏类汉语辞书以及3部字体书法类辞书得以出版。文学鉴赏类汉语辞书主要是为了满足人们对文学知识方面的渴求,另外,也反映了人们提高自身文化修养的愿望。诗歌是文学的重要体裁,唐诗和宋词又代表了我国诗词的最高水平,是中华文化的瑰宝。搜集到的这一时期文学鉴赏类汉语辞书主要是诗词鉴赏,共有7部,大部分是关于唐诗、宋词的鉴赏。书法作为一种中国特有的传统艺术,也得以用辞书

---

① 此处,关于方言区的划分,我们主要的参考依据是《中国语言地图集》(中国社会科学院和澳大利亚人文科学院合编,1987—1989)对汉语方言区的划分。据此,我们对方言辞书出版数量的统计是按大方言区来定的。

这种载体记录,对于传承中华文化、满足书法爱好者的需求起到了积极的作用。例如,我们搜集到了这一时期梁披云先生主编的《中国书法大辞典》(香港书谱出版社、广东人民出版社,1984)。这部书法词典已经不仅仅是供书法爱好者赏玩,而是"反映当代(按:80年代中期)书法理论研究水平的鸿篇巨制"(钟剑,1987:109),堪称"书法艺术的百科全书"。类似大型综合性书法词典的出版不但巩固发展了中华书法艺术,而且满足了人们对书法艺术鉴赏研究的渴望,在提高国人文化修养方面发挥了重大作用。可以说,文学鉴赏类以及书法类辞书的出版,极大地丰富了人们的文化生活。

从总体来看,汉语类专项辞书在初步发展期内品种大致齐全,填补了我国汉语专项类辞书的很多空白,适应了广大读者多层次、多方面的不同需要。但汉语专项类辞书进入初步发展时期也出现了发展不平衡等问题,如成语词典等某些次类别的专项辞书出版量远大于其他次类别。当然,出版量大一方面反映了社会需求量大,但也难免出现重复出版的情况(如本时期内成语词典出版了 27 部,占这一时期全部汉语专项类辞书的约 21.26%)。与此同时,"绝大多数朝代的断代词典未见出版,专书专人词典更显寥寥"(徐祖友,1989:486—488)。方言词典涉及范围较窄,仅覆盖了 4 个大方言区,全国其他方言区及各大中小城市方言词典仍告阙如。

1.3 汉语专科类辞书的发展状况

在初步发展期内,与汉语语文类辞书相比,专科类辞书的出版量相对更多一些。据我们的数据统计,这一时期我国共出版了汉语专科类辞书 482 部,平均每年出版约 48 部(准确平均值为 48.2 部),年平均出版量是语文类辞书的 8 倍多。回顾当时的社会发展状况,党的十一届三中全会以后,党和国家的工作重心转移到经济建设上,社会对专科类辞书的需求应该说还是比较大的。从图 1-7 也可以看出,专科辞书的出版量是逐年增加,呈上升趋势。正如杨祖希先生所描述的,"十载耕耘,我国专科词典的编纂出版蒸蒸日上,蓬勃发展,几乎已呈繁星满天、花开遍地之势"(杨祖希,1989:490—492)。①

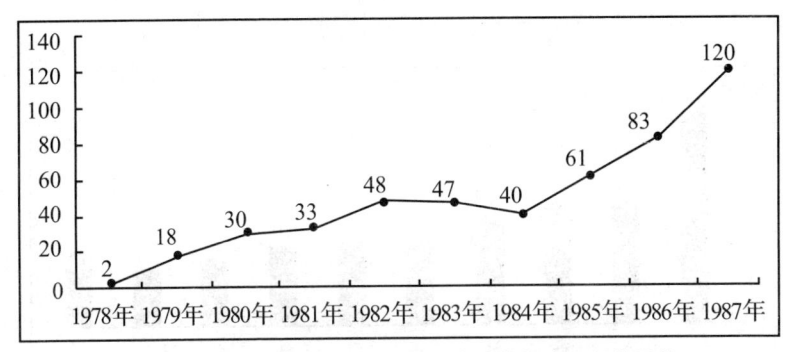

图 1-7 初步发展期内汉语专科类辞书年度出版数量的
实际分布情况(单位:部)

在初步发展期内,汉语专科类辞书的出版应该说无论在种类、数量还是在质量上都大大超过了以往。借鉴徐庆凯先生在《专科词典论》一书中提出的专科辞书分类模式,我们尝试从宏观上对这 10 年间出版的专科辞书加以考察和分析,请见表 1-6:

表 1-6 初步发展期内汉语专科类辞书各次类别出版情况(单位:部)

类别	学科词典	术语词典	专名词典	专题词典	其他
数量	276	68	76	60	2

通过我们对学科类专科词典出版情况的进一步分析,应该说,主要学科大都有了相关的专科工具书。但另一方面,这一期间汉语专科类辞书发展不平衡的现象也是非常明显的,主要表现为有些学科的辞书出版数量过大,如经济类(共出版了 54 部,占该时期内专科辞

---

① 需要指出的是,杨先生的"十载"是指 1979—1988 年,与我们的时间跨度(1978—1987 年)略有不同。

书出版总数的约 11.2%)、交通运输工程(共 31 部,占该时期内专科辞书出版总数的约 6.43%)等;有些学科的专科工具书尚告阙如,例如力学、材料科学、纺织科学技术、食品科学技术和安全科学技术等。下图为该时期内学科类专科辞书中出版量排在前十位的学科[①]情况:

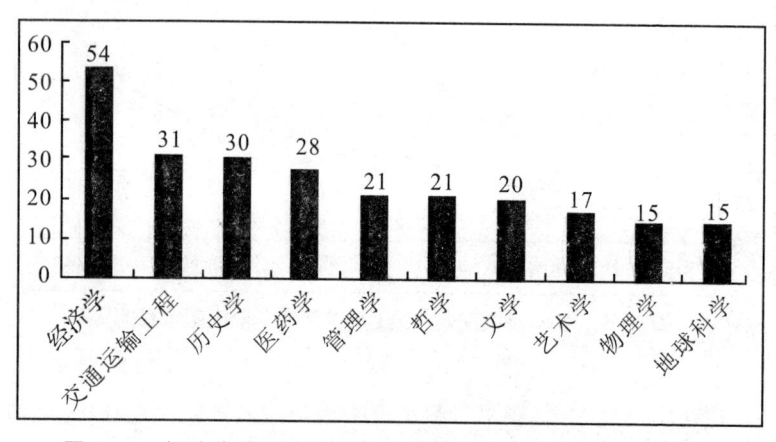

经济学	54
交通运输工程	31
历史学	30
医药学	28
管理学	21
哲学	21
文学	20
艺术学	17
物理学	15
地球科学	15

图 1-8　初步发展期内汉语专科类辞书中出版量排在前十位的次类别出版情况(单位:部)

从图 1-8 我们可以看到,汉语专科类辞书主要集中在经济、交通运输工程、历史、医药、管理、哲学、文学、艺术、物理和地球科学这些学科领域。其中,经济学大幅领先其他学科。初步发展期我国经济建设刚刚从"文革"破坏中复苏,经济、交通运输工程等类别专科辞书的大量出版从一个侧面反映了这些学科建设对辞书的迫切需要。

1.4　汉语百科类辞书的发展状况

在初步发展期内,我国汉语百科类辞书的出版量还是很少的。

[①] 在考察专科类辞书在学科中的分布状况时,我们主要针对"一级学科"。关于一级学科的划分,我们基本上是按照"中国科研项目《学科分类与代码》"(共 59 个一级学科)来操作的。需要说明的是,出于统计便利的目的,我们适当合并了一些一级学科,如"医药学",实际上包含了畜牧兽医科学、基础医学、临床医学、预防医学与卫生学、军事医学与特种医学、药学、中医学和中药学这些一级学科。特此说明。本章中下同。

据我们的数据统计,这期间我国共出版了30部汉语百科类辞书,平均每年出版3部。从图1-9可以看出,1978—1982年,汉语百科类辞书的出版基本上处于空白状态。从1983年开始,汉语百科类辞书的出版数量才逐步开始增长。可以说,随着改革开放的推进和深入,社会对百科知识查询或学习的需求在逐步增大。

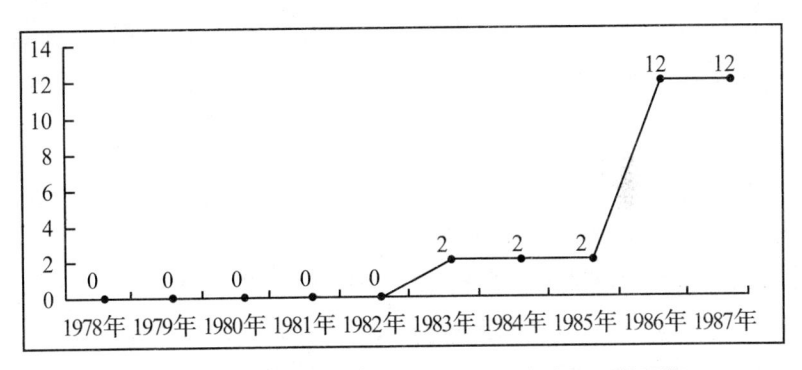

图1-9 初步发展期内汉语百科类辞书年度出版数量的实际分布情况(单位:部)

在初步发展期内,适应现代社会不同专业和不同层次读者求知需要的不同种类的百科性辞书开始问世,综合性百科、专业性百科、地域性百科等趋向系列化。参见表1-7:

表1-7 初步发展期内汉语百科类辞书出版系列化情况(单位:部)

类别	综合性百科			专业性百科	地域性百科
	高档	中档	低档		
数量	4	10	3	12	1

从表1-7可以看出,综合性百科辞书涵盖了高、中、低三个档次,应该说综合性百科辞书的编写与出版充分考虑了不同层次的读者需求。就本时期内的专业性百科辞书的出版而言,涉及马克

思主义、哲学、军事、语言、历史等专业学科。这其中，出版比较多的是语文知识百科词典，如《简明语文知识辞典》（王凤主编，湖北人民出版社，1983）、《语文知识词典》（河北师范学院《语文知识词典》编写组编，河北人民出版社，1984）、《语文学习百科知识词典》（陶本一、卫灿金主编，陕西人民教育出版社，1986）等。就地域性百科辞书而言，有一部关于台湾地理概况的知识词典，即《台湾知识词典》（包恒新主编，福建人民出版社，1987），"这部词典是国内第一部省情工具书，也是第一部反映台湾情况最系统最完整的工具书"（林玉山，1989）。

1.5 汉语外向型辞书的发展状况

在初步发展期内，与汉语其他类别的辞书相比，外向型辞书的出版数量是最少的。据我们的数据统计，本时期仅有两部汉语单语外向型辞书[①]，分别为1980年吕叔湘先生主编的《现代汉语八百词》和1982年梁德润先生主编的《实用汉语图解词典》。《现代汉语八百词》的出版"标志着中国的外向型汉语学习词典的编纂在形式和内容上都实现了实质性跨越。该书专供非汉族人士学习汉语时使用，所收词目的75%为汉语中最常用的虚词，25%为部分用法比较复杂的实词"（雍和明等，2006:519）。《实用汉语图解词典》则是一部采用图文对照形式释义的中型汉语词典，全书共收汉语词汇2万多条，可供中等文化程度的中外读者使用，属于汉语单语外向型辞书类型。

在此阶段内，汉语外向型辞书出版量少的状况与当时的社会总体发展状况是相对应的。汉语外向型辞书的编纂与出版和对外汉语

---

① 限于客观资料的缺乏，我们仅发现了这两部汉语单语外向型辞书。当然限于搜索视野的局限，可能还存在其他的汉语单语外向型辞书。如有遗漏，我们在此谨致歉意！

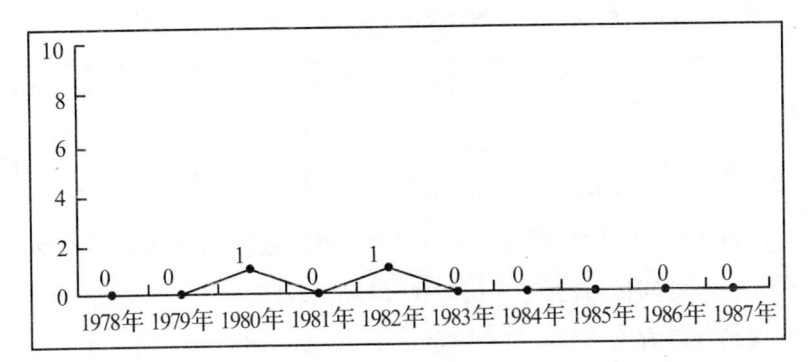

图 1-10　初步发展期内汉语外向型辞书年度出版数量的
实际分布情况(单位:部)

教学的推广程度是紧密相连的。当时改革开放刚刚起步,中国与世界的交流主要还停留在学习和引进西方的层面上,因此,汉语外向型辞书的需求还相对比较小。可以说,这一时期汉语外向型辞书发展刚进入起步的阶段。

1.6　汉语类百科全书的发展状况

与其他类别的辞书相比,百科全书编纂出版所需的科技文化含量较高,通常来说工程浩大且耗资较多,往往有赖于国家的政治稳定和经济发展。所谓"盛世修典",百科全书的编纂出版也同此理。1978年,在"为了普遍提高各族人民的科学文化水平,为了进行社会主义现代化建设,为了向全世界介绍我国过去和现在各方面的情况,我国需要早日出版百科全书"思想的指导下,我国成立了第一个专门出版百科全书等工具书的出版社——中国大百科全书出版社,开始组织编纂中国自己的百科全书。(徐松,2002:20)1978—1987年这段时间可被视作现代百科全书在中国"从无到有的创始阶段"(金常政,1998:8)。表1-8是初步发展期内汉语类百科全书的出版情况:

表1-8　初步发展期内汉语类百科全书年度出版情况①

年份	1978	1979	1980	1981	1982	1983	1984	1985	1986	1987
种数	0	0	2	2	3	3	4	4	4	5
卷数	0	0	2	3	11	14	19	29	29	30

自1980年开始,我国汉语类百科全书伴随着《中国大百科全书》(天文卷)的问世,拉开了中国现代百科全书系列发展的序幕,结束了中国长期没有综合性百科全书的历史。(雍和明,2006:496)整个80年代,74卷本的《中国大百科全书》开始分卷陆续问世,到1988年已出版36卷。

以《中国大百科全书》的出版为契机,此后的近10年当中,百科全书这一类型的辞书在中国也逐渐受到重视,适应现代社会不同专业和不同层次读者求知需求的不同种类的百科性辞书开始陆续出版。具体来说,1978—1987年间,综合性、专业性、地域性趋向系列化,各类百科全书的出版,从无到有、从少到多,反映了10年开拓的实绩。(严庆龙,1989:479—482;金常政,1989:482—486)请见表1-9:

表1-9　初步发展期内汉语类百科全书类别统计

百科全书类别		数量(12种)	数量(137卷)
综合类	高级成人档	1	53
	中档普及型	2	2
	少年儿童档	2	5
专业性百科全书		7	77
地域性百科全书		0	0

---

① 由于某种大型(多卷本)百科全书会跨年度出版,计算总数时会出现重复计算的情况。故表1-8中百科全书的种数之和虽为27种,但经合并同种类百科全书(即同种类跨年度出版的百科全书仅算1种)后,实则为12种。

我们可以发现,虽然我国的现代百科全书出版事业起步较晚,但在短短的8年(1980—1987年)内,百科全书在系列化、多层次化和类别多样化的发展上,还是取得了令人鼓舞的成就。

1.7 初步发展期小结

综上所述,1978—1987年的10年间,经过各方面的努力,我国的汉语辞书事业逐步走出了"匮乏的处境"这一局面。这一初步发展的良好局面显然得益于1978年以来改革开放带来的政治稳定、经济持续发展的大环境,同时也得益于第一次全国辞书编写出版规划的有力推动和引导,汉语类辞书在出版数量和质量上都有了很大的提高,辞书类别不断得以完善,并逐步系列化,辞书事业进入健康发展的轨道,为此后汉语类辞书的快速发展奠定了较好的基础。

这十年,是我国新的历史时期词典的起步阶段,"而今迈步从头越",成果卓著,引人注目。《汉语大词典》和《汉语大字典》是两部彪炳史册的标志性成果,《中国大百科全书》是横空出世、令全世界刮目相看的辞书文化工程,两"典""大百科",使中国的辞书文化步入了世界文化之林。国外有以"百科全书"命名的学派名,18世纪法国人文主义学者狄德罗是这个学派的创始人和总代表,他利用自编的《百科全书,或科学、艺术和手工艺大词典》开展新兴的资产阶级思想的启蒙运动。我国百科全书的出版并没有因此而形成一个什么新学派,但它的问世也对形成我国的辞书文化有着举足轻重的意义,这是可以肯定的。"《中国大百科全书》和中国辞书文化"这个主题并没有得到深入的研究,而它是值得我们去深入研究的。例如,一个常见而重要的命题:当代教育改革中的通识教育,或素质教育,或全面教育的提法,几乎是个全球化的问题。通识教育原本是以中国传统文化的主要内容为蓝本的。严复(1895)说,"中国夸多识,而西人尊新知"(《论世变之亟》),这在一定程度上道出了中西学术的区分。我们要问:全球化时代我们将期待什么样的人类通识？我们的回答是,中国人编的《中国大百科全书》所包含的门类科学的学术思想、科学方法学以及循此而升华的科学方法论,若干形而上思想,包括某些相关的知识本体,是我国通识教育的内容。在一定程度上,我们可以说:我国在全球化时代的通识教育是以《中国大百科全书》为蓝本的百科全书教育。十分可惜的是,我们对《中国大百科全书》本身的学术理念、科学思想、科学方法学、内在逻辑都还没有很好研究,以致我们无法去认清和发现"通识教育——中国大百科"之间的同一性奥义。

2. 快速发展期(1988—2000年)内汉语类辞书的发展状况

在快速发展期(1988—2000年)内,我国汉语类辞书的编纂出版发展迅速,取得了很大成就。具体来说,据我们的数据统计,这一时期,我国汉语类辞书共出版了4067部/卷。其中,汉语专科类辞书出版量最大,为1822部,其次为专项类辞书,共出版了1102部。其他类别的辞书也有较多数量的出版,通用语文类辞书为350部,汉语类百科辞书为250部,汉语外向型辞书为5部,以及216种百科全书(共538卷)。下面将分类别对快速发展期内我国汉语类辞书的发展状况进行逐一概述。

2.1 汉语语文类辞书的发展状况

在快速发展期内,据我们的数据统计,语文类辞书出版了350部,平均每年出版约27部(准确平均值约为26.92部)。这其中,古代汉语语文辞书有58部,现代汉语语文辞书有292部。与初步发展期(59部)相比,这一时期的汉语语文类辞书出版总量增加了约5倍,呈现出快速增长的繁荣局面。具体请见图1-11。

据我们对本时期内汉语语文类辞书出版情况的定性分析,通用语文类辞书的编纂与出版在快速发展期内呈现出以下特点:

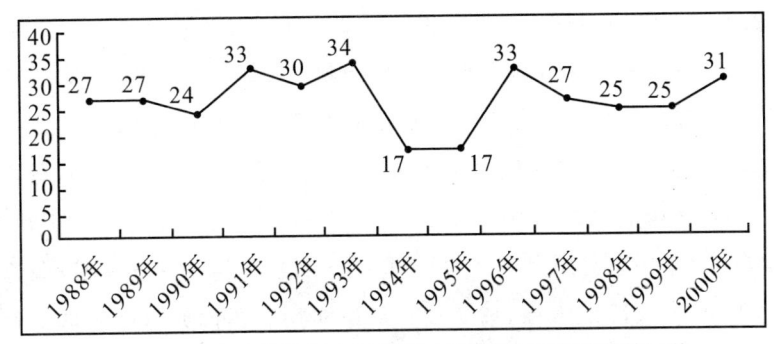

图 1-11　快速发展期内汉语语文类辞书年度出版数量的
实际分布情况(单位:部)

就古代汉语类语文辞书而言,1)规模大、中、小不等,系列化趋势明显,如《古汉语小字典》(徐振邦主编,大众文艺出版社,2000)、《基础古汉语词典》(郭清津等编著,广西人民出版社,1991)、《古汉语常用字字典》(第 3 版)(《古汉语常用字字典》编写组编,商务印书馆,1998)、《简明古汉语常用字字典》(张玉金等编著,辽海出版社,1999)以及《中华古汉语大词典》(王松茂主编,解保勤编,吉林文史出版社,2000)等,这些不同规模的古代汉语类语文辞书满足了不同层次读者对古代汉语的语言认知需求。2)学习型汉语辞书的出版数量明显增多,①如《学生古汉语词典》(卢元等主编,上海辞书出版社,1988)、《中学文言大词典(初中部分)》(王福庆、金晓春主编,北京航空航天大学出版社,1991)和《中学文言文实用词典》(杨凤清主编,甘肃教育出版社,1992)等。据我们的数据统计,58 部古代汉语普通语文词典中冠以"学生"、"学习"以及"中学"字样的学习型汉语语文辞书有 18 部,占该时期古代汉语类语文辞书总量(58 部)的约 31.03%。

就现代汉语语文类辞书而言,1)辞书出版数量增长幅度大。据

---

① 在初步发展期内,学生词典数量小,11 部中仅有 2 部。

我们的数据统计,这一时期共出版了292部现代汉语普通语文词典,是前一阶段现代汉语语文类辞书出版量(48部)的6倍多。2)辞书品种繁多。这主要表现为实用型词典和多功能词典增多(共出版49部),约占这一时期现代汉语语文辞书出版总数(292部)的六分之一,如《全功能汉语常用字字典》(张玉金、高虹主编,辽海出版社,2000)、《常用字五用字典(注音·释义·辨析·组词·作文)》(萧嘉主编,陕西人民出版社,1990)和《新编实用汉语词典》(韩敬体等编著,社会科学文献出版社,1990)等。3)辞书出版的多层次化趋向更加明显,以满足不同年龄段使用者的需求,例如《学龄前彩色图解字典》(郅新等编,双水、石晨美术设计,湖北少年儿童出版社,1991)、《小儿童中文字典》(吴学云、高永信绘,汉语大词典出版社,1996)、《小学生五用词典》(刘国业主编,气象出版社,1993)以及《中学生实用学习辞典》(郎好成等编,中国广播电视出版社,1989)等。此外,面向不同文化层次的词典也有不少,如《扫盲标准字典》(伶乐泉主编,季恒铨等编写,中国社会科学出版社,1993)、《农民实用字典》(黎汉光等编,广西教育出版社,1991)以及《中学教师实用语文辞典》(《中学教师实用语文辞典》编写组编著,北京科学技术出版社,1989)等。4)辞书编排方式多样化,如《三笔形快速查字法字典》(吴西成、陈桂成主编,福建少年儿童出版社,1992)、《速查学生字典("杞"码顺序排列)》(南人等编著,广西民族出版社,1992)以及《简明逆序词词典》(崔玉松主编,山东教育出版社,1999)等。5)辞书规模"大"与"小"两极发展。在大型汉语辞书方面,《汉语大词典》和《汉语大字典》继续编纂出版其他分卷的同时,针对中小学生编写的小型趣味性很强的或各种各样的图画本辞书也有不少出版,如《少儿看图解说字典》(中国广播电视出版社编,中国广播电视出版社,1991)以及《小学生彩色图解字典》(郅新编,双水、石晨美术设计,湖北少年儿童出版社,

1991)等。此外,体积小而便于携带的汉语普通语文词典也不断涌现,如《袖珍字海》(赵所生、缪咏禾主编,《袖珍字海》编写组编写,江苏教育出版社,1994)、《袖珍汉语词典(修订本)》(莫衡主编,金盾出版社,1999)以及《迷你字典》(贺国伟、刘爱群编著,汉语大词典出版社,1995)等。

2.2 汉语专项类辞书的发展状况

在快速发展期内,据我们的数据统计,汉语专项语文类辞书共出版了1102部,仅次于专科类辞书的出版量(1822部),平均每年出版约85部(准确平均值约为84.77部)。具体来说,在汉语专项类辞书中,现代汉语专项类辞书出版量最多,为690部,其次是文学鉴赏类专项辞书,出版了192部,接下来分别是古代汉语专项类辞书84部,方言类辞书77部,以及字体书法类辞书59部(请见图1-13)。这表明,随着辞书用户知识学习的需求日益扩大,专项类辞书的出版量也在持续增加。

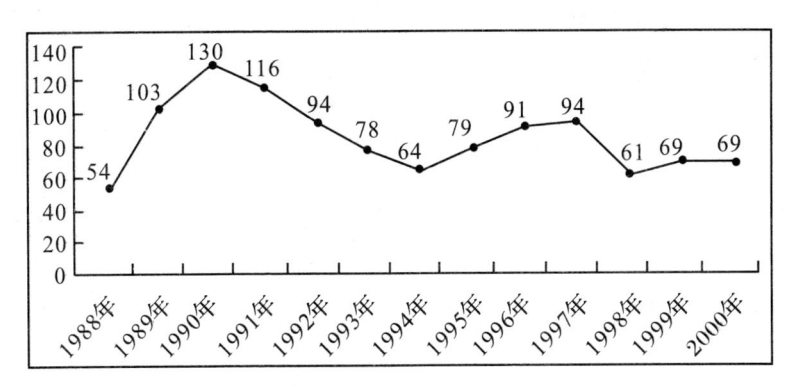

图 1-12　快速发展期内汉语专项类辞书年度出版数量的
实际分布情况(单位:部)

据我们的数据统计与分析,在快速发展期内,古代汉语专项类辞书在种类和数量上都有较大幅度的增长,涉及20多种次类别,其中

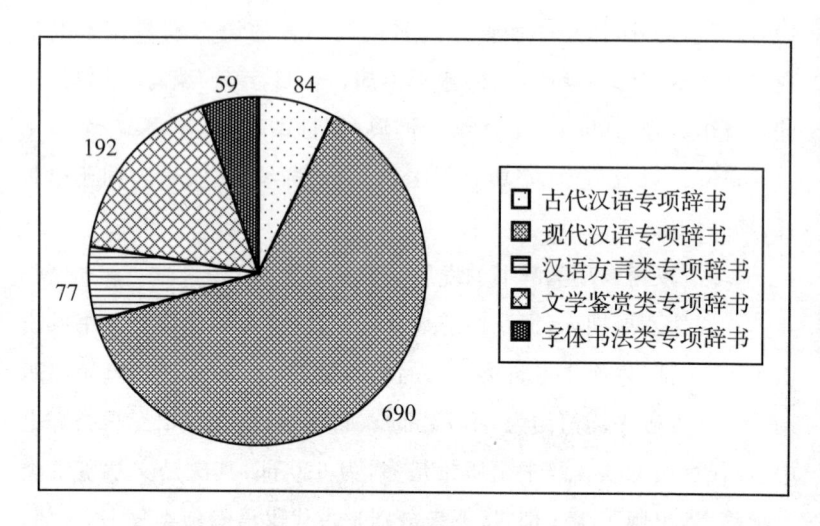

图 1-13 快速发展期内汉语专项类辞书各次类别出版情况对比图(单位:部)

尤以专书类(31 部)、典故类(11 部)、古诗词类(10 部)最多。但是,古代汉语类专项辞书的出版也存在同类辞书体系不健全的问题,未能形成应有的辞书类型系列。比如,在古诗文词典这一类别中仅有《小学古诗文辞典》(冯亦鹤、汤克友主编,汉语大词典出版社,1998),而面向其他年龄层次学习者的同类辞书未见出版。在断代词典这一类别中也仅有《宋代语言词典》(袁宾编著,上海教育出版社,1997),而其他朝代古代汉语语言词典也未见出版。从辞书类型学的角度来说,今后应有意识地查漏补缺,形成系列。

在快速发展期内,现代汉语专项类辞书的出版数量(690 部)是初步发展期内同类别辞书出版总量(127 部)的 5 倍多。除了数量上的快速增长之外,现代汉语类专项辞书的次类别也有了进一步的完善。图 1-14 显示了现代汉语专项类辞书中出版量在前十位的次类别辞书。

与初步发展期相比,这一时期的现代汉语类专项辞书的各次类

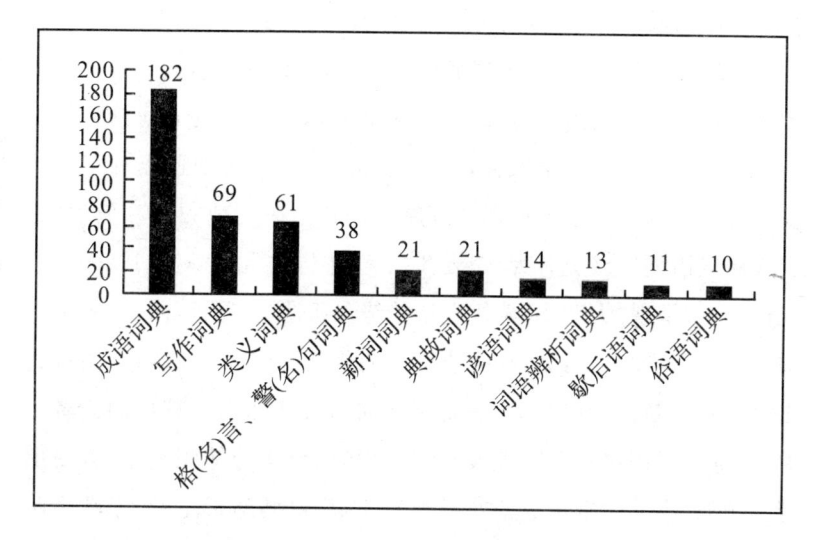

图1-14 快速发展期内汉语专项类辞书中出版量排在前十位的次类别出版情况(单位:部)

[柱状图数据:成语词典182、写作词典69、类义词典61、格(名)言、警(名)句词典38、新词词典21、典故词典21、谚语词典14、词语辨析词典13、歇后语词典11、俗语词典10]

别中,成语类辞书的出版量依旧位居首位,且增长幅度也是现代汉语类专项辞书的各次类别中最大的。成语类辞书作为现代汉语类专项辞书的出版类别中最多的次类别,其发展的特征也在很大程度上代表了现代汉语类专项辞书的发展特点。总的来说,成语类词典的出版呈现如下特点①:1)出版数量大幅增加。据我们的数据统计与分析,快速发展期内出版的汉语成语词典(182部)比前一时期(27部)增加了约6倍。2)类型多样化,在形式与内容上不乏创新之作。例如,普通型成语词典有《成语熟语词典》(刘叶秋等编,商务印书馆,1992);专题型成语词典有《汉语成语辨析词典》(倪宝元、姚鹏慈编,商务印书馆国际有限公司,1997);对象型成语词典,特别是以少年儿

---

① 这一时期汉语成语类词典的编纂出版情况的描述,既结合了我们的统计数据,同时也参考了杨薇(2004)。

童为对象的成语词典,编排方式多有创新,如《小学生插图成语词典》(张景良、徐谦编,东北朝鲜民族教育出版社,1990),该词典根据成语的含义配备了相关插图;功能型成语词典,如《六用成语词典》(刘启瑛、王炳乾,南开大学出版社,1991)。此外,这一时期还出现了按新检索方式编纂的成语词典,如"双序""四角号码""速查"等,例如《分类双序成语词典》(史有为、李云江编著,中国物资出版社,1990)。3)规模不一,呈现"大""小"两级发展趋势。所谓"大",即收词量不断增加,例证也愈加丰富,如《汉大成语大词典》(罗竹风主编,汉语大词典出版社,1996)。所谓"小",一是指面向语言认知水平较低的读者对象,注重成语词典的趣味性设计;二是指词典本身体积较小,方便携带。例如《小学生常用成语小辞典》(王尚林、姜清沂主编,学苑出版社,1993)等。大量成语词典的出版对于满足使用者成语学习的需求起到了积极作用。但另一方面,我们也应看到出版数量繁荣背后隐藏的问题,即许多成语词典出现互相抄袭、重复出版的不良竞争现象。对于此类现象,我国著名汉语辞书专家巢峰先生几年前撰文(巢峰,2005:10)剖析中国图书出版业滞胀现象的十大表现时就曾提出批评,"成语词典全国不下一两百个版本;而各种语文词典,少说也要按千位计。这些书,互相抄袭,改头换面,真正从卡片做起的原创之作,少而又少"。

在快速发展期内,我国方言类专项辞书共出版了77部,是初步发展期内同类别的辞书出版总量(共12部)的约6倍。这一时期出版的方言词典涵盖的地域范围进一步扩大,除了徽语区外,其他九大方言区都有相关的方言类辞书出版。这其中,吴、闽、粤三个方言区的方言词典出版相对集中,分别都出版了11部,这显然与这些地区的社会经济文化的发达程度有着密切的关系。本时期内出版的汉语方言类辞书具体情况请见表1-10:

表 1-10　快速发展期内汉语方言类辞书出版情况统计(单位:部)

官话								晋语	吴语	徽语	赣语	湘语	闽语	粤语	平话	客家话	综合性	其他
东北官话	北京官话	冀鲁官话	胶辽官话	中原官话	兰银官话	西南官话	江淮官话											
4	4	4	1	3	1	3	4	3	11	0	3	2	11	11	1	3	3	5

这一时期的汉语方言词典编纂方面,有两部大型汉语方言词典最值得关注,即《汉语方言大词典》和《现代汉语方言大词典》。

《汉语方言大词典》(全5册)是"复旦大学和日本京都外国语大学进行科研合作的一项成果,编纂工作始于1986年,讫于1991年,历时五年,共收录古今南北汉语方言词汇20万余字,字数1500多万,是迄今国内外第一部通贯古今南北的大型方言工具书,有初步汇集、整理、积累古今汉语方言资料之功,对方言学、民俗文化学以及地方文学、戏曲等领域的研究都不无裨益"①。

《现代汉语方言大词典》是"国家第八个五年计划社会科学基金重点科研课题。该课题按计划分两步走。第一步是调查40处方言,编40册分地方言词典。第二步是在40册分地词典的基础上,编一部综合的汉语方言词典。本课题从1991年春起步,1992年秋起,分地词典先后交稿,陆续出版。1998年年底,分地词典全部完成,出版了41本,后来又增加了绩溪卷(2003),总共是42本"。② 这项汉语方言词典工程,由"60余位方言专家,历时8年,在全国41个方言点组织编写如此大规模的方言大词典,全面记录中国20世纪汉语方言

---

① 《〈汉语方言大词典〉vs.〈现代汉语方言大词典〉》,北大中文论坛 http://www.pkucn.com/viewthread.php?tid=240510,2009-06-15(检索时间:2010-04-29)。

② 同注①。

的风貌,这一举动可能是'前无古人,后无来者'的方言词典编纂壮举"①。正如中国社科院语言研究所方言研究室主任张振兴所言,中国具有调查和研究方言的悠久传统,"不过,像分卷本这样有计划、大规模地编纂方言词典,在我国还是第一次,在世界上也没有先例。这是我国语言科学的一项基本建设"(王玮、朱庆,1999)。

此外,我们的相关统计数据还表明,这一时期出版量最大的方言种类是:北京话(4部)、广州话(4部)、东北方言(3部)以及上海话(2部)、福州话(2部)和潮州话(2部)。北京、广州、上海因为经济发达,可能吸引更多人来学习该地区的方言。东北方言的流行则很可能与东北地区的特色区域文化传播活动有较大关系。而以福州话为代表的闽北话、以潮州话为代表的闽南话的流行,则可能由于台湾、大陆关系的改善促使了更多人学习闽南话和闽北话,进而可以了解台湾的方言文化。

在快速发展期内,文学鉴赏类专项辞书也获得了较大的发展,据我们搜集到的资料,共出版了192部,涵盖了多种多样的文学体裁形式,如诗歌、小说、散文、词、赋、戏曲、小品文、小令、寓言、童话等。通过我们进一步的定性分析,如下八种文学鉴赏类辞书出版量较大,应该说,也是最受大众喜爱的文学鉴赏类辞书类型,请见图1-15。

据我们的数据统计与分析,这一时期出版的书法、字体类词典共59部,数量、种类比初步发展期(3部)增加了近19倍。从我们的统计数据来看,这一时期的书法、字体词典门类已较为齐全。在结合中国书法现在的6种书体,即行书体、草书体、隶书体、篆书体、楷书体和马体的基础上,我们试对搜集到的字体书法词典做了统计分类,请

---

① 《〈汉语方言大词典〉vs.〈现代汉语方言大词典〉》,北大中文论坛 http://www.pkucn.com/viewthread.php?tid=240510,2009-06-15(检索时间:2010-04-29)。

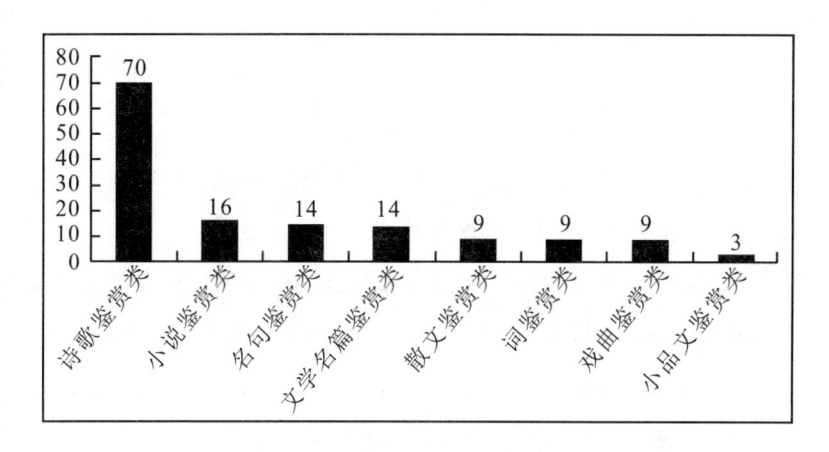

下篇　改革开放30年汉语类辞书的发展状况　61

图 1-15　快速发展期内文学鉴赏类专项辞书中出版量排在前八位的次类别出版情况(单位:部)

(诗歌鉴赏类 70、小说鉴赏类 16、名句鉴赏类 14、文学名篇鉴赏类 14、散文鉴赏类 9、词鉴赏类 9、戏曲鉴赏类 9、小品文鉴赏类 3)

见表 1-11：

表 1-11　快速发展期内字体书法类专项辞书分类统计(单位:部)

类别	数量	类别	数量
综合类字体词典	15	隶书体词典	2
书法家/书法名作词典	12	行书体词典	1
硬笔书法词典	11	楷书体词典	1
篆书体词典	4	简帛字体词典	1
篆刻词典	4	其他	1
美术字字体词典	4	马体词典	0
草书体词典	3	**总计**	59

从上述的分类数据统计，我们可以看到，除了综合类的书法字体词典和书法名家作品鉴赏类词典外，硬笔书法词典出版的数量较大。这在很大程度上与广大书法爱好者对硬笔书法的学习与实践热潮有关系，这其中有相当一部分是各年龄层次的学习者。如果我们回顾一下 20 世纪 80 年代我国出现的"庞中华硬笔书法"学习热潮的相关

情况,对这组数字就更容易理解了。①

2.3 汉语专科类辞书的发展状况

在快速发展期内,汉语专科类辞书的出版量依旧远远大于其他类别汉语类辞书。据我们的数据统计,这一时期,我国共出版了 1822 部汉语专科类辞书,平均每年出版约 140 部(准确平均值约为 140.15 部)。汉语专科类辞书出版数量持续增加的主要动因是社会科技进步的需求,尤其是 1988 到 1991 年这段时期(请见图 1-16)。

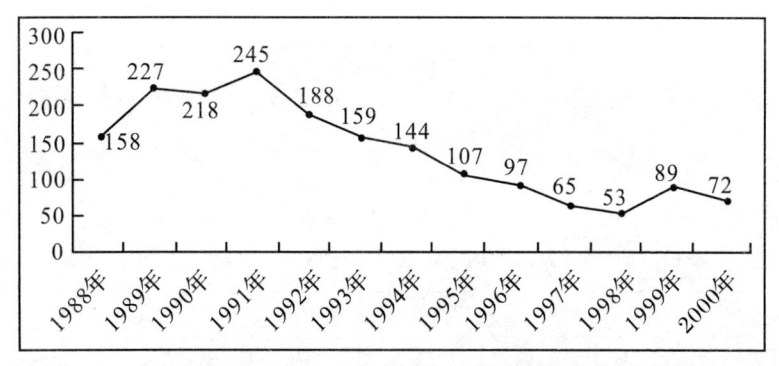

图 1-16 快速发展期内汉语专科类辞书年度出版数量的实际分布情况(单位:部)

数据点:1988年 158、1989年 227、1990年 218、1991年 245、1992年 188、1993年 159、1994年 144、1995年 107、1996年 97、1997年 65、1998年 53、1999年 89、2000年 72。

从图 1-16 中我们注意到,自 1992 年至 2000 年,汉语专科类辞书虽然保持了每年 50 部以上的出版量,但是总体上呈现出出版量减少的趋势。对此,如果我们把这一时期内汉语类专科辞书与外语类专科

---

① 庞中华著《谈谈学写钢笔字》,天津人民美术出版社,1980 年。序言由时任中国美术家协会主席的江丰口述,文怀沙执笔。第一版首印 20 万册,两个月销完;仅在 1980 年,此书销量超过 100 万。此后,庞中华的硬笔书法热潮持续蔓延,重庆出版社出的一本字帖发行 2000 多万册。至今,庞中华的正版书数量超过 1.3 亿册。他一个月可以写一本字帖,每年出书几十种,往往从以前的字库和作品中选出;总计出版了 300 多种书,有字帖、教材、写字模具、诗集、散文等,一年的发行量在 400 万到 500 万之间。……1984 年秋天,中央电视台开始播放庞中华的讲座,这样一直播到了 1989 年。(转自《庞中华坚持投稿 12 年终引发中国硬笔书法热潮》,新浪网,http://news.sina.com.cn/c/sd/2009-08-07/190018388414.shtml,检索时间:2010-04-29)

辞书的出版状况做横向比较，或许可以把汉语类专科辞书出版量下降在某种程度上归因于外语类专科辞书的持续增加。[①] 随着中国与世界的交流进一步密切，对外学术交流程度加深，双(多)语类专科辞书的社会需求在逐渐加大。因此，我们建议，为满足学术交流国际化的趋势，未来专科类辞书应在双(多)语层面多出精品。

在快速发展期内，汉语专科类辞书的出版应该说无论在品种还是数量和质量上都有了更大的进步。同样，我们还是借鉴徐庆凯先生在《专科词典论》一书中提出的专科辞书分类模式，尝试从宏观上对快速发展期内出版的专科辞书加以考察和分析，请见表1-12：

表 1-12 快速发展期内汉语专科类辞书各次类别出版情况(单位：部)

类别	学科词典	术语词典	专名词典	专题词典	其他
数量	674	106	484	555	3

我们对学科类专科词典又做了进一步的统计分析，发现如下学科的专科辞书出版量较大，请见图1-17：

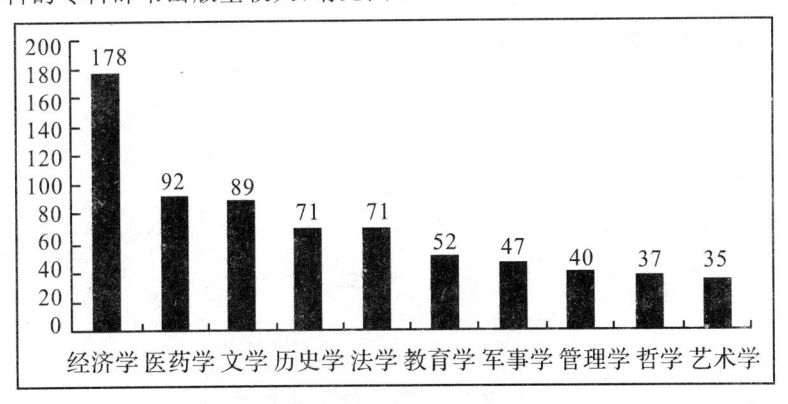

图 1-17 快速发展期内汉语专科类辞书中出版量排在前十位的次类别出版情况(单位：部)

经济学 178
医药学 92
文学 89
历史学 71
法学 71
教育学 52
军事学 47
管理学 40
哲学 37
艺术学 35

[①] 读者可参阅本报告的"第二部分：外语类辞书发展状况"的第2.3小节，作相应对比。

如图 1-17 所示,就汉语专科类辞书在各学科中的分布状况而言,与初步发展期相比,快速发展期内与经济学学科相关的专科类辞书的出版量依旧位居首位。与学科相关的专科类辞书出版量依旧保持在前十位的学科还有医药学、文学、历史学、管理学、哲学、艺术学。从总体上看,与学科相关的专科类辞书的编纂与出版,较前一时期有了较大的增长,学科覆盖面也在逐步扩大。据我们的数据统计与分析,到快速发展期,仅剩矿山工程技术、冶金工程技术和核科学技术三个一级学科未有相应专科类辞书正式出版。

2.4 汉语百科类辞书的发展状况

在快速发展期内,据我们的数据统计,汉语类百科辞书共出版了 250 部,平均每年出版约 19 部(准确平均值约为 19.23 部)。与初步发展期(30 部)相比,汉语类百科辞书的出版增加了 7 倍以上。这表明,随着改革开放的深入,社会对百科知识查询与学习的需求也在不断增加,百科类辞书的出版随之不断增长。

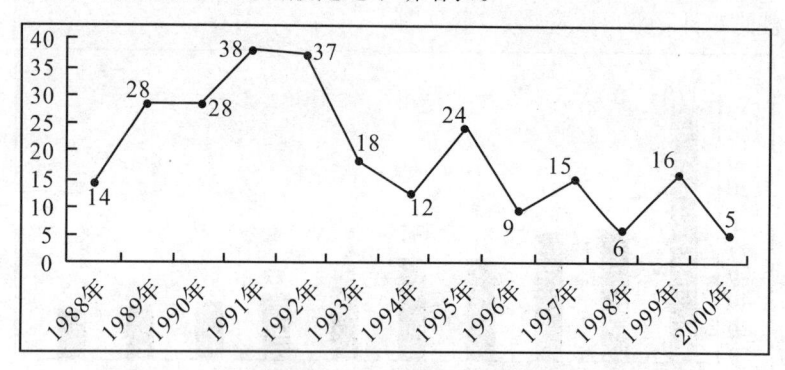

图 1-18 快速发展期内汉语百科类辞书年度出版数量的
实际分布情况(单位:部)

在快速发展期内,适应现代社会不同专业和不同层次读者查询和求知需求的不同种类的百科类辞书出版量有较大增加,综合性百科、专业性百科、地域性百科等进一步系列化。请见表 1-13。

表1-13 快速发展期内汉语百科类辞书出版系列化情况（单位：部）

类别	综合性百科			专业性百科	地域性百科
	高档	中档	低档		
数量	6	25	14	177	28

相比于初步发展期，这一时期汉语百科类辞书出现了更多新的种类，系列化态势逐步形成。这尤其表现在专业性与地域性百科辞书两个方面：

1）专业性百科辞书：数量上有较大幅度增长，据统计共出版了177部，比前一阶段（12部）增加了约14倍；选题范围进一步扩大，涉及更多的自然科学、人文社会科学及社会生活的方面。根据我们的统计数据分析，在初步发展期，我国专业性百科类辞书共出版12部，仅涉及马克思主义、哲学、军事、语言、历史5个学科以及民俗、文化、新技术革命3个社会生活方面；而快速发展期的汉语专业性百科类辞书门类更加多样化，涉及经济、文学、物理、政治、交通、生物、宗教等学科以及旅游、摄影、养生等生活方面的知识。当然，我们也应该注意到，某一类辞书数量与种类繁多的同时也难免暴露出一些问题，如不少辞书冠以"百科词典（或词典）"，但其实名不副实，未免有泥沙俱下、鱼目混珠之嫌。

2）地域性百科辞书：在初步发展期内，我们的统计数据显示只有1部，即《台湾知识词典》（包恒新编，福建人民出版社，1987）。但是这一时期地域性百科辞书的选题范围有进一步扩大的趋势，有涉及大洲层面的，如《南亚大辞典》（黄心川主编，四川人民出版社，1998）；也有涉及国家层面的，如《日本百科辞典》（高书全等主编，吉林人民出版社，1990）；还有涉及中国省市行政区域层面的，如《西藏历史文化辞典》（王尧、陈庆英主编，浙江人民出版社、西藏人民出版社，1998）。

2.5 汉语外向型辞书的发展状况

在快速发展期内，我国汉语类辞书的各分类中，外向型辞书的出版依旧是最少的,据我们的数据统计仅有 5 部。[①] 这 5 部典型的汉语外向型辞书分别为:《现代汉语常用词用法词典》(李忆民主编,傅亿芳等编写,北京语言学院出版社,1995)、《现代汉语学习词典》(孙全洲主编,上海外语教育出版社,1995)、《现代汉语离合词用法词典》(杨庆蕙主编,北京师范大学出版社,1995)、《汉语常用词用法词典》(李晓琪等编,北京大学出版社,1997)以及《汉语水平考试词典》(邵敬敏主编,华东师范大学出版社,2000)。

当然,与初步发展期相比,这个时期的外向型辞书出版还是有所增加的,特别是 1995 年以后(见图 1 - 19)。外向型汉语辞书的编纂出版主要服务于非母语的汉语学习者,它自然与我国汉语国际化推广的事业发展关系密切。自 20 世纪 90 年代以来,我国政府采取了一系列的相关举措,如颁布了《对外汉语教师资格审定办法》(1990),确立了《中国汉语水平考试(HSK)》(1992),首次将对外汉语教学工

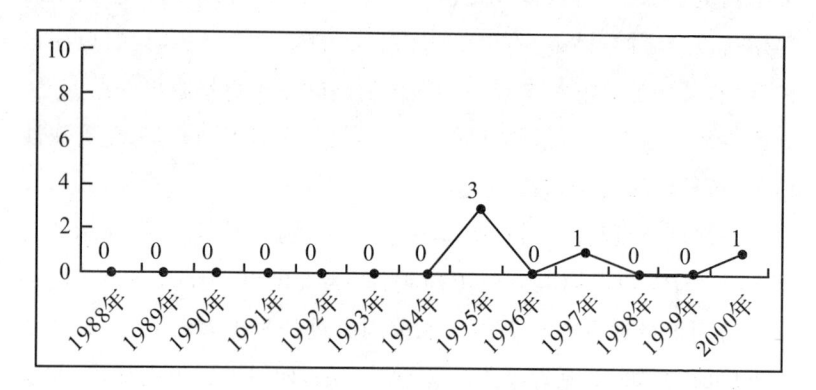

图 1 - 19 快速发展期内汉语外向型辞书年度出版数量的
实际分布情况(单位:部)

[①] 当然限于搜索视野的局限,本时期内可能还存在其他的汉语单语外向型辞书。如有遗漏,我们在此谨致歉意!

作写入国家教育法规——《中国教育改革和发展纲要》,并且将"对外汉语"作为学科名称正式写入学科目录(1993),以及向我驻外使、领馆发出了教外专[1995]653号文件,要求各驻外使、领馆在国外加强对外汉语教学工作(1995)等等。① 应该说,随着改革开放的深入推进,世界对中国的了解越来越多,中国也更多地融入国际社会,世界范围内逐渐掀起学习汉语的热潮,对外汉语辞书的编纂与出版也吸引了辞书学界、对外汉语教学界学者们的更多关注。但就这一阶段汉语外向型辞书的出版量而言,还是远远不够的,尚无法满足这方面日益增长的需求。

2.6 汉语类百科全书的发展状况

在快速发展期内,与其他类别的辞书一样,我国百科全书的编纂出版也同样由少到多,进入了一个更加繁荣的阶段。这一时期汉语类百科全书各年度的出版情况请见表1-14:

表1-14 快速发展期内汉语类百科全书年度出版情况②

年份	1988	1989	1990	1991	1992	1993	1994	1995	1996	1997	1998	1999	2000
种数	5	6	7	10	6	15	37	24	11	21	26	44	41
卷数	10	19	9	12	20	20	87	43	19	47	40	75	137

在这一时期,我国的百科全书系列化的形成和品牌纷繁为世人瞩目,(金常政,1998)百科全书系列化初步形成。据我们的数据统计与分析,这一时期汉语类百科全书的编纂出版情况见表1-15。

---

① 《对外汉语教学的新发展》,汉语教学网,http://www.pep.com.cn/xgjy/hyjx/dwhyjx/jxyj/hjlw/200211/t20021122_7051.htm,2002-11-22(检索时间:2010-04-29)。
② 由于某种大型(多卷本)百科全书会跨年度出版,计算总数时会出现重复计算的情况。故表1-14中百科全书的种数之和虽为253种,但经合并同种类百科全书(即同种类跨年度出版的百科全书仅算1种)后,实则为216种。

表 1-15　快速发展期内汉语类百科全书类别统计

百科全书类别		数量(216种)	数量(538卷)
综合类	高级成人档	4	62
	中档普及型	25	62
	少年儿童档	17	88
专业性百科		134	289
地域性百科		36	37

结合我们对这一时期内汉语类百科全书出版数据的定性分析，发现在综合性百科全书方面，大、中和小型的层次已基本具备。大型的，如《中国大百科全书》剩余各卷陆续出版；中型的，如《简明中国百科全书》（中国社会科学院编，汝信主编，中国社会科学出版社，1989）、《简明中华百科全书》（中国大百科全书出版社编辑部编，中国大百科全书出版社，1994）等；小型（低层次）的，如《中国少年儿童百科全书》（浙江教育出版社，1991）、《小博士少儿百科全书》（谢清风编著，蓝天出版社，1999）等。这其中，《中国少年儿童百科全书》是新中国独立编纂的第一部少年儿童百科全书，出版后有着非常积极的社会影响。[①] 正如沙舟(1991)在《面向未来的成功尝试——评〈中国少年儿童百科全书〉》中所介绍的："以《全书》的框架来看，充分考虑了未来人的全面发展所需要的知识结构……在具体选目上，除了贴近儿童生活之外，很重要的就是着眼未来，突出社会最需要的学科知识，新学科、交叉学科占了相当大的篇幅。"

这一时期的专业性百科全书系列中，既有已开始陆续出版的大、

---

① 《中国少年儿童百科全书》（双色版）作为中国第一部少年儿童百科全书，自1991年儿童节出版以来，一直热销全国，被誉为国内图书市场的"常青树"。该书是新闻出版署《1988—2000年全国辞书编写出版规划》中唯一一部少年儿童百科全书，获第六届(1992)中国图书奖一等奖，被全国第五届书市(1992，成都)评为"十大优秀畅销书"之一，被全国第六届书市(1994，武汉)评为优秀畅销书。（转自有啊网，http://youa.baidu.com/item/f903551918fd2611de390ba8，检索时间：2010-04-28）

中型的多卷本百科全书,如《中国医学百科全书》、《中国农业百科全书》、《中国军事百科全书》等,涵盖了农业、医学、军事、电力、水利、企业管理、冶金、化工等专业领域;也有许多单卷本百科全书逐渐问世,涵盖经济、计算机、法律、哲学、宗教、旅游、集邮、烹饪等专业领域,比如《市场经济百科全书》(陈岱孙主编,中国大百科全书出版社,1998)以及《中国伊斯兰百科全书》(中国伊斯兰百科全书编委会编,四川辞书出版社,1994)等。(金常政,2000)

同时期的地域性百科全书系列中既有省、直辖市、自治区一级的黑龙江、广东、陕西、安徽、四川、北京、上海、广西等百科全书,也有地、市一级的潮汕、广州、宜宾、晋城、西安、江门等百科全书。(徐松,2002)这其中,《黑龙江百科全书(1988—1991年)》是我国开创地方百科全书系列的第一步,由李剑白担任编委会主任,中国大百科全书出版社出版。(金常政,1989:482—486)

自1980年《中国大百科全书》(天文卷)的出版,到本时期的2000年,我国现代意义上的百科全书编纂出版事业已走过20年的风雨历程,所取得的成就令人瞩目,在编纂成果上可谓繁荣。但在百科全书的编写出版发展过程中,也出现了一些不良现象,正如金常政先生所指出的:"不少人,包括出版界人士常常仅是把百科全书看为档次高、牌子亮的'新潮',因而不免出现……'百科热'现象,甚至匆忙拼凑,稍施剪裁便编出这个'百科'那个'百科',有'百科之名'而无百科之实,致使读者眼花缭乱,目不暇接,徒增混乱,减损百科全书的权威性。"(金常政,1989:486)

2.7 快速发展期小结

综上所述,在初步发展期的基础上,同时得益于我国第二次全国辞书编写出版规划的有力推动与引导,我国汉语类辞书编纂与出版事业经过13年的快速发展期,有了更为迅猛的高速发展,迈上了一个新的台阶。汉语类各类别辞书的出版量较前一时期都有大幅增长。从辞书出版数量来看,中国俨然已成为"辞书出版大国"。当然,快速发展期内汉语类辞书数量的猛增也带来了不少问题,其中因出版经济效益驱动而导致的盲目重复出版以及一些劣质辞书问题都值得关注。而且,客观上,经过这一时期的快速增长,不少种类的辞书出现了相对饱和的情况。

从上面的描述和统计中,我们可以清楚地把握该时期各类辞书的编纂和出版情况。这一时期(1988—2000年)也是我国文化建设大发展、狠抓软实力的时期,十三年精神文明建设的历程,四千多部辞书形成的文化系统是这一历程中不可小觑的数字、规模和资料。软实力文化建设"举国高潮望接天",稳健、积淀、久存,更带着普遍性特征的辞书文化恰恰是"弥漫学科谱新篇"。除了前面已说及的《中国大百科全书》是初步发展期内令全世界刮目相看的辞书文化工程之外,引人注目的大举措是编纂经济学词典,其成果在数量上和比重份额上直线飙升。词典是无言的老师,本时期178部经济学词典犹如178所经济学校,在举国上下搞经济、谋发展、人人都需要学一点经济学的大背景下,办上一百多所经济学校并不算多。就拿"经济学"这个条目来说,经济学词典一般都会涉及以下内容:一是基本定义:经济学是研究人类社会阶段的生产、分配、交换、消费等经济活动、经济关系和经济规律的科学。二是附说在汉语中"经济"一词的含义:"经邦济世""经国济民"之意。三是追溯西方文化渊源。最先使用"经济"(economy)一词的是古希腊思想家色诺芬(Xenephon),意指"家庭管理"。四是现代汉语中"经济"一词的来源,日本学者19世纪下半期用"经济"一词翻译西语economy。五是现代经济学史,法国重商主义代表蒙克莱田(A. de Montchrétien)在1615年出版有关"政治经济学"的书,首次提出"政治经济学"一词,到1968年首次颁发诺贝尔经济学奖,中经 17 世纪英国古典政治经济学,19 世纪 30 年代以马尔萨斯(Malthus)等为代表为资本主义辩护的庸俗经济学,19 世纪中叶的马克思主义政治经济学,19 世纪末 20 世纪初以列宁为代表的科学的帝国主义时代经济论,20 世纪 50 年代以斯大林《苏联社会主义经济问题》一书为代表的社会主义政治经济学,新时期以来的中国特色社会主义经济理论。此外,还包括 19 世纪最后 30 年的新古典主义经济革命,20 世纪 30 年代的凯恩斯主义等等,俨然一部政治经济学小史。可以说,剖析"经济学"条目一个,不仅能了解到经济学词典的基本面目,还可以了解作为词典本身的知识主义特质、文化哲学面目。作为百科条目释义的知识解释,如果按照美国学者塔尔斯基(A. Tarski)的"求真解释论"来刻画,"真"是语句规约的真值条件,"真"是语句的性质,与语言注释者无关。后来美国的语言哲学家戴维森(D. Davidson)进一步修改、补充了塔尔斯基的学说,"把语句分析为其组成部分——谓词、名称、连接词、量词和变元——并要显示每个语句的真值是如何从这些组成部分的特征及其在该语句中的组合导出来的",进而认为塔尔斯基的求真解释论就是一个"描述、解释、理解和预测语言行为的基本方面的理论",把塔尔斯基的坚持"真"的经验解释法作为"检验基于语句意义的证据"。当然,戴维森强调求"真"语义解释与解释者有关,甚至将"真""真理"的认识视为话语(utterance)或言语行为(speech act)的性质,塔尔斯基的求真解释论和戴维森的修正补充,可以使我们更好地理解百科条目之"真"和语言解释的关系,理解百科词典和语文词典的关系,百科之"真"离不开语言论释、语言的经验型规约,百科条目之"真"的真理性认识与语言论释的经验性之"真"完全一致。

这一时期经济学词典的飙升,对形成新的辞书文化结构意义重大。列宁曾说,"从社会生活的各种领域中划分出经济领域,从一切社会关系中划分出生产关系即决定其余一切关系的基本的原始的关系"(《列宁选集》,第6页)。用具体的经济事实的研究代替以往的历史哲学,导致了历史认识方法论上的革命性变革,这正是历史唯物主义认识论的具体观的精髓。经济学词典的问世,对现代中国人改用经济事实研究取代以往"斗争论"的"假大空"有重要的思想文化意义。任何哲学命题都离不开经济学的支撑,这应当是178部经济学词典教会我们的新认识。

3. 平稳发展期(2001—2008年)内汉语类辞书的发展状况

进入新世纪以来,我国汉语类辞书的发展开始趋于平稳,即稳中有增。据我们的数据统计,在平稳发展期(2001—2008年)内,汉语类辞书共出版了2562部/卷[①]。其中,专项语文类辞书出版量最多,为787部,其次为专科类辞书,共出版了451部。这也是三个时期中,专项类辞书的出版量首次超过专科类辞书。其他类别的辞书出版状况依次为(通用)语文类辞书243部、百科类辞书70部、汉语外向型辞书4部以及266种汉语类百科全书(共1007部/卷)。应该说,这个时期的发展特点与前一个时期相比有所不同,即总体上发展速度放缓了,汉语类辞书出版总量有所回落。下面将对平稳发展期内汉语类辞书的发展状况进行分类概述。

3.1 汉语语文类辞书的发展状况

在平稳发展期内,据我们的数据统计,汉语语文类辞书出版了243部,平均每年约为30部(准确平均值约为30.38部)。其中,古代汉语类语文辞书为75部,现代汉语类语文辞书为168部。与快速发展期相比,这一时期的汉语语文类辞书出版总量虽有回落(快速发

---

① 包含266种百科全书的1007部/卷。

展期跨度为 13 年,平稳发展期跨度为 8 年),但从年平均出版量来看,汉语语文类辞书在平稳发展期不但没有下降,反而略有增加。本时期内汉语语文类辞书年度出版情况请见图 1-20:

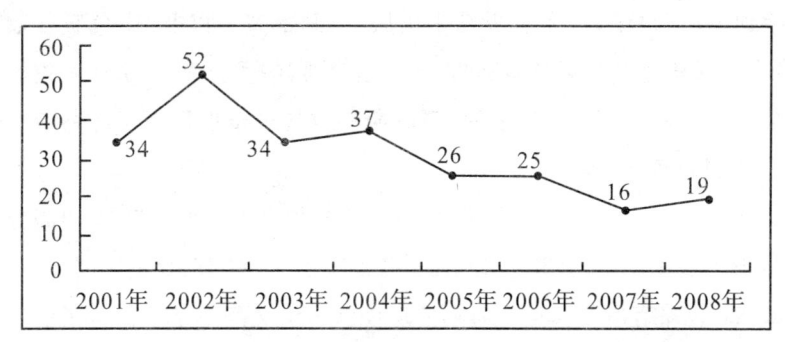

图 1-20 平稳发展期内汉语语文类辞书年度出版数量的
实际分布情况(单位:部)

总体来看,语文类辞书的出版继续保持前一阶段系列化、成龙配套的发展趋势,并逐步趋于稳定。这也标志着我国的辞书编纂与出版进入较为平稳的发展轨道。

就古代汉语语文辞书而言,本时期内共出版了 75 部,数量多于快速发展期(58 部)。从我们的统计数据来看,本时期出版的古代汉语语文辞书保持了前一时期系列化的特点,面向不同层次的读者对象,如《古代汉语大词典》(新 1 版)(王剑引等编写,上海辞书出版社,2007)、《古代汉语字典》(严廷德、郑红编著,四川辞书出版社,2006)及《古汉语小字典》(张振德主编,《古汉语小字典》编写组编,云南大学出版社,2002)等。另外,古代汉语学习型词典仍然占据相当比例。75 部古代汉语语文辞书中冠以"学生""学习"以及"中学"字样的有 10 部,约占这一时期古代汉语语文辞书出版总量的 13.33%。这一时期古代汉语语文辞书还呈现出两个新特点:1)常用字类古代汉语辞书有较大幅度增加。本时期出版的古代汉语语文辞书中冠以"常用字"字样的共有24部,占这一时期古代汉语语文辞书出版总量的32%。2)印刷方式多元化。这一时期古代汉语语文辞书出现了以往没有的"双色版"[如《古汉语常用字字典》(双色版),《古汉语常用字字典》编写组编,广东世界图书出版公司,2007],以及"彩色版"[如《古代汉语字典》(彩色版),《古代汉语字典》编委会编,商务印书馆国际有限公司,2005]。这表明,新时期科技的进步也带来了辞书版式设计的创新。

就现代汉语语文辞书而言,本时期内共出版了168部,总出版数量少于快速发展期(292部),而且年度出版量(21部)比前一时期(约22部)也略有减少。这一时期的现代汉语语文辞书基本保持了前一时期的特点,如:品种繁多、层次化明显、编排方式多样。在平稳发展期内,大型综合性语文辞书方面,《汉语大词典》第2版的修订工作完成,《汉语大字典》(四卷本)也顺利出版。在本时期内,值得关注的还有《现代汉语词典》的两次修订,时间分别在2002年和2005年。这两次修订都很有特色,2002年版的《现代汉语词典》,即第4版,"在1996年修订本的基础上增收了近些年来产生的新词新义1200余条……西文字母开头的词语也有较多的补充"[《现代汉语词典》(第5版)第4版说明]。2005年修订的《现代汉语词典》,即第5版,则重在两个方面:"一是调整收词,增加新词新义,删减一些陈旧的而且较少使用的词语或词义;二是在区分词与非词的基础上给词标注词类。"尤其是后者,"这次修订对所收的现代汉语的词做了全面的词类标注",是符合"信息时代对汉语辞书提出的新要求的",是一次很好的创新尝试。[《现代汉语词典》(第5版)第5版说明]可见,《现代汉语词典》在新世纪的这两次修订都积极反映了汉语语言学研究的最新成果,应该得到肯定。同样,随着新时期的科技进步,这一时期汉语语文辞书在印刷方式上也出现了创新,如"彩色版"[如《新华大字典》(彩色版)、《新华大字典》编委会编,商务印书馆国际有限公司,2004]、"双色版"[如《新实用现代汉语词典》(双色版),延边大学出版社,2004]以及"纵横码版"[如《应用汉语词典》(纵横码版),郭良夫主编,商务印书馆辞书研究中心编,商务印书馆,2006]。

3.2 汉语专项类辞书的发展状况

在平稳发展期内,据我们的数据统计,汉语专项类辞书共出版了787部,平均每年出版约98部(准确平均值约为98.38部)。具体来说,在汉语专项类辞书中,现代汉语专项类辞书出版量最多,有491部,其次为文学鉴赏类辞书,有107部,接下来分别是字体书法类辞书105部,古代汉语专项类辞书56部以及方言类辞书28部。与快速发展期相比,这一时期的汉语专项语文类辞书出版总量有所回落,但从年平均出版量来看,汉语专项类辞书在平稳发展期不但没有下降,反而稳中有升。这一时期内汉语专项类辞书的具体出版情况请见图1-21:

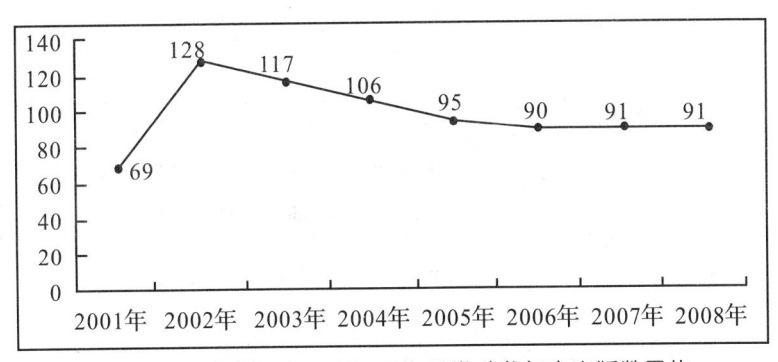

图1-21 平稳发展期内汉语专项类辞书年度出版数量的实际分布情况(单位:部)

具体来看,古代汉语专项类辞书在平稳发展期内共出版了56部,占这一时期专项类辞书出版总量(787部)约7.12%。相比于快速发展期(84部),这一时期古代汉语专项类辞书在出版数量上有所

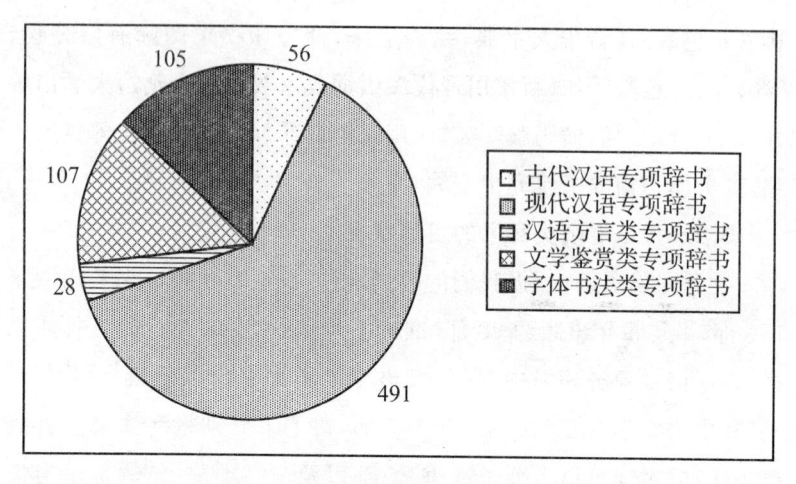

图 1-22 中数据:
- 古代汉语专项辞书: 56
- 现代汉语专项辞书: 491
- 汉语方言类专项辞书: 28
- 文学鉴赏类专项辞书: 107
- 字体书法类专项辞书: 105

图 1-22 平稳发展期内汉语专项类辞书各次类别出版情况对比图(单位:部)

回落。在次类别数量上,这一时期古代汉语专项类辞书与上一时期相比,均为 22 小类,没有什么变化,但在具体次类别的出版量方面有差异,请见表 1-16:

表 1-16 快速发展期与平稳发展期内古代汉语专项类辞书次类别出版情况对比(单位:部)

时期	出版量排在前三位的次类别专项辞书
快速发展期	专书词典(31 部)、典故词典(11 部)、古诗词词典(10 部)
平稳发展期	专书词典(21 部)、名言名句(13 部)、通假字字典(5 部)

由此可见,专书及典故类辞书需求依然很大,这似乎与新世纪国人对国学及古典文化的重新重视有关。

就现代汉语专项类辞书而言,在平稳发展期内共出版了 491 部,占这一时期专项类辞书出版总量(787 部)约 62.39%。与快速发展期(690 部)相比,这一时期的现代汉语专项类辞书在数量上有较大幅度回落。就具体类别而言,出版数量较多的为成语词典(171 部)、类义词典(38 部)、格言警句词典(36 部)及歇后语词典(35 部)等。

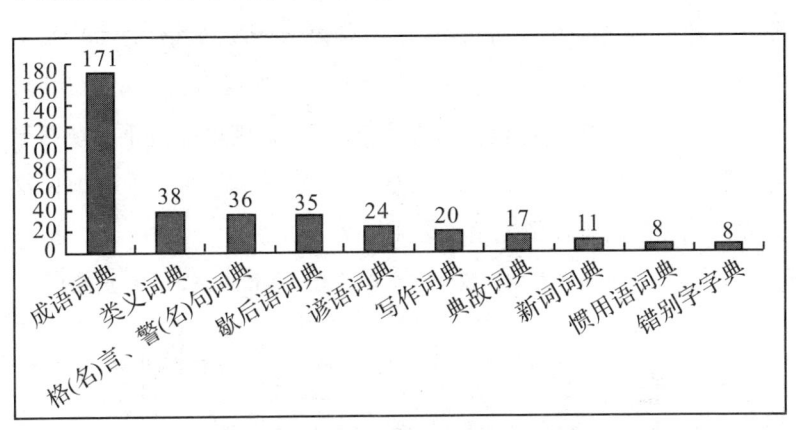

下面是现代汉语专项类辞书中出版量排在前十位的次类别对比图：

```
180 ┤ 171
160 ┤ ■
140 ┤ ■
120 ┤ ■
100 ┤ ■
 80 ┤ ■
 60 ┤ ■    38   36   35
 40 ┤ ■    ■    ■    ■   24   20
 20 ┤ ■    ■    ■    ■   ■    ■   17   11    8    8
  0 ┴─────────────────────────────────────────────────
     成   类  格   歇   谚   写  典   新   惯   错
     语   义  (名) 后   语   作  故   词   用   别
     词   词  言   语   词   词  词   词   语   字
     典   典  、   词   典   典  典   典   词   典
             警   典                         典
             (名)
             句
             词
             典
```

图 1-23 平稳发展期内汉语专项类辞书中出版量排在前十位的
次类别出版情况(单位：部)

  与前两个时期相比，现代汉语类专项辞书在种类上未有大幅度的增加。成语词典依旧是所有次类别中出版量最大的。综观这三个时期的现代汉语类专项语文辞书的出版，我们发现成语词典、写作词典、类义词典、谚语词典、典故、格(名)言/警(名)句词典、歇后语词典、新词词典这 8 种辞书的出版量始终排在前十位。这也表明，30 年来，人们对上述几种专项语文辞书的需求量相对一直较大，而且较为稳定。

  据我们的数据统计与分析，在平稳发展期内，汉语方言类辞书共计出版了 28 部，占这一时期专项类辞书出版总量(787 部)的约 3.59%。相比于快速发展期的 77 部，这一时期出版的汉语方言词典数量有大幅度减少。这其中的主要原因可能是快速发展期《现代汉语方言大词典》42 分册(快速发展期出齐 41 部分册，加上 2003 年出版的绩溪方言分册，共计 42 分册)陆续出齐，几乎囊括了中国主要的方言种类，而且，2002 年综合本的《现代汉语方言大词典》业已出版，

市场需求相对饱和。从我们的统计数据来看,这一时期出版量最大的方言种类与快速发展期相似,还是粤语(7部)、吴语(7部)、闽语(尤其是闽南话)(5部)。这些方言所覆盖的地区因为经济发达,可能吸引更多人来学习该地区的方言,而闽南话则可能由于海峡两岸的交流日益密切,这方面的交流和沟通需求相对较多。本时期内汉语方言类辞书的具体情况请见表1-17:

表1-17 平稳发展期内汉语方言类辞书出版情况统计(单位:部)

官话								晋语	吴语	徽语	赣语	湘语	闽语	粤语	平话	客家话	综合性	其他
东北官话	北京官话	冀鲁官话	胶辽官话	中原官话	兰银官话	西南官话	江淮官话											
0	1	0	0	0	0	1	1	2	7	0	0	5	7	0	1	1	2	

在平稳发展期内,文学鉴赏类专项辞书的出版量较前一时期有所下降。据我们的数据统计与分析,这一时期文学鉴赏类专项辞书共出版了107部,涵盖的文学体裁形式依旧是丰富多样,如诗歌、词、小说、散文、赋、戏曲、小品文和小令等。此外,我们还发现了序跋鉴赏[如《中国序跋鉴赏辞典》(楼沪光、孙琇主编,河北教育出版社,2003)]、名联鉴赏[如《分类名联鉴赏辞典》(苏渊雷主编,上海辞书出版社,2004)]等新的次类别鉴赏辞书。通过我们进一步的定性分析,这一时期出版量较大的文学鉴赏类辞书,有如下几种(请见图1-24)。

如图1-24所示,与前一时期出版量较大的文学鉴赏类辞书做对比,我们发现,诗歌、小说、(诗词)名句、文学名篇、散文、词、戏曲等形式的文学鉴赏类辞书的出版量一直位于前列,应该说,这也反映了

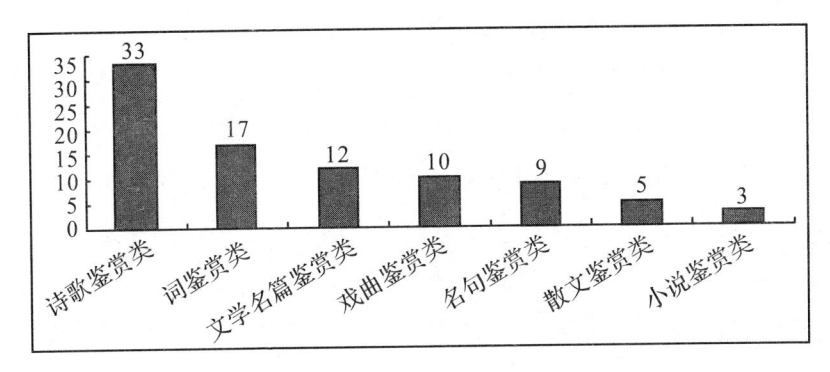

图 1-24 平稳发展期内文学鉴赏类专项辞书中出版量排在前八位的次类别出版情况(单位:部)

社会需求的基本状况。

据我们的统计数据分析,在平稳发展期内,字体、书法类词典共计出版 105 部。这 105 部词典涉及面比较齐全,几乎囊括了字体、书法的所有方面,如各类字体(楷书、隶书、草书、行书等,甚至甲骨文、金文)、书法名家/名作、实用的广告书法、手绘 POP 常用字典等(请见表 1-18)。这说明在平稳发展期内人们对书法爱好的相关需求也有所增长,字体、书法词典分类也更细致,趋向实用。

表 1-18 平稳发展期内字体书法类专项辞书分类统计(单位:部)

类　　别	数量	类　　别	数量
综合类字体词典	21	篆刻词典	5
书法家/书法名作词典	17	字体辨异词典	3
草书体词典	13	写作技法	1
隶书体词典	12	甲骨文	1
楷书体词典	10	金文	1
行书体词典	8	广告书法	1
篆书体词典	6	手绘 POP 常用字典	1
硬笔书法词典	5	总　　计	105

3.3 汉语专科类辞书的发展状况

在平稳发展期内,据我们的数据统计与分析,汉语类专科辞书共出版了451部,平均每年出版约56部(准确平均值约为56.38部)。与快速发展期年平均出版量(140部)相比,汉语类专科辞书的年平均出版量减少了一半多。2001年以来,汉语类专科辞书的出版基本上呈逐年递减的趋势,如图1-25所示:

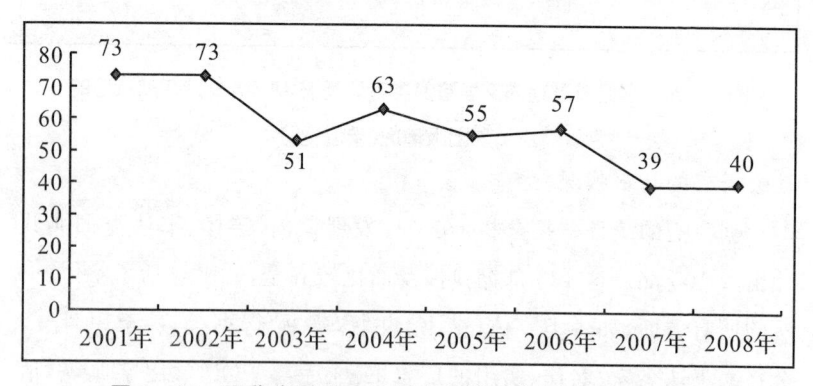

图1-25 平稳发展期内汉语专科类辞书年度出版数量的实际分布情况(单位:部)

我们认为,导致这种状况的原因大致有两个方面:一是在快速发展期的13年内,汉语专科类辞书获得了非常迅猛的发展,各主要学科基本上都有了自己的专科工具书,市场需求相对饱和。二是如我们在2.3小节所分析的,随着全球化进程的发展,学术交流的国际化,汉语单语专科辞书已渐渐难以满足使用者的需求变化,也导致其出版数量减少。在未来,如何更好地组织相关学科领域的专家学者与词典研编者通力合作,借鉴术语学等学科的研究成果,改变专科辞书"词汇对照表"的原始形态,应是专科辞书编纂与出版的重要方向。

在此,我们仍然借鉴徐庆凯先生《专科词典论》一书中提出的专科辞书分类模式,试从宏观上对平稳发展期内出版的专科类辞书加

以考察和分析,请见表 1-19:

表 1-19 平稳发展期内汉语专科类辞书各次类别出版情况(单位:部)

类别	学科词典	术语词典	专名词典	专题词典	其他
数量	116	26	117	188	4

从表 1-19 可以看出,学科词典在专科类辞书中出版量最多(116 部),约占这一时期专科类辞书出版总量(451 部)的 25.72%。我们通过对原始数据的进一步观察,发现这一时期的汉语专科类辞书尽管涉及了绝大多数学科,但是各学科的专科工具书出版数量的分布情况依旧不够均衡,其中排名前十位的学科名称分别是医药学、法学、经济学、历史学、哲学、土木建筑工程、宗教学、艺术学、生物学以及交通运输工程,具体请见图 1-26:

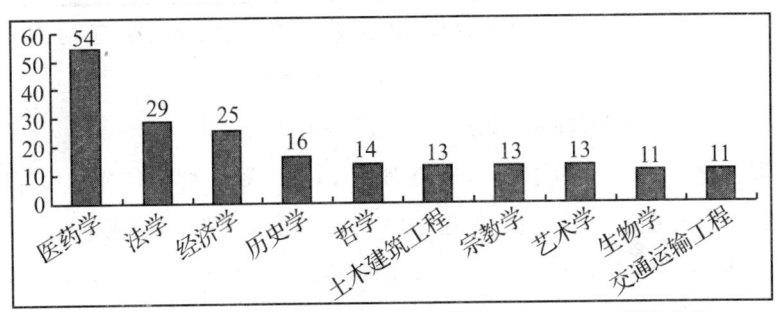

图 1-26 平稳发展期内汉语专科类辞书出版量排在前十位的次类别出版情况(单位:部)

与快速发展期相比,各学科相关的专科类辞书的出版在总体上呈现回落的趋势。综观三个时期,汉语专科类辞书在学科中的分布情况一直居于前十位的学科为:经济学、历史学、医药学、哲学、艺术学。总的来说,经过 30 年的发展,各学科基本上都已具有自己的专科类工具书(矿山工程技术、冶金工程技术、核科学技术 3 个一级学科除外)。

3.4 汉语百科类辞书的发展状况

在平稳发展期内,据我们的数据统计与分析,汉语百科类辞书共出版了 70 部,平均每年出版约 9 部(准确平均值为 8.75 部)。从图 1-27 以看出,汉语百科类辞书自 2003 年以来每年的出版量趋于平稳,这也反映出平稳发展期辞书出版的总体趋势,即平稳发展,没有大的起伏。

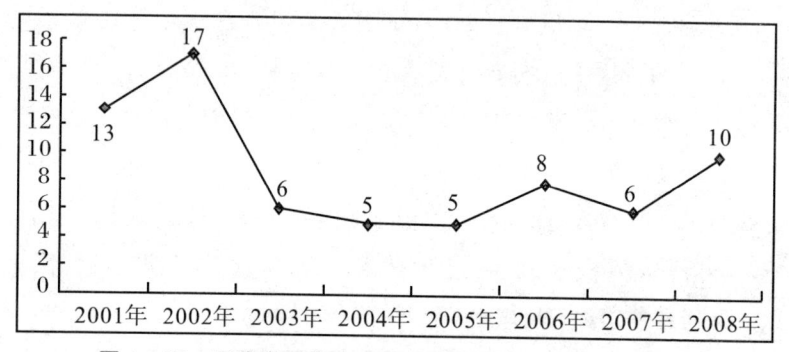

图 1-27 平稳发展期内汉语百科类辞书年度出版数量的
实际分布情况(单位:部)

通过对这一时期内汉语百科类辞书出版情况进一步的定性分析(请见表 1-20),我们发现,从类别上看,汉语百科类辞书当中,综合性百科辞书共出版 8 部,占这一时期汉语百科类辞书出版总量(70 部)的约 11.43%,其中大型 2 部,中型 5 部,小型 1 部。专业性百科类辞书的出版量最大,据统计共出版 54 部,占这一时期汉语百科类辞书出版总量(70 部)约 77.14%。我们的数据统计表明,专业性百科类辞书主要涉及文化、艺术、体育、军事等方面。文化方面的百科类辞书还表现出关注中国古代及传统文化的特点。例如,专业性百科类辞书涉及中国传统文化的选题就有:风俗、食文化、京剧文化、民间美术、招幌、秦汉文化、茶文化、龙文化、古代生活、宋代文化、宫廷文化以及普洱茶文化,等等。这也表明,平稳发展期内(2001—2008年),随着中国综合国力的继续提升,作为大国正在崛起的同时,人们开始审视民族的优秀传统文化,提高我们国家文化的软实力。就地域性百科类辞书而言,这一时期共出版了8部,占这一时期汉语百科类辞书出版总量(70部)的约11.43%。统计资料显示,这一时期地域性百科涉及了如下几个地区:新疆、九华山、常熟、郑州、湖湘、南京和上海。

表1-20 平稳发展期内汉语百科类辞书出版系列化情况(单位:部)

类别	综合性百科			专业性百科	地域性百科
	大型	中型	小型		
数量	2	5	1	54	8

3.5 汉语外向型辞书的发展状况

在平稳发展期内,汉语外向型辞书的出版在汉语类辞书各分类别中依旧是最少的,仅4部①,平均每年出版不到1部(准确平均值为0.5部),远远低于其他汉语类辞书的出版量。从纵向来看,与快速发展期相比,汉语外向型辞书的出版量还略低。本时期内汉语外向型辞书的出版情况请见图1-28:

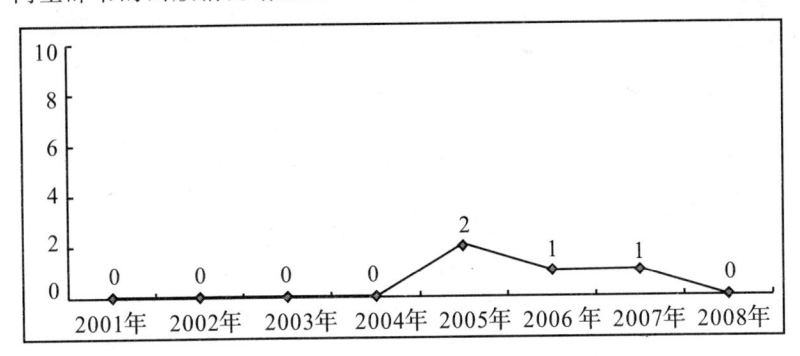

图1-28 平稳发展期内汉语外向型辞书年度出版数量的实际分布情况(单位:部)

---

① 实际上是3种,《商务馆学汉语词典》(双色本,2007年)由于版式不同于2006年版的《商务学汉语词典》,故单算作1部。当然限于搜索视野的局限,本时期内可能存在其他的汉语单语外向型辞书。如有遗漏,我们在此谨致歉意!

正如鲁健骥、吕文华(2006)所指出的:"在对外汉语教学学科建设中,无论是语言学理论、教学法理论、学习理论研究还是教材编写、语料库的建设都硕果累累。相比之下,对外汉语辞书的建设无论是在理论研究、编写队伍的形成,以及已出版的辞书的数量和质量方面都有很大的差距。"随着中国更多地融入世界,以及各国人民了解中国和中国文化需求的不断增长,"汉语热"在全球不断升温,我国的对外汉语教学事业在新世纪蓬勃发展,对外汉语学习词典作为重要的学习资源,其研编和出版应该引起更多的关注和重视。

3.6 汉语类百科全书的发展状况

在平稳发展期内,与汉语类其他类别辞书发展状况略有不同,汉语类百科全书依旧保持着较快的发展速度,共出版了266种,1007卷。各年度具体的出版情况请见表1-21:

表1-21 平稳发展期内汉语类百科全书年度出版情况①

年份	2001	2002	2003	2004	2005	2006	2007	2008
种数	40	36	42	31	35	32	40	28
卷数	121	109	113	250	148	83	136	47

从类型上看,汉语类百科全书的编纂出版在系列化上进一步深入发展(请见表1-22),以适应现代社会不同专业和不同层次读者的需要。综合性百科全书中,以少年儿童为读者对象的百科全书出版最多,达到53种,186卷。专业性百科全书出版了171种,657卷,涉及会计、哲学、税务、煤炭工业、宗教、保险、化工、企业管理、法学、水利工程、医学统计等诸多专业领域。就地域性百科全书而言,既有

---

① 由于某种大型(多卷本)百科全书会跨年度出版,计算总数时会出现重复计算的情况。故表1-21中百科全书的种数之和虽为284种,但经合并同种类百科全书(即同种类跨年度出版的百科全书仅算1种)后,实则为266种。

涉及国际层面,如继续出版的由中国社会科学院主持编纂的《简明国际百科全书》系列中的《简明拉丁美洲百科全书(含加勒比地区)》(2001年)、《简明东欧百科全书》(2002年)、《简明南亚中亚百科全书》(2004年)、《简明东亚百科全书》(2007年)等;也有涉及国内层面的,其中,省、自治区一级的有《吉林百科全书》(2003年)、《贵州百科全书》(2005年)、《新疆百科全书》(2002年)、《西藏百科全书》(2005年)等,市一级的有《聊城百科全书》(2003年)、《泸州百科全书》(2005年)、《广元百科全书》(2005年)、《南宁百科全书》(2008年)等。

表1-22 平稳发展期内汉语类百科全书类别统计

百科全书类别		数量(266种)	数量(1007卷)
综合类	高级成人档	6	97
	中档普及型	15	43
	少年儿童档	53	186
专业性百科全书		171	657
地域性百科全书		21	24

在搜集和统计分析这一时期汉语类百科全书出版资料的过程中,我们发现进入新世纪以来,汉语类百科全书的编纂出版呈现出如下两大特点:其一,在原有已出版的百科全书基础上,新修订的百科全书逐渐得以出版。根据国际惯例,代表国家水平的综合性大百科全书每10年或稍长一些时间要修订新版一次。正如金常政(2002:21)撰文所指出的:"令人欣喜的是,我国百科全书的编纂者和出版者,并未全然甘于一版的'辉煌',升级换代已经显现出可观的成果,而且恰好覆盖了百科全书诸系列。"具体来说,综合性的百科全书如《中国大百科全书》[①],专业性的百科全书如《中国电力百科全书》、

[①] 作为"国务院批准的中国唯一的一项跨世纪的文化工程",《中国大百科全书》的修订工程自1996年启动,计划2004年完成,实际在2009年完成全部修订再版工作,历时14年。这也足见大型辞书修订的艰辛。

《中国水利百科全书》、《中国军事百科全书》等,地域性的百科全书如《北京百科全书》等,修订再版工作均已陆续展开,并已见成果。其二,百科全书在保持较大纸本载体出版规模的同时,其发展态势呈现多元化,即纸本、光盘、网络三分天下,尤其网络版的百科全书近些年发展最快,对纸本百科全书市场造成很大冲击。如果说,在此之前,系列化的纵深发展是百科全书现代化的标志之一,那么电子化尤其是网络化将是百科全书未来发展的又一重要标志。① 这是非常值得我们百科全书编纂者关注的发展动态。

3.7 平稳发展期小结

进入新世纪以来,我国汉语类辞书的编纂与出版总体进入了一个平稳发展的时期,呈现出稳中有升的态势。这个时期应该视为我国第二次全国辞书编写出版规划实施结束后的无规划时期,或者说是第三次全国辞书编写出版的规划前时期,总之是基本上处于市场调控状态。由于缺乏相关辞书出版的总体数据作为参考依据,各出版单位的局部规划对辞书出版的有序发展所发挥的作用也受到制约。

改革开放三十多年的辞书文化的发展,经历了初步发展、快速发展而步入平稳发展,这是符合事物发展规律的。平稳发展也意味着可持续发展,平稳发展正在延续至于当下。如果说,快速发展时期的语文类专项词典标志性的成果是 77 部方言词典,平稳发展时期的语文类词典引人注目的是汉语语文词典本身,平稳、可持续发展中涌现出来的一朵奇葩就是《王力古汉语字典》(中华书局,2000 年 6 月第 1 版)。该词典曾荣获第五届国家图书奖,第四届国家辞书奖一等奖。至 2010 年 4 月该书已印刷 7 次,印数已达 5 万 5 千多册。从王先生

---

① 比如"百度百科",以其收录内容的广泛性、信息更新的及时性、内容编辑的开放性,已经成为"极具潜力的网络百科全书",极大地满足了广大网友的查询需求。

本人词典思想形成和发展的历程来看,1945年3月写了《理想的字典》,1946年6月写了《了一小字典初稿》,两文中提出的、在后来又有所丰富和发展的见解得到了贯彻。可以说,该词典是王力语言学思想、词典学思想的实践性成果。王先生本人1985年10月写的序已概述了该词典的成果,主要有:该书主张扩大词义的概括性:如"囚"字,《词源》有3个义项,王力词典只有一个;一个"介"字,《词源》有14个义项,王力词典只有6个义项,从而纠正了语文词典编纂中"义项越多越好""义项分得越细越好"的偏颇。二是把偏僻义归入备考。一个"介"字,备考有"庐舍""通芥"两个义项,这样做,是为了防止偏僻义与正常义"混在一起","给读者添麻烦"。三是树立历史观点,注意词义的时代性。例如,"趾"字,上古只有"足",脚底板义,无"足指"意义;"趾"借作"指",释为"足指""脚指头"是唐宋时代才有的。四是标出上古韵部。五是说明联绵字,或双声,或叠韵,以利词义的理解。六是每个部首前写一部分总论,系联同义词、类义词,以利词义理解。七是辨析同义词,如"之、适、如、赴、往",以利理解同义词。八是列举一些同源字,提供语源学知识。王先生把以上八条称作"字典举新的尝试",希望又能"给予读者更大的便利"。由此可知,《王力古汉语字典》不仅是一部学习、查考型词典,更是一部研究型词典。它告诉我们,编纂一部高水平的现代规范化语文词典,需要有三方面的知识准备:一是语义学,义项分合、偏义备考都离不开语义学,二是古音学,标上古韵部,注明联绵字,指出双声叠韵都离不开它。三是词义学,确定词义的时代俾做历史发展的考虑,辨析同义词,归纳同义词组、类义词组。至于归纳同源字,离不开古音学和词义学的双重考虑。语义学、古音学和词义学是知识系统,也是词典编纂的方法学内容,如将知识系统、方法学进一步提升,一部语文词典就反映了局部语言世界的面貌,知识系统和辞书方法学都可以化为认识语言世界的工具。从这个意义上说,一部词典,不仅提供知识,而且会从根本上提供认识世界的理性工具。

4. 汉语类辞书在三个发展时期内实际出版状况的横向比较

"词典的内容在定义、解释外部世界的同时,外部世界的变化也在形成着词典的内容。我们可以说,词典和这个世界的变化,是一体两面的。"[①]1978年,我国实行改革开放政策,开启了新中国历史上的一个崭新时期,也将辞书编纂出版工作带入了蓬勃发展的新时期,可谓"盛世修典"。换言之,我国辞书事业的大发展有赖于改革开放和稳定发展的大环境。在前面一个小节,我们主要是从纵向来分析比较初步发展期、快速发展期和平稳发展期这三个分期内各类汉语辞书的相关出版状况。本节主要从横向比较的角度来考察汉语类辞书在这三个历史分期的出版特点(请见图1-29和图1-30)。

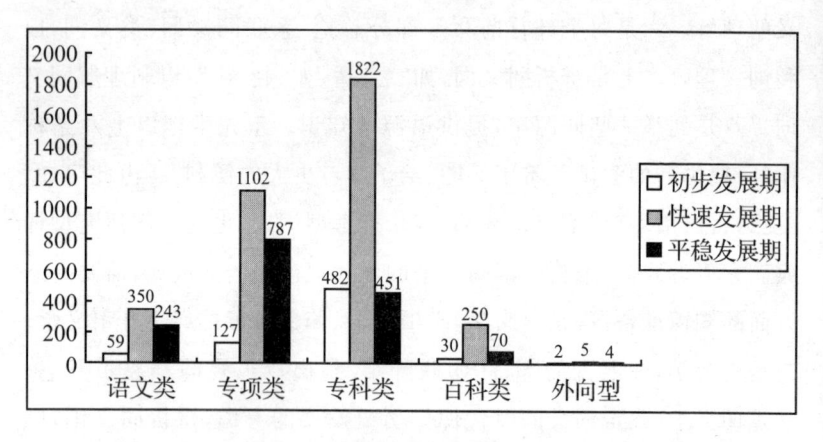

图1-29 三个时期汉语语文类、专项类、专科类、百科类、外向型辞书出版总量横向比较(单位:部)

---

① 网络与书编辑部《词典的两个世界》,第18页,现代出版社,2005年。

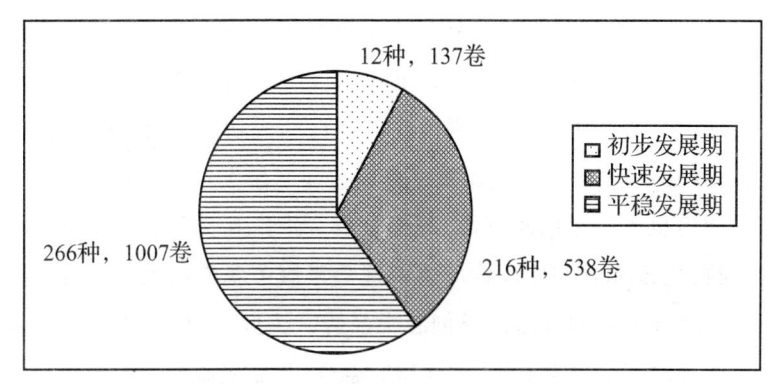

图 1-30　三个时期汉语类百科全书出版情况横向比较

通过数据比较与分析,我们发现,就总体而言,汉语类辞书的编纂与出版在 1988—2000 年这段时期发展最为迅猛。而这主要应归功于我国改革开放事业的不断深入与快速推进以及由此而产生的相关辞书社会需求的大幅度增加,改革开放的大好形势显然为辞书编纂与出版事业的发展提供了良好的外部条件。与此同时,由于第二次全国辞书编写出版规划的顺利实施,我国汉语类辞书发展的主要既定目标也得以实现,为今后的继续发展形成了良好的发展基础。然而,我们在为改革开放 30 年(1978—2008 年)我国汉语类辞书编纂出版事业的大发展而欢欣鼓舞的同时,还应该清醒地看到这种快速发展过程中暴露出的不少亟待解决的实际问题。

基于对我国汉语类辞书 30 年发展状况相关数据的统计与分析,我们认为,我国未来汉语辞书编纂出版规划工作及可持续发展过程中尤其应关注或重视以下几个方面的问题:

1. 应加强外向型汉语类辞书的编纂与出版工作。在我国改革开放 30 年辞书编纂出版事业大发展的时期,我们总共出版了外向型汉语辞书 11 部,仅占到汉语类辞书出版总量(7466 部/卷)的约 0.15%。这个数字和比例值得我们重视。随着我国改革开放的持续发展与深入,我们已经逐步从主要学习和吸纳西方发达国家成功的发展经验,了解他们的语言与文化,转变到开始注重向其他国家传播我们的语言与文化,介绍我国现代化建设的成功经验,那么,我们的外向型汉语辞书的研编与出版工作就急需紧跟上这一发展趋势。一国的语言也是一种国家资源,辞书是语言推广和文化交流的重要工具,我们应该充分利用汉语辞书的优势来服务我们国家的语言发展战略以及开创我们自己的原创辞书品牌。为此,我们应该开始着重培育汉语辞书的世界品牌,加强国际合作,借鉴吸收国内外同类辞书编纂的成功经验,加强对外交流与合作,努力推进汉语辞书走向世界,有效服务于我国汉语国际化传播的伟大事业。

2. 应加速我国汉语类辞书的数字化和网络化发展进程。在1978—2008年这30年我国汉语类辞书编纂出版事业的大发展过程中,我国同类辞书数字化与网络化的步伐也在加快。但是,在撰写本部分研究报告的过程中,通过阅读文献和分析资料,我们发现我国汉语类辞书的数字化与网络化发展还处于一个比较初级的水平,需要在今后进一步重视这方面的工作,特别是大型共享的汉语语言资源库及汉语辞书编纂出版标准化的相关平台建设,从而更好地适应21世纪辞书的时代发展趋势。

3. 应重视汉语(尤其是学习型)辞书编纂的系列化问题。根据本课题研究的数据统计与分析,我国改革开放30年间,汉语类辞书在系列化、有层次发展方面并不尽人意。辞书的层次或水平等级往往比较简单笼统地以"大"或"小"来作为划分依据,未能更科学合理地体现系列化的配套成龙。对此,我们认为可以借鉴国外英语单语词典(如牛津系列)的成功经验,借助大型语料库的研究成果和成熟工具,开发出层次系列合理鲜明的汉语类学习型辞书,更好地满足国内外汉语学习者的语言文化认知需求。

结　语

　　本部分的上篇主要回顾了两次全国性辞书规划中汉语类辞书编纂出版的规划情况。我们从数据统计的角度对规划情况与实际出版情况做了对比研究，肯定了全国性辞书规划对汉语类辞书编纂出版的积极影响，同时也指出了汉语类辞书编纂出版存在的主要问题。本部分的下篇则主要针对改革开放30年以来汉语辞书的实际编纂出版生态展开调查分析，分为初步发展期、快速发展期和平稳发展期三个阶段，以实际出版数据为依据，从历时性的角度爬梳了汉语辞书的出版状况。综观30年汉语辞书的编纂出版状况，应该说进步与成就让人欣喜，但存在的问题与挑战也值得我们深思。

　　得益于两次全国性辞书规划的推动和引导，汉语辞书事业在30年间取得了巨大发展和辉煌成就，辞书种类空前丰富，既有服务于语言学习的语文辞书、专项辞书和外向型辞书等基础性辞书，如《现代汉语词典》《新华词典》《汉语成语词典》《王力古汉语字典》《当代汉语学习词典（初级本）》《商务馆学汉语词典》等，也有服务于知识学习的百科辞书、专科辞书和百科全书，如《西藏历史文化辞典》《楚国历史文化辞典》《哲学大辞典》《中国戏曲剧种大辞典》《中国军事百科全书》等，更有使我们屹立于世界辞书之林的大型综合性工具书，如《辞源》《辞海》《汉语大词典》《汉语大字典》《中国大百科全书》等辞书力作。汉语辞书编纂出版的繁荣是改革开放以来我国文化事业大发展的重要注脚，对传承中华文明、提升国民素质起到了积极的影响。

在为汉语辞书事业所取得的巨大成就倍感欢欣鼓舞的同时,我们也应清醒地意识到汉语辞书事业发展过程中所暴露出的问题以及汉语辞书编纂现代化所面临的严峻挑战。30年来,汉语辞书编纂出版所存在的主要问题有:选题交叉、粗制滥造、剽窃抄袭、出版监管力度不够等,需要引起辞书编纂者、出版单位和主管部门的重视。随着计算机技术、互联网的出现与迅猛发展,辞书编纂进入了语料库时代,国外的辞书编纂(尤其是英语辞书的编纂)已经实现了语料库驱动的编纂模式。而反观汉语辞书的编纂出版,真正可用于辞书编纂的汉语语料库并不多,汉语类辞书的编纂理念、编纂手段和承载介质都亟待进一步的更新。因此,如何从语料库的合理构建与有效运用来推动汉语辞书研编的现代化进程是目前汉语辞书事业发展的最大挑战之一。另一方面,自《现代汉语词典》问世以来,我国的中小型汉语辞书(包括对外汉语辞书)的释义模式基本上都沿用了《现代汉语词典》的模式,虽然这在一方面体现了老一辈词典编纂者在现代汉语语词释义上的卓著成就和巨大影响力,但我们绝不可囿于此而懈怠了对辞书编纂的创新性探索。我们认为,如何结合汉语语言特性、汉语语言学研究的最新成果来更新汉语辞书研编的理念是目前汉语辞书事业发展的又一挑战。虽有困难,并非不能!回顾30年的发展历程,经过一代又一代的优秀辞书编纂者的默默付出,我们已从"大国家、小辞书"的尴尬境地,迈进了"辞书出版大国"的行列。今天的我们更应有开创"辞书强国"局面的坚定信念,脚踏实地,与时俱进,推动汉语辞书事业的数字化发展!

第二部分　外语类辞书发展状况

上篇　两次外语类辞书的全国规划及其具体实施

改革开放30年，我国的外语类辞书编纂与出版事业有了前所未有的迅猛发展，这与新中国成立以来的前30年相比有着天壤之别。而其中两次全国辞书编写出版规划起到了非常重要的历史作用。第一次全国辞书编写出版规划为我国外语类辞书的总体发展奠定了基础，很多外语语种的工具书从无到有，满足了相关辞书使用者的基本需求。第二次全国辞书编写出版规划则在第一次全国性规划10年有效实施的基础上更进一步，侧重各语种辞书系列选题的配套与优化，从而使得我国外语类辞书总体的编纂与出版在质量和数量方面均有快速提高。实践表明，我国外语类辞书的发展与这两次全国性辞书规划的制定与实施有着密切的关系。本篇将简要回溯两次全国性辞书规划中外语类辞书的规划情况，并结合相关统计数据，对两次辞书规划期内外语类辞书的实际出版状况进行描述与分析。

1. 两次外语类辞书的全国规划情况

1.1 第一次全国辞书编写出版规划(1975—1985年)中外语类辞书的规划情况

与我国汉语类辞书的出版规划相比,外语类辞书的出版规划有其自身的特点。汉语类辞书在我国属于母语词典,其编纂出版担负着传承汉语文化和服务大众的双重目的,而且汉语类辞书与汉语语言文化的研究及国家语言文化生活的发展状况更密切相关,因而受重视的程度较高并具有延续性和稳定性特点。而外语类辞书的情况则不同,其编纂出版更多是受到我国对外交流及外语教育政策的诸多影响或制约,受重视的程度自然相对略低,在稳定性和延续性方面也更容易波动。一般来说,当国家处于对外交流与合作活动频繁、外语教育事业蓬勃发展的时期,外语类辞书的出版会很繁盛,而且也更受到相关规划制定者的重视。回顾我国两次大规模全国性辞书的规划工作,我们不难发现这样的特点。

1975年的全国辞书编写出版规划是新中国成立60年当中的第一次国家级辞书规划,其中外语类辞书所占的比重非常大,这与当时所处的历史背景密不可分。"20世纪70年代中叶,斯里兰卡总理班达奈拉克夫人访华时赠送周恩来总理一部《僧伽罗语大词典》。周总理回赠她一本《新华字典》。一时间,大国小词典,小国大词典事件激起语言学者编写词典的强烈愿望。"(王德春,2009:491)实际上,这个外交事件中的"词典"小插曲确实真实地反映了我国当时汉语类辞书编纂与出版的状况,而外语类辞书的情况也大同小异,甚至应该说更加不尽如人意。正如1975年国务院批转国家出版事业管理局《关于中外语文词典编写出版规划座谈会的报告》中描述的,"目前中外语文词典出得太少,与我国社会主义革命和社会主义建设的发展很不适应"①。因此,1975年5月23日在广州召开的为期25天的中外语文词典编写出版规划座谈会,"从当前和长远发展的需要出发",提出了160种中外语文词典出版的两步走计划。就外语类辞书而言,计划出版外语类辞书共计129种,其中"第一步,在一九七五至一九八〇年内,出版外语词典七十八种。……应首先抓紧编写英、日、俄、法、德、西班牙、阿拉伯语等语种的词典。第二步,在一九八一至一九八五年内,出版外语词典五十一种。争取在十年左右逐步达到……主要语种的外汉和汉外词典配套补齐"②。除此之外,"……还可以适当引进和影印某些具有参考价值的外国词典,供内部使用"③。

第一次全国辞书编写出版规划中的外语类辞书,主要是从无到有的编纂和配套,所涉及的语种多达45种,其中以小语种居多。就外语类辞书的类别而言,绝大多数为通用语文词典,但也有少量的专项类词典,而专科类及百科类辞书并不在规划之列。本次规划所列的选题词典中大多数为中小型辞书,大中型辞书不多。具体来看,在语文词典中,收词10万条及以上的有5部,收词5万条及以上的有30部,共35部,占规划外语类辞书总数(129部)的约27.13%。但值得关注的是,首次全国辞书编写出版规划就已经将外向型外语类双语辞书的编纂与出版考虑在内了。在覆盖45种外语,总数达129种辞书的规划中,有8种外向型双语辞书,涉及8个语种。尽管外向型辞书占总体规划数的比例不是很大,但我们可以看出规划者已经考虑到了"供外国友人学汉语用"这个需要。此外,第一次全国辞书编写出版规划的重点在于原创双语辞书的编纂与出版,没有双解类

---

① 国家出版事业管理局《关于中外语文词典编写出版规划座谈会的报告》(国发[1975]137号)。
② 同注①。
③ 同注①。

辞书的规划。所有的规划辞书均由指定的 17 家出版社来承担出版任务,而这些出版社都是国内知名出版机构,包括商务印书馆、外文出版社、14 家各省级和直辖市的人民出版社和延边人民出版社。这其中商务印书馆承担了 71 种外语类辞书的出版任务,外文出版社承担了 8 部,其余的 50 部外语类辞书分别由北京、广东、辽宁、上海、江

表 2-1　第一次全国辞书规划中外语类辞书的规划情况(单位:部)

类　别	英语	俄语	法语	德语	日语	西班牙语	朝鲜语	阿拉伯语	越南语	阿尔巴尼亚语	印度尼西亚语	印地语	希腊语	世界语	其他31种外语
规划数	28	16	10	9	8	7	4	3	3	2	2	2	2	2	31
收词20万条以上	0	0	0	0	0	0	0	0	0	0	0	0	0	0	0
收词10万条以上	1	2	1	0	1	0	0	0	0	0	0	0	0	0	0
收词5万条以上	3	2	1	2	2	1	2	2	2	0	0	0	0	0	13
新编	22	14	8	7	6	5	3	2	2	2	1	1	2	2	30
修订	6	2	2	2	2	2	1	1	1	0	1	1	0	0	1
语文类	12	6	5	5	6	4	3	2	2	1	2	2	1	2	31
专项类	15	10	4	4	1	2	0	0	0	0	0	1	0	0	0
专科类	0	0	0	0	0	0	0	0	0	0	0	0	0	0	0
百科类	0	0	0	0	0	0	0	0	0	0	0	0	0	0	0
外向型	1	0	0	0	1	1	1	1	1	0	0	0	0	0	0
百科全书	0	0	0	0	0	0	0	0	0	0	0	0	0	0	0
双语类	28	16	10	9	8	7	4	3	3	2	2	2	2	2	31
双解类	0	0	0	0	0	0	0	0	0	0	0	0	0	0	0

苏、湖北、福建、四川、陕西、天津、吉林、黑龙江、山东、延边这14家人民出版社来承担出版任务。由此可见首次全国辞书编写出版规划所涉及的范围之广,可谓集全国之力来完成辞书的编纂与出版任务。具体情况请见表2-1。

1.2 第二次全国辞书编写出版规划(1988—2000年)中外语类辞书的规划情况

从1975年至1985年,我国第一次全国性外语类辞书规划在包括汉语类辞书在内的全国辞书编写出版规划的总体框架下得以顺利实施,"在各方面的支持和努力下已基本完成"[①],为我国外语类辞书的编纂与出版事业奠定了很好的发展基础。本时期内,据我们的数据统计,我国共编纂出版外语类辞书755部/卷,如果加上1986和1987年两年的出版数量则一共是1091部/卷。这个数字与"从1949年10月……到1979年底,全国共出版了……外国语文辞书103部"(方厚枢,1980:134)的情况相比,可谓有了飞速的发展。

但是,"在辞书出版发展快、数量大的同时,也存在一些值得注意的问题"[②]。正如时任我国新闻出版署副署长的刘杲同志所指出的:"主要问题是选题重复交叉,特别是市场好销的品种大量重复;一些辞书质量不高,甚至粗制滥造;有的词典抄袭现象严重。此外,在工作中,也还存在一个辞书发展不够协调的问题,如语文词典中,大语种多,小语种少;专科词典中综合性的多,专业性的少,等等。"(刘杲,1989:470)因此,第一次全国辞书编写出版规划基本结束后的第三年,我们国家又很快启动了第二次全国辞书编写出版规划。

---

① 《第二次全国辞书编写出版规划座谈会》,载《中国出版年鉴》,第469页,中国出版年鉴社,1989年。
② 同注①。

在1988—2000年全国辞书编写出版规划中,共有169部辞书,其中外语类语文辞书有59部,其他类别的外语类辞书,如专科类辞书在这次规划中也有了更为具体的考虑。新的全国辞书编写出版规划从当时的辞书发展状况出发,强调"应当具有承上启下的作用"。[①]具体到外语类辞书的规划特点,"外语语文词典中的通用外语语文词典,主要是规划大中型综合类外汉和汉外详解词典,适当兼顾语文专科词典;外语小语种词典做了特殊照顾,保证了重要的外语小语种能有一种规模较大的综合词典,专科词典首先确保基本学科的大型综合性词典的建设,并注意具有中国特色词典的选题安排……"[②]可以看出,此次全国辞书编写出版规划的宗旨在于进一步提升我国各类辞书的编纂与出版质量,在原有基础上继续完善辞书配套体系,从而协调辞书发展的总体结构。

列入第二次全国辞书编写出版规划的外语类辞书总计66部,覆盖的外语语种达34种,其中通用和专项语文辞书60部,专科类6部。显然,与第一次全国性外语类辞书规划的特点不同,此次规划的总体数量有大幅度减少,即从129部减为66部。但是,值得关注的是,此次全国辞书编写出版规划所列入的词典选题中,收词在5万以上以及10万以上的中大型辞书占到了很大比例。具体来看,收词20万条以上有4部,10万条及以上的有3部,5万条及以上的有28部,共35部,占外语类规划辞书总数(66部)的约53.03%。此外,第二次全国辞书编写出版规划中所涉及的规划类别有所增加,增加了专科类外语辞书,同时还在专项类语文辞书中增加了双解类型的词典。值得注意的是,本次规划中没有一部外向型双语辞书列入。可

---

① 新闻出版署《关于全国辞书编写出版规划(1988—2000年)的报告》,载《中国出版年鉴》,第474页,中国出版年鉴社,1989年。

② 同注①。

见,外向型双语辞书的编写出版并没有在原有基础上得到进一步的重视。本次规划依旧延续第一次全国辞书编写出版规划对原创双语辞书的导向,但是已经开始考虑双解型和译编型辞书的选题,比如有3部双解词典:《英汉双解同义词词典》、《俄汉双解词典》和《法语惯用语双解词典》;还有2部译编型词典:《通用英语学习词典》和《日汉对照基础日本语学习词典》。而且,在第二次全国辞书编写出版规划中,规划选题的编纂与出版也开始出现中外合作的情况,比如《俄汉双解词典》的编纂由商务印书馆与苏联俄语出版社合作,而《新汉日词典》则由商务印书馆和日本小学馆合作出版。

就第二次全国辞书编写出版规划的具体实施而言,共指定了17家出版社承担相关外语类辞书的出版任务。但是,这些出版社的构成分布较前一次全国辞书编写出版规划时期有了非常显著的变化。除了承担第一次全国辞书编写出版规划的7家出版社,即包括商务印书馆(36部)以及陕西(1部)、四川(2部)、辽宁(1部)、黑龙江(1部)、福建(1部)和江苏(1部)6家省级人民出版社外,另外又有10家新的出版机构加入了第二次全国辞书编写出版规划的实施。这其中有5家是高校出版社,即外语教学与研究出版社(6部)、北京大学出版社(2部)、北京语言学院出版社(2部)、南京大学出版社(2部)和上海外语教育出版社(1部)。另外5家出版社则是一些专业出版机构,即上海译文出版社(3部)、解放军出版社(3部)、国际广播出版社(2部)、江苏教育出版社(1部)和黑龙江朝鲜民族出版社(1部)。从这些承担第二次全国辞书编写出版规划相关外语类辞书出版的机构来看,本次规划有更多类型的出版机构参与,而且高校出版社以及一些专业出版社的加入更能提升外语类规划辞书出版的专业质量水平。具体情况请见表2-2:

表 2-2 第二次全国辞书规划中外语类辞书的规划情况（单位：部）

类别	英语	俄语	法语	德语	日语	西班牙语	朝鲜语	阿拉伯语	越南语	阿尔巴尼亚语	印度尼西亚语	印地语	希腊语	世界语	多语种	其他20种外语
规划数	14	5	2	2	5	1	1	3	3	1	2	2	2	0	1	22
收词20万条以上	2	0	0	1	1	0	0	0	0	0	0	0	0	0	0	0
收词10万条以上	1	0	0	0	1	0	0	0	0	0	0	0	0	0	0	0
收词5万条以上	1	0	1	0	1	0	1	2	2	0	2	2	1	0	0	15
新编	10	5	2	2	4	1	1	3	3	1	2	2	2	0	1	22
译编	1	0	0	0	1	0	0	0	0	0	0	0	0	0	0	0
修订	3															
语文类	5	3	1	1	3	1	1	2	3	1	2	2	2	0	0	22
专项类	7	1	1	1	0	0	0	0	0	0	0	0	0	0	0	0
专科类	2	1	0	0	0	0	0	0	0	0	0	0	0	0	1	0
百科类	0	0	0	0	0	0	0	0	0	0	0	0	0	0	0	0
外向型	0	0	0	0	0	0	0	0	0	0	0	0	0	0	0	0
百科全书	0	0	0	0	0	0	0	0	0	0	0	0	0	0	0	0
双语类	13	4	1	2	5	1	1	3	3	1	2	2	2	0	0	22
双解类	1	1	1	0	0	0	0	0	0	0	0	0	0	0	0	0
多语种	0	0	0	0	0	0	0	0	0	0	0	0	0	0	1	0

比较一下我国在 1975 年和 1988 年分别制定的两次全国辞书编写出版规划，我们可以清楚地看出，两次规划的出发点和重心都有一些显著的变化，而这毋庸置疑是由每次规划所处的特定历史背景及当时我国辞书发展状况等大环境或因素所决定的。在这两次国家级辞书规划制定的过程中，外语类辞书的规划都具有举足轻重的位置。具体来说，第一次全国辞书编写出版规划中，外语类辞书所占比例很

大,大大超过了汉语类辞书的规划数量。其规划的重点和目标在于外语类辞书的基础建设,考虑的是通过各语种双语辞书的配备,来满足我国外语类辞书使用者的基本需要。第二次全国辞书编写出版规划中,外语类语文辞书的规划数量与汉语类辞书基本持平,但相关的专科类辞书的规划有所增加。而且第二次外语类辞书规划的选题中,大中型的辞书所占比例有很大幅度的增加。这反映了我国改革开放进一步深入以后外语类辞书出现的新需求,即需要更多涉及专业领域的外语辞书和辅助外语教育深度发展的中大型语文辞书。此外,从两次规划的总体特点来考察分析,这两次规划之间有较好的延续性,不同时期的规划符合各自的发展特点。其中第二次的规划从规划选题、参与规划的人员以及规划的实施单位等诸多要素来看,都更具有专业性。这两次规划的制定之所以能够与时俱进,主要是规划制定前期有较为充分的调查研究,第一次规划主要是依靠长时间和大规模的座谈会来获取相关规划依据,而第二次规划则主要是依据对第一次规划实施10年的各类一手数据的统计和分析,因此也更加客观高效。具体情况见表2-3、2-4和2-5:

表2-3 两次全国辞书编写出版规划的时间跨度、会议规模、会期等对比

	第一次辞书规划	第二次辞书规划
召开时间及地点	1975年5月23日(广州)	1988年11月21日(成都)
时间跨度	1975—1985年	1988—2000年
会议规模	115人,包括13个省、市的文教和出版部门的负责人,有关的大专院校的负责人和专业工作者,中央和国务院有关单位的成员,工农兵代表和老专家代表	全国45家出版社的代表65人参加了会议
会期对比	5月23日—6月17日	11月21日—25日

(续表)

规划数量	规划出版160部中外语文词典。汉语词典31部,英、日、俄、法、德、西班牙、阿拉伯七种外语的词典81部,其他外语词典48部。共有17家出版社承担出版任务	规划选题169部。其中汉语语文词典43部,外语语文词典59部,民族语文词典1部,百科全书9部,社会科学专科词典48部,科学技术专科词典9部,共有44家出版社承担出版任务
实施步骤	"两步走":第一步,在1975—1980年内,出版汉语词典25部,外语词典78部;第二步,在1981—1985年内,出版汉语词典6部,外语词典51部	"两个阶段":1988年至1993年为第一阶段,1994年至2000年为第二阶段
规划目标	争取在十年内逐步达到大中小型的汉语词典及主要语种的外汉和汉外词典配套补齐	本规划应当具有承上启下的作用

表2-4 外语类辞书规划数量及在总体辞书规划中所占的比例对比

	第一次辞书规划	第二次辞书规划①
规划出版辞书总数	160部	169部
英语类辞书规划数量	27部(约16.88%)	14部(约8.28%)
小语种类辞书规划数量	102部(63.75%)	51部(约30.18%)

表2-5 外语类辞书规划类别对比(语种、规模、类型、指定出版社情况)

	第一次辞书规划	第二次辞书规划
语 种	涉及45种外语	涉及34种外语

---

① 在第二次辞书规划中,有一本《五种文字科技常用词典》,被算作多语种,故表2-4中第二次辞书规划中小语种类辞书规划数量为51部。

（续表）

规模	规划出版英、日、俄、法、德、西班牙、阿拉伯七种外语的词典81部，其他外语词典48部，共129部	规划出版外语语文、专项、专科词典共66部
类型	主要是语文、专项类词典	除语文、专项类辞书外，增加了双解专项、专科类别
指定出版社	共有17家出版社承担出版任务，主要有包括商务印书馆、外文出版社和各省级人民出版社在内的知名出版机构参与	共有17家出版社承担出版任务，但有更多类型的出版机构参与，如高校出版社和专业出版社等

2. 两次外语类辞书全国规划的具体实施情况

2.1 第一次全国辞书编写出版规划实施期间外语类辞书的实际出版状况

"根据1975—1985年的中外语文词典编写出版规划计划，10年内编写出版160部中外语文词典。这个规划除外语小语种项目只完成小部分外，其他项目如期完成。……执行这一辞书规划，加速了整个辞书的编写出版工作。"[①]这其中，外语类辞书的编纂和出版也得益于第一次全国辞书编写出版规划的作用有了很大的发展。从我们的统计数据来看，在第一次全国辞书编写出版规划实施的10年中，外语类辞书的实际出版总量为755部/卷，自1978年起每年的出版数字都在大幅度地快速增长。这充分说明了辞书规划的导向作用，确实推动了外语类辞书编纂与出版的大发展。第一次辞书规划期间

---

① 新闻出版署《关于全国辞书编写出版规划(1988—2000年)的报告》，载《中国出版年鉴》，第473页，中国出版年鉴社，1989年。

具体的年度出版情况请见图2-1：

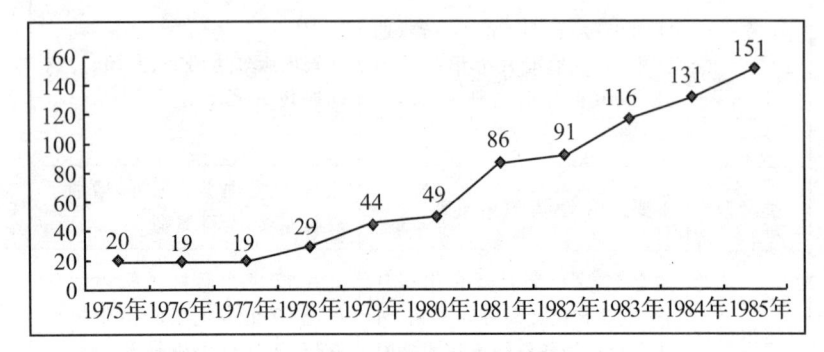

图2-1 第一次全国辞书规划期间外语类辞书的
实际年度出版情况(单位:部/卷)①

在第一次全国辞书编写出版规划实施的10年期间,尽管年度的出版数量逐年攀升,但通过分类数据的统计和分析,我们看到各类别的外语辞书呈现出不均衡的发展状况。在这755部/卷外语类辞书中,原创英语类辞书共371部,原创小语种类辞书193部,多语种类辞书59部,以及引进版辞书(包括编译类、外汉双解类、原版引进英文版)132部/卷。而在这些大类当中,各次类别辞书的编纂出版也有不同程度的差异。比如,关涉英语的辞书中,原创英汉类双语辞书323部,原创汉英类双语辞书40部,汉英双解2部,原创英汉汉英两用类辞书6部,原版引进英文版百科全书1部。关于第一次全国辞书编写出版规划期间各类外语辞书实际出版的分布情况,具体请见表2-6。

从表2-6我们可以看到,外语专科类辞书是第一次全国辞书编写出版规划实施期间的主要出版种类,而且无论是英语类、小语种类、多语种类还是编译类中都是专科类出版数量领先于其他类别,

---

① 其中,1975—1977年的辞书出版数字参考方厚枢(1980、1981)。

表 2-6 第一次全国辞书规划期间外语类辞书的实际出版分布情况(单位:部)①

编纂方式			辞书类别					
			语文类	专项类	专科类	百科类	外向型	百科全书
原创类	英语类	英汉	29	42	251	1		
		汉英	9	11	19		1	
		汉英双解		1	1			
		英汉汉英双向			6			
	小语种	小语种汉语	29	34	109			
		汉语小语种	9	10	1			
		小汉汉小双向			1			
	多语种			2	57			
引进类	编译		3	14	54	2		16种49卷
	双解	英汉双解	2	4	1			
		小汉双解	2					
	原版引进英文版							1种1卷

各类总数达到了 499 部,占这一时期辞书出版总数(755 部/卷)的约 66.09%,其次是专项类外语辞书,出版了 118 部,占这一时期辞书出版总数(755 部/卷)的约 15.63%,而语文类辞书则名列第三,共 83 部,占这一时期辞书出版总数(755 部/卷)的约 10.99%,其他种类则所占比例很少。这期间,原版外语辞书的引进仅 1 部,即《企业管理百科全书》(影印本)(哈佛企业管理丛书编委会编,中国对外翻译出版公司,1985),外汉双解类辞书出版了 9 部,编译类 122 部,显然原创类的双语辞书(共 564 部)仍是出版主流。此外,我们还应该注意到,在外语类辞书中,外汉类(包括英汉类、小语种汉语类)的辞书共出版了 495 部,汉外类(包括汉英类、汉语小语种类)的辞书共出版了 60 部,前者是后者的 8 倍多。看得出,在第一次全国辞书编写出版

---

① 其中,1975—1977 年的辞书出版数字参考方厚枢(1980、1981)。

规划实施期间，主要辅助外语理解的解码型外汉辞书占大多数，而主要辅助外语产出的编码型汉外辞书则较少，这是与我国早期外语教学与使用的初级水平基本一致的。同样原因，这一时期的外语编译类辞书出版数量也较多，共有 122 部/卷，但大多涉及专科领域，有 54 部，占同期外语专科辞书总出版总数（499 部）的约 10.82%。这说明，我们对专科领域辞书编纂也有一部分依赖国外同类辞书的翻译，比如《现代经济词典》（[美]D. 格林沃尔德主编，《现代经济词典》翻译组译，商务印书馆，1981）。

1975—1985 年这 10 年间，外语百科类辞书的编纂与出版数量很少，仅 4 部，有 2 部是依据国外百科词典进行编译的，即《数学百科辞典》（日本数学会编，马忠林等译，科学出版社，1984）和《神话词典》（[苏]M. H. 鲍特文尼克等著，黄鸿森等译，商务印书馆，1985）；另外 2 部自编的百科类辞书，有 1 部为英汉类，即《英汉美国社会知识小词典》（董乐山、刘炳章编，新华出版社，1984）；还有 1 部为英汉汉英双向类，即《最新万用英文事典（汉英、英汉两用）》（许清梯编，李约翰校订，科学普及出版社广州分社，1983）。研究数据表明，这个时期我国的百科词典编纂水平不高，而且出版数量也很有限。

至于外向型双语辞书，第一次全国辞书编写出版规划中所列入的 8 部词典选题，即指定由外文出版社出版的《汉英小词典》、《汉日小词典》、《汉法小词典》、《汉西小词典》、《汉语阿拉伯语小词典》、《汉朝小词典》、《汉语阿尔巴尼亚语小词典》和《汉越小词典》。然而，根据我们所搜集的数据检索，至 1985 年，并未发现同名的外向型辞书的出版。但是，我们发现了几本"简明"系列的汉外辞书，如《简明汉英词典》、《简明汉日词典》、《简明汉西词典》、《简明汉语阿拉伯语词典》和《简明汉朝词典》，从收词规模和编纂单位来判断，有可能是规划中所列的外向型辞书选题成果，但出版单位均为商务印书馆，因此,无法确定这些辞书是否就是所规划辞书的实施成果。

如果我们将第一次全国辞书编写出版规划中外语类辞书的规划情况与实施期间实际出版的具体情况进行对比,不难看出,几乎每种辞书小类的实际出版数量都要多于规划的数量(语文类和外向型除外)。而且,值得注意的是,有些不在规划选题之列的辞书种类也有相当数量的出版,比如专科类、百科类、百科全书、多语种类和编译类等,而其中专科类外语辞书的出版数量更是在所有类别中遥遥领先,主要的对比数据请见表2-7:

表2-7 第一次全国辞书规划期间外语类辞书规划与实际出版状况对比(单位:部/卷)

	总数	语种	英语类	小语种类	多语种类	编译类	语文类	专项类	专科类	百科类	外向型类	百科全书
规划出版	129	45	28	101	0	0	84	37	0	0	8	0
实际出版	755	16	379	195	59	122	83	118	499	4	1	17种50卷

根据我们的数据统计与分析,第一次全国辞书编写出版规划具体实施的10年期间,外语类辞书的实际发展状况呈现出以下几大特点:首先,总体的出版数量很大,大大超出了规划的数字,所达到的数量约为规划数量的6倍。这说明在第一次全国辞书编写出版规划的引导和带动下,外语类辞书的编纂与出版呈现出较为活跃的局面。而且这10年间所出版的外语类辞书涉及的语种达到16种,覆盖了当时我国所需的主要外语语种,形成了较好的外语工具书的整体基础。

其次,实际出版与规划在辞书类别分布上有较大差异。从规划的具体分布来看,英语类辞书的数量要大大少于小语种辞书,语文类辞书要大大多于专项类辞书,其他类别基本没有涉及,如专科类和百科类外语辞书。但实际出版的情况却恰恰相反,英语类辞书占据了主流,占实际出版总数的约50.2%,而规划中的同类比例则是约21.71%。规划中的小语种辞书所占比例约为78.29%,而实际出版所占比例则仅约25.83%。此外,外语专项类辞书的出版超出了规划数量的2倍多。而且,专项类辞书的实际出版数量超出了通用语文类辞书的出版量,这与规划的情况正好相反。这表明,用于辅助辞书使用者外语深度认知的学习型辞书有着更大的实际需求。专科类外语辞书的出版情况也很值得关注。第一次全国辞书编写出版规划中并没有考虑此类辞书的编写出版,但实际上10年期间共编写出版了499部,占实际总体出版数量(755部)的约66.09%。同样,不在第一次全国辞书编写出版规划选题之列的多语种类辞书也有59部,还有就是原先未列入规划的百科类外语辞书也有少量出版,为4部。这些对比情况表明,辞书的规划与实际的出版是存在差距的,这些差距背后有多种潜在因素,而使用者的实际需求应该是主导因素。这一时期大量专科类外语辞书的出版就是此类辞书市场需求的一种直接反馈。

第三,实际出版与规划在辞书编纂模式方面不完全一致。第一次全国辞书编写出版规划中的外语类辞书选题都是新编或修订的原创双语辞书,并不考虑编译、双解或原版引进国外的辞书。这种导向是国家级辞书规划所应有的基本策略,即鼓励和倡导自主原创的辞书作品,重在本国辞书传统的延续与创新以及自主知识产权的作品。然而,由于外语类辞书的特殊性,在实际的编纂与出版过程中,借鉴相关外语的母语国辞书编纂经验也是有必要的。在第一次全国辞书编写出版规划期间,外汉双解版辞书出版了9部,编译类辞书122部,而且还有1本原版引进的英文版百科全书。这三类直接或间接借鉴国外单语辞书经验的辞书(132部/卷)占外语类辞书实际出版总量(755部/卷)的约17.48%,说明了外语类辞书编纂出版模式潜在的多元化需求。

总而言之,第一次全国辞书编写出版规划实施期内,我国外语类辞书的编纂与出版有了长足的发展,从外语语种的覆盖面和各辞书小类的出版情况可以看出,外语类辞书的基础工程建设已经基本完成,能够基本满足使用者的初步需求,而这与辞书规划的总体导向是一致的。当然,外语类专科辞书的大规模编写与出版也反映了辞书市场需求的主导作用,不容忽视。

2.2 第二次全国辞书编写出版规划实施期间外语类辞书的实际出版状况

如上文所述,我国第二次全国辞书编写出版规划是在第一次全国辞书编写出版规划实施结束后的第三年就很快启动并实施的,其宗旨是"承上启下",这与前一次全国规划的"基本建设"目标有所不同。而且本次规划也明确了"规划期间辞书编纂出版工作的方针是:加强管理,调整结构,保证重点,提高质量"[①]。因此,经过13年(1988—2000年)全国辞书规划的具体实施,我国辞书事业得到了更大规模、更快的发展,外语类辞书的情况也不例外。

根据我们的数据统计,在第二次全国辞书编写出版规划实施的13年间,外语类辞书的实际出版总量达到了3114部/卷。这与第一次全国辞书编写出版规划期的10年之中实际编纂出版的外语类辞书总数(755部)相比又有了3倍多的增长,可谓持续快速发展。而从每个年度的外语类辞书编纂出版数量来看,这种增长也基本属于稳中有升。具体情况请见图2-2:

---

① 新闻出版署《关于全国辞书编写出版规划(1988—2000年)的报告》,载《中国出版年鉴》,第474页,中国出版年鉴社,1989年。

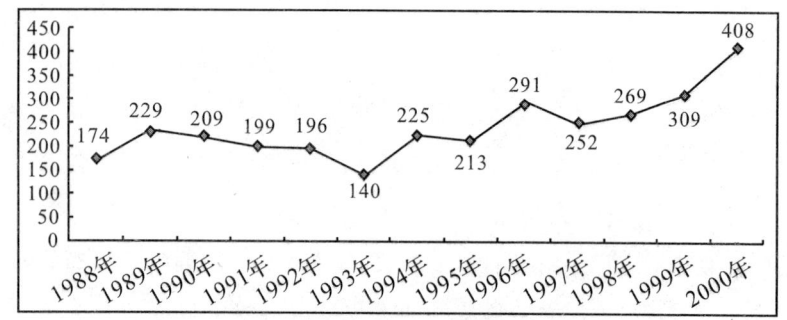

图 2-2 第二次全国辞书规划期间外语类辞书的
实际年度出版情况(单位:部/卷)

从图中我们可以看出,第二次全国辞书编写出版规划实施13年期间,平均每年的出版量约240部,相当于每3天就有2部外语类辞书出版,而到了该规划实施期的最后一年,即2000年,已经达到了每天出版约1.1部外语类辞书的惊人速度。

在这3114部/卷外语类辞书中,从我们的数据统计分析来看,各次类的编纂出版情况也同样呈现出不均衡的发展状况,原创英语类辞书出版了1876部,原创小语种类辞书出版了482部,多语种类153部,引进类辞书(包括编译、外汉(半)双解、原版引进)共603部/卷。而在这些大类当中,各次类辞书的编纂出版也有不同程度的差异。比如,关涉英语的辞书中,原创英汉类双语辞书1415部,原创汉英类双语辞书265部,原创汉英双解类辞书13部,原创英汉汉英两用类辞书179部,引进英汉半双解2部,原创汉语方言英语辞书2部,自编英英辞书2部,引进英汉双解类辞书184部,原版引进英汉辞书1部,原版引进汉英2部,原版引进英汉汉英2部,原版引进英文版73部/卷,原版引进英语小语种双向1部,原版引进英汉双解4部。关于第二次全国辞书编写出版规划期间外语类各次类辞书实际出版的分布情况,请见表2-8:

表 2-8 第二次全国辞书规划期间外语类辞书的实际出版分布情况(单位:部)

编纂方式			辞书类别					
			语文类	专项类	专科类	百科类	外向型	百科全书
原创类	英语类	英汉	255	472	675	13		
		汉英	52	57	144	3	9	
		汉英双解	5	1	6	1		
		英汉汉英双向	35	3	141			
		汉语方言英语	2					
		自编英英	2					
	小语种类	小语种汉语	93	130	127	1		
		汉语小语种	37	29	29			
		汉语小语种双解		2				
		小汉汉小双向	17	1	11			
		汉语方言小语种	4					
		小语种小语种	1					
	多语种		19	8	126			
引进类	编译		22	28	113	13		96种131卷
	双解类	英汉双解	96	49	39			
		英汉半双解	2					
		小汉双解	10	6	2			
	原版引进类	原版引进英汉		1				
		原版引进汉英	2					
		原版引进汉语小语种	1					
		原版引进小语种	2	4	1			
		原版引进英汉汉英	2					
		原版引进英文版	29	20	21			3种3卷
		原版引进英语小语种双向	1					
		原版引进英汉双解	4					
		原版引进多语种			1			

从表 2-8 的数字可以看出,第二次全国辞书编写出版规划实施的 13 年是我国外语类辞书更加迅猛发展的一个时期,各类别的外语

辞书出版量都较前一规划期的实际出版量有极大的增幅，比如：语文类出版了693部，是前一规划期的同类实际出版量(83部)的8倍之多；专项类出版了811部，是前一规划期的同类实际出版量(118部)的6倍之多；专科类出版了1435部，是前一规划期的同类实际出版量(499部)的近3倍，百科类辞书出版了32部，比前一规划期的同类实际出版量(4部)增加了28部；外向型辞书出版了9部，比前一规划期的同类实际出版量(1部)增加了8部；百科全书出版了99种，共134卷，比前一规划期的同类实际出版量(17种50卷)增加了82种，84卷。此外，这一规划期内，引进出版辞书的数量达到了603部/卷，比前一规划期(132部/卷)增加了3倍多。由此可见，即便是将这两次全国辞书编写出版规划期所持续的时间差异(相差3年)考虑在内，如此快速的增长速度也是非同寻常的。

从各类的出版总量来说，出版最多的仍然是外语专科类辞书(1435部)，占这一规划期辞书总出版量(3114部/卷)的约46.08%；其次是专项类(811部)，占总出版量(3114部/卷)的约26.04%；再次为语文类(693部)，占总出版量(3114部/卷)的约22.25%。这说明，外语类专科词典的需求仍旧很大，应该是我国各专业或行业领域对外交流的需求增加所致。此外，专项类外语辞书更大程度上超过通用语文辞书的出版量，这表明我国外语学习者在语言学习方面的辅助需求也更为突出。更具体一点来看，这一时期，外汉双语类辞书(即原创英汉类辞书1415部和原创小语种汉语类辞书351部，共1766部)仍旧多于汉外双语类辞书[即原创汉英类辞书256部(未包含汉英外向型辞书)、原创汉语方言英语辞书2部、原创汉语小语种类辞书95部和原创汉语方言小语种辞书4部，共357部]，说明学习者的解码需求仍占主流，但从汉外双语类辞书出版的数量增加幅度[较前一时期的59部，即原创汉英类辞书(未包含汉英外向型辞书)

39部和原创汉语小语种类辞书20部,增加5倍多]可以看出,编码型辞书的需求在迅速扩大。

与此同时,还有一些值得关注的辞书发展新动向。首先,这一时期外语百科类辞书的出版有相对大幅度的增长,而且增加了小语种这一次类别。其次,(半)双解类和原版引进类外语辞书的出版量(296部/卷)有很大增长,占到这一规划期辞书总出版量(3114部/卷)的约9.51%;如果再加上编译类辞书的出版数字(307部/卷),则要占到总出版量(3114部/卷)的约19.36%。这说明,在这个阶段,我们对国外同类辞书的借鉴趋势明显加强了。这其中,我们不仅借鉴了国外单语词典的编纂与出版经验,而且也还出现了对国外双语词典借鉴的情况,比如原版引进自新加坡的英汉类专项学习型辞书《学生英汉动词词典》和《最新汉英辞典》(袖珍本)等。而且,这一时期还有新的辞书类别出现,比如英汉半双解辞书(如《中国人学英语用英话英汉半双解词典》,周孟奇等译,科学出版社、克纳曼出版公司,1992)、外语单语类辞书(如《基础英英词典》,韦会编著,北京语言学院出版社,1989)和方言双语类辞书(汉语方言-英语词典,如《简明粤英词典》,杨明新编著,广东高等教育出版社,1999;汉语方言-小语种词典,如《北京口语法语词典》,李亚明主编,广东教育出版社,2000)。这也从一个侧面反映出我国改革开放继续深入之后,外语类辞书使用者需求的新变化。

如果将第二次全国辞书编写出版规划中外语类辞书的规划情况与实施期间实际出版的具体情况进行对比,我们同样会发现,每个外语类辞书次类别的实际出版数量都要大大多于规划的数量,而有些不在规划选题之列的辞书种类也有相当数量的出版,比如百科类、外向型类和原版引进类等。主要的对比数据请见表2-9:

表2-9 第二次全国辞书规划期间外语类辞书规划与实际出版状况对比(单位:部/卷)

	总数(卷/种)	语种	英语类	小语种类	多语种类	编译类	语文类	专项类	专科类	百科类	外向型类	百科全书
规划出版	66	34	14	49	1	2	49	11	6	0	0	0
实际出版①	3114	24	2144	508	154	307	693	811	1435	32	9	99种134卷

根据我们的数据统计和分析,第二次全国辞书编写出版规划实施的13年当中,外语类辞书的实际编纂与出版继续保持了强劲的快速发展势头,总体状况呈现出以下几个特点。

第一,总体辞书出版数量激增。本次规划实施期间,外语类辞书总共出版了3114部/卷,这是第二次全国辞书编写出版规划的规划数量(66部)的约47倍,是前一次10年规划期的实际出版数量(755部)的4倍多。仅从数量来看,经过这一时期的辞书编纂与出版,我国外语类辞书的总体发展进入了一个相对繁盛的时期。这与第二次全国辞书编写出版规划的主导与推动作用是有密切关系的。

第二,各类辞书出版更为均衡。这13年期间,外语类辞书的编纂出版除了总体数量惊人以外,与以往相比,各个类别普遍都有较大发展,呈现出多元化发展的局面。这其中,未在规划之列的百科类辞书有了较大发展,共出版32部。从各类外语辞书实际出版的数字可以看到,辞书规划与实际出版情况之间存在巨大差异,这对规划的科学性和专业性提出了更高的要求。

---

① 还有1部原版引进英语小语种双向语文辞书,不好归入英语类还是小语种类,故两者都没有将其计算在内。因此,本表中"实际出版"一行中,英语类、小语种类、多语种类和编译类之和为了3113部。特此说明。

第三，内向型外语学习型辞书出版持续快速增长。这一时期外语专项类辞书的出版数字仍继续超过通用语文类辞书。这同样也与规划中的情况有所不同。第二次全国辞书编写出版规划中，外语类通用语文辞书的规划数（49部）是专项类（11部）的4倍多，而实际出版的情况则是专项类辞书的出版数量（811部）是通用语文类（693部）的约1.17倍。这种反差也折射出广大外语学习者对语言文化认知的深度需求。相比之下，我们还应注意到，这一时期外向型双语辞书的编纂与出版仍处于比较滞后的发展状态。从我们的相关数据来看，旨在辅助对外汉语教学的外向型汉语双语学习词典出版量仍然不多。当然，这与第二次全国辞书编写出版规划中此类外语辞书编纂出版的导向不甚明确也有直接的关系。其次，使用者的需求方面也不很明显。

第四，借鉴国外辞书经验的趋势明显。第二次全国辞书编写出版规划已经开始将编译类和双解类辞书选题列入其中，这是第一次全国辞书编写出版规划中所没有的。尽管列入规划的此类辞书数量很少，即编译类2部和双解类3部，但这种国家级规划的导向作用确实非常重要。事实上，在此次规划的实际实施过程中，对国外辞书编纂出版经验借鉴（包括直接或间接的引进编纂出版）的趋势非常明显，而这与规划的相关导向应该说也密切相关。根据我们的数据统计，这期间，外语编译类辞书实际出版了307部/卷，外汉双解类辞书202部，外汉半双解辞书2部，而且，未在规划之列的原版引进辞书也出版了92部/卷。这些数字相加（共603部/卷）占第二次辞书规划期内辞书总出版数量（3114部/卷）的约19.3%，这比规划中同类所占比例（约7.58%）增加了11.72%。从这一数字与比例的对比能够看出，我国外语类辞书编纂出版以及相关研究的对外交流进入了实质性的新阶段，这在一定程度上有利于提升我国外语类辞书编纂出版的质量。

回顾这一时期我国外语类辞书的发展情况,我们会为辞书事业的极速发展而备受鼓舞,但另一方面也会对各类辞书的"质量发展"需要进行更多的考虑,而这也将是我们国家以及相关出版机构今后在制定全国性规划或局部规划时要注意的。

3. 国家辞书编写出版规划对外语类辞书发展的主要影响

改革开放30年来,我国辞书事业得到了全面快速的大发展,取得了令人瞩目的成就。辞书事业的科学可持续发展离不开国家辞书规划的重要作用与影响。就外语类辞书的发展而言,1975年和1988年的两次国家级辞书编写出版规划起到了非常关键的导向与推动作用。

具体来说,1975年所制定的第一次全国辞书编写出版规划,其国家导向和有效的组织保证为外语类辞书事业此后10年的发展打下了较好的基础。这主要体现在英、日、俄、法、德、西班牙和阿拉伯这7种当时主要外语语种的辞书体系的基本配备,能够确保满足广大外事工作者及语言学习者的基本需求。同时,其他覆盖38个小语种的辞书规划也充分考虑了这些语种辞书的基本建设需要。而且在此次规划的具体实施方面,都指定了当时国内颇有实力的出版机构来负责出版工作,从而确保了相关辞书的编纂出版质量。因此,"现在畅销的中外语文词典,大都是规划项目,有些词典行销海内外,发行几千万册,经久不衰"[①]。

第一次全国辞书编写出版规划顺利完成后的第三年,1988年的第二次全国辞书编写出版规划就再次发挥了重要的作用。由于第一次全国辞书编写出版规划及其实施,"积累了制定辞书规划的经验,

---

① 新闻出版署《关于全国辞书编写出版规划(1988—2000年)的报告》,载《中国出版年鉴》,第473页,中国出版年鉴社,1989年。

提高质量的经验,对外合作出版的经验"(刘杲,1989:470),第二次全国辞书编写出版规划的制定者在前一期的基础上,针对当时所存在的相关问题与未来辞书发展的需要,进行了更加合理科学的专业性思考。相比之下,第二次全国辞书编写出版规划在辞书的质量提高和辞书类型的丰富方面进行了重点考虑。这主要体现为对中大型辞书选题的倾斜,同时还增加了专科类和百科类等新辞书类型的规划考虑。在此规划的导向影响下,1988—2000 年的 13 年间,我国外语类辞书在原有基础上又实现了大规模的跨越式发展,不仅数量有了惊人的增加,而且辞书的出版类型也日益多元和丰富。我国外语类辞书发展确实进入了一个有史以来的繁盛时期。

但是,我们还应该看到,尽管有两次大规模的全国辞书编写出版规划工作,实际的辞书出版仍有很多的现实问题和不尽人意之处。这说明仅靠国家辞书规划是不够的,因为"国家的长远规划,实际上又是部分重点辞书的规划,在整个辞书编写出版工作中起着骨干的作用"(刘杲,1989:470)。因此,我们还需要出版机构内部及出版机构之间的局部规划协调工作。就国家辞书规划而言,规划的科学性与可持续性非常重要。这在很大程度上取决于规划制定者对现状与问题的充分把握,需要可靠的统计数据的支持与有前瞻性的全局思考。就外语类辞书的未来规划工作来说,就非常需要基于充分调查研究的科学规划,应该有三方面的主要考虑,即"一是纵向的考虑,就是向纵深发展,不同层次,成龙配套。二是横向的考虑,就是填补空白。三是精益求精,已经成书得到好评的再进一步修订"(刘杲,1989:470)。这些观点早在第二次全国辞书编写出版规划时就有,实际上对未来的辞书发展规划也仍旧适用。当然,时过境迁,今后我们在考虑我国外语类辞书发展走向时,应该放眼更加广阔的国际视野,与时俱进地考虑新世纪辞书现代化的特点,要积极创新。

下篇　改革开放30年外语类辞书的发展状况

1. 初步发展期(1978—1987年)内外语类辞书的发展状况

在初步发展期内,外语类辞书共出版了1034部/卷,各次类别的辞书发展不够均衡。这其中,就语种而言,英语类辞书出版了517部/卷,小语种类268部,多语种类78部,编译类171部/卷。而从辞书功能分类来看,专科类的出版量最大,达634部之多,专项类次之,为191部,语文类121部,百科类8部,外向型3部,以及百科全书23种,共77卷。如果就这一时期年度出版总量来说是逐年增长的,而且增长的幅度在不断加大,具体数字请见图2-3:

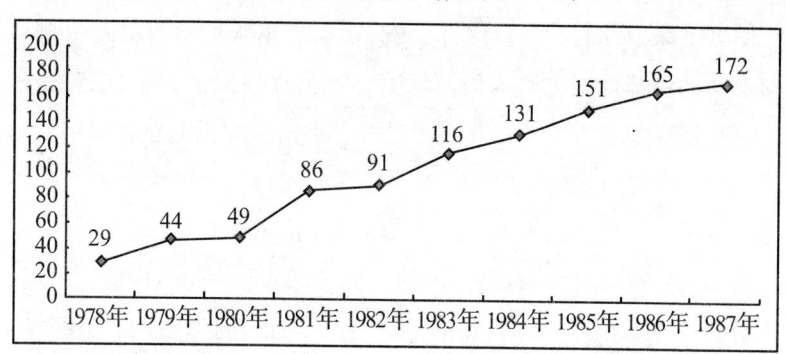

图2-3　初步发展期内外语类辞书年度出版数量的
实际分布情况(单位:部/卷)

根据我们对改革开放30年外语类辞书发展状况研究的历史分期思路,这个时期是我国改革开放30年当中的第一个10年,处于改革开放的早期阶段。我国的辞书编纂出版工作和其他各行各业的工作情况相似,正处于一个缓慢的恢复期。而且,这个阶段出版的外语类辞书大多是在第一次全国辞书编写出版规划实施过程中完成的,主要是外语类辞书的基础建设,因此,从总量来说并不是特别多。但是,值得注意的是,逐年的发展速度还是递增得很快的,1987年的出版总数(172部/卷)已经是1978年(29部/卷)的近6倍了。下面,我们将结合统计数据对这一时期内外语类辞书的各类别发展情况进行概要描述和分析。

1.1 外语语文类辞书的发展状况

在这一时期,外语类语文辞书的出版数量与其他类别的外语类辞书相比差别并不是很大。根据我们的数据统计与分析,共出版了121部,占这一时期外语类辞书出版总量(1034部/卷)的约11.7%。这其中英语类语文辞书出版了60部,小语种类56部,多语种类1部,编译类4部。由此可见,在改革开放的早期,我国外语类语文辞书的编纂与出版主要涉及英语这个语种,英语类语文辞书的出版数量(60部)占到外语语文类辞书(121部)的近一半(约49.59%),而其他各小语种的语文辞书则占到了出版总量的约46.28%。初步发展期内外语语文类辞书的年度出版情况请见图2-4:

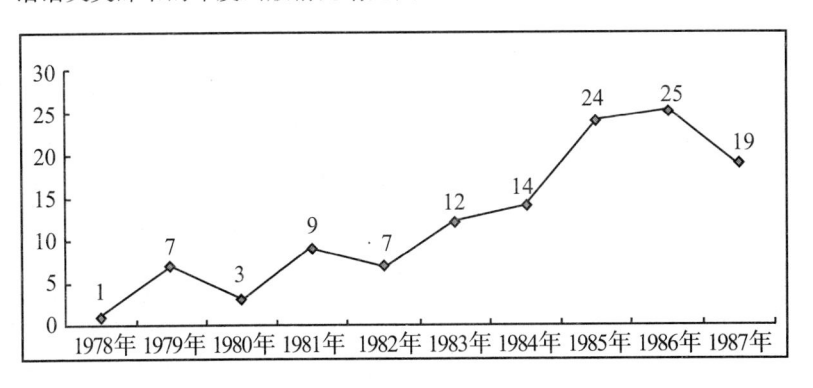

图2-4 初步发展期内外语语文类辞书年度出版数量的实际分布情况(单位:部)

如图 2-4 所示，根据我们的数据统计，在外语类辞书编纂与出版的初步发展期之内，语文类辞书的出版数量基本呈逐年稳步增长的态势。但是，随着每一年的稳步增长，到这一时期的最后一年，语文类辞书出版量已经达到了 19 部，是本时期第一年的 19 倍。这让我们看到了一个 10 年累积基础上的大幅度增长结果。也就是说，这一时期外语类语文辞书的编纂与出版正处于一个相对平稳且循序渐进的阶段，符合初步发展时期的规模和特点。

在这 10 年的发展过程中，我们发现，原创英汉双语语文辞书的发展占主导，共出版了 34 部，而汉英双语语文辞书则保持了一个相对平稳的发展速度，共出版了 13 部，虽然总量仅为英汉类外语辞书的 1/3 左右，但几乎每年都有新的汉英语文词典问世，平均每年出版 1.3 部。此外，这一时期还出现了外汉汉外两用的双语辞书类别，共出版了两部，即 1986 年的 2 部英汉汉英语文词典，分别为《简明英汉汉英词典》(《简明英汉汉英词典》编写组编，知识出版社，1986)和《精选英汉汉英词典》(朱原等编译，吴景荣等编，商务印书馆，1986)，还有 1 部多语种语文词典，为《汉英法德俄日六国语常用词汇》(郭景天等编，知识出版社，1987)。

除 102 部原创双语词典的出版外[占这一时期外语语文类辞书出版总量(121 部)的约 84.3%]，这一时期出现的外语类语文辞书的引进出版现象值得关注。具体来说，这 10 年当中，引进出版的语文类辞书共出版了 19 部，占到外语语文类辞书出版总数(121 部)的约 15.7%，其中原版引进的小语种汉语及汉语小语种双语辞书共 2 部，外汉双解类语文辞书出版了 13 部(英汉类 10 部，小语种汉语类 3 部)，还有 4 部为编译类语文辞书。这种外语类辞书的直接或间接引进出版现象自 1983 年开始出现，增加了外语类语文辞书的一个新出版类别，也标志着我国对国外语文辞书编纂出版成果或经验的借鉴和学习的开始。而另一个值得关注的现象就是我们自编的外语单语语文辞书的编写出版,即1987年出版的一部英英语文辞书《英解学生英语辞典》(林森初等编,广西民族出版社,1987)。该语文辞书的出版表明,我国的辞书编纂工作者们开始意识到外语单语辞书的潜在需求,这为下一个发展时期原版外语单语辞书的引进埋下了伏笔。

在外语类语文辞书编纂与出版的初步发展期内,非常值得关注的有几本代表性的语文辞书,它们的问世奠定了我国外语类语文辞书的初步发展基础。这些语文词典包括1984年的《英华大词典》(第2版)(郑易里、曹成修原著,郑易里等修订,商务印书馆,1984)、《新英汉词典》(新2版)(《新英汉词典》编写组编,上海译文出版社,1985)、《大俄汉词典》(黑龙江大学俄语系词典编辑室编,商务印书馆,1985)等。这些知名语文辞书经过认真修订之后,编纂质量进一步提高,也更加受到词典使用者的欢迎,从而成为经久不衰的长线出版精品,获得了出版经济效益和社会效益的双丰收。以《英华大词典》(第2版)为例,该版是"在1957年修订第一版的基础上,先经原编者作初步修订,后又由商务印书馆编辑部组织馆内外力量再作加工,于1981年年初完成初稿陆续发排的。此次修订除保留旧版百科性条目和俚俗语词较多的优点外,主要是增收了大量的新词,调整了异源同形词,更新并补充了注音,同时,最为重要的是对释义进行了较大幅度的修订和补充,同时也对例证、习语和复合词作一定的增补与调整等等,修订后总数已达到十二万条以上,总字数约六百万字"[①]。而据相关数据统计,"《英华大词典》(第2版)1984年发行,到

---

① 《英华大词典》(修订第二版)前言,中国互动出版网,http://www.china-pub.com/100162(检索时间:2010-04-28)。

1999年(第3次修订),累计发行了70万册"①。

1.2 外语专项类辞书的发展状况

在这一时期,外语类专项语文辞书的出版数量与其他类别的外语辞书相比差别较大,出版量仅次于外语类专科辞书。根据我们的数据统计与分析,共出版了191部,占这一时期外语类辞书出版总量(1034部/卷)的约18.47%,数量超过了本时期外语类语文辞书的出版总数(121部)。这其中英语类专项辞书出版了98部,小语种类69部,多语种类3部,编译类21部。同样,在改革开放的早期,我国外语类专项辞书的编纂与出版主要集中于英语这个语种,英语类专项辞书的出版数量(98部)占外语专项类辞书出版总量(191部)的约51.31%,而其他各小语种的专项辞书出版总数(69部)则占约36.13%。初步发展期内外语专项类辞书的年度出版情况请见图2-5:

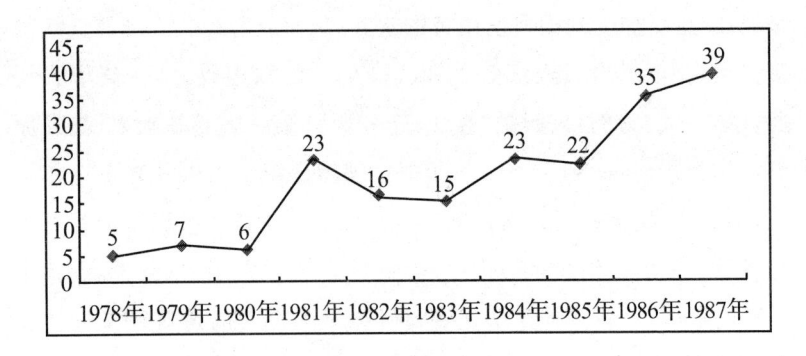

图2-5 初步发展期内外语专项类辞书年度出版数量的
实际分布情况(单位:部)

---

① 《调查:你最常用的汉语词典是哪种》,哲学在线网,http://www.philosophyol.com/pol/? action-viewthread-tid-26329,2010-02-22(检索时间:2010-04-28)。

如图2-5所示,在外语类辞书的初步发展期内,专项语文辞书的发展也较为平稳,但逐年稳步攀升的出版数字使得1987年的出版总数达到了39部,这是本时期第一年,即1978年的同类辞书出版数字(5部)的近8倍,也有不小的增幅。这种增幅平稳的发展态势同样也与初步发展时期的特点相吻合,没有大起大落的突变,总体在不断增加。

在这10年的发展过程中,我们看到,专项类语文辞书的编纂与出版集中于原创双语辞书,共出版了153部,占本时期外语专项类辞书出版总量(191部)的约80.1%。这其中涉及英语的专项辞书出版了83部,涉及小语种的专项双语辞书出版了67部,多语种的专项辞书出版了3部。此外,非原创的专项辞书也出版了一些,包括双解类16部(英语类双解15部,小语种类1部),直接引进类1部(原版引进小语种专项辞书),即《日语常用语辞典》([日]马渊和夫、梅津彰人著,北京科学技术出版社,1986)以及编译类专项辞书21部,一共有38部,占同类总出版量(191部)的约19.9%。

就外语类专项语文辞书的具体次类别而言,这一时期主要集中于以下这些专项词典,如:常用词(组)词典、成语词典、用法词典、分类词汇词典、类义词典、惯用语(法)词典、新词词典、辨析词典、缩略语词典以及短语词典,具体出版情况请见图2-6。

总体来看,外语类专项语文辞书在初步发展期内出版数量在平稳增长,而且已经由借鉴和引进转向独立研编(原创的双语辞书共出版153部,占这一时期外语专项类辞书总量的约80.1%)。就语种而言,专项类辞书主要集中在英语类,其他语种也开始呈现遍地开花之势。就类别而言,常用词(组)、用法词典等类双语词典的大量需求也表明了改革开放初期我国学习者的外语水平普遍较低,人们渴望入门类的双语专项辞书。

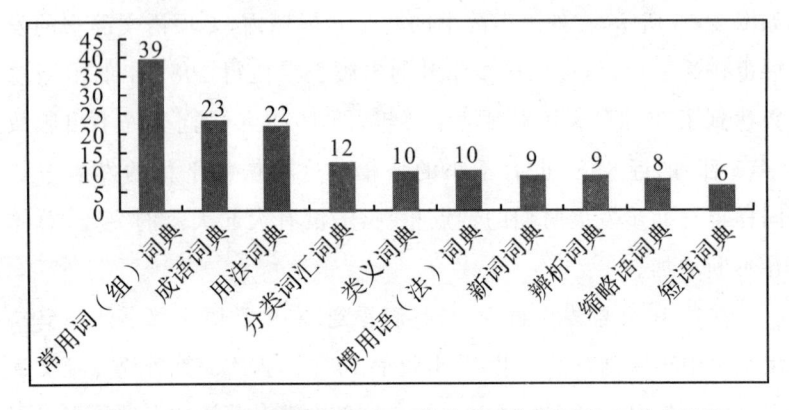

图2-6 初步发展期内外语专项类辞书中出版量排在前十位的次类别出版情况(单位:部)

柱状图数据：常用词(组)词典 39、成语词典 23、用法词典 22、分类词汇词典 12、类义词典 10、惯用语(法)词典 10、新词词典 9、辨析词典 9、缩略语词典 8、短语词典 6

1.3 外语专科类辞书的发展状况

在这一时期,外语类专科辞书的出版数量与其他类别的外语类辞书相比最多。根据我们的数据统计与分析,共出版了634部,占这一时期外语类辞书出版总量(1034部/卷)的约61.32%,数量分别是语文辞书出版总数(121部)的5倍多,是专项类辞书出版总数(191部)的3倍多,是百科类辞书出版总数(8部)的近80倍。这其中英语类专科辞书出版了352部,小语种类142部,多语种类74部,编译类66部。显然,在改革开放的早期,我国外语类专科辞书的编纂与出版也同样主要集中于英语这个语种,英语类专科辞书的出版数量(352部)占到外语专科类辞书(634部)的一半以上(约55.52%),而其他各小语种的专科辞书出版总数(142部)则占约22.4%。此外,多语种类专科辞书的出版量(74部)在这一时期也比较大,占到同类总量(634部)的约11.67%,编译类(66部)占到约10.41%。这样的分布也表明专科类辞书的总体需求较大,涉及外语类辞书各个类别。这与改革开放早期我国各行业各专业领域对外交流与学习的需求是密切相关的。更具体一点,在英语类专科辞书的出版数字中,英汉类的有 305 部,占到英语类专科辞书总量(352 部)的约 86.65%;汉英类的则只有 36 部,占同类总量(352 部)的约 10.23%;而英汉汉英两用类的仅 8 部,约占 2.27%;英汉双解类最少,仅 3 部,约占 0.85%。这一组数字和比例体现了专科类辞书的解码型需求要远远大于编码型需求,符合改革开放早期的外语学习与使用的总体特征。本时期内专科类辞书的年度实际出版情况请见图 2-7:

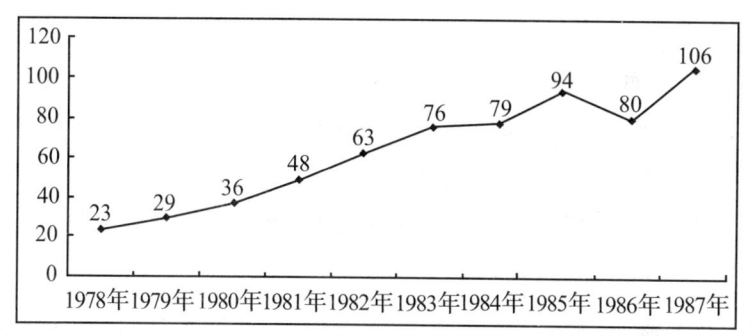

图 2-7 初步发展期内外语专科类辞书年度出版数量的实际分布情况(单位:部)

如图 2-7 所示,在外语类辞书的初步发展期内,专科辞书的发展特点与其他类别不同,表现出大幅度增长的趋势,出版量是逐年快速攀升的。这一方面说明外语专科类辞书的社会需求面广量大,同时另一方面也体现出其前期基础非常薄弱,有大规模补缺的必要。

在这 10 年发展期内,外语专科类辞书绝大多数为原创双语辞书(总数为 565 部,占同类总量 634 部的约 89.12%),而间接引进国外专科辞书的仅有少数双解类专科辞书(英汉双解类 3 部)和编译类专科辞书 66 部,这些合计(69 部)占同类总量(634 部)的约 10.88%。但值得注意的是,尽管这类引进辞书的所占比例不大,但相比其他类别辞书的引进数量却是最多的,达到了 69 部,这是专项类引进辞书总数(38 部)的近 2 倍,语文类引进辞书总数(19 部)的近 4 倍。

就外语类专科辞书的次类别而言[①],这一时期主要集中在学科类专科辞书的出版上,有 419 部,占到总数(634 部)的约 66.09%。具体请见表 2-10:

表 2-10 初步发展期内外语专科类辞书各次类别的出版情况(单位:部)

类别	学科词典	术语词典	专名词典	专题词典	其他
数量	419	64	60	91	0

就学科类专科辞书而言,在初步发展期内,应该说,大多数一级学科普遍都有了相应的专科工具书(据我们的统计,只有马克思主义、历史学、民族学这三个一级学科没有专科工具书)。从图 2-8 可以看出,这一时期,辞书出版量排在前十位的学科主要为应用与技术

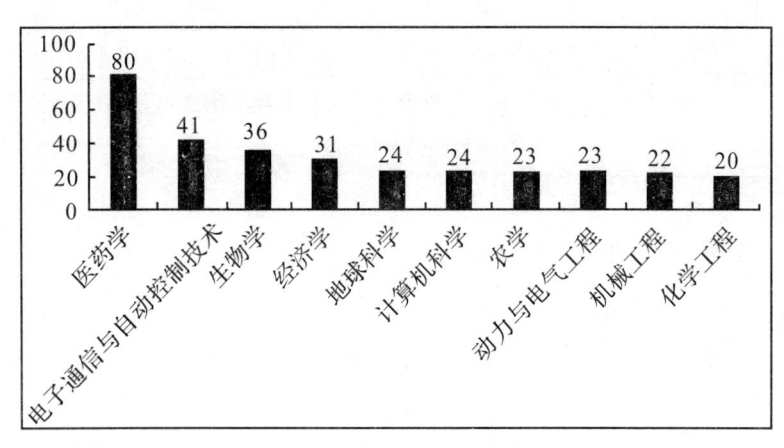

图 2-8 初步发展期内外语专科类辞书在学科中排在前十位的分布状况(单位:部)

[①] 此处借鉴了徐庆凯先生在《专科词典论》中提出的专科辞书分类模式。下文表 2-14、表 2-19 亦同此分类。

类的学科。①

总体来看,随着改革开放大幕的拉开,中国的经济与社会发展步入新的时期,外语类专科辞书在初步发展期内得到了很快的发展,尤其是在学科类专科辞书方面,基本实现了一级学科拥有各自领域专科工具书的局面,极大地满足了当时对外学习的广泛社会需求。

1.4 外语百科类辞书的发展状况

在这一时期,外语百科类辞书的出版数量与其他类别的外语辞书相比非常少。根据我们的数据统计与分析,外语百科类辞书一共出版了8部,仅占这一时期外语类辞书出版总量(1034部/卷)的约0.77%。这其中英语类百科辞书出版了4部,小语种类0部,多语种类0部,编译类4部。同样,与这一时期其他外语类辞书类别的分布特征相似,我国外语类百科辞书的编纂与出版也主要集中于英语这个语种。除此之外,就是间接引进的编译类百科辞书。这些百科类辞书中英汉百科辞书出版了3部,英汉汉英两用类百科辞书出版了1部。因此,按比例来说,原创类(4部)与引进类(4部)的外语百科类辞书比例相当。这说明,本时期内我国此类辞书的编纂与出版无论在使用者需求和编纂实践水平方面均处于较为边缘的状况,属于刚刚发展起步阶段。初步发展期内外语百科类辞书的年度出版情况请见图2-9。

如图2-9所示,在外语类辞书的初步发展期内,百科类辞书的编纂与出版数量是非常缓慢的。除总体出版数量很少(平均每年还

---

① 在考察专科类辞书在学科中的分布状况时,我们主要针对"一级学科"。关于一级学科的划分,我们基本上是按照"中国科研项目学科分类与代码"(共59个一级学科)来操作的。需要说明的是,出于统计便利的目的,我们适当合并了一些一级学科,如"医药学",实际上包含了畜牧兽医科学、基础医学、临床医学、预防医学与卫生学、军事医学与特种医学、药学、中医学和中药学这些一级学科。特此说明。本章中下同。

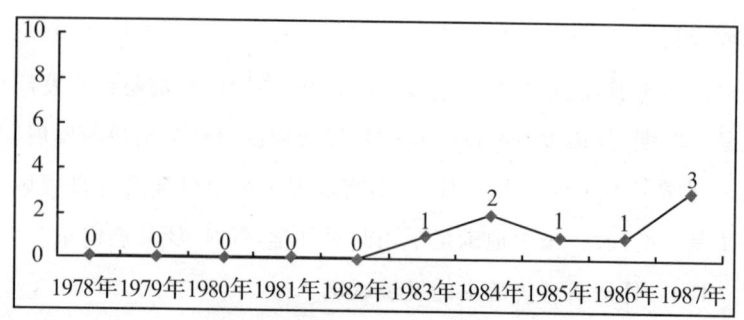

图 2-9 初步发展期内外语百科类辞书年度出版数量的
实际分布情况(单位:部)

不到 1 部)以外,根据我们的数据统计,这一时期的前 5 年未有相关辞书出版。仅从 1983 年起才开始有此类辞书的编写和出版,即《最新万用英文事典》(汉英、英汉两用)(许清梯编,李约翰校订,科学普及出版社广州分社,1983)。据我们的统计分析,这一时期出版的 8 部外语百科类辞书可具体分为以下几类:

表 2-11 初步发展期内外语百科类辞书出版系列化情况(单位:部)

类别	综合性百科			专业性百科	地域性百科
	高档	中档	低档		
数量	0	4	0	4	0

具体而言,综合性百科辞书有 2 部为自编,另外 2 部为编译。专业性百科辞书有 2 部是关于英语(学习)知识的,1 部为《数学百科辞典》(日本数学会编,马忠林等译,科学出版社,1984),还有 1 部为《美学百科辞典》([日]竹内敏雄主编,池学镇译,黑龙江人民出版社,1987)。

1.5 外语外向型辞书的发展状况

这一时期,据我们的数据统计,仅有 3 部双语外向型辞书:《汉英逆引词典》(余云霞等编,商务印书馆,1985)、《简明汉朝词典》(北京语言学院、延边人民出版社《简明汉朝词典》编写组编,商务印书馆、

1986)以及《多音多义字小字典》(附英文释义)(李清华、武云霞编,何培慧译,北京语言学院出版社,1987)。由此我们可以看出,在我国改革开放的第一个10年中,主要服务于非母语汉语学习者的外向型外语类辞书编纂出版的很少,这与对外汉语教学或汉语国际化推广的总体发展形势密切相关。在改革开放初期,我们的一切工作重心主要是围绕"学习西方",而当时国际上对中国的了解也非常有限,学习汉语的人非常少。这种局面随着改革开放的不断深入之后自然会有所改变。不过,相比较而言,在这个时期有3部外向型辞书编纂出版,也是值得关注的,它说明仍存在小众的辞书用户群,需满足这方面的需求。而且,从这3部外向型辞书我们可以看出,编纂者还是非常重视词典使用者的认知水平特点的,从内容到形式编排都很有针对性。这应该说是一个很好的开始。

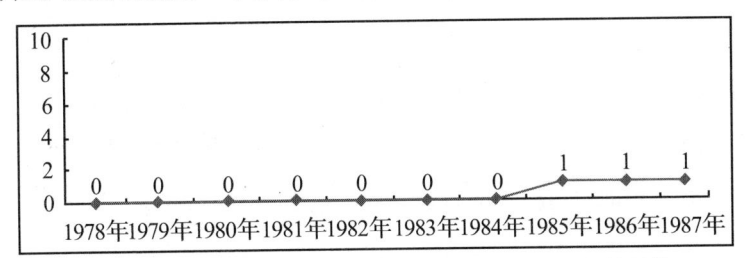

图2-10 初步发展期内外语外向型辞书年度出版数量的实际分布情况(单位:部)

1.6 外语类百科全书的发展状况

在外语类辞书的初步发展期,相比于其他类别的外语类辞书而言,外语类百科全书总体的发展较为滞后与缓慢,共出版了编译类22种76卷,原版引进1部单卷本百科全书。这一方面与此类辞书的普遍需求尚未出现,即使用者对国外百科类信息的检索或学习需要尚不紧迫有关,另一方面也与此类综合性辞书编纂的特殊性与难度有关。在这个初步发展的时期,显然,这类辞书还不是编纂与出版的重点所在。因此,这一时期的外语类百科全书主要编纂与出版模式为"中外合作和编译引进",即"由国外百科全书编译再版而成的百科全书在中国出版的百科全书中占有相当的比重"(雍和明等,2006:501)。

具体来说,1979年,中国大百科全书出版社与美国不列颠百科全书公司建立合作,开始编译《简明不列颠百科全书》(中文版);同一年,根据美国麦格劳-希尔图书公司出版的第4版《科学技术百科全书》,科学出版社开始分卷编译出版《科学技术百科全书》;1982—1984年,解放军出版社陆续编译出版了由中国人民解放军军事科学院组织翻译的《苏联军事百科全书》;1983年,中国建筑工业出版社分上、下卷编译出版了《苏联建筑百科全书》;同样是在1983年,科学普及出版社与知识出版社联手编译出版了《少年百科全书》。以下是本课题组统计分析的一组数据,也鲜明地反映了这一时期我国外语类百科全书编纂与出版发展的面貌。

表2-12 初步发展期内外语编译类百科全书年度出版情况[①]

年份	1978	1979	1980	1981	1982	1983	1984	1985	1986	1987
种数	0	1	3	2	1	3	8	5	8	3
卷数	0	1	4	6	5	12	13	8	23	4

这一时期的年度数据显示,外语类百科全书的发展总体呈现出编纂出版数量不大且年度发展不够稳定的态势。该时期编纂出版的外语类百科全书基本上是编译的模式。从编译类外语百科全书的次类别来看,这一时期主要集中编纂出版了专业性百科全书,面向成人

[①] 由于某种大型(多卷本)百科全书会跨年度出版,计算总数时会出现重复计算的情况。故表2-12中百科全书的种数之和虽为34种,但经合并同种类百科全书(即同种类跨年度出版的百科全书仅算1种)后,实则为22种。

的百科全书和面向少年儿童的百科全书数量相当,但所占比例较小,而其他类型的外语百科全书则更少,请见表2-13:

表2-13 初步发展期内外语编译类百科全书类别统计

百科全书类别		数量(22种)	数量(76卷)
综合类	高级成人档	1	10
	中档普及型	1	1
	少年儿童档	2	11
专业性百科全书		17	53
地域性百科全书		1	1

这一时期,虽然编译类百科全书是外语类百科全书出版的主流,但据我们搜集到的资料,本时期还有1部单卷本的原版引进专业性百科全书,即《企业管理百科全书》(影印本)(哈佛企业管理丛书编委会编,中国对外翻译出版公司,1985)。

1.7 初步发展期小结

综上所述,初步发展期是30年外语类辞书事业发展的第一个10年,也是外语类辞书编纂出版的缓慢恢复期。基于本节对外语类辞书类型学角度的出版状况描述,我们可以从如下四个角度概述本时期的外语类辞书编纂与出版状况:

1) 辞书出版数量大致反映了当时社会语境下对外语类辞书的需求。按年度统计数据来看,这一时期的年度出版总数呈现逐年增加的趋势,而且增长的幅度在不断加大。这说明,随着改革开放的推进,人们对于知识学习的热情和对外交流的愿望在逐渐加强。外语类辞书作为一项重要的语言学习资源,自然成为人们的选择。按辞书类别之间的统计数据对比来看,专科类的辞书出版总量占到60%以上的比例,这显然也是改革开放早期我国各行业、各专业领域对对外交流与学习的需求高涨推动的结果。

2) 从原创辞书与引进辞书的数量比例来看,本时期的外语类辞书编纂与出版基本上以原创为主。具体来说,语文辞书的原创数量(102 部)与引进出版数量(19 部)的比例约为 5.4∶1;专项辞书的原创数量(153 部)与引进出版数量(38 部)的比例约为 4∶1;专科辞书的原创数量(565 部)与引进出版数量(69 部)的比例约为 8.2∶1;百科辞书的原创数量与引进出版数量持平,均为 4 部;外向型辞书均为原创,共 3 部;百科全书均为引进,间接引进数量为 22 种 76 卷,原版引进数量为 1 部单卷本。

3) 从英语类辞书和小语种类辞书的出版数量对比来看,英语类辞书的出版数量略占优势。具体来说,英语类语文辞书的出版数量(60 部)与小语种类语文辞书的出版数量(56 部)的比例约为 1.1∶1,英语类专项辞书的出版数量(98 部)与小语种类专项辞书的出版数量(69 部)的比例约为 1.4∶1,英语类专科辞书的出版数量(352 部)与小语种类专科辞书的出版数量(142 部)的比例约为 2.5∶1,百科辞书未见有小语种类出版,但有 4 部英语类辞书,英语类外向型辞书的出版数量(2 部)与小语种类外向型辞书的出版数量(1 部)的比例为 2∶1。

4) 就大型辞书的编纂来说,小语种类辞书有《大俄汉词典》(黑龙江大学俄语系词典编辑室编,商务印书馆)问世,英语类辞书在本时期还未见有大型辞书问世。这种状况应该与新中国成立后国家更为重视俄语教学的外语教育政策有较大关系,正如鲁桓(1987∶43)所说,《大俄汉词典》的出版问世是"历史的产物"。这也从另一个侧面印证了外语类辞书编纂出版与国家外语教育政策的呼应关系。

另一方面,这一时期的百科全书编纂出版也值得我们特别关注:1980 年 8 月,在邓小平同志的积极推动与支持下,中国大百科全书出版社和美国不列颠公司签订了出版中文版《简明不列颠百科全书》

的协议,开创了我国版权引进和中美文化出版合作的先河。

总之,这一时期可以视作是 30 年来外语类辞书大发展的一个基础建设阶段,基本上完成了第一次全国性辞书规划对外语类辞书的规划指标。

2. 快速发展期(1988—2000 年)内外语类辞书的发展状况

相对于外语类辞书的初步发展期而言,这一时期的外语类辞书在数量和种类上可谓突飞猛进。在此快速发展期内,外语类辞书共出版了 3114 部/卷,各次类别的辞书发展相对于初步发展期更趋均衡。这其中,就语种而言,英语类辞书出版了 2144 部/卷,小语种类 508 部,多语种类 154 部,编译类 307 部/卷。① 而从辞书功能分类来看,专科类的出版量最大,有 1435 部之多,专项类次之,为 811 部,语文类出版了 693 部,百科类出版了 32 部,外向型辞书出版了 9 部,以及百科全书 99 种,共 134 卷。如果就这一时期年度出版数量来看,应该说总体上是逐年增长的,而且每一年都保持了相当大的规模。具体出版数量请见图 2-11。

根据我们对改革开放 30 年外语类辞书发展状况研究的历史分期思路,这个时期正处于我国改革开放 30 年中的第二个 10 年发展时期。我国的辞书出版工作和其他各行各业的工作情况相似,正处于一个快速上升的发展期。而且,这个阶段出版的外语类辞书大多是在第二次全国辞书编写出版规划实施过程中完成的,国家级辞书规划对外语类辞书的快速发展起到了非常重要而且关键的引导与推动作用,加上辞书作为文化产品得益于市场经济的调控,得到迅猛的

---

① 还有 1 部原版引进英语小语种双向语文辞书,不好归入英语类还是小语种类,故两者都没有将其计算在内。

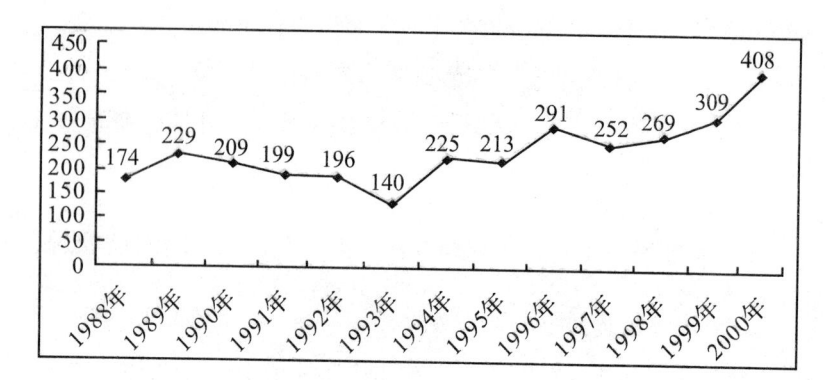

图 2-11　快速发展期内外语类辞书年度出版数量的
实际分布情况(单位:部/卷)

发展。因此,从出版规模来看,这个时期外语类辞书的出版是一个高峰,数量惊人,达到 3114 部/卷。具体来说,这个时期出版的外语类辞书出版量(3114 部/卷)占整个改革开放 30 年外语类出版总量(6624 部/卷)的约 47.01%,是初步发展期出版总量(1034 部/卷)的 3 倍多以及平稳发展期出版总量(2476 部/卷)的约 1.3 倍。这一时期外语类辞书的总体发展不仅数量剧增,而且各种类型的外语类辞书与以往相比也有了更为均衡的协调发展,整体结构分布更趋合理。下面,我们将结合具体的统计数据对这一时期内外语类辞书的各类别发展情况进行概要描述和分析。

2.1　外语语文类辞书的发展状况

根据我们的数据统计与分析,在快速发展期内,外语语文类辞书的出版数量与其他类别的外语辞书相比并不是很大,规模排在专科类和专项语文类之后。具体来说,外语类语文辞书共出版了 693 部,占这一时期外语类辞书出版总量(3114 部/卷)的约 22.25%。这与初步发展期外语语文类辞书的出版总量(121 部)相比,有了很大幅度的上升,是前一时期的近 6 倍之多。这其中英语类语文辞书出版了 486 部,小语种类 165 部,多语种类 19 部,编译类 22 部。[①] 同样可以看出,这一时期,英语类辞书(486 部)仍是外语类语文辞书编纂与出版的重点所在,占外语语文类辞书总量(693 部)的约 70.13%。这一时期的英语类语文辞书不仅出版量是初步发展期(60 部)的 8 倍多,而且在整个外语类辞书出版量中所占的比例也较前一时期的约 49.59% 提高了 20% 之多。而其他小语种语文辞书的出版量(165 部)尽管较初步发展期(56 部)增加了近 2 倍,但其占快速发展期外语语文类辞书出版总量(693 部)的比例却不足三分之一(23.81%),相对于前一时期(约 46.28%)则减少了 22.47%。这两组数据的对比表明,经过前一个初步发展期之后,在快速发展期内,英语类语文辞书的出版数量以更加迅猛的速度增长,继续满足我国改革开放快速发展的需要。相比之下,经过前一时期的初步发展,尽管总的出版数量仍有大幅度增长,各小语种类的语文辞书发展速度已有所放缓。快速发展期内外语语文类辞书年度出版数据请见图 2-12。

如图 2-12 所示,根据我们的数据统计,在外语类辞书编纂与出版的快速发展期之内,语文类辞书的出版数量基本呈逐年较快增长的态势,平均每年的出版数量达到了约 53 部。这其中的后半阶段每年的出版数量(除 1998 年略有回调外)几乎都大大超过了这个时期的年平均数,而到了本时期末的 2000 年,外语语文类辞书的出版数量更是达到了 97 部,相当于大约每 4 天就有一部外语语文类辞书出版。由此可见,在这个快速发展期,外语语文类辞书的编纂与出版速度确实非常惊人。

[①] 还有 1 部原版引进英语小语种双向语文辞书,不好归入英语类还是小语种类,故两者都没有将其计算在内。

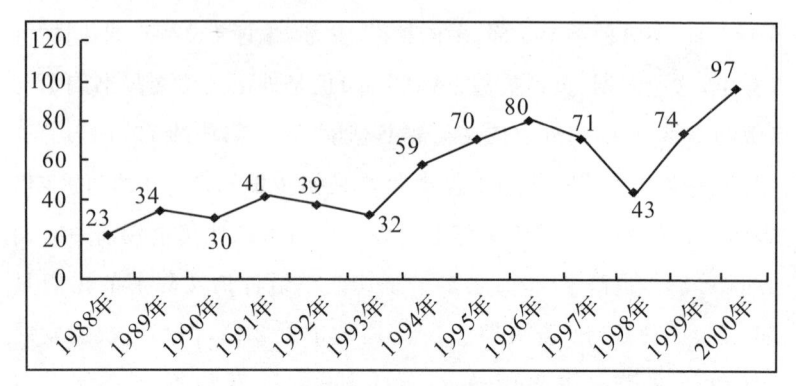

图 2-12　快速发展期内外语语文类辞书年度出版数量的
实际分布情况(单位:部)

在这个快速发展的时期,我们发现外语语文类辞书的发展有以下鲜明特点:

1)外语类辞书仍旧以原创双语类语文辞书的编纂与出版为重点。这期间共出版了 255 部英汉语文辞书,而汉英语文辞书的出版也有大幅度增加,共出版了 52 部。此外,还出版了小语种汉语语文辞书 93 部,汉语小语种语文辞书 37 部,小语种汉语双向语文辞书 17 部,多语种语文辞书 19 部。这个时期还出版了英汉汉英两用语文辞书 35 部,汉语方言英语类辞书 2 部,汉语方言小语种辞书 4 部,自编的英语单语语文词典 2 部,小语种单语辞书 1 部,以及汉英双解辞书 5 部。这些数字相加共 522 部,占这一时期外语语文类辞书出版总量(693 部)的约 75.32%,这个出版比例较前一个初步发展期的比例(约 84.3%)有所下降。

2)各语文类辞书次类别的发展也较前期更为均衡。一是主要用于使用者外语学习编码活动的汉外词典有更快的发展,比如:汉英语文辞书(52 部)较前一时期(13 部)增加了 3 倍,汉语小语种语文辞书(37 部)较前一时期(11 部)也增加了 2 倍多。二是具有双向和两用功能的双语语文辞书也有了大幅度增加,比如:英汉汉英双向语文辞书的编纂出版(35部)是前一时期(2部)近18倍,小语种汉语双向语文辞书(17部)比前一时期(1部)增加了16倍。此外,还有一些新的辞书类别出现,比如:汉语方言英语类辞书(2部)、汉语方言小语种类辞书(4部)。这个类别的出现表明,随着我国改革开放日益深入,中外交流在语言方面也同样进入了更深的层次,有更多的通过方言进行交流和学习的需求了。

3)外语语文类辞书的引进出版现象更趋活跃。具体来看,在快速发展期内,引进出版的语文类辞书达到171部,占到了本时期外语语文类辞书出版总量(693部)的约24.68%。而且,几乎外语语文辞书的各次类均有不同程度的引进出版,这与初步发展期的情况相比更趋积极和活跃。这其中原版引进的英语(单语)辞书29部,汉英辞书2部,英汉汉英双向辞书2部,英汉双解4部,小语种辞书2部,汉语小语种辞书1部以及英语小语种双向辞书1部;此外,间接引进的外汉双解类语文辞书出版了108部(英汉双解类96部,英汉半双解类2部,以及小语种汉语双解类10部),还有22部编译类语文辞书。由此我们可以看到,这一时期我国原创类外语语文辞书的编纂与出版比例在减少,而引进类外语语文辞书的出版比例正在快速上升。这说明,我国外语类辞书编纂与出版的对外交流与合作、借鉴国外同类辞书编纂经验或成果的趋势更加明显。

4)在这一时期,我国大型双语语文辞书的编纂有了更好的发展,其中有几本代表性的语文辞书值得关注,它们体现了我国原创双语辞书编纂的发展水平。这些语文词典包括《英汉大词典》、《汉英大辞典》、《现代汉英词典》、《新汉日词典》、《俄汉详解大词典》以及《新世纪法汉大词典》等。上海译文出版社于1989年和1991年分别出版了陆谷孙主编的《英汉大词典》上、下卷。作为"1988—2000年全国辞书编写出版规划"的大型英汉双语词典,《英汉大词典》"代表了20世纪中国综合性英汉双语词典编纂的最高水平"。(雍和明等,2006:461)《汉英大辞典》(上、下卷)(吴光华,上海交通大学出版社,1993;1997年两卷合一经修订后以《汉英辞典》为名出版)是"一部融文理工多学科于一体、兼有普通汉英词典和科技汉英词典双重功能的中型汉英词典"。(雍和明等,2006:462)《俄汉详解大词典》(黑龙江大学辞书研究所,黑龙江人民出版社,1998)是"中国迄今为止最大的一部俄汉双语词典","中国俄语类双语词典编纂史上的一座丰碑"。(雍和明等,2006:464)而《新世纪法汉大词典》(陈振尧主编,外语教学与研究出版社,1998)是一部兼顾语词与百科的综合性大型法汉词典,堪称"国内法汉双语综合性词典的创新之作"(黄芳,2006)。

2.2 外语专项类辞书的发展状况

在快速发展期内,外语专项语文类辞书的出版数量与其他类别的外语辞书相比差别较大,出版量仅次于外语专科类辞书。根据我们的数据统计与分析,共出版了811部,占这一时期外语类辞书出版总量(3114部/卷)的约26.04%,数量略多于外语语文类辞书的出版总数(693部)。这其中英语类专项辞书出版了603部,小语种类172部,多语种类8部,编译类28部。同样,在这个时期,我国外语类专项辞书的编纂与出版也主要集中于英语这个语种,英语类专项辞书的出版数量(603部)占本时期外语专项类辞书(811部)的约74.35%,而其他各小语种的专项辞书出版总数(172部)则占约21.21%。快速发展期内外语专项类辞书年度出版数据请见图2-13。

如图2-13所示,在外语类辞书的快速发展期内,专项类辞书的发展也极为迅猛,平均每年出版数量达到约62部。大量专项类语文辞书的编纂与出版满足了我国改革开放快速发展阶段广大外语学习

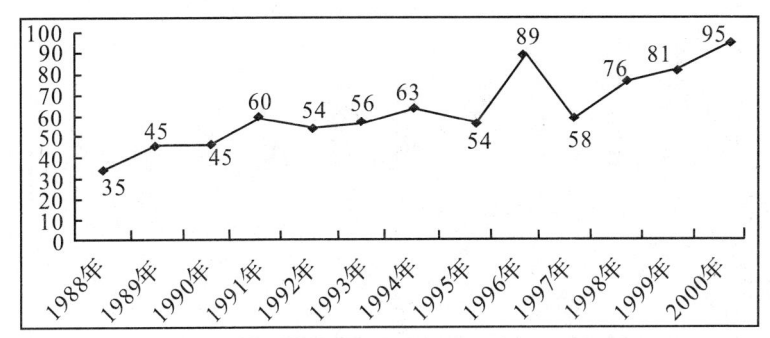

图 2-13 快速发展期内外语专项类辞书年度出版数量的
实际分布情况(单位:部)

者更高层次的语言学习需求,符合这个时期的总体特征。

在这一时期,我们看到,专项语文类辞书的编纂与出版仍集中于原创双语辞书,共出版了 703 部,占本时期外语专项类辞书出版总量(811 部)的约 86.68%,高于前一时期同类的比例(80.1%)。这其中英汉类专项辞书出版了 472 部,汉英类出版了 57 部,汉英双解类 1 部,英汉汉英双向类 3 部,小语种汉语类 130 部,汉语小语种类 29 部,汉语小语种双解类 2 部,小语种汉语汉语小语种双向类 1 部,以及多语种类 8 部。此外,值得关注的是非原创专项类辞书的引进出版,直接引进类 25 部(英语类 21 部,小语种类 4 部),间接引进出版的双解类专项辞书有 55 部(英语类双解 49 部,小语种类 6 部),以及编译类专项辞书 28 部,一共有 108 部,占同类总出版量(811 部)的约 13.32%。

就外语专项语文类辞书的具体次类别而言,这一时期主要集中于以下这些专项词典:类义词典、常用词(组)词典、辨析词典、成语词典、考试词典、动词词典、惯用语(法)词典、新词词典、分类词汇词典以及搭配词典,具体请见图 2-14。

总体来看,外语类专项语文辞书在快速发展期内出版数量较前一个

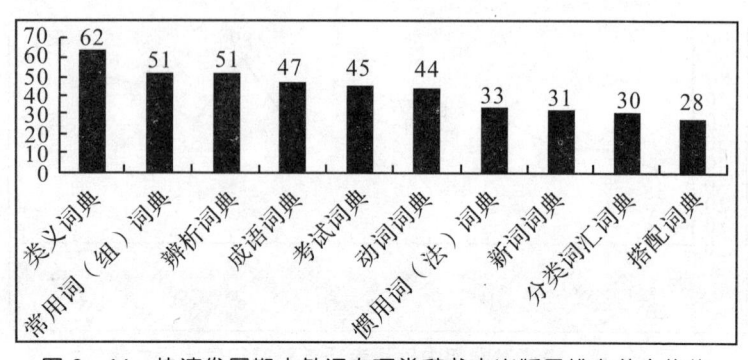

图 2-14 快速发展期内外语专项类辞书中出版量排在前十位的次类别出版情况(单位:部)

时期有大幅度的增长,而且,独立研编辞书的比例进一步加大(703 部)。从统计数据来看,这一时期外语专项类语文辞书的编纂与出版仍然集中于英语类辞书,其他语种的辞书数量也有很大增长,多语种类辞书比例依然较低。就类别而言,类义词典、常用词(组)词典、辨析词典大量出版,这也反映了国人外语水平提高,需要更高层次的外语学习辞书。另外,快速发展期外语专项类辞书相对初步发展期呈现出新特点,即考试词典的大量编纂与出版,这反映了国家对外语教育的进一步重视。

2.3 外语专科类辞书的发展状况

在这一时期,外语专科类辞书的出版数量与其他类别的外语辞书相比最多。根据我们的数据统计与分析,共出版了 1435 部,占这一时期外语类辞书出版总量(约 3114 部/卷)的 46.08%,数量是语文类辞书出版总数(693 部)的约 2.07 倍,专项类辞书出版总数(811 部)的约 1.77 倍,百科类辞书出版总数(32 部)的约 44.84 倍。这其中英语类专科辞书出版了 1026 部,小语种类 169 部,多语种类 127 部,编译类 113 部。同样,在改革开放更加深入发展的这个时期,我国外语类专科辞书的编纂与出版也主要集中于英语这个语种,英语类专科辞书的出版数量(1026 部)约占到外语专科类辞书(1435 部)

的71.5%,而其他各小语种的专科辞书出版总数(169部)则占约11.78%。此外,多语种类专科辞书(127部)的出版量在这一时期也比较大,占到同类总量的8.85%,编译类(113部)也占到7.87%。由此可以看出,在快速发展期,我国外语专科类辞书的总体需求仍旧很大,而且各次类别的分布也更趋均衡发展。这说明了我国各专业和行业领域的深层次对外交流与学习对专科类外语辞书的需求更加全面。以英语类专科辞书为例,英汉类的有675部之多,占到本时期英语类专科辞书总量(1026部)的约65.79%,而汉英类的只有144部,占到本时期英语类专科辞书总量(1026部)的约14.09%,较初步发展期汉英类专科辞书占英语类专科辞书的比重(约10.23%)有所增加;英汉汉英两用类的有141部,占本时期英语类专科辞书总量(1026部)的约13.74%,较初步发展期的同类比例(约2.27%)也有很大幅度增加。这组数据表明,在快速发展期内,编码型专科类辞书的需求有较大程度的提升,符合改革开放深入时期的外语使用总体特征。快速发展期内外语专科类辞书的年度出版情况请见图2-15:

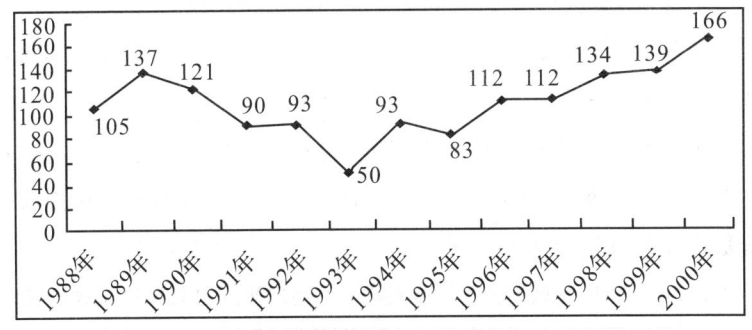

图2-15 快速发展期内外语专科类辞书年度出版数量的
实际分布情况(单位:部)

如图2-15所示,在快速发展期内,外语专科类辞书的发展速度依旧很快,而且有11个年份的出版总数都在90部以上。这期间最多的一年,即 2000 年已经达到了 166 部,平均每两天就有 1 部外语专科类辞书出版。这种发展速度是前所未有的。就外语类专科辞书出版数量激增的促因来看,一方面是由于外语专科类辞书的社会需求较大,另一方面也可能存在因经济效益驱动而导致重复出版引起的激增。

在这个时期,外语专科类辞书绝大多数仍为原创双语辞书[总数为 1259 部,占同类总量(1435 部)的约 87.74%],而这其中又以英汉类专科辞书最多,达到 675 部,其次为汉英类专科辞书,出版了 144 部,其他原创外语专科类辞书的情况为:英汉汉英双向类出版了 141 部,小语种汉语类出版了 127 部,多语种类出版了 126 部,汉语小语种类 29 部,小语种汉语汉语小语种双向类 11 部,汉英双解类辞书最少,为 6 部。另一方面,直接和间接引进国外专科辞书的数量也较初步发展期有所增加,其中原版引进类专科辞书 22 部(原版引进英文版 21 部,原版引进多语种 1 部),双解类专科辞书 41 部(英汉双解 39 部,小语种汉语双解 2 部)和编译类专科辞书 113 部,这些引进的专科类辞书合计(176 部)占同类总量(1435 部)的约 12.26%。

就外语专科类辞书的具体次类别而言,这一时期出版量最多的依然是学科词典,达到了 938 部,是初步发展期(419 部)的 2 倍之多。另一类增长明显的是术语词典,但由于我们国家的术语学、术语词典学研究正处于起步阶段,术语词典的研编质量与设计创新都有待提高。具体请见表 2-14:

表 2-14 快速发展期内外语专科类辞书各次类别出版情况(单位:部)

类别	学科词典	术语词典	专名词典	专题词典	其他
数量	938	171	91	234	1

就学科词典而言,与前一时期相比,医药学、电子通信与自动控制技术、生物学、经济学、计算机科学技术、动力与电气工程等学科的

专科辞书出版量依旧排在前列,出版量较前一时期有较大增长。化学工程、交通运输工程、土木建筑工程、能源科学技术等学科的专科工具书出版量增长也非常明显,进入前十位。请见图2-16:

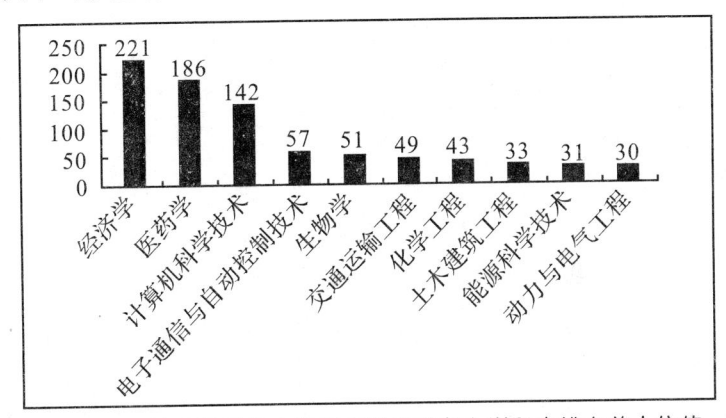

图2-16 快速发展期内外语专科类辞书在学科中排在前十位的分布状况(单位:部)

数据(按柱状图从左至右):
- 经济学 221
- 医药学 186
- 计算机科学技术 142
- 电子通信与自动控制技术 57
- 生物学 51
- 交通运输工程 49
- 化学工程 43
- 土木建筑工程 33
- 能源科学技术 31
- 动力与电气工程 30

总体来看,外语类专科辞书的编写与出版在快速发展期内开创了繁荣的局面。与前一时期有不少专科类辞书属于词汇对照形式不同,这一时期专科类辞书的编写有了较大改进与提升。与通用语文辞书和专项语文辞书注重语词信息处理不同,专科类辞书有其特性,其编纂质量的提高更多地依赖术语学、术语词典学理论研究的进步以及不同专业领域人员的通力合作来实现。随着我国对外学术交流的进一步深入发展,对外语类专科辞书的需求必然会有更大的增长。专科词典编纂者任重道远,需要更多的创新。

2.4 外语百科类辞书的发展状况

在快速发展时期内,根据我们的数据统计与分析,外语百科类辞书共出版了32部,仅占这一时期外语类辞书出版总量(3114部/卷)的1.03%。这其中英语类百科辞书出版了17部,小语种类2部,多语种类0部,编译类13部。同样,与这一时期的其他外语类辞书类别的分布特征相似,我国外语百科类辞书的编纂与出版也主要集中于英语这个语种,英语类百科辞书的出版数量(17部)占到本时期外语百科类辞书(32部)的约53.13%,除此之外就是间接引进的编译类百科辞书(13部),占到同类总量(32部)的约40.63%,小语种类百科辞书(2部)则有所突破,占6.25%。这些百科辞书中原创的英汉百科辞书出版了13部,汉英百科辞书出版了3部,小语种汉语百科辞书1部,以及汉英双解百科辞书1部。而非原创的百科类辞书中,原版引进的小语种百科辞书1部,编译13部。因此,按比例来说,原创(18部)与引进(14部)的外语百科辞书相差不多,引进类的要略少一点。这说明,相对于初步发展期的出版总量,这一时期的外语类百科辞书编纂与出版的增长速度已经明显加快(是前一时期8部出版量的4倍),而且,在原创与引进以及语种分布方面渐趋均衡,开始走向全面快速发展。本时期内外语百科类辞书的年度出版情况请见图2-17:

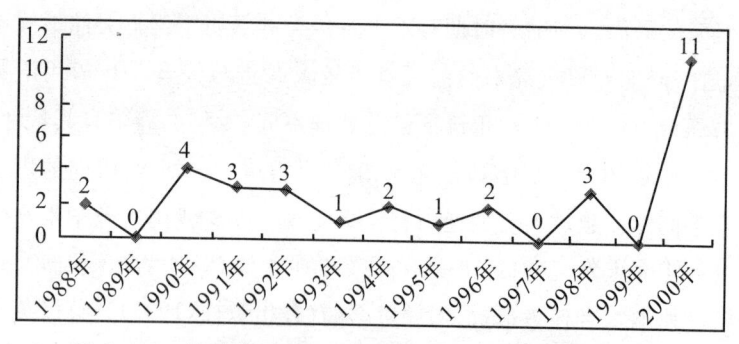

图2-17 快速发展期内外语百科类辞书年度出版数量的实际分布情况(单位:部)

如图2-17所示,在外语类辞书的快速发展期内,相对于本阶段外语类辞书总体快速发展的态势而言,百科辞书的编纂与出版发展是还是比较缓慢的,平均每年出版量不足3部。但是,我们应看到,该时期较前一时期有些明显的变化,如这一时期内有10个年份都有外语百科类辞书出版,而且总体趋势在平稳增长,到2000年已超过10部。外语百科类辞书的编纂与出版状况主要与其特殊性有关,百科类辞书编纂难度较大,一般篇幅也较大,编纂周期较长。另一方面可能与现实的使用需求相对较少也有关系。据我们的统计数据分析,这一时期出版的32部外语类百科辞书可具体分为以下几类:

表2-15 快速发展期内外语百科类辞书出版系列化情况(单位:部)

类别	综合性百科			专业性百科	地域性百科
	高档	中档	低档		
数量	0	17	1	13	1

在本时期内出版的百科类辞书中,尤其值得关注的是由中国学者独立编纂的百科类词典,英汉类如《简明英汉百科辞典》(中国大百科全书出版社上海分社辞书编辑部编,中国大百科全书出版社上海分社,1990)和《英汉百科知识词典》(张柏然主编,南京大学出版社,1992)等,汉英类如《汉英百科词典》(安然主编,机械工业出版社,1992)和《新汉英实用百科辞典》(朱祖美主编,世界图书出版公司,2000)等。这一时期百科类辞书编纂与出版的一个显著特点是,关于英美国家文化、社会习俗的百科类辞书出版较多,据我们所搜集到的资料,共有8部,分别为《少年儿童文化知识词典》([美]Hirsch, E.D.主编;文平、海燕编译,社会科学文献出版社,1990)、《英国文化习俗词典》(黎汉材、曾美倩编译,广东教育出版社,1991)、《英汉英美社会生活词典》(杨宇光、黄关福编著,复旦大学出版社,1994)、《英语学习背景知识词典》(汪榕榕、任秀桦主编,上海外语教育出版社,1996)、《英汉美国社会知识辞典》(董乐山编,商务印书馆,1998)、《英语国家背景知识词典》(戴炜栋主编,河南教育出版社,1998)、《大学英语文化背景辞典》(陈鑫源主编,上海交通大学出版社,2000)、《简

明英美知识词典》(许鲁之编著,青岛海洋大学出版社,2000)等。

2.5 外语外向型辞书的发展状况

这一时期,据我们的数据统计,共出版了9部双语外向型辞书。从图2-18可以看出,在90年代,双语外向型辞书的编纂与出版依旧很少。其中的原因可能主要与我国双语词典编纂出版领域对外向型双语辞书的关注与重视远远不够有很大关系。但是到了2000年,双语外向型辞书出版了5部,应该说较之以前取得了较大突破。这其中有我们熟知的双语对外汉语词典,如《HSK词语用法详解》(黄南松、孙德金,北京语言文化大学出版社,2000)和《汉语8000词词典》(刘镰力主编,北京语言文化大学汉语水平考试中心编,北京语言文化大学出版社,2000)等。

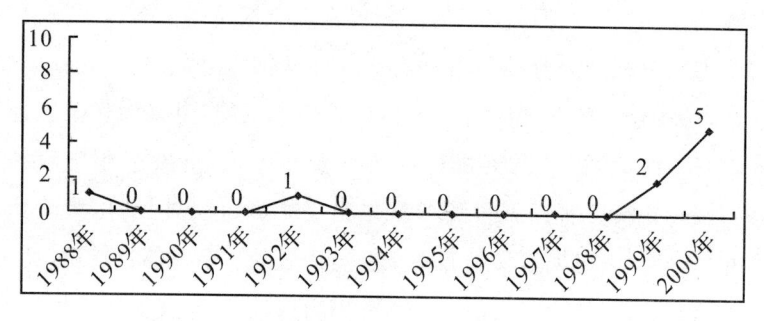

图2-18 快速发展期内外语外向型辞书年度出版数量的
实际分布情况(单位:部)

此外,通过对所搜集整理的原始数据进一步观察,我们发现,在快速发展期内出版的这9部双语外向型辞书,均由两家出版社来主导,即北京语言文化大学出版社和华语教学出版社。这个现象也反映了外向型双语辞书编纂的专业化要求和趋势,即需要有丰富外向型汉语教学经验的教师与专业出版社的合作,这样才能有效确保此类辞书的编纂与出版质量。

2.6 外语类百科全书的发展状况

在外语类辞书快速发展的这个时期,外语类百科全书的编纂与出版也得到了更快的发展,尽管这个类别与其他类别的外语辞书发展速度相比还比较缓慢。从我们的统计数据与分析来看,这一时期的外语类百科全书也仍然是以间接或直接引进借鉴国外同类辞书的编纂出版为主,其中间接引进的情况主要是根据国外同类辞书进行编译。据我们的统计数据,本时期共出版编译类百科全书96种,131卷。下表反映了这一时期内每年度出版的外语编译类百科全书情况:

表2-16 快速发展期内外语编译类百科全书年度出版情况①

年份	1988	1989	1990	1991	1992	1993	1994	1995	1996	1997	1998	1999	2000
种数	7	10	7	5	5	1	5	5	8	5	9	13	15
卷数	8	13	9	5	6	1	8	5	8	11	11	13	33

从图中的数字可以看出,快速发展期内,我国编译的外语类百科全书的编纂出版基本呈逐年递增趋势,总体增幅较为平稳,这也非常符合百科全书类辞书编纂出版的周期特征。

就快速发展期编译类外语百科全书的具体类别来看(请见表2-17),专业性百科全书仍是重点,其编纂与出版的种类最多(73种),占这一时期编译类百科全书种类总量(96种)的约76.04%。相比前一时期,这一时期面向少年儿童(13种)及中档普及型(7种)的百科全书编纂出版数量(主要指种类)也有所增加,分别占到约13.54%和约7.29%,位居第二和第三。其他类别的则很少,如高级成人档百科全书(2种)和地域性百科全书(1种)。

---

① 由于某种大型(多卷本)百科全书会跨年度出版,计算总数时会出现重复计算的情况。故表2-16中百科全书的种数之和虽为98种,但经合并同种类百科全书(即同种类跨年度出版的百科全书仅1种)后,实则为96种。

表2-17 快速发展期内外语编译类百科全书类别统计

百科全书类别		数量(96种)	数量(131卷)
综合类	高级成人档	2	3
	中档普及型	7	11
	少年儿童档	13	27
专业性百科全书		73	89
地域性百科全书		1	1

至于这一时期直接引进的外语类百科全书,其出版数量很少,仅在本阶段的最后3年有3本问世,请见表2-18:

表2-18 快速发展期内原版引进类百科全书各年份的种数及卷数

年份	1988	1989	1990	1991	1992	1993	1994	1995	1996	1997	1998	1999	2000
种数	0	0	0	0	0	0	0	0	0	0	2	0	1
卷数	0	0	0	0	0	0	0	0	0	0	2	0	1

通过我们对数据的进一步定性分析,发现这3部原版引进的单卷本百科全书均为专业性百科全书。具体来说,这3部百科全书分别为:《简明工商管理大百科全书》(英文版/影印版)([英]Malcolm Warner主编,辽宁教育出版社,1998)、《袖珍工商管理大百科全书》(英文影印版)([英]Malcolm Warner主编,辽宁教育出版社,1998)、《MIT认知科学百科全书》([美]Robert A. Wilson、[美]Frank C. Keil主编,上海外语教育出版社,2000)。可见,相比于语文类和专项类等类别的辞书,快速发展期内外语类百科全书的引进力度并不大。

2.7 快速发展期小结

综上所述,得益于改革开放进一步深入发展所带来的良好外部环境和第二次全国辞书编写出版规划的实施,快速发展期的外语类辞书编纂出版状况可以用"突飞猛进"来形容。基于本节对外语类辞书类型学角度的出版状况描述,我们可以从如下四个角度概述本时期的外语类辞书编纂与出版状况：

1）外语类辞书在出版数量和类别完善方面都呈现出快速发展的势头。与初步发展期（1034部/卷）相比，外语类辞书出版总量（3114部/卷）在这一时期增加了2倍之多，而且各辞书类别内部无论从语种覆盖面还是出版数量上都有较大增长。当然，这两个时期之间也存在一个最大的共同点，即专科类辞书的出版量都远远高于其他类别的辞书。这也说明社会各行业、各专业领域的对外交流程度进一步加强。

2）从原创与引进的比重来看，本时期的外语类辞书编纂与出版基本上仍以原创为主，但辞书引进数量较前一时期略有增加，尤其是语文辞书和专科辞书。具体来说，语文辞书的原创数量（522部）与引进出版数量（171部）的比例约为3.1:1（前一时期约为5.4:1）；专项辞书的原创数量（703部）与引进出版数量（108部）的比例约为6.5:1（前一时期约为4:1）；专科辞书的原创数量（1259部）与引进出版数量（176部）的比例约为7.2:1（前一时期约为8.2:1）；百科辞书的原创数量（18部）与引进出版数量（14部）的比例约为1.3:1（前一时期为1:1）；外向型辞书共出版9部，其中《多音多义字汉英字典》为中外合作编写，其他均为中国对外汉语教学研究人员独立研编；百科全书均为引进，间接引进数量为96种131卷，原版引进数量为3部单卷本的专业性百科全书。

3）从英语类辞书和小语种类辞书的出版数量对比来看，与初步发展期相比，英语类辞书的出版数量优势在这一时期得到较大增强。具体来说，英语类语文辞书的出版数量（486部）与小语种类语文辞书的出版数量（165部）的比例约为2.9:1（前一时期约为1.1:1），英语类专项辞书的出版数量（603部）与小语种类专项辞书的出版数量（172部）的比例约为3.5:1（前一时期约为1.4:1），英语类专科辞书的出版数量(1026部)与小语种类专科辞书的出版数量(169部)的比例约为6.1:1(前一时期约为2.5:1),英语类百科辞书的出版数量(17部)与小语种类百科辞书的出版数量(2部)的比例为8.5:1(前一时期均为英语类),外向型汉外辞书的编纂出版均涉及英语,未见其他语种。

4)大型双语语文辞书在这一时期得到了更大发展,语种覆盖面在扩大,如《新世纪法汉大词典》(陈振尧主编,外语教学与研究出版社,1998)等。在大型双语语文辞书的编纂出版方面,这一时期更为鲜明的特征是英语类大型双语辞书的编纂出版呈现一枝独秀的局面,例如我们熟知的《英汉大词典》(陆谷孙主编,上海译文出版社,1993)、《汉英大辞典》(吴光华主编,上海交通大学出版社,1993)等。英语类大型双语辞书的出版繁荣显然得益于20世纪最后10年中国社会英语学习热潮的高涨。

总之,这一时期可以视作是30年来外语类辞书大发展的一个高速增长期。这一方面推动了第二次全国辞书编写规划的实施与完成,另一方面也暴露出辞书编纂出版监管的薄弱环节。具体来说,参照第二次辞书规划数字,各类别辞书的规划与实际出版数量之差很大,有些甚至相差几百部之多。我们认为,这其中既有市场规律的影响,更有辞书出版无序局面造成的影响。这一现象值得辞书出版界和主管部门的关注。缺乏合理规划和有效监管给辞书出版发展所带来的负面影响不容忽视。根据我们的数据统计分析结果,这种负面影响在没有辞书编写规划引导的平稳发展期更加凸显。

3. 平稳发展期(2001—2008年)内外语类辞书的发展状况

相对于外语类辞书的初步发展期和快速发展期而言,2001年以来的这一时期,外语类辞书在数量和种类上继续保持着发展的势头,但总体发展的速度已经较快速发展期有所减缓,进入了相对平稳发展的时期。在平稳发展期内,外语类辞书共出版了2476部/卷,各次类的辞书发展相对前两个时期更趋均衡。这其中,就语种而言,英语类辞书出版了1704部/卷,小语种类327部,多语种类79部,编译类347部/卷。[①] 而从辞书功能分类来看,专科类的出版量仍最多,达到1054部,语文类次之,出版了697部,专项类出版了519部,百科类出版了20部,外向型9部,以及百科全书89种,177卷。如果就这一时期年度出版数量来看,应该说总体上是逐年平稳增长,每一年都保持了相当大的出版规模(请见图2-19),平均每年出版约310部/卷。这个时期出版的外语类辞书(2476部/卷)占整个改革开放30年外语类出版总量(6624部/卷)的约37.38%。考虑到这一时期仅有8年的时间跨度,所以相对而言出版数量仍保持了较大的增幅。

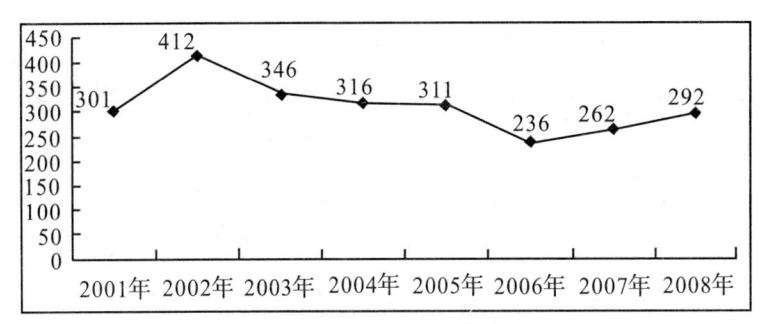

图2-19 平稳发展期内外语类辞书年度出版数量的
实际分布情况(单位:部/卷)

进入21世纪以来,我国对外改革开放的各项事业又进入了另一个全新的发展阶段。在这个新的历史时期,我们不仅对改革开放20多年来所取得的长足发展,甚至是飞跃感到振奋,同时能够对以往发

[①] 还有19部原版引进英语小语种双向语文辞书,不好归入英语类还是小语种类,故两者均没有将其计算在内。

展过程中所出现的种种问题有了新的认识,因此,我们在总体的发展方向和思路上都相对走向成熟且更趋理性。同样,外语类辞书的发展也进入了一个相对平稳的发展时期,不如前一时期的发展速度那么迅猛。原因在于,一方面前两个时期的初步与快速发展为我国外语类辞书的总体发展形成了良好的局面,有了较为客观的辞书数量和种类的积累;另一方面,第二次全国辞书编写出版规划顺利实施完成后,在近10年的时间段内,尚未启动新的国家级辞书新规划,外语类辞书的总体发展主要是受市场经济规律的调控与制约,更多地会与出版经济效益密切挂钩,因而显示出不同的发展特点。下面,我们将结合统计数据对这一时期内外语类辞书的各类别发展情况进行概要描述和分析。

3.1 外语语文类辞书的发展状况

根据我们的数据统计与分析,在平稳发展期内,外语类语文辞书的出版数量仅次于专科类辞书,多于专项类辞书。具体来说,外语语文辞书共出版了697部,占这一时期外语类辞书出版总量(2476部/卷)的约28.15%。这其中英语类语文辞书出版了518部,小语种类117部,多语种类11部,编译类32部。[①] 同样可以看出,这一时期,英语类语文辞书仍是外语语文类辞书编纂与出版的重点所在,占到本时期外语语文类辞书总量(697部)的约74.32%,而小语种类则约占16.79%,多语种类约占1.58%,编译类约占4.59%。与外语类辞书的快速发展期相比,这个时期外语语文类辞书的各次类别出版量并没有激增的势头,而是在前期的发展基础上保持平稳的持续发展,即稳中有升(其中小语种类、多语种类语文辞书出版量还略有

---

① 还有19部原版引进英语小语种双向语文辞书,不好归入英语类还是小语种类,故两者都没有将其计算在内。

下降)。这些数据反映了该时期的平稳发展特点。本时期内外语语文类辞书年度出版情况请见图 2-20：

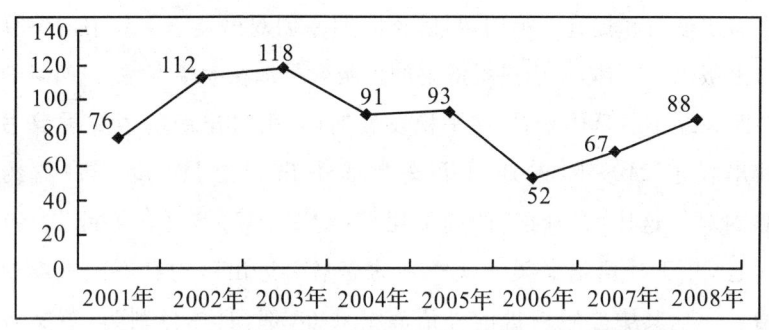

图 2-20　平稳发展期内外语语文类辞书年度出版数量的
实际分布情况(单位：部)

如图 2-20 所示，根据我们的数据统计，外语语文类辞书编纂与出版在进入平稳发展期之后，基本呈现较为平稳发展的态势，平均每年的出版数量约 87 部。这一时期总体上较前一时期外语语文类辞书的平均年度出版量(53 部)有一定幅度的增加，特别是 2002 年和 2003 年出版数量最大，但其余的年份中均保持相对平稳的发展速度。这种发展状况符合平稳持续发展时期的基本特点。

在这个时期，外语类语文辞书的发展呈现出与以往不同的一些特点：第一，总体发展速度趋于平稳，没有大幅度增加。与前两个发展时期的特点不同，这一阶段的语文辞书出版速度相对比较均衡，没有年度的大起大落，基本上保持在年度出版平均数略多一点的水平，属于匀速发展。第二，语文类辞书的出版总量(697 部)首次多于专项类辞书的出版总量(519 部)。在前两个发展时期，专项类辞书均多于语文类辞书，而这一阶段的情况恰恰相反。这种情况值得我们关注和思考，有可能是同类辞书的重复出版造成的。第三，多语种类语文辞书(11 部)比快速发展期(19 部)有所减少。这说明此类语文辞书已经不能充分满足使用者高层次外语学习和使用的需求。随着外语学习者语言文化认知水平的提高，外语语文类辞书的编纂水平也需要创新和提升。第四，尽管该时期原创双语类语文辞书的编纂与出版仍占主体，但引进类辞书的出版数量却在大幅度增长，两者的差距在缩小。具体来看，在平稳发展期内，引进出版的语文类辞书共出版了240部，占外语语文类辞书出版总量（697部）的约34.43%，这比前一时期的同类比例（约24.68%）上升了近10%，而且，几乎外语语文类各次类别的辞书引进出版均有不同程度的增长。这其中原版引进的外语辞书共68部，具体分别为：英文版26部，英汉双解2部，汉英4部，小语种5部，小语种汉语4部，汉语小语种3部，小语种汉语汉语小语种双向3部，多语种2部，英语小语种双向19部；此外，间接引进的外汉双解类语文辞书出版了140部（英汉双解类132部，英汉半双解类1部，小语种汉语双解类7部），还有32部编译类语文辞书。由此可见，这一时期，我国引进类外语语文辞书的出版比例正在快速上升，而引进的双语类辞书更是大幅度增加。第五，在平稳发展期内，大部分语文辞书次类别都处于平稳甚至略降的态势，但我们发现主要服务于使用者外语学习编码活动的汉外词典仍保持快速发展，比如原创汉英语文辞书（87部）是前一时期（52部）的约1.67倍。同时，双解类语文辞书的发展势头也仍继续保持，如英汉双解类语文辞书的出版量（132部）是前一时期（96部）的约1.38倍，而同期英汉双语语文辞书的出版量（192部）则较前期（255部）有一定幅度的下降，仅达到前一时期的75.29%左右。这些数据表明，我们的原创双语语文辞书正日益受到国外同类单语辞书和引进类双语辞书的冲击和挑战。

在这一时期，我国大型双语语文辞书的编纂有了更好的发展，其中有几本代表性的语文辞书值得关注,它们体现了我国原创双语辞书编纂的发展水平。这些语文词典包括《新时代英汉大词典》、《英汉大词典》(第2版)、《新时代汉英大词典》以及《新世纪汉英大词典》等。这其中,《新时代英汉大词典》(张柏然主编,商务印书馆,2004)是基于南京大学-商务印书馆英语语言资料库,"利用自行设计的计算机编纂系统、在信息技术环境中进行编纂的","为我国英语学习词典行列增加了厚重的一员"(魏向清、郭启新,2005:前言第1页)。同样,《新时代汉英大词典》(吴景荣、程镇球主编,商务印书馆,2005)也以其较好的学术水平受到了广泛的关注,它的社会价值也得到了专家学者们的肯定。正如该词典的序言作者、著名语言学家陈原先生所说的,"一部大型汉英词典问世,它的意义不只是多了一部比较可靠的互译工具书,它还有更深的一层含义:它意味着东西两种文化传统和东西思维方式在接触,在对话。它将引导世界更好地了解中国,也将引导中国更好地去了解世界"。《新世纪汉英大词典》(惠宇主编,外语教学与研究出版社,2002)作为另一部新世纪以来出版的较大篇幅的汉英词典,其实用性特征则备受广大词典使用者的青睐,该词典的亮点在于"率先为所有条目标注词类;释义准确,译文精当,标注详尽,突出汉语搭配,例证丰富,真实典型;体现时代特色,强调应用功能……能更好地满足读者的需要"[①]。

此外,这一时期,我们也引进了一些比较好的国外品牌学习型辞书,如商务印书馆引进的《牛津高阶英语词典》以及外语教学与研究出版社引进的《麦克米伦高阶英语词典》、《朗文当代英语辞典》和《柯林斯高阶英语学习词典》等,这些优质的英语学习型语文辞书因其善

[①] 《新世纪汉英大词典》(修订第3版)图书详细资料信息,中国互动出版网,http://www.china-pub.com/101204(检索时间:2010-04-28)。

于将现代语言学理论研究的最新成果应用于词典编纂实践而受到广大外语学习者的广泛欢迎。但与此同时,我们也应注意到,这些从国外引进的学习词典基本上主导了国内的英语教学辞书市场。在吸收借鉴国外同行的编纂经验基础上,国内的双语词典编纂者如何做到"他山之石可以攻玉",提高自主研编的双语学习词典的质量,更好地满足中国外语学习者的语言学习需求,使其更具针对性和有效性,是非常值得深思的问题。

3.2 外语专项类辞书的发展状况

在平稳发展期内,外语专项语文类辞书的出版数量与其他类别的外语辞书相比差别较小,出版量首次少于外语语文类辞书。根据我们的数据统计与分析,共出版了519部,占这一时期外语类辞书出版总量(2476部/卷)的约20.96%,比快速发展期内的同类比例(约26.04%)有所减少。这其中英语类专项辞书出版了344部,小语种类121部,多语种类7部,编译类47部。同样,在这个时期,我国外语类专项辞书的编纂与出版也主要集中在英语这个语种,英语类专项辞书的出版数量(344部)占到本时期外语专项类辞书(519部)的约66.28%,而其他各小语种的专项辞书出版总数(121部)则占约23.31%。但是,相对于快速发展期内的同类出版量比例(约74.35%),英语类专项辞书在这一时期有所减少,而小语种类专项辞书(快速发展期约为21.21%)则有所增加。这与近些年小语种对外交流与学习的活跃现象有密切关系。平稳发展期内外语专项类辞书年度出版的情况请见图2-21。

如图2-21所示,在外语类辞书的平稳发展期内,专项类辞书的发展也较前一时期的快速发展势头有所减缓,保持平稳发展水平。这一时期的外语专项类辞书平均每年出版数量约为65部,而每一年的出版数量相对比较稳定,上下波动的幅度不大,符合这一时期的平

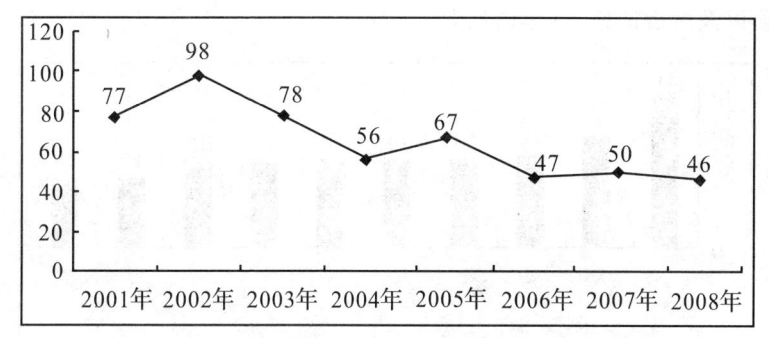

图 2-21 平稳发展期内外语专项类辞书年度出版数量的实际分布情况(单位:部)

稳特征。

在这一时期,我们看到,专项类语文辞书的编纂与出版仍集中于原创双语辞书,共出版了 411 部,约占本时期外语专项类辞书出版总量(519 部)的 79.19%,低于前一时期同类的比例(约 86.68%)。这其中英汉类 235 部,汉英类出版了 47 部,汉英双解类 4 部,英汉汉英双向类 7 部,小语种汉语类 95 部,汉语小语种类 14 部,小语种汉语汉语小语种类 2 部,多语种类 7 部。

此外,值得关注的是非原创专项辞书的引进出版,包括直接引进类 30 部(英语类 24 部,小语种类 6 部),间接引进出版的双解类 31 部(英汉双解类 27 部,小语种汉语双解类 4 部),以及编译类专项辞书 47 部,一共有 108 部,约占同类总出版量(519 部)的 20.81%,但这个比例却要高于前一时期同类比例(约 13.32%)的约 7 个百分点。相比之下,我们的外语专项类辞书也存在类似的情况,即原创类的出版数量在减少,而引进类的则在增加。

就外语专项类语文辞书的具体次类别而言,这一时期主要集中于以下这些专项词典,如分类词汇词典、类义词典、常用词(组)词典、考试词典、惯用语(法)词典、口语词典、新词词典、成语词典、搭配词

典以及辨析词典,具体请见图 2-22:

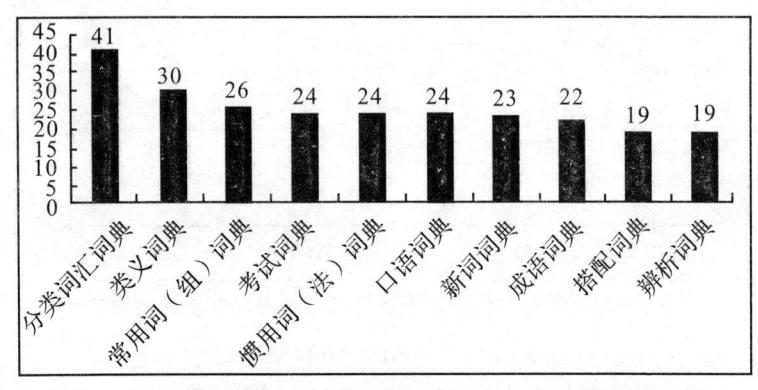

图 2-22 平稳发展期内外语专项类辞书中出版量排在前十位的
次类别出版情况(单位:部)

数据(从左到右):分类词汇词典 41、类义词典 30、常用词(组)词典 26、考试词典 24、惯用词(法)词典 24、口语词典 24、新词词典 23、成语词典 22、搭配词典 19、辨析词典 19。

总体来看,外语专项语文类辞书在平稳发展期内出版数量趋于稳定(从 2004 到 2008 年出版量幅度不超过 20 部),独立研编的辞书(411 部)仍占大多数(占本时期外语专项类辞书的约 79.19%)。就语种而言,这一时期外语类专项辞书的编纂与出版虽然以英语类为主,但是其他语种的数量与比例有较大提高(共计出版其他语种 121 部,约为英语类 344 部的 35.17%),这也反映了近些年小语种对外交流与学习的活跃。就类别而言,这一时期的突出特点是口语类专项辞书的大量编纂与出版,进一步表明国人外语水平的提高,已经从过去的对外语语言知识的学习转为外语的交际应用。

3.3 外语专科类辞书的发展状况

在这一时期,外语类专科辞书的出版数量虽总体比快速发展期的数量有所减少,但与同期其他类别的外语辞书相比仍旧最多。根据我们的数据统计与分析,共出版了 1054 部,占这一时期外语类辞书出版总量(2476 部/卷)的约 42.57%,数量是语文辞书出版总数(697 部)的约 1.5 倍,专项辞书出版总数(519 部)的约 2 倍,百科类辞书出版总数(20部)的近53倍。这其中英语类专科辞书出版了822部,小语种类86部,多语种类61部,编译类85部。同样,在这个时期,我国外语专科类辞书的编纂与出版也主要集中于英语这个语种,英语类专科辞书的出版数量(822部)占到本时期外语专科类辞书(1054部)的约77.99%,其他各小语种的专科辞书出版总数(86部)则占约8.16%,多语种类专科辞书(61部)占到同类总量的约5.79%,编译类专科辞书(85部)占到约8.06%。

从总体来看,在平稳发展时期,我国专科类外语辞书的编纂与出版量比快速发展期已有大幅度减少,大多数次类别的专科辞书出版量都呈现出下滑的态势,出版量有所增加的只有4个次类别,即英汉双解专科辞书出版了59部,比快速发展期(39部)增加了20部;原版英文版专科辞书出版了30部,比快速发展期(21部)增加了9部;英汉汉英双向类专科类辞书出版了167部,是快速发展期同类专科辞书(141部)的约1.18倍;小语种汉语汉语小语种双向专科辞书出版了16部,比快速发展期(11部)增加了5部。这些数字表明,双语专科辞书的编纂与出版经过前两个时期的大规模发展,已经出现相对饱和的状态,但是新的使用者需求又推动了引进类和多功能类专科辞书的出现和不断发展。这一时期外语专科类辞书年度出版的情况请见图2-23。

如图2-23所示,在外语类辞书的平稳发展期内,专科辞书编纂与出版的增长速度也较为均匀,平均每年出版约132部。这些年当中,除2002年大大超出平均出版数量外,其余年份均比较平稳,上下相差幅度不大。但总体的年度平均出版数量仍高于前一时期(约110部/年),处于持续的发展水平,即稳中有升的发展态势。

在这个时期,外语专科类辞书绝大多数也仍为原创双语辞书(总数为884部,占本时期外语专科类辞书出版总量1054部的约

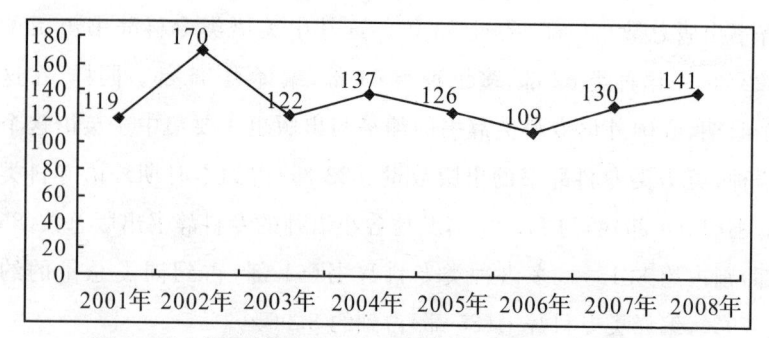

图 2-23 平稳发展期内外语专科类辞书年度出版数量的
实际分布情况(单位:部)

83.87%),但较前一时期同类比例(87.74%)却有所下降;而直接和间接引进国外专科辞书的数量(170部)却较快速发展期(176部)略有回落,其中原版引进类专科辞书31部(其中多语种类1部,英文版30部),英汉双解类专科辞书54部和编译类专科辞书85部,这些合计(170部)占同类总量(1054部)的约16.13%。同样,我国外语类专科辞书的发展也面临国外同类辞书的挑战,值得重视。

就外语专科类辞书的具体次类别而言,这一时期学科词典的出版量依旧远远领先于其他类别,出版了767部。具体请见表2-19:

表 2-19 平稳发展期内外语专科类辞书各次类别出版情况(单位:部)

类别	学科词典	术语词典	专名词典	专题词典	其他
数量	767	116	56	115	0

就学科词典而言,与前两个时期相比较,经济学、医药学、计算机科学技术、生物学、电子通信与自动控制技术、动力与电气工程等学科的专科工具书出版量依旧保持在前列(请见图2-24)。此外,在本时期内,有一个辞书编纂出版现象值得关注,即法学这个学科的外语类专科工具书的出版量首次跃居前十位。法学专科辞书的大量编

纂出版,从一个侧面折射出我国进入新世纪以来,法学学科建设及相关对外交流与学习的普遍需求有大幅提升。

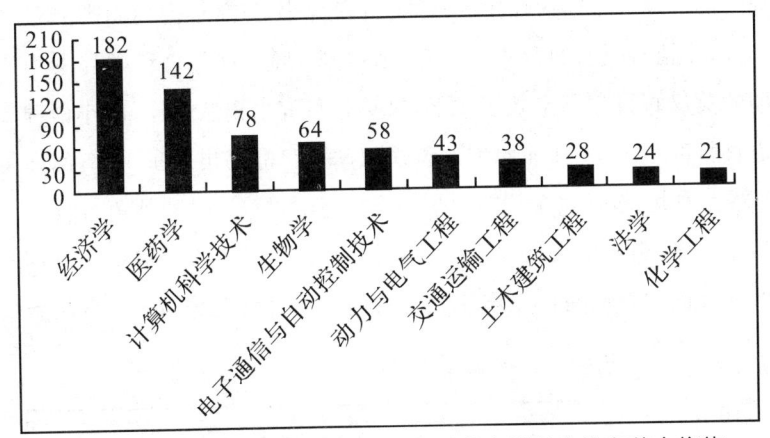

图 2-24　平稳发展期内外语专科类辞书在学科中排在前十位的分布状况(单位:部)

（条形图数据：经济学 182，医药学 142，计算机科学技术 78，生物学 64，电子通信与自动控制技术 58，动力与电气工程 43，交通运输工程 38，土木建筑工程 28，法学 24，化学工程 21）

从总体来看,外语类专科辞书在平稳发展期内依旧保持了较大的出版量,尤其是学科专科类辞书在一级学科层面继续出版的同时,向纵深进一步发展,许多一级学科下的分支学科也有相应专科工具书的出版。如我们在本部分 2.3 小节所指出的,如何进一步吸收术语学、术语词典学研究的成果,在专科辞书的宏观、微观结构设计上加以创新,编纂出更多高质量的专科辞书,以更好地服务于对外学术交流的需要,是未来专科辞书编纂与出版所应关注的重点。

3.4　外语百科类辞书的发展状况

在平稳发展期内,百科类辞书的出版数量比快速发展期的同类出版总量(32 部)有所减少。根据我们的数据统计与分析,一共出版了 20 部,仅占这一时期外语类辞书出版总量(2476 部/卷)的 1% 不到。这其中英语类百科辞书出版了 12 部,小语种类 1 部,多语种类 0 部,编译类 7 部。同样,与这一时期的其他外语类辞书类别的分布特征相似,我国外语百科类辞书的编纂与出版也主要集中于英语这个语种,英语类百科辞书的出版数量(12部)占到本时期外语百科类辞书的60%。间接引进的编译类百科辞书(7部),占到同类总量的35%,小语种类百科辞书(11部)则占到5%。这些百科类辞书中原创的英汉百科辞书出版了7部,汉英百科辞书出版了4部,小语种汉语百科辞书1部,而非原创的英汉双解百科辞书出版了1部,编译类7部。因此,按比例来说,原创(12部)与引进(8部)的外语百科类辞书相差不多,引进的要略少一点。总体而言,外语类百科类辞书在原创与引进方面的发展还比较均衡。本时期外语百科类辞书的年度出版情况请见图2-25:

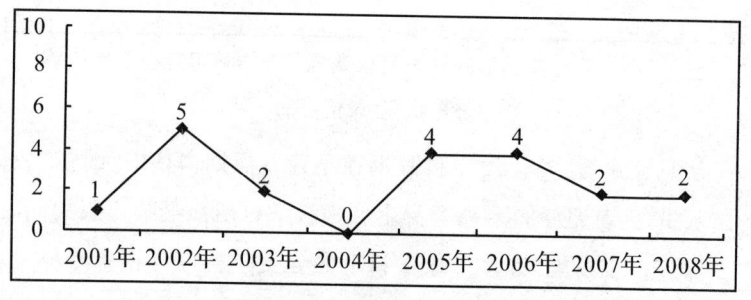

图2-25 平稳发展期内外语百科类辞书年度出版数量的实际分布情况(单位:部)

如图2-25所示,在平稳发展期内,相对于其他外语类辞书的总体发展状况而言,百科类辞书的编纂与出版数量还是很少的,平均每年出版量不到3部。这与21世纪进入知识社会以后广大外语学习者对百科类外语辞书不断增长的需求是不相称的,这不仅仅体现在数量方面,在类型方面也同样如此。从我们的数据统计与分析来看,这一时期出版的20部外语类百科辞书可具体分为以下几类:

表2-20 平稳发展期内外语百科类辞书出版系列化情况(单位:部)

类别	综合性百科			专业性百科	地域性百科
	高档	中档	低档		
数量	0	16	2	2	0

从表2-20可以看出,在平稳发展期内,中档规模的外语百科类辞书出版量是最多的,达到16部。而其中关涉社会文化的百科类辞书出版较多,如《汉英中国文化词典》(思马得学校主编,南京大学出版社,2005)、《简明英美语言与文化词典》(林明金、霍金根主编,上海外语教育出版社,2003)、《英语背景知识词典》(姜一平主编,上海辞书出版社,2005)、《牛津英美文化词典》(英汉双解版)([英]Jonathan Crowther主编,黄梅、陆建德等翻译,商务印书馆,2007)等,这实际上也反映了社会大众对文化(尤其是西方文化)了解的需求。

3.5 外语外向型辞书的发展状况

新世纪以来,据我们的数据统计,我国共出版了9部外语外向型辞书,平均每年都有约1部外向型辞书问世。与前两个时期相比,从整体来看,双语外向型辞书的发展在新世纪还是比较快速的。当然,如果从我国汉语国际化推广和汉语对外教学的需求来说,这个编纂出版数量是远远不够的,今后应该加大这个领域辞书编纂出版的投入,包括资金、资源和人员等等。图2-26反映了外语外向型辞书在新世纪的年度出版情况。

通过对搜集到的这9部外向型辞书的进一步观察,我们发现,英语类外向型辞书的出版依旧占据了主导,有7部。当然,值得我们关注的是,小语种类外向型辞书的编纂也在逐步赢得学者的关注,本时期出版了2部,分别为《汉语-印尼语对照初级汉语学习词典》(陈延河主编,黄兆龙、颜天惠编译,外语教学与研究出版社,2006)、《基础汉语学习字典》(韩语版)[郑述谱总主编,张春新、张鹤编(汉语),郑

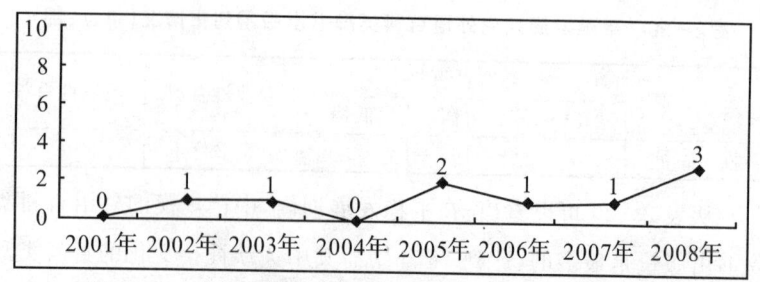

图 2-26　平稳发展期内外语外向型辞书年度出版数量的
实际分布情况(单位:部)

万石、金顺姬编(韩语),外语教学与研究出版社,2007],而后者作为"国别版"的外语外向型辞书系列中的一部,开创了一个好的开端。

3.6　外语类百科全书的发展状况

进入新世纪以来,我国外语类百科全书的编纂与出版较前两个时期有了更快的发展,这与平稳发展期内其他类别外语类辞书的普遍发展趋势有所不同。其主要原因在于 21 世纪作为知识型社会发展的时期,百科全书类知识型辞书的社会需求比以往更加面广量大。在这一时期的外语类百科全书的编纂与出版模式上,仍旧是以间接引进类的编译百科全书为主。据我们的统计数据,本时期共出版编译类百科全书 88 种,176 卷。具体的年度编纂出版情况请见下表:

表 2-21　平稳发展期内编译类百科全书年度出版情况[①]

年份	2001	2002	2003	2004	2005	2006	2007	2008
种数	9	15	16	16	10	11	12	4
卷数	27	26	25	32	19	23	12	12

---

① 由于某种大型(多卷本)百科全书会跨年度出版,计算总数时会出现重复计算的情况。故表 2-21 中百科全书的种数之和虽为 93 种,但经合并同种类百科全书(即同种类跨年度出版的百科全书仅算 1 种)后,实则为 88 种。

这一时期外语类百科全书在具体类别上也出现了更加多元化的特征,这也是以往两个时期所没有的。具体来说,平稳发展期内编译类百科全书的各个次类别在编纂与出版数量(指种类)上都有普遍的增加,其中专业性百科全书(57种)仍旧最多,约占64.77%,少年儿童百科全书出版量(18种)约占20.45%,中档普及型百科全书出版量(9种)约占10.23%,其他类别较少。具体情况请见表2-22:

表2-22 平稳发展期内外语编译类百科全书类别统计

百科全书类别		数量(88种)	数量(176卷)
综合类	高级成人档	3	12
	中档普及型	9	21
	少年儿童档	18	48
专业性百科全书		57	94
地域性百科全书		1	1

此外,在我们所搜集的这一时期外语类百科全书目录中,并未发现原版引进的百科全书。但我们却发现了1部由国内学者编纂的单卷本专业性百科全书,即《英汉对照分项图解奥林匹克运动百科全书》(卜纯英主编,兵器工业出版社,2001)。

3.7 平稳发展期小结

自2001年以后,随着第二次全国辞书编写规划(1988—2000年)的完成,外语类辞书的编纂出版事业进入了一个"无规划"时期。换言之,外语类辞书的编纂出版主要是受市场需求的调控与制约。各出版社在外语类辞书市场上展开激烈的角逐,辞书产品也是参差不齐、良莠涌杂。基于本节对外语类辞书类型学角度的出版状况描述,我们可以从如下五个角度概述本时期的外语类辞书编纂与出版状况:

1)外语类辞书在出版数量和类别完善上继续保持发展的态势,但发展速度与快速发展期相比已略缓。导致这一局面的因素有:一是经过前两个时期的积累,外语类辞书在出版数量上已相对饱和,如何提升辞书产品的质量和特色开始成为出版社辞书选题的重要关注点,而不是盲目上马辞书项目;二是随着掌上电子词典、网络词典、手机词典的流行,纸质辞书的出版受到一定的冲击;三是随着中国于2001年12月11日正式加入世贸组织,我们与外部世界的互相交流更加紧密,原版辞书的引进力度进一步加强,也对原创辞书的编纂出版造成了一定的影响。

2)从原创与引进的比重来看,本时期的外语类辞书编纂与出版基本上仍以原创为主,但辞书引进数量较前两个时期力度更大。以语文、专项和专科这三大类辞书为例,语文辞书的原创数量(457部)与引进出版数量(240部)的比例约为1.9∶1(前两个时期分别约为5.4∶1和3.1∶1),专项辞书的原创数量(411部)与引进出版数量(108部)的比例约为3.8∶1(前两个时期约为4∶1和6.5∶1),专科辞书的原创数量(884部)与引进出版数量(170部)的比例约为5.2∶1(前两个时期约为8.2∶1和7.2∶1)。由这几组数据可以清晰地看出,原创辞书数量占该类别辞书总出版数量的比重基本上呈现出下降的趋势。国外优质辞书(尤其是"五大家族"的英语学习词典)的引进确实给我们提供了可资借鉴的理念和方法,但其对原创辞书的编纂出版的负面影响也不容忽视。

3)从英语类辞书和小语种类辞书的出版数量对比来看,与初步发展期相比,英语类辞书的出版数量优势在这一时期进一步得到增强。具体来说,英语类语文辞书的出版数量(518部)与小语种类语文辞书的出版数量(117部)的比例约为4.4∶1(前两个时期约为1.1∶1和2.9∶1),英语类专项辞书的出版数量(344部)与小语种类专项辞书的出版数量(121部)的比例约为2.8∶1(前两个时期约为1.4∶1和3.5∶1),英语类专科辞书的出版数量(822部)与小语种类专科辞书的出版数量(86 部)的比例约为 9.6∶1(前两个时期约为 2.5∶1 和 6.1∶1),英语类百科辞书的出版数量(12 部)与小语种类百科辞书的出版数量(1 部)的比例为 12∶1(前两个时期约为 4∶0 和 8.5∶1),外向型汉外辞书的编纂出版主要涉及英语。

4)大型双语语文辞书尤其是英汉双语辞书在这一时期又有一些优秀作品问世,包括《新时代英汉大词典》(张柏然主编,商务印书馆,2004)、《英汉大词典》(第 2 版,陆谷孙主编,上海译文出版社,2007)、《新时代汉英大词典》(吴景荣、程镇球主编,商务印书馆,2005)以及《新世纪汉英大词典》(惠宇主编,外语教学与研究出版社,2002)等。这其中,《新时代英汉大词典》的编纂是基于南京大学双语词典研究中心与商务印书馆共建的 CoNulexid 语料库及双语词典编纂平台系统而完成的,率先探索了用于英汉双语词典编纂的语料库及计算机辅助编纂平台的开发与应用。

5)伴随着中国经济的快速发展和国际地位的不断提升,"中国热""汉语热"持续升温,海外学习汉语的人数逐年增加,通过辞书研编来辅助汉语的国际推广亦成为辞书编纂者义不容辞的责任。就目前来看,外向型汉外辞书的研编质量远不能让人满意,真正符合海外汉语学习者需求的辞书凤毛麟角。值得关注的是,在平稳发展期,我们已经看到中国辞书编纂者探索的身影,由郑述谱任总主编的《基础汉语学习字典》已在尝试"国别化"的编纂模式,注重切合不同国家、不同地域的汉语学习者需求,值得提倡。纵观语言的世界传播史,英式英语在 19 世纪得到广泛传播,美式英语在 20 世纪取得强势地位,汉语若在 21 世纪成为更广地域的学习者的外语(或第二语言),则是令每一个炎黄子孙都引以为豪的事情,因为一种语言在世界范围内的强势地位代表了操这种语言的民族在世界民族之林的地位。因此,辞书编纂者应该主动承担起自己的历史使命!

总之,这一时期的外语类辞书编纂出版呈现出平稳态势,但由于更多受到市场需求规律以及辞书出版监管力度不强等因素的影响,粗制滥造、盲目引进等问题也愈发凸显,需要引起辞书编纂者、出版单位和主管部门的重视。而且,历经8年的"无规划"发展时期,辞书的编纂出版亟需强有力的引导和调控,否则将不利于"辞书强国"的建设。

4. 外语类辞书在三个发展时期内实际出版状况的横向比较

1978—2008年,我国对外改革开放的这30年,外语类辞书的发展速度非常快,这主要是因为随着我国国门的开启和人们思想的解放,对外交流、学习与合作的热潮不断涌现。外语的学习与使用成为人们日常学习、工作和生活中非常重要的事情,相应地,外语类辞书的编纂出版需求自然也大大增加了。而对于出版机构而言,各种外语类辞书的出版满足了市场需求,给它们带来了丰厚的出版经济效益,因而也更促进了外语类辞书编纂出版市场的大繁荣。这期间,国外外语类原版辞书的直接或间接引进也丰富了我们的辞书市场。总之,各方面的社会环境与气候都非常有利于外语类辞书编纂出版事业的大发展,可谓天时、地利和人和。在前面一个小节,我们主要是从纵向来分析比较初步发展期、快速发展期和平稳发展期这三个分期内各类外语辞书的相关出版状况。本节主要从横向比较的角度来考察外语类辞书在这三个历史分期的出版特点(请见图2-27和图2-28)。

如前所述,改革开放30年我国外语类辞书的发展经历了三个历史时期,即初步发展期、快速发展期和平稳发展期。每一个特定的历史时期都有其发展的独特因素,将这三个时期的相关辞书编纂出版

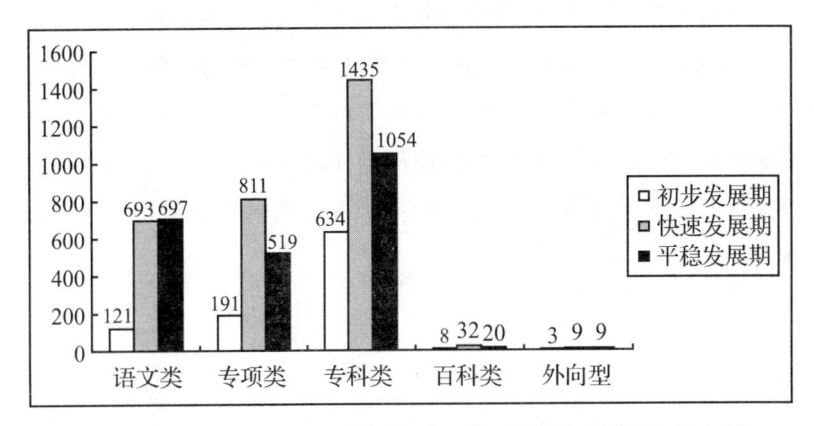

图 2-27　三个时期外语语文类、专项类、专科类、百科类、外向型辞书出版总量横向比较（单位：部）

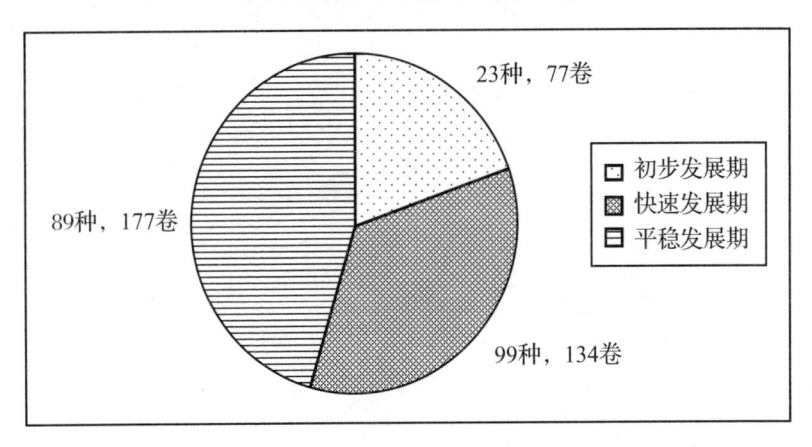

图 2-28　三个时期外语类百科全书出版情况横向比较

数据进行比较分析，有助于我们进一步深入理解这 30 年外语类辞书事业发展的轨迹。从图 2-27 和图 2-28 可以看出，在快速发展期内，外语类辞书中的语文类、专项类、专科类辞书的出版都有迅猛的增长，专科类辞书的发展尤甚，足见社会需求之大。进入新世纪，各类别辞书进入相对平稳的发展期；百科类辞书和百科全书的数量也在稳步地增长,随着知识型社会建设的推进,这两类辞书的大众需求应该比以前有较大的增长。随着世界对中国了解的加深,加上国家对汉语推广的重视,外向型辞书的发展也迎来了很好的机遇,应该在未来的辞书规划中加以重视,鼓励原创外向型辞书的编纂与出版,提升中国外语类辞书品牌的国际竞争力,努力打造中国双语辞书的世界品牌。

结　　语

本部分的上篇简要回溯了两次全国性辞书规划中外语类辞书编纂出版的规划情况。我们从数据统计的角度对规划情况与实际出版情况做了比较研究，肯定了全国性辞书规划对外语类辞书编纂出版的积极影响，同时也指出了外语类辞书编纂出版存在的主要问题。本部分的下篇则主要针对改革开放30年以来外语类辞书的实际编纂出版生态展开调查分析，将其分为初步发展期、快速发展期和平稳发展期三个阶段，以实际出版数据为依据，从历时性的角度爬梳了外语类辞书的出版状况。总的来看，外语类辞书的编纂与出版在过去的30年间走过了一段令人鼓舞与振奋的历程，得到了空前的发展，但也面临着走向独立研编创新和应对原版引进辞书的冲击等种种问题与困难的挑战。

改革开放30年来，中国"不断扩大对外开放，成功实现了从封闭半封闭到全方位开放的伟大历史转折"[①]。随着我国与其他国家之间在政治、经济、文化等多方面、多层次的交流与合作的不断深化，外语类辞书编纂与出版事业获得了良好的外围环境与物质条件，外语的广泛使用也给外语类辞书编纂与出版事业的发展带了动力和需求。在两次全国性辞书规划的推动和引导下，我国外语类辞书编纂与出版事业在30年间得以快速蓬勃发展，主要表现为：(1)出版总量得到快速增加，共出版了6624部/卷，与新中国第一个30年的出版

---

① 引自胡锦涛同志在"纪念改革开放30周年大会(2008年12月18日)上的讲话"。

总量103部相比(方厚枢,1980:134),可谓发展迅猛。(2)语种覆盖面逐步扩大。新中国成立后的前30年,外语类辞书编纂出版涉及的语种主要为英、日、俄、法、德、西班牙、阿拉伯语等7种语言。改革开放这30年间,据我们的统计数据,外语类辞书编纂出版所涉及的语种已扩大到30余种。(3)辞书类别渐趋丰富。30年间,外语类辞书的种类从以语文辞书为主发展为包括语文辞书、专项辞书、专科辞书、百科辞书、外向型辞书和百科全书等类别在内的辞书大家族,而且各类别内部也有了相对较为完备的类型体系。(4)编纂方式从编译蓝本辞书走向独立研编,编纂手段从卡片誊抄转向基于语料库的辞书编纂模式。作为文化产品,30年来,外语类辞书的编纂出版不仅满足了广大语言学习者的需要(如语文辞书、专项辞书、外向型辞书),而且更为重要的是,辅助了各行各业专业人士进行专业交流的需要(如专科辞书、百科辞书、百科全书)。可以说,外语类辞书编纂出版的繁荣对促进国家外语教育事业的发展和推动对外交流的深入起到了积极的作用。

在肯定外语类辞书编纂出版取得重大成就的同时,我们也应清楚地认识到其所存在的主要问题:(1)原创外汉双语语文辞书竞争力较弱,尤其是专门为中国学生设计的英汉学习词典可谓"凤毛麟角"。中国英语学习者人数众多,对英语学习词典有巨大的需求。而在这一市场,国外的英语学习词典"五大家族"牢固占据了主导地位,对我国原创英汉学习词典的编纂与出版带来了严重冲击。如何借助学习者语料库和前沿语言学理论编出更符合中国英语学习者特点的英汉学习词典是一个亟待解决的问题。(2)虽然已有基于语料库编纂的英汉词典问世,但外语类辞书编纂界在这一领域的探索还远远不够。各研编机构基本上"各自为政",缺乏资源共享,对平行语料库的加工也缺乏深度。(3)汉外(学习)词典的研编滞后于汉语的国际推广速度。"目前海外学习汉语人数已超过4000万,英、法、德等国都将汉语纳入了本国国民教育体系。"(伍修琼,2008)辞书是语言学习者可以借助的重要资源,但真正符合海外汉语学习者需求的外向型汉外辞书却严重匮乏。对外汉语教学界和辞书编纂界的同仁有必要担当起这类辞书的研编重任,更好地服务于汉语国际推广这一事业。(4)辞书出版机构缺乏品牌培育意识。原创外语类辞书虽然出版总量不少,但真正具有品牌效应的辞书精品并不多。具体来说,对辞书品牌的命名多以"当代"、"现代"、"最新"打头,缺乏特色。在这一点上,我们需要向"牛津"系列词典学习。除了要培育品牌,还要开发同一品牌下的辞书系列化出版模式,如初阶、中阶、高阶,而非以词典部头的"大"、"小"命名。正如我们在本报告第一部分结语中所提到的,单从辞书出版总量来看,我们俨然已迈入"辞书大国"的行列,但从辞书编纂的创新理念和编纂方式上,我们远未达到"辞书强国"的标准,可谓"路漫漫其修远兮,吾将上下而求索"!国外辞书编纂模式已"升级"至语料库时代,时不我待,我们也应迎头赶上,与汉语辞书界同行一道,为实现"辞书强国"之梦而奋发努力!

第三部分　电子类辞书发展状况

进入20世纪以来,随着电子计算机的问世与快速发展,传统辞书的载体有了质的变化。先前单一的纸质媒介辞书逐步走向数字化的全新嬗变,呈现出纸质、电子与网络辞书等并存的多元化载体格局。我国自改革开放以来,辞书载体也顺应历史发展的趋势与潮流,开始了数字化发展的阶段,取得了前所未有的快速发展。改革开放30年当中,电子类辞书的迅猛发展已经成为这一时期中国辞书发展中不可小觑的重要方面。因此,本部分将对这个阶段电子类辞书的发展状况进行较全面的描述,主要包括两部分内容,即上篇的"改革开放30年电子类辞书的发展状况"回顾和下篇的"掌上电子类辞书的使用状况调查分析"报告。我们将两者结合,力求在翔实数据和丰富资料的基础上全面反映出我国电子类辞书发展的真实面貌。

上篇　改革开放30年电子类辞书的发展状况

1. 电子类辞书发展状况概述

1.1 电子类辞书的定义

电子类辞书又称电子词典。在《词典学词典》(*Dictionary of*

Lexicography)中,Hartmann 和 James 对"电子词典"的定义是:一种利用计算机及相关技术把信息呈现于屏幕上的工具书。他们认为,电子词典可以包括文字处理器(如 Microsoft Word)中内置的拼写检查器和类义词典、存储在只读光盘(CD-ROM)上的多卷本词典和百科全书、多语术语数据库及翻译系统、用于研究的语料库等等。(Hartmann & James,2000:47—48)这是对电子类辞书一个较为宽泛的界定。在本研究报告中,电子类辞书主要指与纸质辞书相对、以电子文本及多媒体形式呈现内容的辞书。按照承载介质的不同,电子类辞书又可以分为掌上电子词典、个人电脑词典、手机词典和在线辞书。本部分主要对前三类电子词典进行介绍,在线辞书将在本研究报告的第四部分做详细讨论。

1.2 历史综述

我国首部掌上电子词典是 1989 年末由香港权智公司推出的"快译通"EC1000,这距世界上首部掌上电子词典(德国,1983 年)的出现相差仅 6 年,两者问世的时间基本处于同一时代。20 世纪 90 年代初期,电子词典开始由台湾和香港的企业传入内地,比较具有代表性的掌上电子词典品牌是香港权智集团生产的"快译通"和台湾英业达集团无敌科技有限公司生产的"好易通"。最早的内地独资掌上电子词典品牌则是北京金远见电脑技术有限公司研发的"文曲星",其推出的第一款掌上电子词典是 1995 年的"文曲星"CC100。此后,内地独资、香港、台湾和内地合资开发的各种电子词典品牌得到不断的丰富和发展,国内电子词典行业从最初的"门庭冷落"到现在的"车马喧哗",呈现出一派"欣欣向荣"的景象。

个人电脑词典又称 PC 词典,指应用于个人电脑的词典软件。按照传播媒介的不同,个人电脑词典可以大致分为两类,即光盘词典和单机版词典软件。前者是指把经计算机处理的词典信息储存在只读光盘(CD-ROM)中,以光盘形式发行的词典软件;后者是指以互联网为传播媒介,由使用者从互联网下载程序直接安装在个人电脑上使用的词典软件。这两种个人电脑词典在本质上基本没有区别,都必须使用电脑进行词典的查询和阅读。在个人电脑发展的初期,由于互联网尚未普及,词典使用者只能通过购买光盘来获得词典软件。香港、台湾地区在光盘词典研究方面起步较早,20世纪90年代初陆续推出了一些光盘词典产品。香港、台湾地区光盘词典的出现对内地同类词典的研究起到了一定程度的促进作用,使得一系列内地独立研发的光盘词典产品随后问世,其中比较具有代表性的有:《朗道词典》、《即时通英汉汉英双向词典》、《中华百科全书》(光盘版)、《金山词霸》和《汉语大词典》(光盘版)等。20世纪90年代末期以来,特别是进入21世纪后,随着互联网的普及,以网络为平台共享的单机版词典软件开始流行。相当一部分的单机版词典软件是软件爱好者自行编程设计的,仅供语言学习者交流使用,不用于商业用途。目前在国内比较知名的单机版词典软件主要有:《星际译王》、《灵格斯词霸》和《有道词典》等等。

　　除了掌上电子词典和个人电脑外,近年来,手机也成为了一种新型的电子词典承载媒介。手机词典主要有两类:第一类是手机内置的词典软件,这种手机词典多为厂商自编,内容较简单;第二类是可安装在手机系统中的第三方手机词典软件,这种词典大多是从个人电脑词典衍生而来的手机版本,内容较丰富,功能较齐全,是手机词典今后的主流发展趋势。国内比较流行的第三方手机词典软件有:《手机词霸》、《有道手机词典》、《外研社手机词典》等等。

　　本篇下面将分别从掌上电子词典、个人电脑词典(包括光盘词典和单机版词典软件)、手机词典三个方面来回顾和分析改革开放30年来我国电子类辞书的发展历程。

2. 掌上电子词典的发展状况

我国的掌上电子词典兴起于20世纪80年代末期,正处于改革开放事业走向全面快速、深入发展的时期,这为掌上电子词典的迅猛发展带来了良好的契机。经过近20年的不断发展,我国掌上电子词典的发展已经取得了长足的进步,下面就其发展的不同阶段进行回顾与分析。

2.1 掌上电子词典的发展历程

2.1.1 起步阶段(20世纪80年代末—90年代初)

20世纪80年代末到90年代初,中国掌上电子词典刚刚起步,发展缓慢。这期间的电子词典品牌比较少,除了"莱丝康""伟易达"和"电译通"等早期品牌外,比较知名的只有台湾的"好易通"与香港的"快译通"。1993年成立、内地独资的北京金远见电脑技术有限公司开始打造掌上电子词典品牌"文曲星"(但首款"文曲星",即卡片式电子词典CC100直到1995年10月才问世)。由内地和香港企业合资、致力于中文手写掌上电脑开发、继而打造出"名人"品牌掌上电子词典的中山名人数码科技有限公司也于1993年成立。这期间的掌上电子词典比较笨重,价格也很昂贵,一般是专业人士才能拥有的奢侈品。掌上电子词典的内容比较少,一般只内置厂家自编的词典,词汇量较小。在功能上,这些电子词典一般只能进行最简单的英中、中英词汇查询,只有少数产品附有计算器功能和简易的电子日记簿功能,功能较为单一。(王秀,1992)在早期掌上电子词典发展过程中,"快译通"是电子词典行业的领头羊。该品牌继1989年推出第一部掌上电子词典"快译通EC1000"后,又于1991年推出第一部具有发声功能的掌上电子词典"EC3300",在当时的市场上占有很大的份额。

2.1.2 发展阶段(20世纪90年代中期—2005年)

20世纪90年代中后期到2000年,中国的掌上电子词典进入了发展的时期,但总体而言,品牌还是比较少。除了"快译通""好易通""名人"和"文曲星"四个老品牌外,仅增加了一种——成立于1999年的"诺亚舟"公司在2000年推出的首款产品"诺亚舟"NH2000。尽管这期间新的掌上电子词典品牌增加不多,但掌上电子词典本身却获得了实质性的发展。这主要体现在其功能不断增多和内容不断丰富。特别是90年代后期的权威词典收录,使掌上电子词典的文本内容质量有了提高和保证。进入21世纪后,"步步高""联想"和"快易典"等各厂家纷纷投入掌上电子词典的研发和生产,掌上电子词典新品迭出,各品牌从词典功能、所录词典数量和词汇量、价格等各方面展开激烈竞争,电子词典产业获得飞速发展。目前掌上电子词典的普及和流行(尤其是在学生群体当中)就是最好的证明。

2.1.2.1 早期发展阶段(90年代中后期)

自20世纪90年代中期起,掌上电子词典有了初步的发展,各项主要功能不断完善。PDA[①]技术、数码录音技术、夜光显示功能以及真人发音技术等功能相继得到实现。但就词典所收录的内容而言,这个阶段的掌上电子词典与90年代初的相差不大,仍然主要是厂家自编,释义简单,词汇量较小,而且也不提供例句用法等详细语言信息。这一阶段,电子词典在功能上的突破主要表现为以下几点,如表3-1所示。

---

① PDA,英文全称personal digital assistant,即个人数码助理,一般是指掌上电脑。PDA通常以手写笔作为输入设备,而以存储卡作为外部存储介质。在无线传输方面,大多数PDA具有红外和蓝牙接口,以保证无线传输的便利性。许多PDA还能够具备WiFi连接以及GPS全球卫星定位系统。(资料来源于百度百科,http://baike.baidu.com/view/1519.htm.检索时间:2010-04-24)

表 3-1　掌上电子词典在早期发展阶段的突破性创新

品牌 年份	快译通①	名人②	文曲星③
1994	在产品中加入中文手写识别功能		
1996	推出 PDA 产品；在产品中使用 True Voice TM 发音技术，发音逼真（1998 年又推出一款 538 元的发音机型 EC2800 new，女声发音，比较清晰）	首创一小时数码录音功能	
1997		PDA 产品首创夜光显示功能；首创百家姓查询法；首创 FLASH 快闪记忆体	推出中国第一部真正意义上的多功能普及型电子词典 PC220

这几点突破中尤值得一提的是文曲星的多功能普及型电子词典 PC220④。这一款掌上电子词典的问世具有重要的影响和意义。该掌上电子词典具有 3×7 汉字大液晶屏，标准 QWERTY 键盘排列，

---

①　《"快译通"公司简介》，"快译通"官网，http://www.instant-dict.com.cn/intro.php（检索时间：2010-03-02）。
②　《"名人"电子词典》，China Value 网，http://www.chinavalue.net/Wiki/ShowContent.aspx?titleid=412826（检索时间：2010-03-02）。
③　"文曲星"资料来源于激光菜鸟著《电子词典发展历程 10 年风雨漫谈》（第一章）。该文始载于华普点点论坛网，后转载于电子词典网、西祠胡同论坛等网站，大受网友欢迎。华普点点论坛网，http://bbs.hwapu.com.cn/viewthread.php?tid=13917&highlight=%2B%2BE6%BF%80%E5%85%89%E8%8F%9C%E9%B8%9F%2B，2007-03-25（检索时间：2010-02-03）。
④　本段关于 PC220 的资料和评价来源于激光菜鸟《电子词典发展历程 10 年风雨漫谈》（第一章），见注③。

内置英汉汉英词典,具有记事、计换算、测验、资料以及游戏功能。这款电子词典有三大创新之处:实用性强(可以插名片备份器,设置了"文曲星"独有的画像名片功能)、按键设置简约(数字键和字母键放在一起,增加 F1－F4 键快捷键)和可操作性高(不设开机目录,设置了 5 个快捷键,实行快捷键操作,可轻易切换十大功能项)。此后,在"文曲星"PC220 这种多功能普及型电子词典的带动之下,中国主流掌上电子词典消费市场才真正开始形成,而且,该款电子词典的行业影响还持续了多年,意义重大。

总之,这一阶段的掌上电子词典已突破一般的技术限制,具备了现代多功能掌上电子词典的雏形。随后的掌上电子词典在功能上不断完善,内容上更是不断丰富,中国的掌上电子词典进入快速发展阶段。

2.1.2.2 快速发展阶段(90 年代末期—2005 年)

自 20 世纪 90 年代末期开始,中国的掌上电子词典加快了发展步伐。以"文曲星""快译通""好易通"和"名人"四大品牌为主,加上后起的"诺亚舟""好记星""联想""步步高"以及"快易典"等,各电子词典品牌厂商在词典功能的多样化、词汇量的丰富化、所收录词典的权威性以及产品价格等各方面展开了激烈的角逐。1998 年,中国掌上电子词典有史以来的第一次全国性商战在四大知名品牌中爆发。这次商战的直接结果就是多层次多特色的掌上电子词典市场开始形成,掌上电子词典得到普及,为更多的普通用户所拥有。尽管 20 世纪 90 年代末至 21 世纪初 PDA 的兴盛曾一度使掌上电子词典市场陷入低潮,但此后的掌上电子词典重新调整和明确了自己的功能定位,紧随时代发展,在学习娱乐功能和词典内容方面不断完善。因此,各大小厂家又纷纷投入掌上电子词典行业的经营,从而出现了 2002 年以后电子词典市场百花齐放的繁盛局面。但是,到了 2005

年以后，又有不少电子词典厂家在激烈的竞争中惨遭淘汰。相比之下，一些经典品牌经受住了考验，迎来了自身发展的新阶段。以下将通过一些标志性的事件来分析我国掌上电子词典在快速发展阶段的几个重要时期。

1) 1998年"商战"[①]

这场爆发于1998年的首次全国性掌上电子词典商战，其导火索是"文曲星"于1997年推出的PC220款电子词典。"文曲星"PC220电子词典的热销，让低价机市场开始受到各主要厂商的关注。"快译通""好易通"和"名人"紧步其后，争相推出低价机，开拓低价机市场。这一时期，强调电子词典功能项的多样化、内置词典的收词量以及名片的组数(可容纳的名片数量)，这几项内容成为各掌上电子词典厂商比拼的重点。

这四大厂家在1998年推出的品牌是："好易通"CD3、"快译通"EC1900、"名人"IQ138和"文曲星"PC200及PC260。这几款电子词典，虽然功能比现在的电子词典简单，没有实现独立发音、下载、编程以及多媒体等功能，但诸如词典查询、记事、计换算、资料、时间显示以及游戏等基本功能已经完备，形成了当今电子词典的基本功能框架。

尤其值得一提的是，这些机型的一些超前设计，给后来掌上电子词典的开发设计带来了不同的启发，比如，为电子词典换上盖功能始于"快译通"EC1900，用户可按自己需要随意加减功能就得益于"文曲星"PC260的型号转换思想，逐渐追求全面的词典功能(如可网络

[①] 该部分参考了激光菜鸟《电子词典发展历程10年风雨漫谈》(第二章)，华普点点论坛网，http://bbs.hwapu.com.cn/viewthread.php?tid=14027&highlight=%2B%2B%E6%BF%80%E5%85%89%E8%8F%9C%E9%B8%9F%2B，2007-03-31(检索时间：2010-02-03)。

下载英英词典等)始于"好易通"CD3的英英词典功能,而"名人"IQ138率先提倡的版权词典收录,触发了电子词典全面学习功能的推广。

1998年商战最大的意义在于让各厂家从单一层面上的低价机竞争中走出来,开始拓展适合自己的特色品牌,使原本没有细分的市场得到了多层次的分化,出现了不同价位(例如中价位机的出现)以及不同针对性(例如"文曲星"突出硬件功能,"名人"强调学习功能)的局部市场。这次商战也同时降低了当时属于高端消费品的电子词典的价格门槛,丰富了低价机的产品线,让消费者可以挑选许多各有所长的低价机,对于低端市场消费者而言是件大好事。

2) 1999—2001年"三足鼎立"[①]

1998年商战后,掌上电子词典的总体发展开始走向多层次化,各大知名品牌逐步明确自己的层次与特色定位。"文曲星"确立了自己多功能低价位的发展路线,而其他三大知名品牌则另寻突破口。"快译通"更加注重完善词典功能,开拓中价位机型;"好易通"主攻牛津词典机型;"名人"也希望走中低价位路线并完善词典功能(但没有成功);其他后起之秀如"诺亚舟"和"步步高"则尚未跻身"霸主"行列。因此,到2001年止,我国电子词典行业基本呈现出"文曲星""好易通"和"快译通"三足鼎立的局面。

"文曲星"于1999年年初推出428元的可发音机PC500,正式确立其多功能低价机市场的霸主地位。"文曲星"PC500首次实现了千元以下机器的PC通信功能和可以为商务机所用的"热同步"功能。

---

① 该部分参考了激光菜鸟《电子词典发展历程10年风雨漫谈》(第三、四、五、七、八章),http://bbs.hwapu.com.cn/viewthread.php?tid=14027&highlight=%2B%2B%E6%BF%80%E5%85%89%E8%8F%9C%E9%B8%9F%2B,2007-03-31(检索时间:2010-02-03)。

1999年夏上市的"文曲星"PC505又增加了两个主要功能,即下载功能和艾宾浩斯记忆法。其中下载功能的实现为以后的电子词典带来了革命性的变化。从此,中国掌上电子词典实现了扩充存储功能。网络下载功能成为大势所趋,更造就了网络学习机的发展,现在已经是"没有下载网站就搞不成电子词典"的时代了。

2000年,"文曲星"推出的CC800电子词典又首次增加了"GV-BASIC编程"的自主编程功能,也为年底推出的"文曲星"PC1000a配备的独一无二"英雄坛说"游戏功能提供了软件支持。"文曲星"编程功能成为后来各厂家争相效仿的焦点之一。2001年年初的"文曲星"PC1000在"文曲星"CC800功能基础上增加单词发音和录音功能,年底推出的"文曲星"PC1000b则具备了单词复读功能。

"文曲星"在不断增加和完善电子词典功能的同时,也尝试针对不同目标群推出不同机型。其掌上电子词典产品中有主流的发音机"文曲星"PC505,有侧重学生市场的入门机"文曲星"EDU100,和针对商务市场的袖珍型电子词典"文曲星"CC300(1999年9月推出,长宽仅相当于名片大小,厚度约为1厘米)。这款袖珍机型是中国掌上电子词典历史上的第一款翻盖型袖珍电子词典,它在外形上的创意以及在女性用户市场上的成功,都为其他厂商提供了很好的借鉴。

相比之下,"好易通"电子词典品牌则自1999年开始完全走"版权词典"的高价机路线。"好易通"买下了牛津高阶英语词典[《牛津高阶英汉双解词典》(第4版)和《牛津精选英汉词典》]的版权,于1999年末推出完全内置这两本牛津高阶英语词典的"牛津"2000(1280元)。2000年年初,"好易通"又推出更高价位的"牛津"A1(1980元)、中高价位的"牛津"3000(998元)及中低价位的"牛津"1000(498元)。而2001年该品牌继续推出"牛津"4000V,满足我国广大的英语学习市场的需求,通过主打"牛津"版权词典,获得了巨大的商业利润。尽管"好易通"在收录牛津版权词典过程中有诸多不实之处,但"好易通"的版权词典战略对我国掌上电子词典的词典内容收录规范化有一定的积极推动作用。

与"文曲星"和"好易通"各自所采取的发展战略不同,"快译通"则走的是扩充内存、围绕"释义的质量"和"收录词典的数量"充实词典功能的中价位路线。早在1998年,"快译通"就推出了内置《牛津当代大辞典》的电子词典。1999年又推出内置《朗文当代高级辞典》的电子词典。1999年"快译通"推出中价位的EC3000(2001年又推出中价位的"快译通"EC3600;同年秋天,"快译通"EC3600改型为"EC3600牛津"上市,"快译通"开始仿效"好易通"实行牛津词典品牌战略)。"快译通"EC3000是当时唯一内置英汉、汉英、英英以及汉语四种词典,以及托福词汇独立词典、分类词库和较为详细的语法和句库的电子词典。此外,该词典还支持自建词库,无限反查,所有单词均可发音,是当时具备最全面词典功能的千元以下掌上电子词典。该款电子词典的创举在于实现了各内置词典间的相互跳查和无限反查。可以说,现在普及型掌上电子词典的词典功能项,包括最基础的英汉、汉英、英英、汉语和成语,再加上各类专业词典、下载词典、自建词典以及分级词库,这些全部都起源于"快译通"EC3000。在"快译通"EC3000之后,掌上电子词典的词典功能才真正丰富起来,改变了原先的"电子词典就是能查词典的电子记事本"的原始定义。

除上述三大知名掌上电子词典品牌以外,"名人"走的是扩充内存、充实词典功能的中低价位路线。1999年夏,"名人"IQ138的后继机型,被命名为"学生王子"的"名人"IQ99上市了。"名人"IQ99在行业内最先收录英汉、汉英、汉语和成语四种版权词典,同时针对学生用户群设计各项功能,而且没有游戏功能。但由于受到诸多因素的影响,该款机型错过了最好的市场推广时机。2001年,"商务通"在手写PDA市场获得成功,"名人"转投PDA市场而放弃了对掌上电子词典的投入,只推出"名人"IQ99的再生产机"名人"IQ100。应该说,"名人"在"文曲星""好易通"和"快译通"三大品牌的强势包围中迅速黯淡下去。与此同时,"诺亚舟"和"步步高"等新锐品牌也尚未站稳脚跟,三足鼎立局面暂时得以持续下去。

在这一时期的新锐电子词典品牌中,"诺亚舟"品牌的发展值得重视。虽然成立于1999年的"诺亚舟"在这一时期还没有在霸主地位占得一席之地,但它所推出的机型有很多值得人们关注的地方。"诺亚舟"于2000年年初推出第一款产品"诺亚舟"NH2000,以后两年又相继推出多款,创造了多个行业第一,详见表3-2。

3) 2001年PDA及分水岭[①]

"文曲星""好易通"和"快译通"这三大电子词典品牌的三足鼎立之势在2001年依然保持,但这一年电子词典销量却出现了大滑坡。前文提到的1997年"文曲星"PC220在低价机市场的成功让四大厂商竞相投向低价机市场并引发了1998年的商战,同样的事情在2001年再次上演。北京恒基伟业商务通PDA的成功使得手写PDA行业迅速成为一个引人注目的新焦点,也让很多原来以掌上电子词典为主的厂商把产品重心放在了手写PDA上,从而减少了对掌上电子词典产品的研发兴趣。

2001年上半年,手写PDA市场的竞争如火如荼,而掌上电子词典市场则过于疲软和平淡。老牌电子词典新品不多,在技术和功能

---

① 该部分资料主要来源于激光菜鸟《电子词典发展历程10年风雨漫谈》(第九章),电子词典网,http://www.dzcd.net/viewthread.php?tid=633&highlight=%D6%D0%B9%FA%B5%E7%D7%D3%B4%CA%B5%E4%CA%AE%C4%EA%B7%E7%D3%EA%C2%FE%CC%B8(检索时间:2010-01-01)。

表 3-2 "诺亚舟"掌上电子词典的创新之处①

2000 年年初:NH2000	该型号的掌上电子词典填补了 300 元以下低价位普及型电子词典发音机的空白(文曲星于 2001 年夏才推出带有艾宾浩斯记忆法的低价发音机 PC270,上市价 298 元),并借此在行业内率先实现了单词的复读和选读功能,将"有声学习"融入到单词学习中去。
2000 年夏:英语 100B	针对初高中生市场推出,导入了 10 秒录音的设计,用于纠正发音跟读对比功能,率先在低价机上实现了背单词的"看、听、说一体化"。
2001 年:NH3000	最大强项是海量资料的收录和存储,包含了与学习和生活相关的百科知识等。而 NH3000 的庞大资料库也成了"诺亚舟"产品以后的卖点之一。
2001 年:NH6000	是电子词典行业第一款内置了英汉、汉英、英英、汉语以及成语五种词典的机型,首创开机音乐设计,首次采用"双屏"设计(在上盖就有电子表),还是行业中第一款内置 FM 收音机的电子词典。各词典全可无限反查,拥有 NH3000 的庞大资料库,实现了网络下载功能,还拥有当时同类产品中最大的 1MB 下载空间,为词典等资料的大量下载提供了方便条件。

---

① 表格中信息来源于激光菜鸟《电子词典发展历程 10 年风雨漫谈》(第八章),华普点点论坛网,http://bbs. hwapu. com. cn/viewthread. php? tid=14269&highlight=％2B％2B％E6％BF％80％E5％85％89％E8％8F％9C％E9％B8％9F％2B(检索时间:2010-02-03)。

上也基本沿袭2000年的旧例,缺乏创造性的革新。相对四大厂商较为消极的表现,二线厂商的表现要好一些。"诺亚舟"推出了收录英汉、汉英、英英、汉语以及成语五大词典并具备无限跳查等强大应用功能的"诺亚舟"NH6000,"雷登"推出了能够录音的"雷登"PD2300,"佳扬"推出了带有反查功能的袖珍翻盖机"佳扬"Ezgo880,"联想"则推出了以"诺亚舟"NH1680为底版的"天玑小新"。然而,掌上电子词典行业总体上仍然缺乏像2000年出现可自主编程功能的"文曲星"CC800时那样令人眼前一亮的感觉。

2001年下半年,掌上电子词典行业还是手写PDA占主导的形势,但从10月以后,一批性价比很高、更为成熟的机型相继投入市场。譬如,"快译通"的内置《牛津当代大辞典》的EC3600"牛津"和学习娱乐兼备的"商务通"EC2600,"好易通"增强发音功能的"牛津"3000V以及内置丰富学习资料的"步步高"BA757等等。这期间的掌上电子词典在价格上更加平民化,普及型掌上电子词典由2000年的20款左右增加到40多款,以"文曲星"PC1000a等编程机型为代表的娱乐功能的提高,也显示了电子词典软件方面的发展潜力。联想公司和步步高教育电子有限公司也于这一年加入掌上电子词典行业。

总之,2001年是我国电子词典行业的又一转折点。此后,更多厂商投入到掌上电子词典行业,老牌电子词典重新调整市场定位,并在学习和娱乐功能方面进一步完善,同时开始紧密关注时代发展及用户的需求,研发更多顺应时代需求的特色产品。

4) 2002—2005年"战国时代"

2001年的产业低潮之后,国内的掌上电子词典市场进入了一个新的发展阶段。这个阶段以2002年掌上电子词典行业的重新升温为开始的标志,共持续了四年左右的时间。这个阶段的发展趋势主要表现在以下三个方面:(1)大量新厂商加入电子词典市场,竞争白热化;(2)内存价格降低,版权词典得以进一步普及;(3)电子词典的学习功能受到重视,学习机开始流行。

经历了前一年的萧条,2002年掌上电子词典市场显得格外火爆。不但广告做得铺天盖地,销量也节节攀升。"快译通"公司在2002年市场高潮期的时候,每月销售额最高可达4000万到5000万元。[①] 也许是看到了这个行业发展的潜力和巨额利润,2002年前后,一批又一批的厂家开始投身掌上电子词典产业。如2002年8月,深圳华普公司自行开发的第一款电子词典"快易典"上市;2003年7月,"好记星"的首款电子词典也在北京亮相,全国市场随之铺开。在这几个规模较大的公司之外,还有数量庞大的其他不知名的厂家采取贴牌生产的方式打入了低价市场。据统计,在掌上电子词典行业发展的高峰时期,市面上的品牌竟有近50个之多,[②]掌上电子词典市场这块蛋糕就这样越做越大。

早在1998年的时候,"名人"IQ138电子词典就率先收录了《新英汉词典》、《新华字典》和《学生成语词典》三大版权词典。然而,由于收录版权词典需要大容量的内存支持,而内存成本的高居不下阻碍了版权词典在中低档价位品牌中的普及。在这之后的两三年中,只有包括"好易通"和"快译通"在内的少数高档电子词典收录了版权词典,但其高昂的价格往往使学生消费群体望而却步。进入2002年之后,掌上电子词典内存的价格开始逐渐下调,为收录版权词典创造了有利条件。2002上半年,"文曲星"两款低价位的机型PC530、

---

① 《电子词典市场式微 "快译通"紧急转型》,新浪网,http://tech.sina.com.cn/it/2005-09-06/0205712403.shtml,2005-09-06(检索时间:2010-03-01)。

② 同注①。

CC330 采用了《经典美语大辞典》的缩略解释,[①]"步步高"也推出了内置《新英汉小词典》的 BA737。不久后,"步步高"BA777 和"诺亚舟"CE 100 也收录了《新英汉词典世纪版》,[②]而且这两款电子词典的售价均在 500 元以下,容易为消费者所接受。这几款电子词典的上市在低价位市场中掀起了波澜,促使其他品牌相继推出了一系列收录了版权词典的低价机。就这样,版权词典在低价位电子词典中得到普及,逐渐成为了市场的主流。

另一方面,掌上电子词典的学习功能也逐渐得到重视,其功能不再仅仅局限于查询英语单词,还附加了一些辅助用户学习的内容和功能,如:单词记忆练习、句子翻译、课程教材和练习、学科百科资料等。这种既包括词典查询功能又包括辅助学习功能的掌上电子词典被称为"电子学习机"。第一个打开学习机市场的电子词典品牌是"好记星",随后其他公司纷纷效仿,先后推出具有类似功能的产品。到 2005 年的时候,市面上 14 个主要电子词典品牌仅有"快译通"未涉足学习机市场。[③] 学习机的出现满足了一部分消费者的需求,对掌上电子词典市场的复兴起到了一定的促进作用。

总的来说,2002 年至 2005 年掌上电子词典市场的销量呈现出上升的趋势,而版权词典收录的普及和学习功能的扩展为其今后的

---

① 激光菜鸟《电子词典发展历程 10 年风雨漫谈》(第七章),华普点点论坛网,http://bbs.hwapu.com.cn/viewthread.php?tid=14269&highlight=%2B%2B%E6%BF%80%E5%85%89%E8%8F%9C%E9%B8%9F%2B,2007-05-19(检索时间:2010-02-03)。

② 激光菜鸟《电子词典发展历程 10 年风雨漫谈》(第三章),华普点点论坛网,http://bbs.hwapu.com.cn/viewthread.php?tid=14269&highlight=%2B%2B%E6%BF%80%E5%85%89%E8%8F%9C%E9%B8%9F%2B,2007-04-13(检索时间:2010-02-03)。

③ 《电子词典市场式微 "快译通"紧急转型》,新浪网,http://tech.sina.com.cn/it/2005-09-06/0205712403.shtml,2005-09-06(检索时间:2010-03-01)。

发展打下了较好的基础。然而,由于本阶段加入市场的厂家数量众多,良莠不齐,竞争过于激烈,也给掌上电子词典市场埋下了不少隐患。首先,生产厂家数量骤增、鱼龙混杂,给市场的规范性造成了一定程度的影响。许多厂家打着"捞一笔就撤"的算盘,并没有真正考虑消费者的需要,也不在乎会给市场带来怎样的恶果。每年开学前的销售高峰期就有许多杂牌产品涌现到市场上,高峰期一过就马上销声匿迹,影响极坏。其次,面临激烈的竞争,许多电子词典厂家并不是从根本的技术研发和词典文本质量着手,而是急功近利地靠广告轰炸打开市场,其中不乏言过其实的宣传或者通过贬低对手来抬高自己的言论。这些均对掌上电子词典市场的健康发展造成了不好的影响。

在市场竞争日趋激烈的形势之下,许多掌上电子词典厂商因不敌竞争对手而黯然退场。国内掌上电子词典"四大元老"之一的"名人"电子词典由于长期经营状况不佳,于2005年淡出市场,其研发厂家后来被"好记星"收购,"名人"的品牌才得以保留。[1] 来自香港的"快译通"在严峻的市场形势下也未能幸免,2005年的月销售额不到2002、2003年的四分之一,[2]最终也在当年年底战略性撤出国内市场,直到2007年才再度回归[3]。较小型的生产厂家更是难逃被淘汰的下场,如一直在行业内处于边缘位置的"大学士"和"雷登"就分别于2005年和2006年倒闭。[4] 就这样,随着一批厂家的崛起和一批

---

[1] 《关注电子词典——"名人"电子词典为何热销》,ZOL博客网,http://blog.zol.com.cn/1390/article_1389337.html,2009-10-29(检索时间:2010-02-25)。
[2] 《电子词典市场式微 "快译通"紧急转型》,新浪网,http://tech.sina.com.cn/it/2005-09-06/0205712403.shtml,2005-09-06(检索时间:2010-03-01)。
[3] 同注[1]。
[4] 激光菜鸟《电子词典发展历程10年风雨漫谈》(第八章),华普点点论坛网,http://bbs.hwapu.com.cn/viewthread.php?tid=14269&highlight=%2B%2B%E6%BF%80%E5%85%89%E8%8F%9C%E9%B8%9F%2B(检索时间:2010-02-03)。

厂家的衰落,电子词典的"战国时代"缓缓落下了帷幕。

2.1.3 平稳发展阶段(2006年至今)

经过了2002年到2005四年的激烈混战,我国掌上电子词典市场的格局已经基本确立,行业迎来了一个较为稳定的发展阶段。这个阶段的主要特征如下:(1)市场逐步规范化,发展平稳;(2)功能进一步完善,收录词典内容质量明显提高;(3)行业出现外向型发展的趋势。

首先,"战国时代"中后期的激烈竞争使得国内掌上电子词典市场得到了清洗,许多杂牌产品被淘汰出局,屹立不倒的基本上都是那些产品质量相对过硬、在消费者中口碑较好的品牌。国产中低档电子词典品牌中,"文曲星"、"诺亚舟"和"步步高"牢牢占据了第一阵营,市场占有率较高。国内电子词典品牌中的老大哥"名人"以及后来居上的"快易典"与"好记星"所占的市场份额也不小,在行业中具有一定的地位。在高价位电子词典中,"快译通"和"好易通"这两个最早涉足掌上电子词典行业的厂商在消费者中仍然具有一定的影响力,销量较稳定。而来自日本的电子词典品牌"卡西欧"近几年在中国市场的发展势头非常迅猛,凭借着高质量的产品和高强度的宣传占领了一部分高端市场。同时,经过将近20年的市场开发,消费者中掌上电子词典的占有率大大提高,市场趋于饱和,基本不会出现前几年那种大起大落的动荡局面。由于市面上的掌上电子词典品牌数量跟前一个阶段相比要少得多,规范起来也较为容易。总而言之,掌上电子词典的市场逐步迈上了稳步发展的轨道。

其次,随着掌上电子词典技术的逐步成熟,产品无论在查询功能还是辅助功能方面都取得了长足的进步。在以往电子词典跳查、反查的基础上,有些品牌还增设了例句查询、派生词查询、惯用语查询等检索入口,让产品使用起来更加便捷。在内容的呈现方面,有些电子词典也逐渐摆脱了传统的平面呈现方式,发挥了掌上电子词典的超文本特色,利用超链接对信息进行有层次的处理。同时,版权词典普及化的成果在本阶段中得到了充分的展现,市面上大部分品牌的电子词典均收录了一本以上的版权词典,词典内容的质量得到了保障。所收录版权词典的类型也呈现多元化的趋势,不但有学习型词典,还有专项词典、专科词典等,为使用者提供了更全面的词汇信息与学习帮助。

从1989年我国第一台中英文电子词典问世以来,国内电子词典行业主要专注于国内的市场,致力于满足中国人学习英语的需求。然而,随着中国与其他国家的交流日益频繁,外国人学习汉语的热情日益高涨。于是有的生产厂商瞄准了这块市场,开始生产外向型的电子词典,即供外国人学习汉语的电子词典。"中文通"系列便是"快易典"推出的一款帮助外国人学习汉语的词典,也是业内第一款外向型电子词典。它收录了由北京语言大学编著的多本版权教材,帮助外国人从拼音、部首、笔顺、语法、口语等多方面进行汉语学习,而且在词典解释界面增加拼音标注功能,能较好地满足非母语中文学习者的需求。今后学习汉语的外国人士将不断增多,相信外向型的电子词典将会成为电子词典市场上的一股新潮流。

2.2 掌上电子词典发展的总体成就

改革开放30年,我国掌上电子词典从无到有,由少及多,走过了近20年的发展之路,从一个侧面反映出我国辞书事业现代化发展的巨大成就。在这一节中,我们将从掌上电子词典在软硬件配置、收录内容和用户帮助三个方面具体介绍这一时期我国电子词典发展取得的总体成就。

2.2.1 软硬件配置

掌上电子词典发展至今,产品硬件和软件都得到了较大的发展和完善。现在市面上的电子词典与过去的产品相比运算速度更快、内存容量更大、屏幕的显示效果更好、键盘操作更舒适、电池续航能力更强,还增添了许多过去可望而不可即的硬件设备,如录音设备、无线网卡等等。同时,掌上电子词典在软件方面也有了长足的发展,不但实现了查询方式的多样化,还开发了许多扩展电子词典用途和辅助外语学习的功能,如资料存储、下载、计算、复读、视频、翻译、写作等,更好地满足了用户的多样化需求。

2.2.1.1 硬件配置

1) 微控制单元组件

微控制单元组件,英文简称 MCU,为 Micro Control Unit 的首字母缩写。它是电子词典的核心器件,包含运算器、控制器、存储器等,指挥着各个单元电路的协调工作,执行电子词典的各项功能。MCU 的发展到目前为止历经 4 位、8 位、16 位、32 位和 64 位五个阶段,其运算速度依次增长、功能逐渐增强。现在市面上电子词典的主流配置大部分采用 32 位 MCU,性能稳定、耗电低,在速度和功能上均能满足使用者的需要。

2) 储存设备

掌上电子词典中的储存芯片分为三种:ROM(只读存储器)、RAM(随机存储器)和 Flash(闪存)。ROM 中的内容只能一次性地由厂家写入,写入后就无法修改,主要用于储存一些不需要修改的信息,如程序、词典数据等。RAM 中的内容可以随意修改,但是在长时间断电的情况下储存的信息可能会丢失,一般用于存放程序运行时建立的一些临时的标志和中间数据等。Flash 中的内容可以根据需要随意写入、擦除和更改,而且断电的时候内容也不会丢失,因此使用者的资料和文件(如记事本、名片等)一般储存在 Flash 闪存中。

早期的掌上电子词典内存容量普遍较小,故收录的词典内容非常有限,词条内容极其简陋,有时候仅有词目词和汉语对应词。随着科技的不断进步和发展,电子词典的内存容量也在不断增加。目前上市的电子词典内存量一般以 G 为计量单位,这是以前无法想象的。词典内存的增大也给收录版权词典提供了客观条件,电子词典可容纳的词典数量在与日俱增。例如,"诺亚舟"推出的"诺亚舟"ND750 产品宣称内置 17 部版权词典,总收词量达百万之多。

除了掌上电子词典自带的内存,有些电子词典还设置扩展插槽,使用者可以自行购买储存卡对电子词典的内存进行扩充。早在 2000 年,就有一款名为"锦囊 JT8900"卡之通的电子词典实现了插 SIM 卡扩充电子词典内存的功能。尽管由于成本和储存容量的问题,SIM 卡目前已经基本上不在电子词典领域中使用,但是在当时,这可以称得上是电子词典的一项重要创举。现在市面上流通的用于掌上电子词典的内存卡主要是 SD 卡和 TF 卡。这两种卡价格低廉,存储速度较快,可以满足使用者存储大容量数据的需求。通过插卡扩充内存,电子词典的储存容量得以成倍增长,目前扩展容量最大的电子词典可以达到 32G 甚至更大的海量内存。

3)屏幕

掌上电子词典的屏幕一般为液晶显示屏(英文 liquid crystal display,缩写为 LCD)。屏幕是掌上电子词典的窗口,它的好坏直接影响电子词典的使用。用于衡量 LCD 屏的指标主要有点阵数和字行数,它们都决定了屏幕上所能显示内容的多少。

20 世纪 90 年代中期的电子词典多采用小规格的 LCD 屏,显示效果为 3×7 个汉字或一行西文、两行中文,屏幕上能显示的字数极其有限,用户浏览词条时需要频繁翻页。随着科技的发展,这种小尺寸的 LCD 屏早已被时代淘汰。目前国内市场上一些高端的电子词典普遍采用高分辨率的大尺寸屏幕,如"名人"X1 电子词典就使用了

4.3英寸的液晶屏,分辨率达480×272,显示效果非常好。

除了尺寸增大之外,电子词典的屏幕也逐渐由黑白屏向彩屏过渡。2004年,"快译通"推出了中国内地第一款彩屏掌上电子词典"快译通"8800。[①] 彩屏给掌上电子词典带来的不仅是更鲜艳的色彩和更华丽的界面,还使在电子词典上播放视频、Flash动画成为可能。目前彩屏机已经占领了中高档电子词典的半壁江山,成为消费者的新宠儿。

此外,在电子词典屏幕方面的创新还有触控屏和手写屏等。触摸屏可以和实体按键结合使用,使操作更方便、快捷。"名人"主打的X1和"诺亚舟"ND750均采用了真彩液晶全触控屏。而手写屏的设计能够配合用户的输入习惯,有助于提高查询效率。国内电子词典品牌"文曲星"和"好易通"均推出过带手写功能的掌上电子词典机型。

4) 键盘

掌上电子词典的键盘是机器的输入设备,也是人机沟通的主要设备。电子词典的键盘通常包括复位键、开关键、方向键、26个字母、数字、符号、退出、输入以及一些常用的快捷键(如目录键、发音键等)。目前市场上常见的电子词典键盘有50键、52键、54键、55键、56键、61键、63键、69键、72键等多种规格。(武剑,2007:69)虽然按键数量越多,电子词典可实现的键盘操作越多,使用越方便;但是按键却并不是越多越好,在以体积小巧著称的电子词典上安放过多按键的结果就是按键面积过小,反而给操作带来麻烦。一般的电子

[①] 激光菜鸟《电子词典发展历程10年风雨漫谈》(第六章),华普点点论坛网,http://bbs.hwapu.com.cn/viewthread.php?tid=13917&highlight=%2B%2B%E6%BF%80%E5%85%89%E8%8F%9C%E9%B8%9F%2B,2007-04-26(检索时间:2010-02-03)。

词典大多采用 50—60 个按键的设计,这样手指可以轻松、准确地按在键面上,有助于减少误操作。

在材质方面,电子词典的按键主要有水晶按键、硬质喷漆和硅橡胶按键三种。水晶按键实际上是用一种透明的硬性塑料材质制作的,具有美观大方、高强度、抗冲击等特点。此外,由于按键上的字样被保护在透明塑料里面,即使长期使用也不易磨损。"快译通"和"步步高"的一些机型就采用过这样的水晶按键。"名人"和"好易通"大多采用硬质喷漆的按键,这种键盘比较结实,但是按键表面的喷漆容易在久用之后磨损。硅橡胶是目前最流行的按键材质,在掌上电子词典中得到了广泛应用。硅橡胶按键成本较低,操作手感较好,但长时间使用后按键的灵敏性会下降。

5) 电池

现在掌上电子词典主流产品所采用的电池主要有三种:干电池、纽扣电池和充电电池(主要为锂电池)。一般黑白屏的电子词典多采用纽扣电池或一节到两节 AAA 干电池(7 号电池)。而彩屏电子词典由于屏幕的耗电量非常大,多采用电量较大的锂离子充电电池供电。现在可供彩屏电子词典使用的锂电池容量基本上在 1000 毫安时左右,具有较好的续航能力。

6) 其他设备

电子词典的其他硬件还包括红外线设备、录音设备、无线网卡和摄像头等。

通过红外设备,两台电子词典之间可以进行无线资料传输,比如朋友之间共享音乐、图片和资料等,也可以进行红外联机游戏。在前几年,红外传输方式被广泛应用于各种数码产品,有些电子词典也具备了红外传输的功能,如"文曲星"几款较老的型号。但是由于红外传输的距离限制在 1 米之内,而且两台机子的角度必须在正负 15 度之间,操作起来比较麻烦。同时,红外无线传输对发射功率的要求比较高,对电池的消耗很大。因此,红外线设备已经逐渐淡出电子词典市场。

录音设备在电子词典中的用途主要有两种:一是在跟读功能中录下用户的发音以便与正确的读音比照;二是让用户能够对老师的课堂讲解或重要会议进行录音,方便复习及存档。

如今,网络已经成为人们生活中不可或缺的一部分。因此,有厂商在电子词典中也内置了WiFi无线上网功能,方便用户上网浏览、查询信息,或登录电子词典网站下载词典文件和学习资料。比较有代表性的机型是"快译通"新推出的"牛津"303WiFi。

现在配备了高像素摄像头的手机早已屡见不鲜,但包含拍照功能的电子词典还属新鲜事物。"诺亚舟"NP1200是目前市面上少数内置了摄像头的电子词典之一。这款平板设计的电子词典把摄像头安置在背面,其像素达130万,可满足日常拍照娱乐的需要。

2.2.1.2 软件功能

在我国掌上电子词典的发展历程中,其功能一直是各厂家竞争的焦点之一。从最初最简单的查词功能到后来不断完善的学习检索功能,再到各种附加功能的增添,掌上电子词典在丰富自身功能方面取得了很多显著的成就。

1) 辅助学习功能

经过近20年的反复磨炼和逐步改进,掌上电子词典的各种辅助学习功能得到极大完善,能够帮助使用者更方便有效地获取所需内容,具体体现在以下几个方面:

a. 发音和辅助听说功能

发音功能,即掌上电子词典可以将内置的词条部分或全部读出来,分为人工合成音和真人发音两种。人工合成音,即TTS(英文全称 Text to Speech)发音,是指利用 CPU 将任意组合的文本文件转化为声音文件的语音,音质与发音准确性均较差。真人发音指语音库为真人录制,再采用 HI-FI 语音解压缩技术处理的语音,音质效果清晰准确。[①] 最初的电子词典都不能发音,早期发音电子词典采用的是人工合成音。首部发音电子词典是"快译通"于 1991 年推出的,品牌名是"快译通"EC3300。1996 年"快译通"开始在产品中使用 TrueVoiceTM 发音技术,真人发音由理想变为现实。现在电子词典的发音技术已比较完善,不管是人工合成音还是真人发音,发音质量都比以前好得多。发音技术的完善为外语学习者告别"哑巴"英语提供了有力的支援,可有效解决一般外语学习者开口难的问题;查询复习单词时,真人发音可以加深印象,增强记忆效果。

一般而言,现在的电子词典不仅可以准确清晰地读出单词、短语和句子,还尝试着完善篇章朗读的功能,提供录音复读及跟读功能,用以辅助外语学习者提高自己的听说能力。另外,现在很多电子词典都会提供听说资料、音频甚至视频资料的下载,争取向专业视听设备的功能靠拢。掌上电子词典在辅助听说功能方面的完善由此可见一斑。

b. 搜索查询功能[②]

搜索查询功能,也称查询技术,指用户查询所需资料时软件所用的查询方式,不同的算法查询速度及功能不同,常见的查询技术有模糊查询、追踪查询、查询回顾、跳查等。(阿迪拉・买买提,2007:98)这是电子词典最基本也是最重要的功能,也是外语学习者在评价电子词典时最重要的标准之一。我们的相关调查数据显示,用户对电

---

① 《电子词典-发音技术》,互动百科网,http://www.hudong.com/wiki/%E7%94%B5%E5%AD%90%E8%AF%8D%E5%85%B8(检索时间:2010-02-25)。

② 本小节引用的具体数据详见下篇 3.5.1。

子词典功能的要求集中在查询便捷、词汇量和词典的实用性[①]等方面。其中,电子词典厂家对查询功能的完善也是有目共睹的。经过近20年的发展,电子词典由最初单纯的查词功能到短语、例句的查询,从最初单一的查询方式到现在的模糊、追加、跳查等等,其查询功能和技术不断完善。

第一,单词、短语的精确查询。即在词典的查询界面输入要查的单词和短语,从而获取需要的词汇、短语信息。这是掌上电子词典最基本的查询功能。

第二,例句、同义词辨析、反义词、搭配等语文详解信息的查询。查询时只需点击带有这些字眼的超链接标签就可以进入对应的页面进行查询。与早期电子词典单纯的查词功能相比,这无疑是一革命性的进步,极大地方便了外语学习者。

第三,跳查功能,也称跨词典搜索,即在一个界面上输入一个单词,显示出有该词条的所有内置词典,然后可进一步查阅具体内容。此功能方便实用,尤其详尽地查询并了解一个单词的意思,用户可以在多部词典中比对语词信息,加深理解。或者有一些生僻词,不知道在哪本词典中可以查到,用跳查功能也是很方便的。高级一些的,如搜词组、例句,甚至输入中文例句来反找英文例句,这些功能大大提升了电子词典的应用价值,是值得关注的功能。毕竟,一切为查词而服务,是电子词典的使命。[②] 根据我们的相关调查数据,利用快捷键进行跳查这一功能受到大多数外语学习者群体用户(84.08%)的欢迎。

---

① 在3361名被调查者中,要求这三项功能的用户的数量分别是2926人、2906人和2551人。

② 风尘棋客《两万字详述如何选购电子词典》,百度贴吧-电子词典吧,http://tieba.baidu.com/f? kz=278316259(检索时间:2010-02-05)。

第四，追踪或追加查询，即超文本链接或检索，支持连续查询功能。1999年"快译通"推出的"快译通"EC3000首次实现了词典间跳查和无限反查功能，为掌上电子词典产业带来了革命性的变化。掌上电子词典的这一超文本性改变了词典的使用方式。（孙东云、邱东林，2009）在使用印刷版词典时，使用者按照字母顺序检索单词，但若要查到与该单词有关的其他单词，则需要重复同样的操作，费时费力。而在掌上电子词典中，用户在找到所需查找的单词时，如果要查阅与之相关的单词，只需选中该单词并点击便可以查看以该词为词目词的词条，这让使用者不仅可以迅速查到任何单词，而且可以"随心所欲"地查找，从而在满足好奇心的同时习得更多的词。目前，绝大多数电子词典均支持连续查询功能，这为词汇的学习开辟了一条新途径。

第五，模糊查询。当使用者记不清单词或短语的精确拼写时，只需拼出大概的写法，或者是输入错误时，电子词典会提供类似或相关的词和短语供使用者选取。这一人性化的设计大大方便了广大使用者。但根据我们的相关调查数据，59.15%的电子词典不具有模糊查询功能，可见目前这一查询功能尚未在掌上电子词典中完全普及。

第六，屏幕取词查询，或者说即指即查功能，是指用鼠标指向或单击要查询的单词和短语就会显示相关释义信息。这是个人电脑词典或网络词典通常具备的功能，但现在也有掌上电子词典尝试着开发这一功能。掌上电子词典电脑化趋势愈来愈明显。"诺亚舟"NH8000的屏幕取词功能和一般电子词典的追加查询功能很类似——在任何界面下用左右键选中要查的单词，然后按屏幕取词键就可以确认查询了。比较而言，"步步高"E900的屏幕取词功能更加智能化一些——只要用笔或者手指点击屏幕上的任一单词（英汉均可），就会跳出一个小窗口，显示该词释义；如果要看其他词典，可以

再次点击同一地方,又会跳出一个窗口,提供可选择的词典。(源可乐,2009)

第七,查询回顾,即记忆储存查过的单词和短语,以备必要时回顾查过的词和短语,促进单词的复习和记忆。现在有些电子词典已具备这一查询功能,如"诺亚舟"NH5000。其他一些品牌虽然没有"查询回顾"这个快捷键,但具有类似的功能。例如,"好易通"CD3(章宜华,2004:373—375)的单词追踪功能可储存近期所查的100个字、词,供用户复习测验;"快译通"的LD7900、LD9900等LD系列产品都可以自行储存词汇供复习、听力测验之用。

c. 显示功能[①]

显示功能,即设置多种信息显示模式,让使用者按个人所需选择显示综合性的信息还是分类的或专门的信息。这方面的技术上有两点值得一提:

第一,多窗口显示。与电脑的显示方式类似,即一个主窗口展开,其他窗口隐藏在电子词典的上下或左右两端。这可以提高查询速度,方便信息的查找。但据我们的相关调查数据显示,约87.03%用户使用的电子词典还是单窗口显示。

然而,同样根据我们的相关调查数据,约81.26%的掌上电子词典用户还是喜欢多窗口显示模式。应该说,完善掌上电子词典这一显示功能应该是今后厂家改进自身产品的努力方向之一。

第二,图片、动画显示。随着多媒体技术的发展,掌上电子词典也可以显示与词目词有关的插图和动画,使词目的释义更直观,更生动形象。但鉴于电子词典内存有限,且这方面的技术还不够完善,目前能提供动画插图的词典品牌还很少。我们的相关调查数据显示,

---

① 本小节引用的具体数据详见下篇3.5.2。

电子词典插图的配备率仅有 13.69%。

d. 辅助翻译功能

翻译功能主要是指对短语和句子的翻译。现在的机器翻译技术还很不成熟,对长句、段落和篇章的翻译结果常常很糟糕,难尽人意。但有些电子词典提供的短语和短句的翻译还是有可称道之处的,如"好易通"CD3(章宜华,2004:178)设有"常用句型精读""中文造句英文翻译"和"英文造句中文翻译"三部分,可进行自动造句及双向翻译。

e. 辅助写作功能

辅助写作功能是指掌上电子词典提供的写作(助理)功能,能支持所有常用的编辑软件(如 Microsoft Word、WPS 文字编辑器,写字板,记事本等)。写作助理可以设定三个功能:单语写作——输入文字时自动提供接近的相关词或短语,双语写作——在输入汉语时可自动提供外语对等词,以及英文拼写校正。(章宜华,2004:178)这些均可以为外语学习者的英文写作提供一定的帮助。

2) 附加功能

增添各种附加功能,满足消费者多方位的需求。现在掌上电子词典的附加功能越来越多,让人眼花缭乱。根据我们的相关调查数据①,现在的掌上电子词典一般都可以用作计时、计数工具,具备游戏功能、记事本和资料库等功能已基本成为各电子词典厂商的共识,音乐、视频播放功能也在很多掌上电子词典品牌中得以实现。

具体说来,主要有以下几点:

第一,计时和计数工具功能。现在的掌上电子词典一般都可以作为计时和计数工具使用,如可以用作时钟、秒表、闹钟或定时器等,

---

① 具体数据请参见下篇 3.5.5 表 3-30。

可以查看万年历、世界时间，可以用作计算器，可以进行汇率、单位等的各种换算，快捷而又方便。

第二，记事本功能。现在的掌上电子词典一般都设有名片、备忘录、行程安排、课程表、理财簿等个人资料的记录和管理，为个人的生活起居提供一些帮助。

第三，资料存储功能。该功能就是掌上电子词典本身会提供各种各样的资料供学习者使用和查找。现在的掌上电子词典提供的资料越来越丰富。虽然在数量和种类上有所差异，学科知识一般还是各电子词典的必选之项，譬如说，数理化公式、化学元素周期表、名言警句和文学鉴赏等语文知识、史地政常识、英语园地等，另外还有谜语天地、幽默笑话、心理和才情测试等各种娱乐资料，以及邮政编码、旅游指南等生活助手和常识，力争为个人学习和日常生活提供方便。

第四，多媒体功能。多媒体功能就是我们一般所说的音、像和联网功能。现在很多掌上电子词典都具有音乐功能，有的掌上电子词典还可以视频、摄像，收听收音机，还有录音笔、联网以及系统升级等功能，有的甚至还内置了 FAX MODEM 快捷传真系统，接上 FAX LINK 即可传真。虽然这些多媒体功能还有很多不完善之处，但已反映出掌上电子词典电脑化和智能化的趋势。

第五，游戏功能。掌上电子词典一般都会提供几种游戏供使用者消遣娱乐。常见的游戏有以下几种：方块天地、五子棋、贪吃蛇、推箱子、汉诺塔等。可以说，掌上电子词典从最初简单的词典功能，到现在的词典、学习、娱乐等功能的一应俱全，功能越来越多样化，力争满足消费者多方位的需求。

第六，输入功能。现在的掌上电子词典一般都会提供多种汉字输入和英日法等外文输入法供用户选择。另外相当一部分的掌上电子词典都具有手写快捷输入功能，这些词典主要是采用轻触式屏幕手写系统,但质量参差不齐,在笔触敏感度和识别率方面多有差异。

第七,下载存储功能。[①] 早期的掌上电子词典均没有下载功能。一是因为内存较小,没有多余的空间存储下载的资料;二是技术不过关,没有 USB 接口,不支持下载扩充功能。从 1999 年夏"文曲星"PC505 首创下载功能起,现在已经是"没有下载网站就搞不成电子词典"的时代了。虽然现在的电子词典存储空间还是相对有限,但我们的相关调查数据显示,约 50.31% 用户使用的电子词典都支持 USB 下载存储功能。相比之下,具有扩展卡功能的电子词典的比率要低一些,只有约 30.53% 的电子词典具有这一功能。有的电子词典甚至支持蓝牙数据传输功能。用户可以借助以上的数据传输和存储功能,根据个人需要从网络或其他地方下载拷贝词典文本、同步课堂或名师讲堂等各种学习资料以及电子书等其他各种资料。

2.2.2 掌上电子词典的收录内容

2.2.2.1 收录词典的类型

从 20 世纪 80 年代末起,经过近 20 年的不断发展和进步,电子词典的面貌日新月异。就其所收录的纸质词典来说,无论是数量还是类型,都得到了极大的丰富。概括起来,主要表现在以下几个方面:(1)所收录词典的语种不断增多,单语、双语、多语种一应俱全;(2)所录词典的种类不断增多,语文词典、专科词典、专项词典、百科词典都有所体现;(3)从收词量来看,所录词典从袖珍、中型到大型词典不等,所收录词典的词汇量整体呈上升趋势;(4)所录的权威性词典从无到有,逐步成为各电子词典生产厂家争相宣传的重点;(5)从所收录词典、其他收录内容和词典功能针对的用户群来看,有中小学生、大学生及企事业单位的专业人士等,目标群更为广泛。

[①] 本段引用的具体数据详见下篇 3.6.6。

1) 所收录词典涉及语种逐步增多

自20世纪80年代末首部掌上电子词典在国内诞生以来,电子词典所收录的词典语种不断增多。从最初单纯收录英汉词典,到收录英汉、汉英词典,再到增收英英词典和汉语词典,后来又增收小语种词典或者说是下载小语种词典,掌上电子词典不断丰富内置词典,以期满足使用者的多元查询需求。

在中国,中英电子词典比汉语单语电子词典出现得还要早。由于种种原因,中国汉语单语电子词典在20世纪90年代初还未正式推向市场。相比之下,中英双语电子词典则占得先机;1989年末,首部真正适合中国英语学习者的中英文掌上电子词典"快译通"EC1000在国内问世。"快译通"EC1000已具备了初步的英汉、汉英字词的查询功能,但汉英查询主要是针对单个汉字提供对应的英文翻译。继"快译通"EC1000后,90年代初的电子词典增收了汉英词典,增设了中译英的词语查询功能。

从90年代后期开始,英英词典的收录成为趋势。1998年"好易通"推出的"好易通"CD3,配备了当时还没有成为低价机标准配置的英英词典;除此以外,该词典还收录了英汉词典、汉英词典和汉语词典。"快译通"1998年推出一款538元的发音机型——"快译通"EC2800new(也是"快译通"以EC2000编号的机型中唯一的发音机),也收录了英英词典。CD3的英英词典功能让日后的掌上电子词典逐渐追求全面的词典功能;"文曲星"后来也针对"文曲星"PC505、"文曲星"CC300等机型,推出了可以网络下载的英英词典。

尤其值得一提的是"快译通"EC3000。该款电子词典于1999年推出,是当时唯一一台拥有英汉、汉英、英英和汉语四种词典,还收录托福词汇独立词典的电子词典。其实,"快译通"EC3000并不是第一部收录这四种词典的电子词典(前面的"好易通"CD3已经收录了这四种词典),但它是当时首部可实现词典间跳查功能的掌上电子词典。根据资料记载,[①]当时的低价电子词典,不但大多数产品只有英汉、汉英词典,而且英汉词典解释简略,缺乏相关语法和例句。收录英英、汉语或成语词典的产品(例如"好易通"CD3 和"名人"IQ99),因为无法实现各个词典间的跳查,使用上很不方便。

可以说,现在普及型掌上电子词典的词典功能项,包括最基础的英汉、汉英、英英、汉语和成语等专项词典,加上各类专业词典、下载词典、自建词典和分级词库,这些全部起源于"快译通"EC3000。自此以后,掌上电子词典的词典功能才真正丰富起来,所收录词典的数量不断增加。2001 年,"诺亚舟"NH6000 是行业内第一款内置了英汉、汉英、英英、汉语及成语五种词典的机型,词典间同样可以实现无限反查。不断完善所收录词典、注重词典学习功能是"诺亚舟"系列词典的特色和卖点所在。自"诺亚舟"进入广大消费者的视野后,电子词典的内置词典数量和条目释义得到掌上电子词典行业前所未有的重视。自此,掌上电子词典的词典功能也得到很大的完善。例如,"快译通"8699 的内置词典除了《朗文当代高级辞典》外,另备英汉、汉英、英英、网络、谚语、雅思等词典及万用百科。适应时代的发展,特别加录"当代新词对照表"、"两岸用语对照表"及英汉汉英增补词典;其中的《朗文当代高级辞典》另设有 400 项用法说明,比同类词典多出一倍,详细讲解词语间的细微区别及正确用法。[②]

随着英汉、汉英、英英和汉语词典的收录成为各主要电子词典厂

---

① 激光菜鸟《电子词典发展历程 10 年风雨漫谈》(第四章),华普点点论坛网,http://bbs.hwapu.com.cn/viewthread.php?tid=13917&highlight=%2B%2B%E6%BF%80%E5%85%89%E8%8F%9C%E9%B8%9F%2B,2007-04-17(检索时间:2010-02-03)。

② 《"快译通"产品介绍》,"快译通"官网,http://www.instant-dict.com.cn/product.php?id=36(检索时间:2010-03-15)。

家的共识,小语种词典的增录或者是提供小语种词典的下载又成为主要厂商的竞争手段之一,有些厂家还面向非英语类外语学习者推出了专门的小语种词典。譬如,我们熟知的"文曲星"就推出了一款内置法汉、汉法词典的"文曲星"PC750F,并面向不同语种推出了一个T800的系列(T800、T800+蒙文之星、T800+法语版、T800+日语版、T800+韩语版)。创立于2002年的深圳市华普电子技术有限公司研发的"快易典"推出了面向法、德、俄、韩、日、西等小语种的系列电子词典,其中最为著名的是法语王系列,主要型号有"快易典"FA319、FA329和FA339。这一系列除了内置英语和汉语类词典外,还收录了《新法汉词典》和《汉法词典》等版权词典(FA339又增录了《拉鲁斯法汉双解词典》)和其他法语类专门词典。最新的"快译通""牛津"1388C的词典功能则更为强大:除了收录版权的牛津英汉、英英、英汉、汉英等词典外,还有配备详尽语言信息的日华词典以及华日词典,另外还配有法汉、德汉、西汉及外来词典等等。这些小语种系列的电子词典或内置小语种词典的英汉双语电子词典,一般都可以满足英语和一种或几种小语种的多重查询功能,因此广受非英语类外语学习者的欢迎。

2) 所收录词典类型的逐步多样化

掌上电子词典收录的词典种类增多,涉及语文、专项、专科、百科等多种类型,收录的词典内容得到极大丰富。从最初掌上电子词典诞生起,语文词典就是各电子词典的必选收录项,因为这是掌上电子词典最基本的功能所在。但随着时间的推移,使用者对所录词典的期望值越来越高,希望其既全面又专业,能帮助他们解决语言学习和运用过程中遇到的一切问题。所以,专项类、专科类、百科类词典的增录已成为必然。各生产厂家也看到了使用者的这些需求,不断增收各种词典或者是提供各种词典的下载。姑且不论这些词典的质量如何,但总体来说,使用者的需求在一定程度上得到了满足。

一般来说,掌上电子词典主要帮助使用者解决两个方面的语言学习与使用的问题,即解码和编码的问题。因此,电子词典收录的词典可分为两种(源可乐,2008):查考型词典和学习型词典。学习型词典收词量一般较小,配备详尽的语法和词汇信息等;查考型词典的词汇量一般较大,释义比较简单或者说注重知识性,语言信息相对较少。那么,学生利用电子词典进行编码和解码语言活动的比例是怎么样的呢?根据我们的相关调查数据,①学生在阅读等解码语言活动中使用电子词典的比例要远远高于翻译、写作、口语等编码语言活动。

自1998年起,英英词典及其他大型版权词典的收录使掌上电子词典的功能不断完善,学习型词典真正得到重视。之前掌上电子词典所收录词典只能满足简单的查词需求,自"快译通"EC3000始,词典间可无限反查的普及型电子词典的功能才真正丰富起来。此后,各厂家围绕词典释义和词典数量展开了激烈竞争。各厂家不但争取整本录入版权的语文详解词典,还竞相增录各种专科类、百科类等查考性词典以及收词量大但释义相对比较简单的语文性词典。

现在的掌上电子词典不断加大学习型词典的收录力度,并试图满足学习者各种具体的查询需求;各大厂家也将此作为自己产品的卖点加大宣传力度。可见,完善学习型词典的配置已引起了各厂商的关注。例如,"名人牛津搜索王"CS828"首次同时将《牛津现代英汉双解词典》、《牛津进阶英汉双解词典》、《牛津同义词词典》、《牛津英语搭配词典》、《牛津短语动词词典》、《牛津习语词典》等6大权威牛津词典完整收录,其中《牛津现代英汉双解词典》收词量达24万,解释特别详细,是一部不可多得的综合性查询词典;《牛津进阶英汉

---

① 具体数据请参见下篇3.1.2表3-21。

双解词典》例句特别丰富,解释浅显易懂,特别适合英语初学者使用;《牛津英语搭配词典》、《牛津短语动词词典》、《牛津习语词典》等则是各有侧重的学习型词典,全面解决单词的词组、短语、搭配、习惯用语等问题;《牛津同义词词典》则是一部深入学习的辨析型词典。6大牛津词典完美组合,确保搜索内容全面、权威,帮助使用者全面掌握单词的词组、短语、句子"[①]。语文详解词典和同义、搭配、习语、短语动词等各专门词典的收录确实能为用户的语言学习和产出提供强有力的帮助。根据我们的相关调查数据,[②]语文详解词典的收录会大大影响用户对电子词典的购买,各种专门词典的收录也会影响到用户的购买行为。现在有些掌上电子词典已收录了一种或几种专门词典,或者是在官网上提供相关词典文本的下载。

查考型词典中尤值得一提的是专科词典的收录或下载。计算机、医学、机械、化工等理工科专业的学生需要掌握大量的专科词汇,因此,专科词典的收录对学习这些专业的学生来说是必不可少的。根据我们的调研数据,[③]专科词典的收录(或下载)会影响到用户的购买行为。"快译通""好易通""文曲星""名人""诺亚舟""步步高"和"快易典"等掌上电子词典的官网都有专业或专科词典文本供用户下载。譬如,"文曲星"的官网就提供了IT通讯、包装印刷、餐饮文化、交通运输、经济商务、军事政法、科技工程、贸易金融、医疗保健、艺术传媒等丰富的词典资源供用户下载使用。

最后来看电子词典中百科类词典的收录。百科词典因可以帮助用户拓宽视野、扩充知识面而广受欢迎,因此现在很多掌上电子词典

[①] 《"名人"产品参数》,"名人"官网,http://www.iq168.com/product/CS828.asp(检索时间:2010-03-15)。

[②] 具体数据请参见下篇3.2表3-26。

[③] 具体数据请参见下篇3.2表3-26。

都会收录百科性辞书,或者是配备百科辞书的 IC 卡。早在 1998 年,"好易通"就获得英国剑桥出版社的授权,成为当时国内唯一内置《剑桥百科全书》的 PDA 品牌。后来"好易通"又将《剑桥百科全书》植入掌上电子词典,推出了"牛津"5188、"牛津英语学习机"N710、N810、N910,"英语直通车"9000、9100、9200、9300 等系列产品,或是像"好易通牛津"8000、"好易通"PDA8899s 那样配备《剑桥百科全书》的 IC 插卡;"好易通牛津全能王"Super5000、5100、5700 又内置了《大英百科全书》和百科图解词典。① "快译通"的一些产品内置的是万用百科,包括动物、植物、随身用品、食物、艺术、运动等 17 大类百科知识信息。② "文曲星"的一些产品内置了"专为移动设备开发的《大英百科移动参考》(*Britannica Mobile Reference*),是《大英百科书》的'移动'版,由美国不列颠百科公司版本授权'文曲星'使用,集权威性、便捷性于一体"③。

总而言之,在根据使用者需求而不断丰富所收录的词典种类方面,我国掌上电子词典确实取得了一定的成就。虽然在收录过程中出现了一些问题,但词典生产厂家对使用者需求的关注还是值得嘉许的。

3)所收录词典规模不断扩大化

词典规模从袖珍型到巨无霸,规模不断增大,所收词典的词汇量也是不断增加。现在各掌上电子词典品牌间的竞争可谓如火如荼,收词量的大小是其广告宣传的重点之一,也是其竞争的主打王牌之

---

① 《"好易通"产品展台》,"好易通"官网,http://www.besta.com.cn/product/product.asp(检索时间:2010-03-15)。

② 《"快译通"EC3600 说明书-使用手册》,IT168 产品报价网,http://guide.it168.com/files/153/153002007001.asp(检索时间:2010-03-15)。

③ 《"文曲星"产品介绍》,"文曲星"官网,http://www.ggv.com.cn/product/pages1.php?GID=4&CID=6&PID=100(检索时间:2010-03-15)。

一。20世纪80年代末至90年代初,我国掌上电子词典产业刚刚起步,技术内容各方面都很不成熟,各厂家开发的重点多集中在技术方面。90年代中后期各厂家间的竞争也多集中在技术方面,90年代末起,收录词典内容和词汇量才开始成为各厂家竞争的主要方面之一。

早期掌上电子词典由于技术和成本原因,所收录词典规模都比较小,词汇量也比较少。鉴于技术原因,早期掌上电子词典厂家在这方面是心有余而力不足。据悉,中国首部适合英语学习者的电子词典"快译通"EC1000收录的词典为厂家自编,词汇量较小,只有16000多个英语单词、35000多个汉语短语。

词汇量太少就很难满足用户的查询需求,不断扩大收词量乃是众望所归。随着技术难题的克服和版权词典的购买,扩大词典规模、增加收词量已成为可能。姑且不论词典释义质量如何,随着时间的推移,各掌上电子词典的收词量都在不断攀升。1997年,"文曲星"推出的多功能普及型电子词典"文曲星"PC220配备了英汉、汉英词典,收词量是6万,而1998年推出的"文曲星"PC260则配备了11万词汇量的英汉汉英词典。"文曲星"PC260是1998年掌上电子词典"四大元老"(快译通、好易通、文曲星、名人)商战的竞争机型之一,它们比拼的重点之一就是收录词典的数量和收词规模。"好易通"CD3收录了英汉、汉英词典和英英词典,英汉词典、汉英词典词目共计10万条,英语俚语词典约1881条。(章宜华,2004:373-375)自此,各厂家不断扩大收词规模,将收词规模作为卖点之一广为宣传。现在的掌上电子词典收录的词典规模不断扩大,词典数量不断增多,各厂家往往是将各词典的收词量叠加,收词量动辄就以十万计。例如,"诺亚舟"NH8000"完整内置了《新英汉词典》(世纪版),全力打造的《新科技词典》,囊括了《计算机词典》、《经贸词典》、《医学词典》、《法律词典》、《电子词典》、《机械词典》、《缩略语词典》等热门专业,网站另外提供专业词典供用户下载更新,可以无限扩展词汇量。这款词典的总词汇量近百万,可以说是一部真正意义上的词典巨无霸"。①

然而,目前有些厂家对词汇量的宣传往往有夸大之嫌,所收词汇量往往带有很多"水分",收词量是内置的多部词典词汇量的简单叠加。虽然如此,各生产厂家对收词规模的重视,以及为扩大收词量所做的各种尝试还是值得一提的。与早期掌上电子词典相比,现在的电子词典收词量确实扩大了很多,满足使用者查询需求的能力得到了很大提高。

4) 所收录版权词典注重权威性

由于内存和成本的原因,早期掌上电子词典中所收录的词典多是生产厂家自编的,多非经语言学家或词典编纂专业人士之手,词典的内容质量自然也不尽人意。现在的掌上电子词典多收录已出版的纸质(版权)词典,这种收录版权词典的理念早已为商家和使用者认同,成为一种基本的共识。因此,当有些电子词典收录的纸质词典质量较差或名不副实的时候,就会招致不少骂名,也很难有市场竞争力。

掌上电子词典中版权词典的收录始于"名人"。1998年"名人"推出的"名人"IQ138收录了《新英汉词典》(改进版)(其实因为容量关系,有部分删节)、《新华字典》以及《学生成语词典》这三大版权词典。"名人"IQ138款型堪称"中国最早的完全针对学生的学习型电子词典",它所倡导的收录版权纸质词典以及提供全面学习功能现已经被完全推广(但是"名人"IQ138款没有自带汉英词典,只能靠英汉

---

① 《"诺亚舟"产品天地》,"诺亚舟"官网,http://noah.noahedu.com/product/Prod-AllMessage.asp? Prod_code_id=23(检索时间:2010-03-16)。

词典反查)。① 1999年"名人"又推出"名人"IQ99款,收录了《新英汉词典》(修订版)、《新简明汉英辞典》、《新华词典》和《学生成语词典》四本词典,它是当时行业内最先收录英汉、汉英、汉语和成语四本版权词典的一种电子词典机型。

同样,"好易通"也将收录版权词典作为自己的招牌,并因此而成为随后四五年内电子词典行业的翘楚。"好易通"选择了收录"版权辞书"这条路后,自1999年开始完全走高价机路线。1999年,他们推出了完全内置《牛津高阶英语词典》的"牛津"2000,顺应了辅助英语学习的市场需求。他们还以此为契机和起点,开发了牛津系列掌上电子词典。该系列词典内置的牛津版权词典主要是《牛津高阶英汉双解词典》和《牛津精选英汉词典》。其后,各主要电子词典品牌争相效仿。比如,"快译通"EC3600的改型——"EC3600牛津"于2001年秋上市;"快译通"开始正式仿效"好易通"实行牛津战略。应该说,"好易通"的版权词典战略对掌上电子词典所收录的内置词典规范化有一定的积极作用,使电子词典的质量有了较大提升。

相比而言,低价位掌上电子词典的内置词典规范化则是在2002年下半年,由"诺亚舟"带头实施的。"诺亚舟"CE100收录了葛传椝、陆谷孙等知名学者精心编纂的《新英汉词典》(世纪版)。之后,一些收录版权词典的400元以下的电子词典相继问世。例如,2001年才进入电子词典市场的"步步高"推出了一系列内置《麦克米伦英汉双解词典》等版权词典的产品;创立于2002年的深圳市华普电子技

---

① 激光菜鸟《电子词典发展历程10年风雨漫谈》(第四章),华普点点论坛网,http://bbs.hwapu.com.cn/viewthread.php?tid=13917&highlight=%2B%2B%E6%BF%80%E5%85%89%E8%8F%9C%E9%B8%9F%2B,2007-04-17(检索时间:2010-02-03)。

术有限公司研发的"快易典"则推出了内置《朗文英汉双解活用词典》等版权词典的系列产品；向来以多功能见长的"文曲星"也推出了内置《剑桥美国英语词典》等版权词典的系列产品。

总之，版权词典的收录让我国电子词典的内置词典日益规范和优化，让词典检索在内容上有了质的飞跃。

5) 所收录词典、功能等在用户群方面的针对性增强

经过20多年的发展，掌上电子词典有了一大批拥趸者，针对不同的用户群开发不同产品的趋势增强。最初的掌上电子词典功能单一，由于缺乏技术支持和版权词典，很难针对不同用户设计开发不同产品。改革开放以来，我国辞书编纂和出版事业逐步进入快速发展的轨道，纸质词典的出版和繁荣让掌上电子词典在增录内置词典方面有了更大的选择余地，也为厂家开发多层次多特色的产品（如面向不同用户群、用户不同层次的需求有针对性地开发产品）提供了强有力的保证。早在1999年，"文曲星"就针对不同的用户群开发了不同的产品：有侧重学生市场的入门机"文曲星"EDU100，还有针对商务市场推出的袖珍型电子词典"文曲星"CC300。2000年，"诺亚舟"不仅推出了低价位普及型的发音机"诺亚舟"NH2000，还针对初高中生市场推出了"诺亚舟"英语100A和英语100B。

现在的掌上电子词典在针对不同用户群的不同需求开发产品方面更是有了长足发展。有的厂家侧重打造综合性的产品，不仅内置适合大学生用的各种权威词典过级词汇，还增录初中生、高中生词典和中学同步课程、辅导丛书等。例如，"文曲星"的T1800系列，不仅内置了国外版权的双解词典、《新英汉词典》等语文详解词典，还收录了《初中英语词典》、《高中英语词典》，中/高考、四六级、考研、托福、雅思、GRE、GMAT各级各类考试词汇，以及课程同步、黄冈名师"点拨"辅导丛书等。

有的厂家则针对不同用户群设计独具特色的外观,增加一些特别的功能,或者在词典功能基本一致的前提下有针对性地增录一些其他内容。"好易通"官网介绍其机型时,都会以星级标识其产品的适用人群和适用的层次水平。例如,"好易通"针对中小学生推出的粉色的"Hello Kitty 牛津真爱版",在词典的翻盖外部印有 Kitty 猫的头像,使得外观设计极为靓丽可爱。主要针对高中生推出的"Mickey Mouse MK101"好易通电子词典的翻盖外部印有米奇老鼠,使其外观也显得比较靓丽可爱。该词典在强大的词典功能基础上收录了教学大纲同步词汇,内置与小学、初中、高中各阶段教学大纲同步的英语词汇,另外设置了单词语音语法测验,测验从初中一年级到高中三年级的单词、语音及语法,还提供了一课一练同步教材的下载等。

但仔细对比一下就会发现,这两款产品在内置的词典内容上没有太大区别。除了网络词典、俚语词典等词典外,"Hello Kitty 牛津真爱版"又内置了《牛津精选英汉词典》、《牛津精选汉英词典》,"Mickey Mouse MK101"又内置了《牛津进阶英汉双解词典》、英汉词典、汉英词典、同反义词典,两者词典功能都极为强大。但面向商务人士和大学生推出的产品就不同了,一般是在以上几类或几本常见和常用词典的基础上有针对性地增录多本词典。例如,"好易通全球翻译王"T1800,除了内置有《现代汉语词典》(第 4 版)、英汉词典、汉英词典、分级词典、单词结构、俚语词典、同义反义、成语词典外,又收录了《牛津高阶英汉双解词典》(第 6 版)、《剑桥百科全书》、百科图解、各种专业词典和小语种词典。

总之,现在各词典厂家都注意到了不同用户群的不同需求,有针对性地开发不同层次的特色产品,或者是在同一产品中有针对性地收录不同内容,以满足不同用户群的查询需求。

2.2.2.2 词典的微观结构

掌上电子词典采用电子芯片作为载体,经由微型处理器运行程序实现查询和阅读等功能。这使其与传统纸质词典相比有着不可比拟的优势。纸质词典由于存储空间有限,在收录信息的种类和数量方面往往受到限制,而掌上电子词典则基本不存在这样的问题。它庞大的储存空间足以容纳纸质词典的十倍乃至百倍、千倍的信息量,能够尽可能地收录与词汇学习相关的各类知识和用法信息,从而多方面满足使用者的查询需求。在信息的呈现方式上,电子词典突破了纸质词典静态、平面的模式,可以实现声音、动画、超链接等动态功能以及立体的信息呈现模式。本节将详细阐述电子词典在呈现词典的各个微观结构方面所取得的成就。

1)发音

要深度掌握一个外语单词,必定要从拼写、语音、意义、用法等几个方面共同着手。一个单词的读音往往是学习者最先需要查询并掌握的信息。在传统纸质词典中,单词的读音主要靠音标来体现。同样,早期大多数电子词典会给出单词的音标标注信息。许多单词在英式英语和美式英语中的发音区别比较大,为了表示区分,许多电子词典还提供英式、美式两种音标。后来,为了更好地帮助用户学习单词的发音,避免因对音标掌握不熟练而导致发音错误,电子词典还充分发挥其多媒体功能,提供了发音功能。这样,音标与发音范例音频两相对照,学习者单词发音的准确率将得到大大提高。实践证明,正确朗读单词、掌握单词发音对记忆单词大有裨益。因此,掌上电子词典的发音功能对使用者来说是十分有必要的。

目前,掌上电子词典实现发音功能的技术途径主要有两种。第一种是采用 TTS(Text to Speech)技术,通过发音引擎合成语音。这种技术的原理,简单来说就是通过机器自动组合音节来进行发音。

TTS技术的优点在于成本较低,只要预先录制一个基础语音库,就可以组合成无数个音节。这样不但可以进行单词的发音,还可以进行短语甚至句子发音。然而,TTS也有缺点,电子合成的语音比较死板生涩,很难体现英语丰富的音调和多变的节奏,因此在朗读英语句子时,用户听起来会感觉很不自然。另外一种实现电子词典发音的方式就是采用真人录音,即聘请外籍专家——朗读单词和句子。这种方式耗费的人力财力较大,但是胜在发音流畅、自然,对学习者的帮助也较明显。目前有些电子词典融合了这两种发音技术,当有些单词或词组在真人语音库搜寻不到录音的时候自动转入TTS合成语音,结合两者所长,取得了更好的效果。

此外,为了兼顾英式英语和美式英语的学习者,许多电子词典提供英式和美式两种发音功能,供用户选择。为了使用者更好地纠正发音,一些电子词典还设计了类似于复读机的跟读功能,方便使用者随时录播自己的读音,与标准发音对比。

2) 释义

我们评判一本纸质词典的质量优劣,往往会先考察该词典中提供的释义是否准确、充分(全面),义项排列是否合理。这个标准也一样适用于掌上电子词典。

在发展初期,掌上电子词典主要由信息技术类企业独立开发,结果是重电子技术而轻词典内容。多数产品只注重功能的叠加,忽视了词典释义的权威性和学习功能的强化。当时的掌上电子词典释义较为粗糙,义项划分比较随意,虽然基本能满足学生查询简单词义的需求,但是却对他们长期的英语水平发展不利。因此,早期的掌上电子词典给人印象不佳,往往颇受英语教师的批评。然而,经过多年的发展,掌上电子词典厂商逐渐认识到掌上电子词典若想要开拓更大的市场并能得到可持续的发展,必须从改进词典收录内容着手。

目前,我国主流品牌电子词典中收录的词典绝大多数是版权词典,比如"牛津""朗文"这样知名度较高的词典。此外,近年来有些电子词典还收录了《麦克米伦英语词典》、《韦氏大学词典》和《美国传统词典》等其他优秀的英语单语词典。收录版权词典为使用者带来的直接好处就是释义的权威性和准确性得到了保障。我们的相关调查数据分析结果显示,72.48%的使用者认为电子词典中的词义很全面或比较全面。此外,在义项排列方面,57.63%的用户认为排列比较合理。[①] 这说明电子词典厂商的版权词典策略已见成效,电子词典在人们心目中的形象也在慢慢改变。

在释义的呈现方面,掌上电子词典品牌也各出高招。"步步高"词典王 A8 和 A2 在整本收录《麦克米伦英汉双解词典》的同时,还充分发挥了其独有的释义菜单特色。凡是义项超过五条的词目,下方都会附带一个释义菜单,方便用户快速浏览所有释义。当用户需要详细阅读某一条释义的时候,只需选中该义项后的【详解】,屏幕便自动链接到该释义的位置。

3) 例句

例句是词典释义的延伸,起到了辅助并深化释义、提示搭配、辨析词目词意义细微差别的作用,有时候还能传递百科信息和文化信息,帮助学习者了解单词在具体语境中的实际用法。我们的相关调查数据分析结果显示,[②]60.31%的用户认为电子词典中的例句对他们学习英语很有帮助。这说明大部分英语学习者对例句的重要性有着充分的了解与积极认同。

目前的电子词典基本上均收录例句。我们的调查数据分析结果

---

① 具体数据请参见下篇 3.4.3 图 3-21 和图 3-22。
② 具体数据请参见下篇 3.4.4。

显示,提供例句的电子词典数量占74.03%,居主流地位,并且有49.12%的用户认为电子词典中例句的数量比较多或适中。例句的形式以中英文对照例句为主,也有一些电子词典只收录英文例句。[①]这些数据反映厂商对例句收录还是比较重视的。

为了能吸引更多的用户,各大掌上电子词典品牌还利用电子词典本身的优势设计出了一些区别于纸质印刷词典的新颖呈现方式。在大部分电子词典中,例句是紧随释义之后罗列的。然而,在词目词义项和例句较多的情况下,释文可能长达好几页,使用者要在当中找到所需的信息费时费力,容易形成畏难心理,往往只能虎头蛇尾地查看。针对这种情况,"快易典"和"步步高"等厂家通过超链接来呈现例句。使用者可以自主选择隐藏例句或是显示例句。[②] 这可以照顾到语言学习者在解码活动和编码活动中的不同查询需求。使用者在进行阅读训练的时候,他们查询单词主要的目的是了解词义,若是把所有例句都显示在屏幕上反而会影响他们的浏览速度。相反,当他们在进行写作或中译英等编码活动的时候,一般需要查看例句以便了解、确认单词的用法,这个时候就可以选择将例句展开。

此外,在查找例句方面,"名人"的搜天下系统采取了一种全新的例句搜索方式,即把掌上电子词典中收录的所有词典的相关例句抽取出来集中显示,就如同浏览一个小型的语料库一般。比如在查询surprise这个单词的时候,如果使用例句查询功能,电子词典可以自动将所有词典中包含关键词surprise的例句和出处都显示在屏幕上,供使用者选择。当选中某一行的时候,在屏幕下方会显示相应的完整例句。"名人"提供这项功能极大地弥补了电子词典中收录例句不足

---

① 采用中英文例句的占66.08%,仅英文例句的占33.92%(见下篇3.4.4图3-25)。
② "快易典"的大部分电子词典均提供此功能,如921、刀锋F1。

的问题,对学习者模仿例句的用法从而写出地道的英文句子很有帮助。

4)词汇语言信息

为了方便使用者的语言学习,电子词典除了提供发音、释义和例句这三部分最基本的信息之外,还应该收录一些相关的语言知识,如派生词信息、搭配信息、同义词辨析、反义词、词源信息、语体语用标签(包括专业学科、地域、修辞)等。

我们的相关调查数据分析结果显示,现有的掌上电子词典中收录各项语言知识信息的情况如下。

表3-3 掌上电子词典提供词汇语言知识信息的情况

词汇语言知识信息	提供该信息的电子词典所占比重
语体信息	45.26%
同义词辨析信息	42.52%①
反义词信息	54.39%
搭配信息	52.31%②
习语和谚语	18.36%③
词源信息	24.46%
派生词信息	52.13%
词形变化	51.32%

从表3-3中可以得知,有相当一部分的掌上电子词典重视各类词汇语言信息的呈现,有意识地收录这部分信息或是包含这些信息的版权词典。其中收录了反义词信息、搭配信息、派生词信息和词形变化信息的掌上电子词典已经超过半数。

---

① 仅包括对同义词辨析信息满意的用户,具体数据请参见下篇3.4.5.2。
② 仅包括对搭配信息满意的用户,具体数据请参见下篇3.4.5.3。
③ 仅包括认为习语、谚语信息很多的用户,具体数据请参见下篇3.4.5.4。

在条目信息呈现方面,有些电子词典和纸质词典一样直接把这些信息安置在词条内部,也有些电子词典以超链接、功能选项或是知识专栏的形式向用户展示。在"名人"早期的掌上电子词典中,用户可以通过键盘的功能按键查看词汇的语言知识内容。如按下"派生"键,词典屏幕立刻切换到派生信息画面,按下"词源"键,则屏幕显示词源信息,诸如此类。后期"名人"掌上电子词典开发了"搜天下"系统,可以在主界面自主选择搜索分类,如把分类设置为"派生"或"同反"等。这样便可以把搜索结果限制在该范围之内,方便浏览。

5)插图

插图能够帮助词典使用者更形象直观地了解词义,是词典编纂者与使用者沟通的重要手段之一。好的词典插图不但能起到辅助释义和提示用法等作用,还能引起使用者的学习兴趣,提高学习效率。我们的调查数据显示,认为在电子词典中需要为释义配置插图的用户占 49.69%。[①] 由此来看,在电子词典中加入插图是值得考虑的。

最早融入插图显示功能的掌上电子词典是"好易通"于 2003 年年底发布的"真彩影音霸 9800"。这款机型采用了 6 万 5 千色的真彩液晶显示屏,可以浏览彩色图片和动画视频。该机型最大的卖点便是其显示插图的功能。围绕着该功能,这款电子词典设计了几个学习板块,分别是:动画词典、动画文法、百科图解、剑桥百科和内容插图。动画词典中收录了常用词汇 2000 个,搭配 5000 幅动画,其中包括为例句配的动画,通过这种方式来让学习者更有效地记忆单词;动画文法通过解说动画剧情来进行语法教学,帮助学习者摆脱枯燥的语法学习;百科图解中收录词汇 12 大类,154 小类,共计 6500 条百科信息,而且还配有 144 个场景动画,使用者可以通过场景主题记

---

① 具体数据请参见下篇 3.4.6 图 3-39。

忆相关词汇;剑桥百科则涵盖近16000个主题领域及85000个索引条目以及配套插画千余幅,图文丰富,方便学习;内容插图包括了各类彩色图片资料,可以强化单词中英对照记忆效果。

其他以插图作为产品特色的电子词典还有"快译通"牛津7380和"诺亚舟"NP560＋等。其中值得一提的是"诺亚舟"NP560＋,这是第一款在学习型词典中增加显示插图功能的电子词典。[1] 在它内置的朗文词典中,如果在某个单词的右上角有一"图"字,即表明可以按空格键来显示或隐藏该插图。

6)词典的附录[2]

掌上电子词典收录内容完善的另外一个表现就是所收词典的附录内容不断丰富,比如动词不规则变化表、形容词比较级和最高级变化表、名词复数不规则变化表、常用词缀表、最新词汇、常用缩略语、常用人名地名对照表以及考试词汇等等。这些在一定程度上满足了使用者的查询需求。例如,"诺亚舟全音王"NTV318的词典菜单中设有"常备词典"一栏,包括不规则动词、英美姓名和谚语警句三项,可以满足用户一般的查询需求。另外,"文曲星""好易通""快译通"等品牌的官方网站也会提供一种或数种此类信息供用户下载。

我们的调查数据显示,[3]各种不规则变化表在3361位被调查者所使用的电子词典中都有所收录。

此外,值得一提的是,有些掌上电子词典的这些不规则变化表中

---

[1] "好易通"真彩影音霸9800的插图功能只面向百科词典和图解词典,"快译通"牛津7380的插图功能也只能在插图词典中使用。

[2] 为行文方便,我们将各类不规则变化表、词缀表、缩略语、人名地名等各种有关词汇学习的信息统称为"词典的附录",其他诸如常见交际用语、语法知识、各国风俗习惯等知识性内容统称为"其他附加信息"。在本文中,"词典的附录"和"其他附加信息"统称为"电子词典的附录"。

[3] 具体数据请参见下篇3.5.5 表3-32。

的单词可以直接跳查到所录纸质词典中进行核实查证,使用者可以根据个人需求选择直接跳查到哪本词典进行进一步的查询;这一点充分体现了电子词典的独特查询优势,这是纸质词典无法做到的。该类信息的收录在帮助使用者完善语法知识、扩充词汇及提高语言运用的准确度等方面发挥了很大的作用。

相比之下,在我们 3361 份有效问卷中,只有少部分人反映查不到以下相关信息:新词、缩略语、人名或地名对照表等信息。① 可见此类附录信息的收录在大多数电子词典中已是普遍现象。

此外,新词尤其是有关最新科技的专业词汇的收录能帮助使用者及时地掌握行业最新用语,与时俱进。常用缩略语、常见英文人名和地名对照表的收录能帮助使用者规范其所产出的语言信息,提高语言运用的准确度。

GRE、TOFEL、四六级等考试词汇颇受广大学生用户的欢迎,越来越多的掌上电子词典厂商意识到中国外语学习者的这一特殊需求,开始录入此类信息,这种以用户需求为中心的研发思路是值得肯定的。

2.2.2.3 其他附加信息

掌上电子词典是一种多功能的文化产品,除学习辅助功能外,提供一些常用的生活相关功能也很有必要。诸如诗词鉴赏、生活小百科、求职小助手、星座信息和智商、情商小测试等生活娱乐信息,以及其他非词典或词汇表类附加信息的收录可以吸引更多更广泛的用户群。除了在电子词典中内置部分的此类附加信息外,厂商一般都会提供更丰富的附加信息供用户下载。例如,"文曲星"的官网通用下载专栏分门别类提供了很多此类附加信息供用户下载,包括星语心

---

① 具体数据请参见下篇 3.3 表 3-28。

愿、影视频道、投资理财、美食保健、星行天下、电脑高手、开心一刻、淑女课堂、军事政法、英语学习、全科知识、考试指南、电子图书、体育赛事、名人名言、音乐世界等16小类。从这个意义上来说，掌上电子词典扮演了生活百科指南的角色，为使用者提供了所需的一些帮助，可谓"一机多能"。

掌上电子词典附加信息的增多，如果能充分关注用户需求的变化，则可以有的放矢，增强产品的市场竞争力。现在很多掌上电子词典都收录了多国会话，提供各语种常用的交际用语。这说明掌上电子词典厂家注意到了使用者对各语种日常交际用语的需求，及对提高自身口语能力的期待。但一般掌上电子词典所收录的多国会话信息也存不少问题，这一点我们将在主要问题部分展开论述。

此外，掌上电子词典生产厂家针对广大初高中学生开发的产品经常会录入同步课程资料、名师讲堂、化学元素周期表、数理化公式等等。这也是很多电子词典产品宣传的重点，如某掌上电子词典广告词："有了××电子词典，学习再也不用发愁了，可随时随地聆听名师教诲，孩子不费劲就能拿到100分"等等。虽然这些广告语时有夸大之嫌，但这些电子词典确实也为中学生的课程学习提供了一些帮助。

2.2.3 对用户的帮助

词典是每个语言学习者必不可少的工具。与纸质词典相比，掌上电子词典以体积小、重量轻、携带方便、查询快捷、多媒体呈现等优势越来越受外语学习者的青睐。自掌上电子词典诞生之日起，近20年来掌上电子词典辅助外语学习的功能不断完善。从最初单纯的单词记忆和学习到现在的"听说读写译"多功能兼备，掌上电子词典在辅助语言学习方面获得了质的飞跃。这也使其在外语学习者中越来越流行，在外语学习者中大有取代纸质词典之势。

到底外语学习者在什么时候需要电子词典的帮助呢？电子词典又能在哪些方面为外语学者提供有效的帮助呢？我们的调查数据显示[①]，外语学习者希望能借助电子词典提高自己的口语能力、词汇量、阅读写作能力以及增加语法知识、提高听力等，其中口语能力与词汇量所占比例则远远高于其他各类。

但在掌上电子词典的实际使用过程中，外语学习者则主要是用电子词典来辅助阅读、翻译和写作活动，而在听说活动中很少使用电子词典。[②] 这与前段的学习者期望描述形成了极为鲜明的对比。这也许与我们以应试为主、重笔头表达而轻听说能力的外语教学传统理念不无关系。

2.2.3.1 辅助单词的记忆和理解

单词查询是掌上电子词典最基本的功能，也是外语学习者使用电子词典的主要目的所在。我们的相关调查数据显示，在3361名被调查者中，选择"查单词"作为"购买电子词典的主要用途"的高达3163人。[③] 最初的掌上电子词典只有简单的单词查询功能，仅能为学习者学习单词的意义和用法提供文本支持，学习者学的还是"哑巴"英语。从收录的纸质词典方面来看，当时掌上电子词典收录的词典多是厂家自己所编，释义简单甚至是错误百出，对学习者的单词学习有一定的负面影响。自20世纪90年代中后期起，权威纸质词典的收录大大提高了单词释义的质量，单词释义更为详尽和准确，为学习者准确记忆和理解单词提供了强有力的文本支持。现在的电子词典则更是加强了单词的记忆和学习功能。单词的复习测验功能、拼词游戏、艾宾浩斯记忆法背单词以及自建生词库让学习者根据个人

---

① 具体数据请参见下篇 3.1.1 表 3-11。
② 具体数据请参见下篇 3.1.2 表 3-21。
③ 具体数据请参见下篇 3.1.2 表 3-18。

需求自行对词库添加补充词汇或通过互联网下载扩充和更新词库，从而帮助学习者更轻松高效地习得词汇。

从词典查询功能方面来看，早期的掌上电子词典一般不支持文本链接功能，学习者想追加查询单词的语义和用法比较困难。学习者通常需要退出当前页面，然后重新输入要查的单词。现在的掌上电子词典一般都支持连续查询和跳查功能。掌上电子词典的超文本性可以帮助学习者根据个人需要由一部纸质词典跳查到另一部，由一个词跳到另一个词。正如孙东云、邱东林（2009）所描述的那样，掌上电子词典的超文本性可以帮助使用者按照语义的关联性连续查询生词，按照自己的兴趣进行词汇直接学习，沿着非线性的思维模式一路查询下去，能有许多意外发现，从而扩大词汇量。这一点也不像纸质词典的传统查询过程那样，只能让用户沿着字母顺序读下去（按字母顺序排列的单词之间往往缺乏语义关联）。

2.2.3.2 辅助外语听说

继1991年首部会发声的英汉掌上电子词典（"快译通"EC3300）问世后，发音技术从人工合成音到真人发音不断完善，使词典彻底告别传统意义上"无声之师"的角色。从开始的单词真人发音到例句发音再到篇章朗读，掌上电子词典发音的语音语调越来越准确清晰。学习者可以放心地学习和模仿单词、句子等的发音，通过掌上电子词典的帮助提高英语听说能力终于从梦想变成了现实，因此真人发音的掌上电子词典受大多数外语学习者（63.73%[①]）的欢迎。现在掌上电子词典在辅助学习者提高听说能力方面不断加大力度，譬如说增录日常交际用语、各种听力资料和有声阅读资料，完善复读、跟读和录音对比等音频功能，这对提高使用者口语水平和听力水平无疑

---

① 具体数据请参见下篇 3.4.2 图 3-19。

有很大帮助。

2.2.3.3 辅助阅读

早期掌上电子词典所收录的词典规模不大、词汇量较小。掌上电子词典技术的完善使其内存不断扩大,收录几本大型纸质词典、容纳几十万的词汇量早已不成问题,因此现在掌上电子词典的词汇量一般都比较大。现在的掌上电子词典大多收录一本或几本大型英汉词典和专科词典,或提供专科词典的下载,词汇量很大。与早期掌上电子词典相比,当今的电子词典虽然释义还未做到尽善尽美,但更加全面、准确,可以让学习者在报刊书籍阅读或其他材料的阅读中更方便快捷地查到所需词义。与此同时,掌上电子词典的便携特点凸显了其在随时随地满足使用者查阅需要方面的优势。

2.2.3.4 辅助翻译、写作

早期的掌上电子词典由于所收录内容的规模及质量的局限,除了辅助阅读外,很难对学习者在翻译或英语写作等产出性语言活动提供太大帮助。经过近20年的不断发展与完善,一些优质品牌辞书的收录(诸如"牛津""朗文""柯林斯"等权威单语版权学习词典的收录,加上国内自编的几本权威英汉、汉英词典的收录,还有"朗文""牛津""柯林斯"等联想活用或其他搭配词典的收录,以及同义反义等专项词典的收录)让电子词典辅助学习者进行翻译或写作等编码型的语言活动成为可能;其中汉英双语词典的收录更是为中国英语学习者的汉英翻译及英语写作提供了新的资源。

此外,在掌上电子词典中植入翻译软件也是非常有益的尝试。利用内置的翻译软件,电子词典就可以翻译一些简单的短语和句子。虽然这一功能还很不成熟,但这一尝试无疑是值得肯定的,可以为外语学习者的双语翻译提供一些基本参考。同样,一些新开发的写作助手软件,也可以给电子词典用户提供新的帮助,满足他们的需要。

2.3 掌上电子词典发展存在的主要问题

在改革开放30年辞书的发展过程中,与纸质辞书相比,掌上电子词典的发展可谓"后来居上",发展迅猛,对传统纸质辞书出版形成了强有力的挑战,对辞书出版发行市场的巨大冲击不容忽视。然而,掌上电子词典的快速发展本身也存在不少的问题,这些问题体现在软硬件的多个方面,值得我们关注。

2.3.1 软硬件配置上的问题

在20余年的发展过程中,我国的掌上电子词典在技术层面已经取得了一些重大的突破与进展。然而,我们也应当看到,目前的掌上电子词典产品在硬件和软件两方面都存在一些问题。

2.3.1.1 硬件配置上的问题

1)存储设备[①]

我们的相关调查数据分析结果显示,接受调查的3361名被调查者中,69.74%的人使用的电子词典不具备扩展卡。与之相对,91.1%的被调查者明确表示,电子词典应该具备扩展卡。这一调查结果说明,内存扩展卡还没能在掌上电子词典中大范围普及。在今天这个信息爆炸的时代,仅仅依靠掌上电子词典自带的内存,对用户来说是远远不够的。掌上电子词典厂商应当重视设置扩展卡插槽,以便使用户可以按照实际需求扩充储存容量。若掌上电子词典的容量能够进一步增加,那么用户就可以在电子词典中较为容易地保存丰富的网络资源,对辅助学习、开阔视野均大有裨益。

2)屏幕[②]

目前,掌上电子词典屏幕在尺寸上基本能满足用户的需求。

---

① 本小节引用的具体数据请参见下篇3.6.6。
② 本小节引用的具体数据请参见下篇3.6.3。

根据我们的相关调查数据分析结果,3361位被调查者中的61.41%表示对屏幕的大小感到满意。但是,在屏幕色彩方面,将近78.67%的被调查者希望电子词典配备彩屏,还有64.59%的被调查者表明他们更加喜欢触摸屏。当然,用户对掌上电子词典这两方面的需求仍需要谨慎对待。虽然彩屏的电子词典在功能上和色彩表现力上比黑白屏电子词典要更胜一筹,但是存在不少隐患。比如,彩屏机如果要实现多媒体功能,所需要的主频和内存都比黑白机要多得多,编程也更加复杂,会直接造成电子词典生产成本的增加。而且,彩屏机的耗电量相当大,对电池容量的要求也更高。这些客观条件的满足都无疑会提升电子词典自身的价格,如何解决这个问题,还需要各生产厂商的深入思考。此外,尽管触摸屏电子词典的确可以给用户带来全新的使用感受,提高查询词典的趣味性。但是和彩屏一样,触摸屏对电子词典其他部件的要求更高,成本也会相应提高。在改进电子词典产品设计的过程中,厂家也仍需权衡利弊。

电子词典的使用频率比较高、时间较长,屏幕过亮或过暗都将造成使用者的眼部疲劳,甚至损害他们的视力。根据我们的相关调查数据分析结果,87.62%的被调查者认为电子词典的屏幕应当可以自主调节亮度,但是被调查者目前使用的电子词典中可以调节亮度的仅占65.34%。这说明还有相当一部分机器需要增加屏幕亮度调节功能。

夜光功能是指在光线比较昏暗的环境中仍然能够阅读电子词典中的文本。目前使用的电子词典中附带夜光功能的被调查者占35.76%,另外有28.8%的被调查者表示虽然他们现有的电子词典上没有,但是希望有该功能。这对电子词典屏幕的设计改进具有一定的参考价值。

3) 键盘①

我们的调查数据显示,54.86%的被调查者认为他们的电子词典按键大小适中,易操作;而38.56%的人认为按键过小,不易操作。按键耐磨程度方面,47.49%的被调查者称电子词典的按键较耐磨,不易掉色;37.7%的人则回答按键在使用不久后就掉色。这两项数据表明仍有相当一部分的使用者认为电子词典按键的设计需要进一步完善。建议掌上电子词典生产厂家在设计产品的时候需特别注意按键的大小尺寸,以手指按下而不会触及旁边的按键为宜。同时,掌上电子词典的按键如能采用较为耐磨的硬质塑料制作则更好。

掌上电子词典由于受到体积的限制,不可能在机体上安放过多的按键。厂家可以适当考虑多增设快捷键,让一些用户常用的功能可以一键调出,或者让用户自行设置快捷键。这样的键盘快捷键功能在电脑上应用已久,用户也都相当熟悉。如果能够充分借鉴到掌上电子词典上来,相信可以使操作更加便捷。

4) 电池②

我们调查发现,45.19%的被调查者现有电子词典中使用的电源为干电池(5号或7号),余下的54.81%中,采用纽扣电池和充电电池(锂电池)的几乎各占一半。而在询问被调查者希望电子词典内放置什么类型的电池时,70.54%的人选择了充电电池。

纽扣电池由于容量太小,预计很快就会被全部淘汰。而在干电池和充电电池之间,被调查者更倾向于选择充电电池似乎也是可以理解的。首先,干电池不能重复利用,一经用完必须重新购买,长期使用下来会给用户增加一笔额外的开支。而充电电池使用寿命相对

---

① 本小节引用的具体数据请参见下篇 3.6.5。
② 本小节引用的具体数据请参见下篇 3.6.2。

较长,可以重复充电成千上万次,显然比干电池要更经济节省。其次,充电电池可储存的电量与干电池相比要更大,适合在大屏电子词典尤其是彩屏机上使用。然而,充电电池也有安全性较差以及成本较高的缺点。掌上电子词典厂商和消费者需充分考虑各种电池的利弊。

5)其他设备

掌上电子词典还可能包括红外线设备、录音设备、无线上网设备和摄像头等电子词典的辅助硬件设备。如上文所述,红外线设备已经逐渐淡出市场。然而,目前并没有出现能够接替红外线功能在两台电子词典之间无线传输数据的设备。尽管用户仍然可以使用数据线进行电子词典之间的数据传输,但毕竟不及无线传输方便、快捷。掌上电子词典厂商如能考虑把蓝牙技术植入电子词典,便有望填补这个空白。这样不但在掌上电子词典之间,在掌上电子词典和手机以及掌上电子词典和电脑之间也可随心所欲地进行数据交换,而这将给使用者提供极大的方便。此外,录音设备作为电子词典复读功能必要的硬件设备,应当予以保留并进一步完善。至于其他功能的设备,比如无线上网设备和摄像设备等,则并非掌上电子词典的最重要功能,无须花更多力气而徒增成本。事实上,掌上电子词典厂家还是应该专注于发展词典查询功能和学习功能,把最主要和重要的功能做强、做精,而不是一味地赶潮流,追求掌上电子词典"样样通"。

2.3.1.2 软件功能上的缺陷

掌上电子词典在提供诸如翻译、写作助手这些高层次学习辅助功能方面还存在很多问题。

1)翻译功能

目前掌上电子词典在辅助双语翻译,尤其是汉英翻译方面还是力不从心、问题颇多。我们都知道,机器翻译的研究方兴未艾,但硬件软件各方面都还不成熟,存在诸多问题。由机器翻译出的长句、段落常常是目标语对等词的叠加,在选词、句子结构和语法上都存在很多错误。掌上电子词典试图将这一技术借用过来,但客观条件尚不完全具备。今后的掌上电子词典不妨先立足为短语或短句的翻译提供一些有价值的参考,在今后条件成熟后再继续努力改进或升级翻译功能。

2)写作助手功能

对以英语作为外语的学习者而言,用英文写作是一项难度较大的语言编码活动,既要重视全文的谋篇布局和语句段落间的衔接与架构,同时又要注意遣词造句来准确地道地表达。这对大部分外语学习者来说需要一个长期的积累过程,写作能力的培养需要有效的辅助工具。在这方面,目前掌上电子词典所提供的帮助多局限于语词和语法层面,所提供的写作软件在相关功能(如语词选择、语法提示)方面还处于初级阶段,因此这些写作软件所辅助产生的文本质量较差,还常常词不达意、错误百出。当然,此类问题的关键主要与软件本身的内容质量有关,掌上电子词典品牌厂商应该谨慎选择,以免对自身品牌产生负面影响。

3)附加功能

与早期掌上电子词典相比,目前的大多数品牌在附件功能设置方面可谓"八仙过海,各显神通"。这些追求"多而全"的附加功能乍一看确实让人眼前一亮,但细察之下就发现问题不少。

首先,很多附加功能喧宾夺主。在当今掌上电子词典品牌商战激烈的形势之下,不少掌上电子词典品牌厂商不断创新求变,力争更多的市场份额。但是,由于有的掌上电子词典品牌生产商并不注重产品内涵挖掘的专业研究,缺少对消费者需求的真正了解,他们往往忽略了电子词典最为重要的功能,即辅助语言学习功能,转而将主要精力和资金投入到一些附加功能的添加方面,甚至本末倒置。而且,从长远来看,将高成本投入到一些并不十分必要的附加功能(如连笔手写输入、内置式键盘手写快捷输入)添加方面,其结果可能得不偿失,因为掌上电子词典的主要功能是辅助广大学习者的语言学习。

其次,很多附加功能不符实用。由于目前掌上电子词典有限的内存和尚不完善的技术支持,各种多媒体技术一起植入电子词典中去时,其功效都大打折扣,真正能用起来的功能实际上是少之又少。譬如说,视频、音频功能和录音笔功能等高端产品中配备的功能因内存有限,不如 MP3、MP4 或真正的录音笔那样存储量大,声音质量高。有的电子词典还具有收发无线电邮的功能,可以红外连接手机,无线发送 1500 字内的电子邮件、电邮群发、短信群发等等,这些无线功能有区域要求,距离无线路由要近,还有其他的信号要求,往往很难实现。然而,不少掌上电子词典品牌生产商一味标新立异,将这些所谓"高级"功能内置于产品中。结果这些不符实用的附加功能势必大大提高生产成本,并将成本转嫁到消费者头上。有些电子词典价格动辄一两千元,让人望而却步,甚至不敢问津。

2.3.2 收录内容方面的缺陷

我国掌上电子词典经过近 20 年的快速发展,在所内置的词典内容方面已较早期有了巨大的变化,各类版权词典的收录已经较为普遍,从而有效提升了掌上电子词典内容方面的品质。但是,我们也应清楚地看到这方面的一些问题。

2.3.2.1 单纯追求量的扩大,忽视功能上的创新

早期掌上电子词典中多为自编词典文本,且数量少。我国目前掌上电子词典所收录的纸质词典数量大,与之相比可谓天壤之别。但是,由于大多数掌上电子词典品牌注重收录数量而忽视文本质量

的选择，因此也逐步暴露出以下几个方面的问题。

第一，有很多内置的词典质量低劣，释义简单甚至错误百出，专业的翻译人员和研究人员多不敢用电子词典。据我们的调查数据[①]显示，电子词典释义暴露的问题主要有拼写错误、不标注英式和美式音标、没有语体标注、义项缺乏、义项排列不够合理以致不易查找、例句缺乏或数量较少、同义词辨析缺乏或质量较差、反义词信息缺乏、搭配信息不全、词源信息和派生词信息缺乏、习语谚语信息较少、单词词形变化信息缺乏等。

第二，由于收录词典较多且未经有效筛选，很多条目重复出现，徒占电子词典的宝贵空间。而且，因所收录词典良莠不齐，导致同一词目在不同词典中的释义常常差异较大，甚至自相矛盾，让使用者无所适从，很难选择。

第三，虽然收录了很多词典，但据使用者反映，收词极不平衡，一些常见的字词和短语确实收录了，但另一些同样常见的却没有收录，生僻的倒是收了不少。因此，虽然很多掌上电子词典宣称收录了海量的词汇，但是我们的调查数据显示，61.83%的使用者反映"有时候会查不到自己要找的单词"，26.66%的使用者反映查不到自己要找的单词。[②]

2.3.2.2 忽视所收录纸质词典的优化组合

掌上电子词典厂商在收录词典时，大多本着越多越好的观念，不断叠加不同类型的词典。但是，由于缺乏词典类型学的知识，没有明确的用户定位意识，掌上电子词典品牌厂商很少花时间和精力在内置词典内容的选择与优化方面，无法真正满足目标使用者的查询需

---

① 具体数据请参见下篇 3.4。
② 具体数据请参见下篇 3.3 图 3-14。

求,针对性较差。如此一来,内置的词典越多,造成的成本浪费、词典空间以及资源浪费也就越大,用户不仅要承担更高的产品价格,而且查询过程也变得更加复杂而缓慢,掌上电子词典的使用效率反而降低了。具体表现有以下两点:

第一,不清楚不同目标群的不同需求,不能有针对性地设计出有特色的产品,不能真正满足使用者的不同需求。掌上电子词典目标用户群是中小学生还是大学生,是学习者还是工作者,不同的使用者应该配备什么样的词典才能将词典功能发挥得最理想?电子词典生产厂家对以上问题并没有明晰的概念。譬如说,面向非英语专业大学生推出的电子词典应该配备哪些词典呢?据我们的调查数据显示[1],双解词典、英英词典、考试词汇书等词典或词汇手册的收录很大程度上会影响到用户电子词典的购买行为。

第二,针对某一特定目标用户群推出的产品往往也不尽如人意。尽管厂商在设计电子词典产品时有明确的市场定位,但相应的产品内容定位却常常做得不够好。这主要是因为大多数的掌上电子词典厂商仅有较强的技术研发团队,而缺少与词典研编相关领域人士的合作,只是将内置的多种词典叠放在一起,多有重复和浪费。这些厂商不知道应该录入哪些词典,怎样优化组合所录词典,以尽可能有效地满足使用者的查询需求。根据我们的调查数据,学生主要是想利用电子词典提高自己的口语、阅读和写作能力,增加词汇量。在实际的使用过程中,学习者主要是在阅读理解练习、英汉翻译、汉英翻译、英文写作和阅读英文报纸杂志中使用电子词典。笔者认为,一部好的掌上电子词典最起码应该提供大型普通语文英汉双解词典(完整收录)、大型英汉词典、大型汉英词典(翻译写作)、发音词典(帮助查

---

[1] 具体数据请参见下篇 3.2 表 3-26。

询音标)、汉语词典和大型英汉百科词典各一部才能基本满足用户的查询需求。

2.3.2.3 盲目依赖版权词典,缺乏自主加工意识

经过近 20 年的发展,在掌上电子词典中植入多种版权词典这一观念已经成为各大电子词典厂商最重要的品牌战略之一。然而,在实施品牌版权词典战略的过程中,由于各种主客观因素的制约,各厂家在收录版权词典时暴露出的问题也越来越多。这些问题主要表现在以下几方面:

第一,一味迷信国外的版权纸质词典,凡国外的英语词典都认为值得收录,并不去考察其文本质量和针对性。譬如,很多电子词典厂家大量引进并植入国外纸质词典,将各种版本质量参差不齐的词典均冠名为"权威词典",而不考虑这些词典在中国英语学习者中的适用性。这导致不少掌上电子词典里收录的英语单语词典其实并不适用于大多数初中级水平的英语学习者。

第二,严重依赖版权纸质词典,在完善掌上电子词典功能方面缺乏自主性。有不少掌上电子词典生产厂商对电子词典自身特有的功能缺乏足够的认识,认为将版权纸质词典的电子版植入即可,很少针对使用者的需求和电子词典的优势来进行相应的产品功能设计,从而使电子词典变成了"穿着电子外衣的纸质词典大杂烩"。因此,这种对版权纸质词典的严重依赖削弱了掌上电子词典自身的技术优势。

第三,对所收录的版权纸质词典内容不加甄别,常常可能收录一些标榜为"权威词典"但其实是东拼西凑的质量很差的"剪辑之作";又或者是仅购得部分版权却对外宣称"完整内置"的"版权词典";更有甚者还可能是虽购得版权,但为节约成本而在录入时偷工减料却又宣称"完全录入"的"缩水之作"。

2.3.3 微观结构上存在的问题

掌上电子词典与纸质电子词典有很多相似之处,譬如文本的内容,但它在所载内容的呈现方式方面却有自身的特殊性或者说是独特的优势。目前,我国掌上电子词典的发展进入了一个相对较为稳定的发展阶段,在产品技术和收录内容方面都有了长足的进步。然而,我们还要看到,掌上电子词典在其微观结构层次的内容呈现方面仍有不少有待完善之处。

2.3.3.1 发音[①]

尽管目前的掌上电子词典中基本上都会给出音标标注,但是该信息的完整性还有待商榷。例如,有些掌上电子词典仅给出英式发音或美式发音;有些虽然给出多个音标,但是却没有注明哪个是英式,哪个是美式。而我们的相关调查数据分析结果显示,3361位被调查者中,希望电子词典中能够同时给出英式和美式两种发音音标的用户占68.55%。掌上电子词典厂商应该尽力满足用户的需求,完善发音信息。

在发音功能方面,绝大多数用户希望电子词典能提供英式英语和美式英语两种发音。然而,许多电子词典虽然提供了英式和美式两种音标,但是在提供真人发音的时候却没有兼顾到发音差异的问题,往往只有英音,或只有美音。从掌上电子词典研发的用户友好性角度来讲,厂商应尽可能在掌上电子词典中增加不同英语发音变体的语音材料。

此外,有30.44%的用户反映掌上电子词典的发音效果不好,听起来不舒服。要解决这个问题,掌上电子词典厂商可以采用真人录音的方式取代电子合成语音。如果有控制成本的需要,那么至少要

[①] 本小节引用的具体数据请参见下篇3.4.2。

采用质量较高的语音库和发音引擎,使合成的语音更流畅、自然。我们在调查的过程中发现,大部分中国学习者对自己的英语口语感到不自信,希望能够在这方面得到加强。如果掌上电子词典能够提高发音功能的质量,相信能够在一定程度上帮助用户改善英语发音,提高口语能力。

2.3.3.2 释义①

与早期的掌上电子词典相比,目前电子词典大多数收录版权词典,在改善释义的权威性和准确性方面已经取得了显著成就。但是,就相关内容的呈现或处理方式来说,还存在一些问题,远不能称得上令人满意。

首先,许多掌上电子词典由于版权的原因或是为了节省芯片成本,只截取词典释义的部分内容,一些排列在后面的义项有时候就被无故删减了。我们的调查数据显示,有 15.98% 的被调查者称掌上电子词典中义项收录不全面,经常存在查不到的情况。我们建议掌上电子词典在收录纸质词典的时候要尽量完整收录。自编词典的厂商则最好与词典编纂专家密切合作,以保证掌上电子词典中释义的质量。

其次,在有些掌上电子词典中仍存在义项排列混乱的问题。我们的相关调查结果显示,25.47% 的被调查者认为电子词典中义项的安排让他们感到杂乱,不易查找。其实这个问题完全可以通过充分发挥展示电子词典超文本性的特色而得到改善,像"步步高"电子词典中带超链接的释义菜单就给其他厂商提供了一个较好的示范解决方案。将来的电子词典可以在一些占用篇幅比较长的多义词条中多设置超链接和功能项,使释义的显示界面更为简洁,而这在技术上是

---

① 本小节引用的具体数据请参见下篇 3.4.3。

完全可以实现的。

2.3.3.3 例证[①]

虽然现在市面上的掌上电子词典大都配备例句,但是其数量和质量还有待进一步的提高。我们的调查数据显示,有 8.06% 的被调查者认为掌上电子词典中的例句数量比较多,另有 41.06% 的人认为例句数量适中,而余下的 50.88% 的用户则认为掌上电子词典中例句的数量比较少或太少。这说明掌上电子词典还需要想办法进一步增加例句的数量,以满足用户查询的需要。在这方面,像"名人"那样采用跨词典全文搜索例句的功能不失为一种较好的补充例句的方式。此外,有些版权词典所附带的电子版中收录了额外的例句即小型语料库,掌上电子词典在储存空间允许的情况下可以从中选取一些例句加以补充。

通常,词典中的例证可以分为短语例证和完整句例证。这两种配例方式各有长处,完整句能给词典使用者提供全面的语境信息,而短语例证则简单明了且节约空间。我们的相关调查结果显示,58.05% 的用户希望掌上电子词典中能够包括这两种类型的例证,这对电子词典在选择例句类型方面应当具有一定的参考性。

2.3.3.4 其他词汇相关信息[②]

总体来看,现在收录了除释义和例证以外词汇相关信息的掌上电子词典还不是很多;而且有些掌上电子词典即使收录了,其质量也参差不齐。

我们的调查数据显示,尽管有超过 77.27% 的被调查者目前拥有的掌上电子词典中列出了同义词辨析信息,但同义词辨析内容的

---

① 本小节引用的具体数据请参见下篇 3.4.4。
② 本小节引用的具体数据请参见下篇 3.4.5。

质量却不高，有44.52%的被调查者表示对此部分信息不满意；此外，还有22.73%的掌上电子词典中根本没有同义词辨析信息。在反义词方面，有45.61%，也就是将近一半的掌上电子词典没有提供这类信息。

词汇的搭配信息也是词典用户查询频率较高的内容。然而，我们的相关调查结果显示，共有47.69%的被调查者对掌上电子词典中提供的搭配信息感到不满意，认为不能满足自己的查询需求。

另外，各有47.87%和48.67%的被调查者所使用的掌上电子词典中未曾列出派生词信息或词形变化信息。

掌上电子词典中信息缺失比较严重的是习语、谚语信息和词源信息。其中，69.27%的被调查者所使用的掌上电子词典没有包括英语的习语、谚语，或者数量很少。我们的相关调查结果显示，没有收录词源信息的电子词典数量占总数的75.54%。

掌上电子词典中词汇信息的呈现方式也有许多待完善之处。有些电子词典把同义词辨析、派生词信息和词源信息等内容全部堆积在词条的最后部分，给用户的查询带来不便。比较好的信息呈现方式是通过超链接、功能选项等方式多设置语言学习专栏，把各类词汇信息分类处理，需要时展开，不需要时则隐藏。这样，通过掌上电子词典的技术优势，可以把词典文本内容有重点、有层次地呈现给用户。

最后需要强调的是，有些掌上电子词典在收录版权词典的时候仅仅把词典正文照搬进电子词典，作为纸质词典信息重要组成部分的用户指南和体例却被当作无用的部分舍弃了。殊不知，这样一来，纸质词典中一些原来用于标注词汇信息的标记和符号说明也随之丢失，使用者在遇到这些符号的时候，即便心中有疑惑，也找不到地方求证，影响查询效果。这个问题非常值得电子词典生产厂商重视并加以解决。

2.3.3.5 插图[①]

目前,在学习型词典中加入插图早已蔚然成风,在国际享有盛誉的英语单语学习型词典"五大家族"(Big Five)[②]几乎每本都配有上千幅包括了组图、场景图、结构图等多种类型在内的插图。这些精心选配的图片对英语学习者掌握词汇起着积极的辅助作用。然而,令人遗憾的是,在掌上电子词典中,增加了版权词典插图显示功能的却是凤毛麟角。我们的相关调查结果显示,用户拥有的电子词典中,配备了插图的仅占13.69%,余下的86.31%均不设插图。

然而,用户对插图的需求是客观存在的。在我们的调查中,有49.69%的被调查者认为电子词典中需要包括插图。这一部分用户的需求应当引起掌上电子词典厂商的重视。而且,现在的掌上电子词典技术完全可以实现配备词典插图的功能,大屏和彩屏电子词典的流行也为展现精美的插图提供了硬件基础。众所周知,掌上电子词典与纸质词典相比最大的优势和特色便在于可以采用多媒体技术,尤其是发声和插图。而目前的掌上电子词典却没有在插图功能方面进行进一步的发掘,显然没有充分发挥电子词典在这方面的优势。

2.3.4 附录设置有待改进之处

如前文所述,掌上电子词典附录部分包括两部分内容:内置词典的附录和其他附加信息。这两部分内容在现有掌上电子词典中或多或少都有所收录,在处理这些信息时,目前的掌上电子词典尚有不少待改进之处。

[①] 本小节引用的具体数据请参见下篇3.4.6。
[②] 英语学习型词典的"五大家族"即:《牛津高阶学习词典》、《朗文当代英语辞典》、《麦克米伦英语词典》、《剑桥高阶学习词典》以及《柯林斯高级英语学习词典》。

2.3.4.1 掌上电子词典内置词典的附录

附录是纸质词典中一个常见的组成部分,掌上电子词典也不例外。而且,相比而言,掌上电子词典越来越大的储存空间让各种词典附录信息的增录成为可能,其呈现方式的完善更利于词典附录信息的便捷查找。但是,现有掌上电子词典在词典附录的设置方面仍有不少待改善的地方。

第一,各类不规则变化表(动词不规则变化表、形容词比较级最高级不规则变化表、名词复数不规则变化表、常用词缀表等)在很多电子词典中还未完全收录,不能很好地满足使用者的查询需求。我们的相关调查结果显示,在 3361 份有效问卷中,半数以下的被调查者反映,他们所使用的掌上电子词典只收录其中的一种或几种不规则变化表,完全收录的极为鲜见;78.64％使用者认为这几类常用不规则变化表应该全部收录。①

第二,所收录的各种不规则变化表中呈现的信息过于简略,未见有相关超链接,不利于相关信息的进一步查询。这固然跟电子词典中所内置的纸质词典文本设计有直接的关系,但如果掌上电子词典生产厂商能够通过技术研发来挖掘电子词典独特的超链接优势,则可以大大方便使用者的信息查询,受到电子词典用户的欢迎。

第三,最新词汇表的收录方面还需要进一步的完善。具体来说,常用常见的新词往往不能及时地予以收录,而且即使有所收录,呈现的信息也偏于粗陋,不能提供充分的信息。实际上,掌上电子词典厂商可以把不断出现的新词汇(尤其是网络上出现的)持续更新到自己的网站,供用户下载,以飨使用者猎奇的心态。

第四,常用缩略语收录不全,很多常见缩略语都未收录;即使收

---

① 具体数据请参见下篇 3.5.5 图 3-53。

录,却常常不说明由什么词缩写而成,有的甚至不配备中文解释或其他任何解释。这方面的改进还是有很大空间的,掌上电子词典生产厂商可以充分考虑电子词典超链接功能的发挥,增强信息的实用性和查询的便捷性。

第五,人名地名的收录很普遍,但重要历史事件、重要的机构组织则没有收录或收录得不够全面。掌上电子词典具有便携易查的优势,如果能够给使用者提供常用的知识信息则显然可以给他们带来很多方便,使其更具实用特点。当然,这取决于掌上电子词典生产厂商对用户真实需求的全面把握。可把相关信息做成掌上电子词典可读取的文本放到网站上,用户根据自己的需求,有选择地下载。

第六,有些针对语言学习者的考试词汇(诸如英语四、六级词汇,雅思、托福词汇等)没有收录,这也是掌上电子词典主流用户的需求之一,应该予以满足。

2.3.4.2 附加信息和功能

掌上电子词典在收录非词典、非词汇表类附加信息方面,花样不断翻新,内容不断丰富,为学习之余的休闲娱乐提供了更多的资源。但我们应明白,掌上电子词典主要用于辅助语言的学习和运用(包括母语和外语),其他内容添加与否要以此为核心,成为这一中心目标的有益补充。从我们的调查数据来看,用户对信息查询、词汇、词典实用性的要求远远高于娱乐游戏等各种附加功能。[①] 因此,各掌上电子词典应当以此为宗旨,有针对性地进一步丰富和完善该类信息。

以掌上电子词典中所收录的日常交际用语这一项为例。现在大多数掌上电子词典都收录了多国会话,这应该是厂商考虑了用户需求之后的做法。然而,事实上,绝大多数掌上电子词典都只是将其作

---

① 具体数据请参见下篇 3.5.5 表 3-30。

为产品宣传的一个噱头,所录会话常常包括英、法、日、韩、德、意、西等多个语种,但句子数目、涉及的范围极为有限,仅配有发音、汉语对照,对外语初学者来说帮助不大,很多时候形同虚设。譬如说,有的学习者想提高自己德语旅游用语的会话能力,查询电子词典的多国会话部分却发现遍寻不着;又或者对其中一个单词的发音或意义不确定,想核实一下,却发现没有内置的纸质词典供其进一步查询。各厂商要想打造出自己的品牌特色,可考虑针对某一种或几种语言,提供详尽的日常交际常用会话,同时录入适当的纸质词典供使用者在需要时进一步查询,让使用者真正得到实惠。

此外,掌上电子词典中也可以增加外国风俗习惯的相关知识、各行业常用交际用语、日常交际用语(例如英语 900 句等)、常用习语谚语、每日一句等等。总之,要针对不同用户群设计不同的附加内容,将其作为一个小小的特色推广,这样既能更好地服务于广大使用者,增加其知识面,拓宽其视野,又能增加产品的卖点,实为"一举多得"。

关于同步课程资料、名师讲堂等学习辅助资料的收录,我们发现,实际情况并不像厂家宣传的那么神奇。对此,掌上电子词典生产厂商理应做到名副其实,不能蒙骗消费者。

对于其他非语言学习类信息,例如求职小助手、生活小百科、法律法规、社交礼仪等比较实用的信息也可以针对不同用户群适当地予以收录。但是这要保证是在完善掌上电子词典的词典功能,即在辅助语言学习功能的基础上适当增加此类信息,不可喧宾夺主;不收则已,一旦收录,务求实至名归,宁缺毋滥,要能切切实实地为使用者提供一些帮助。

2.3.5 给英语教学带来的问题

我们在上文总体成就部分提到,掌上电子词典大有代替纸质词典之势。但就目前情况来看,掌上电子词典还存在很多缺陷,要完全取代纸质词典是不可能的。我们的相关调查结果显示,大多数使用者(62.54%[①])在外语学习的过程中还是趋向于兼用电子、纸质两类词典。

我们认为,掌上电子词典在辅助外语学习方面存在的问题主要有以下几点:

第一,单词的查询和学习。现在的掌上电子词典收词量都比较大,所收录的版权纸质词典数量、种类也比较多。但一方面所收录纸质词典质量参差不齐,以次充好现象时有发生;录入词典时也未考虑怎样的词典组合才能最大限度地满足查询者的需求。所以,虽然收录了很多词典,但重复收录现象极为普遍,故而使用者还是反映查不到要找的单词或所需词汇的词义。[②]

另一方面,虽然很多掌上电子词典一再宣称完整内置了几大权威词典,但细查之下就可以发现,由于种种原因,很多厂家在录入版权词典时都打了折扣。很多单词的释义不如纸质词典中详尽、全面,或仅提供汉语对等词却没有语义的区分和辨析,义项、例句、搭配信息等时有缺漏,[③]在外语学习者口语、翻译、写作等产出性语言活动中没有发挥好应有的辅助作用,有时甚至会起到误导作用。从我们的相关调查数据来看,学生用户对掌上电子词典微观结构中的内容并不太满意。虽然现在不少掌上电子词典都在积极地增加例句、同义词辨析、反义词对比、派生词信息、搭配乃至语法信息,但单词的用法信息还是不如纸质词典全面丰富、准确可靠。这是目前掌上电子词典在辅助外语学习方面存在的最主要的问题之一,也是绝大多数教师们反对学生使用掌上电子词典的原因所在。

---

① 具体数据请参见下篇 3.1.2 图 3-9。
② 具体数据请参见下篇 3.3 图 3-14 和 3.4.3 图 3-21。
③ 具体数据请参见下篇 3.4。

在单词的查询功能方面，一般情况下掌上电子词典的屏幕一次只能显示一到两条释义，要查询到自己所需的义项需要一条条往下翻，有时翻好几页才能找到自己所需的东西。有时查到后面就忘了前面的意义和用法，要与前面的意义和用法对比记忆时，又需要一页页地翻回去。本来应该比纸质词典方便快捷的电子词典有时却比纸质词典费时费力。这也可以解释为什么很多学习者没有耐心去核实单词的某一意义或用法。

第二，辅助外语听说。应该说，音频、视频这些多媒体功能都是掌上电子词典的附加功能，也应该是其优势所在。在上文我们提到，掌上电子词典在增强辅助外语听说的功能方面已经做了很多有益的尝试，值得肯定。但与 MP3、MP4 辅助外语听说的能力相比，掌上电子词典在这方面就相形见绌。虽然，掌上电子词典也尝试着将 MP3、MP4 的音频、视频功能照搬过来，但效果并不理想。一方面，由于大部分的空间都用于存储各种词典，储备听说材料的空间极为有限，所以录入的各种听说材料多为"蜻蜓点水"，不够全面，不够详尽，用户想随时更新下载最新听说材料，却往往只能"望典兴叹"。另一方面，掌上电子词典发音技术尚需完善，篇章的发音不如 MP3、MP4 清晰、准确。复读模仿、录音对比等功能更是赶不上复读机等专门的视听设备。有些音频、视频功能可与专门的视听设备相媲美的掌上电子词典，却开出了令人咂舌的天价，让广大用户不敢问津。所以说，各电子词典品牌要想赢得广大的用户群，一方面必须不断改进视听技术、降低成本，另一方面要从根本处着手，不断完善产品的所收录词典质量和词典查询功能，赢得用户群的青睐，而不必以各种名不副实的视听功能取悦于用户群。

第三，辅助翻译与写作。掌上电子词典所收录的各种纸质词典对翻译写作的辅助作用是显而易见的。但掌上电子词典翻译软件的功能很不完善，尚需进一步开发与改进。一般的掌上电子词典主要提供些短语或短句的对等翻译，而很多掌上电子词典宣称的段落翻译、篇章翻译功能都形同虚设。同样，掌上电子词典写作助手的功能目前还处于尝试阶段，极不完善。现有的写作软件在使用者英语写作过程中虽然能自动提供近义的词或短语，却不能告诉使用者这些近义词或短语的语义差别，哪个词或短语更适合哪种语境。

第四，从外语学习者的角度来看，掌上电子词典越来越普及，广大外语学习者从中获得了不少方便和实惠，但很多使用者也因此对其产生了严重的依赖性，频繁查阅却懒于记忆、思考，自身的理解、推断、猜测和应用等能力不断下降。此外，掌上电子词典中设置的游戏、音频、视频等多种附加功能让很多学生"玩"得不亦乐乎，词典功能则被置之脑后。

使用者对电子词典产生严重依赖性的另一个主要原因在于词典用户本身，即学习者的使用习惯不良。很多外语学习者没有养成良好的查阅习惯。查阅时浮光掠影般浏览一遍就匆匆选定某一义项或者是直接选取第一个义项，没有耐心去完整查阅和选取恰当的单词意义和用法。或者是查阅时只寻求获取单一信息，仅查取汉语释义，直接忽略英语释义，或懒于核实单词的具体用法和细微的语义差别等。因此，电子词典厂商可以在其产品的使用说明书中，增加"如何充分利用本产品的使用指导"，引导学生正确使用掌上电子词典；同时，语言教师要加强对学生的指导，帮助学生正确对待和使用掌上电子词典，让其更好地为广大学习者服务。

掌上电子词典作为学习者可查阅的工具书资源之一，其便捷性可为学习者提供较大的帮助。在外语教学中，一方面我们应该尝试发挥电子词典的优势，让电子词典切切实实地为外语的教和学服务；另一方面，我们应该加强词典用户的培训或教育，让学生认清电子词典的优势和不足，以更科学的态度使用电子词典，同时帮助他们养成良好的查阅习惯，充分挖掘电子词典提供的各种优质资源。同时，也要教育学生认清纸质词典的缺点和不足，理性合理地使用两类词典，以提高自己的词典使用能力，培养自主学习能力。

3. 其他类型电子词典的发展状况

除了掌上电子词典之外，根据承载介质的不同，电子类辞书还包括个人电脑词典（PC 词典）和手机词典。下文将对这两类词典做简要介绍。

3.1 个人电脑词典（PC 词典）

广义的个人电脑词典外延范围很大，包括在电脑上进行查询和阅读的词典类软件、百科全书、术语数据库、翻译系统中的词库、文字处理平台（如 Microsoft Word）中附带的词典，以及互联网上的各类在线词典和数据库等。本节中，我们仅简要介绍狭义的 PC 词典，即在电脑中运行的专门词典软件。根据词典软件在用户之间传播的形式，我们把这种词典分为光盘词典和单机版词典软件两类。

3.1.1 光盘版电子词典

光盘版电子词典（即光盘词典）指把经过电脑处理的数字化词典信息存储在只读光盘（CD-ROM）中的电子词典软件。一般来说，一张光盘的存储容量高达六百多兆字节，足以容纳任何一部纸质词典的电子版本。用户在获得光盘词典之后，可通过电脑光驱读取光盘，将词典软件安装在个人电脑中。大多数光盘词典只需安装一次，日后使用时无须再次插入光盘。

3.1.1.1 国内光盘词典的发展概况

欧美国家对光盘版电子词典的研究最早始于 20 世纪 60 年代。经过 20 余年的发展，世界上第一种光盘版电子词典——《美国学术百科全书》(Academic American Encyclopedia)在 20 世纪 80 年代问世。进入 90 年代,光盘版电子词典开始由百科全书走向普通词典,各大词典出版公司纷纷推出印刷词典的光盘版,掀起了一阵光盘版电子词典出版的热潮。

与国外相比,我国对光盘版电子词典的研究起步稍晚。尽管 20 世纪 70 年代就有人开始尝试研制光盘版电子词典,然而一直没能取得实质性的进展。直到 20 世纪 90 年代初期,香港、台湾地区才开始陆续推出了一些光盘版电子词典,其中不少也进入了内地市场。这对内地同类词典的开发起到了推进作用,促使一批内地自主研发的光盘词典先后问世。

1993 年前后,上海朗道科技发展有限公司开发的《朗道词典》在北京展出,不久后推向市场。它是我国最早的英汉汉英双向词典之一,具有里程碑的意义,并对后来的光盘词典具有借鉴作用。1997 年 1 月,中国大百科全书出版社与台湾棣南公司联合推出了《中华百科全书》的光盘版,这是我国较早的光盘版百科全书。同年,汉语大词典出版社和商务印书馆(香港)有限公司合作出版了《汉语大词典》光盘 1.0 版,是学术型电子词典的典型。20 世纪 90 年代至今,我国内地发行的其他具有代表性的光盘词典还有:《即时通英汉汉英双向词典》、《新世纪汉英科技大词典》、《Dr. eye 译典通》、《金山词霸》、《着迷词王 2001》、《东方大典》、《多媒体汉字字典》等。

此外,近年来随着中国大批引进国外词典,许多与印刷版词典配套的光盘词典也随之进入中国市场,并深受词典用户的欢迎。在国内流传较广的光盘词典主要有英语单语学习型词典的"五大家族"(Big Five),即:《牛津高阶学习词典》、《朗文当代英语辞典》、《麦克米伦英语词典》、《剑桥高阶学习词典》以及《柯林斯高级英语学习词典》。

3.1.1.2　国内光盘词典的主要功能和特色

从最早的《朗道词典》开始,中国内地研制开发光盘词典的历史已经有近 20 年的时间,光盘词典得到了长足的发展,同时也呈现出一些中国光盘词典产品独有的特色。《金山词霸》和《汉语大词典》在目前国内的光盘词典市场中知名度较高,分别是英汉双向类和汉语类光盘词典的代表性产品。以下将以这两款光盘词典为例,对国内光盘词典的功能和特色做简要介绍。

1)《金山词霸》

1997 年 5 月,北京金山软件有限公司推出了《金山词霸》,由北京大学出版社出版。该词典每年修订一次,并以年份作为版次。最新一版为《金山词霸》2009 版[①],分为牛津版和专业版。其中牛津版含有 6 本牛津系列词典,专业版中不含牛津词典但另外收录《美国传统词典》(第 4 版)。除此之外,两个版本在功能和其他内容上没有区别。下文中把两个版本统称为《金山词霸》(2009 版),只有涉及版本之间差异的时候才注明牛津版或专业版。

a. 收录内容

《金山词霸》(2009 牛津版)据称收录超过 150 本词典,并把这些词典分为 4 大类,分别是:权威类、通用类、专业类和小语种类。权威类指的是 6 本牛津系列词典,包括:《新牛津英汉双解大词典》、《新牛津美语大词典》、《牛津英语习语词典》、《牛津短语动词词典》、《牛津英语搭配词典》、《牛津英语同义词词典》。通用类中含有 4 本英汉或汉英双语词典(《简明英汉词典》、《简明汉英词典》、《现代英汉综合大词典》、《现代汉英综合大词典》)、3 本汉语类词典(《现代汉语全功能

---

① 《金山词霸》(2009 版)于 2008 年 11 月上市,名称虽冠以"2009",但仍在我们研究的时间跨度内。

词典》、《中华成语全功能词典》、《国际标准汉字大词典》)以及爱词霸网络百科。专业类词典涵盖了98个专业学科的词汇,当中既有英汉词典也有汉英词典,提供矿业、农业、轻工业、生物学、数学、化学、物理学、医学、地理学等20个行业的相关术语释义。另外,小语种类词典涉及中、英、日、韩、俄、法、德7种语言。从收录的词典来看,《金山词霸》(2009版)中的词汇覆盖面较广,能满足不同专业领域人士的查询需求。同时,由于它收录多本英汉和汉英词典,可以双向查询,无论使用者需要进行解码活动还是编码活动均适用。然而,《金山词霸》(2009版)对专项词典(如同义词反义词词典、词根词缀词典、习语词典等等)关注不够,仅收录了4本。

《金山词霸》(2009版)还额外提供了4个例句库:英汉通用网络句库、英语常用词例句库、常用情景口语句库和爱词霸例句精华,总共收录超过200万条例句。其中前3个句库能提供网络流行表达、成语习语表达,方便用户查找词汇的情景应用;而爱词霸例句精华来源于爱词霸在线句库系统,覆盖了法律、计算机、医学、生物、体育、机械、IT、地理、天文、社会等各专业学科,以及日常用语、新闻报道、文学作品、成语俚语等相关例句。这几个句库给用户提供了词汇在多种情景下的最新用法,能够在一定程度上弥补词典例句不足、更新周期过长的缺点。

该光盘词典内置了丰富的学习资料,如:26个字母缩略语大全、不规则动词与数词表、薄冰英语大学英语语法、英语商务书信"魔"板、趣味英语等。此外,该词典中还收录有多种常用资料,包括部首检字表、拼音检字表、唐诗宋词、英语网站等等。这些资料均为词典用户学习英语和查询资料提供了很大的方便。

b. 界面和查询

《金山词霸》(2009版)的主界面十分简洁,分为两栏:左边较大的一栏为查询结果显示栏,其正上方即为单词输入框;右边较小的一栏为引导栏。

图3-1 《金山词霸》(2009牛津版)界面(电脑截图)

主界面上方的工具栏中提供了四个功能入口,分别是:词典、句库、翻译和资料。词典软件启动时默认进入词典查询界面,同时引导栏中列出目前正在使用的所有词典,点击其中某一词典名称即可在结果显示栏中得到相应词典中的词条信息。词条或内词条后的小喇叭标志表示该词条附有音频。目前《金山词霸》(2009版)自称提供32万单词及短语的真人发音,当中许多单词还提供英式和美式两种发音。当用户需要查询更多例句的时候,点击工具栏中的"句库"按钮就可以立刻切换到句库界面查看例句。翻译功能支持30多种语言的互译,用户可以在Google在线翻译和金山快译两个翻译引擎中自由选择;同时,该功能还提供网页的全文翻译。"资料"栏中存放着附加的学习和常用资料,用户可以通过主窗口右侧的资料引导栏选择所需的资料类别。

此外,《金山词霸》(2009版)还在词典软件中集成了网络搜索功能。用户只需在输入框中输入关键词,点击输入框右边的"搜索",软件将自动链接到网页浏览器并显示搜索引擎的检索结果。目前网络搜索功能仅支持Google和爱词霸搜索引擎。

主界面右下角还有屏幕选词和划词翻译两个选项。选中屏幕取词时,用户在阅读网页或文档的时候只需把光标停留在某个单词上,就会有小窗口弹出,显示该单词的简单释义。此时,用户可以选择点击"查词典"返回主界面查看详细的解释,或者点选复制图标来复制弹窗中的内容。划词翻译功能是指当用户拖拽鼠标选中一段文字时,弹窗随之显示翻译后的译文。这种便捷的翻译功能对用户阅读电子版外文资料提供了极大方便。

c. 交互功能

光盘词典的多媒体超文本特性是一项传统印刷词典无法比拟的优势。在《金山词霸》(2009版)中,光盘词典的交互性主要体现在:(1)用户对词典软件的自定义设置,以及(2)辅助用户进行单词学习和记忆的工具。

词典用户可以通过选择主界面右上角菜单中的"设置"选项来对软件进行调试,以符合个人的使用习惯。在"软件设置"中,用户可以对界面语言、阅读样式、语音、在线更新和快捷键等方面进行自定义设置。用户还可以通过"词典管理"选项对内置和联网的词典进行管理,如:下载或卸载词典、选择词典引导栏中的词典种类、改变词典的排序等等。《金山词霸》(2009版)中安装了插件,使之可以嵌入到Microsoft Office和其他常用软件中使用,用户可以在"插件管理"中管理这些插件。此外,菜单中的"界面"选项还允许用户自由选择主界面的颜色和样式。

在辅助学习方面,《金山词霸》(2009版)提供了用户词典、生词本和背单词这三种功能。用户词典是一个用户自己编撰词典的小工具,用户可自行添加词库中没有的词条。生词本可以帮助外语学习者及时记录遇到的新单词,用户能够通过点击查询结果界面或屏幕取词窗口中的生词本图标自动添加单词到生词本,也可以选择在生词本中手动输入单词。在生词本中,用户可按日期或难易程度查看已添加的生词,以便查阅或重点记忆。生词本内含制卡功能,以方便用户把单词打印成小卡片随身携带。此外,生词本还提供测试功能,可以测试用户对词汇拼写和词义的掌握程度,方便查漏补缺。与生词本配套使用的还有一个背单词的工具。该工具打开后浮动在电脑桌面上,小巧的界面中循环滚动播放生词本中的词条内容。这样,用户开着电脑的时候就可以随时背诵单词或检验自己的学习成果,有利于加深词汇的印象。

2)《汉语大词典》光盘2.0版

《汉语大词典》共含12卷,收有词目37万条,共5000多万字,是中国最大的历时性汉语语文词典。1997年,汉语大词典出版社和商务印书馆(香港)有限公司联合出版《汉语大词典》光盘1.0版,并依据市场地域范围推出繁体版和简体版两种版本,广受用户好评,并获得多项荣誉。2005年前后,商务印书馆(香港)再度推出了《汉语大词典》光盘2.0版,新版本在1.0版的基础上扩充了大量电子信息,大大丰富了词典的信息量。

a. 收录内容

《汉语大词典》光盘2.0版的所有内容均基于纸质印刷版。光盘2.0版中共收入汉字20902个、复词343307条、成语23649条、释义515524项。光盘1.0版由于受限于当时的技术条件,未曾收录例证;而光盘2.0版增加了例证877130条,对用户准确理解字词的含义、了解字词演变过程起到了很好的辅助作用。

《汉语大词典》光盘1.0版中最突出的特色是提供字、词的关联信息。这个特点在最新的2.0版中也有所体现,词典可以自动关联各字的正异体、繁简体、古今字、通假与被通假字、正讹字等多项复杂关系,并准确指出汉字的源流及演变。

此外,光盘2.0版还收录了519幅黑白插图,可以通过鼠标点击自动转换到对应的词条释义。

b. 界面和查询

《汉语大词典》光盘2.0版的界面与旧版本相比并没有明显改变。主界面左边较窄的一栏是检索栏,提供多种不同的检索方式。检索栏最上方分为"字""词""成语"三个选项卡,用户可以根据不同的查询需求选择查询方式。在三个选项卡下方是文字输入框和序列形式框,用户可以对序列形式复选框进行操作来选择检索项的排列顺序。例如,"字"的序列形式分为"部首笔画序""汉字总笔画序""汉字拼音序""国语注音序"等等。"词"和"成语"另有其他的序列形式。除直接在输入框中输入文字外,《汉语大词典》光盘版还可以实现部首查询、音读查询、笔顺查询、专业查询等其他查询方式。用户在"字""词"或"成语"中做出选择后,点击检索栏左下角的"检索方式"选项,即可进行上述的四种查询。用户还可以进行模糊查询,即在检索词中加入通配符"?"或"*"进行匹配查询。

从图3-2可以看出,主窗口右边的是结果显示栏,上方排列了两排工具图标,从左到右依次是全选、复制、打印、前进、后退、字号、发音、查找、关联、字信息、查询历史和图片浏览。显示栏可以显示大量词目内容,包括字头及其序号、汉语拼音、复词词目、释义。用鼠标右击当中任意一个字都可以进行循环查询,十分方便。

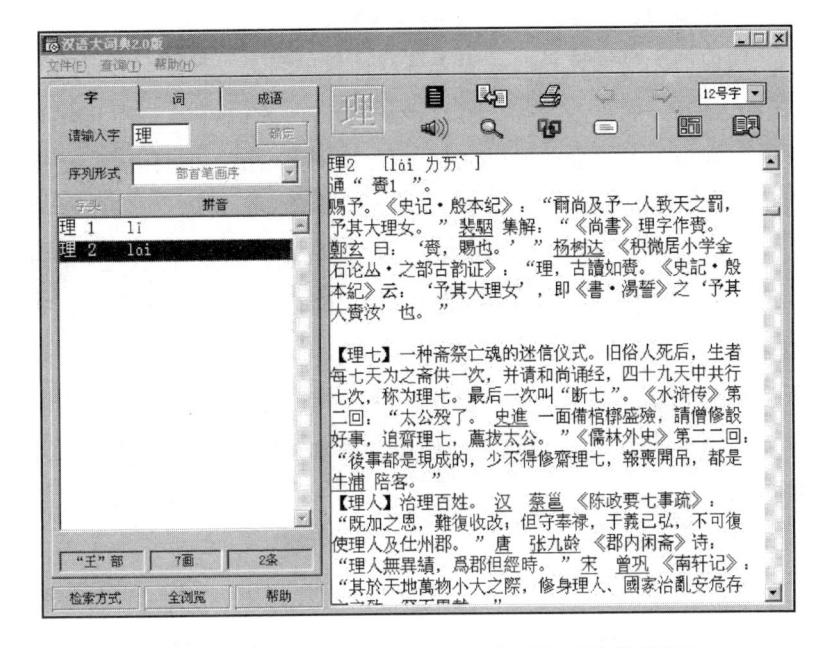

图 3-2 《汉语大词典》(光盘 2.0 版)界面(电脑截图)

c. 交互功能

《汉语大词典》作为学术型词典的典型,对学习功能和交互功能的要求不高,基本不设交互项目。但是该词典可储存历史记录,用户只要点击"查询历史"按钮就可以把查询过的条目保存起来,方便日后查阅。

3.1.1.3 国内光盘词典的不足之处

通过《金山词霸》(2009 版)和《汉语大词典》(光盘 2.0 版)这两款比较经典的光盘词典,我们可以一窥目前国内光盘词典发展的最新情况。从上文的介绍可见,此类词典在软件的设计和功能的实现方面已经趋于成熟。然而,我们的光盘词典研发设计与国外的同类词典相比还是存在一定的差距。

1) 界面的设计

国内的光盘词典界面看上去普遍比较单调。尤其是上文提到的《汉语大词典》光盘2.0版,通篇只采用黑白两色,不利于词典用户阅读。反观国外的光盘词典,特别是学习型词典,在色彩运用方面比较自由,界面看上去生动活泼,有助于提高学习者的兴趣。在《朗文当代英语辞典》(第四版)(LDOCE4)中,词目词用蓝色表示,引导词(guideword)用蓝底白字表示,语法信息用绿色表示,释义和例句则用黑色表示,这样只要看颜色便知是什么类型的信息,一目了然。国内相关的光盘词典也不妨借鉴这种设计,不同的信息类别分别采用不同的颜色标注,这样可以帮助使用者迅速定位所需信息,使查询过程更加便捷。

2) 信息的呈现方式

在《金山词霸》(2009版)光盘词典的引导栏中,点击词典名称前面的"+"标记可展开隐藏的菜单,用户可以通过点击菜单中的信息类别查看相应的词目信息。如查询"go"这个单词的时候,点击词典引导栏中《新牛津英汉双解大词典》下的"语源",结果显示栏上方立刻显示该部分信息。

这是一个非常有利于用户查询信息的设计。然而,《金山词霸》(2009版)却没有更进一步,如给单词的义项也制作这样的导航菜单。用户查询词义的时候,仍然必须从上往下逐条阅读才可以找到所需的义项,对于像"go"这样庞大的词条来说是极其耗时耗力的。

针对这种情况,国内的光盘词典可以借鉴《麦克米伦英语词典》(第2版)光盘版的呈现方式,给义项超过5条的词条设置一个语义菜单,列出各义项的引导词。这样用户查阅的时候只需点击菜单中的某一义项即可自动链接到相应的释文,极大地简化了词典查询的过程。

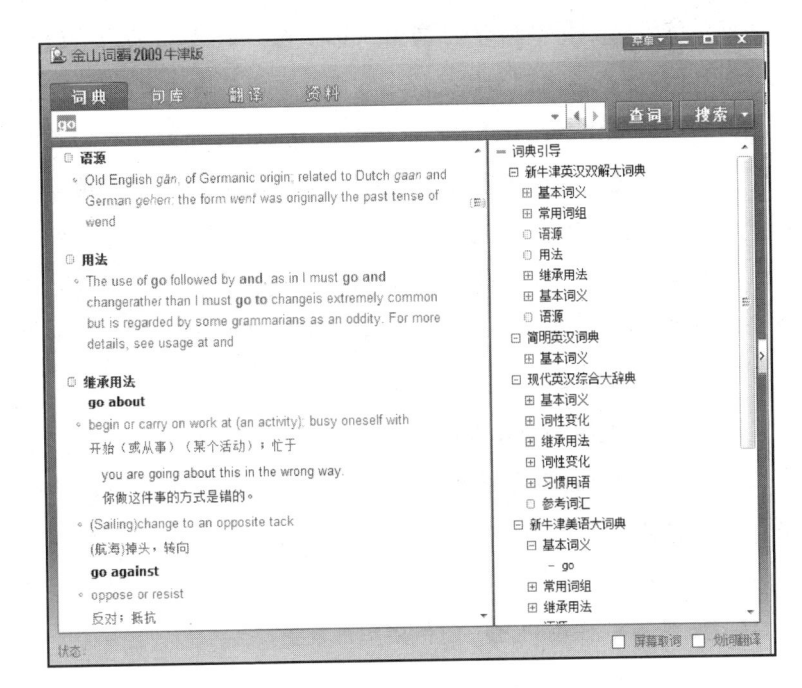

图 3-3 《金山词霸》(2009 牛津版)界面(电脑截图)

3)多媒体功能的运用

从《金山词霸》和《汉语大词典》的光盘词典来看,目前国内光盘词典对多媒体的运用还不够充分。《汉语大词典》仅包括字词的发音音频和几百幅收录在附录中的黑白插图,《金山词霸》更是只含有音频。两者均没有在词条的微观结构中放置插图,更不必说动画和视频录像了。今后国内的光盘词典可以在这方面加以改进。

4)交互功能的实现

在光盘词典的交互功能方面,《金山词霸》已经做出了一些尝试,如增设用户自定义词典、生词本等等,但该词典在练习方面只有针对单词的拼写和词义设置的选择题,题型单一。而国外的光盘词典基本都收录大量各类习题,如《牛津高阶学习词典》(第 7 版)提供了丰富的词汇练习,《剑桥高阶学习词典》(第 3 版)和《麦克米伦英语词典》(第 2 版)准备了词汇和语法练习,《朗文当代英语辞典》(第 4 版)所收录的习题范围最广,对词汇、语法、文化知识、听力练习均有涉及。其中一些光盘词典还附带了国际英语考试的模拟习题,覆盖了雅思、BEC 商务英语等主流英语能力测试。

练习是一项重要的人机交互项目,能够帮助语言学习者及时检验学习效果、巩固所学知识。国内相关的光盘词典,特别是学习型光盘词典应该在这方面加以重视。

3.1.2 单机版词典软件

单机版词典软件以互联网为传播平台,词典用户可以直接从网络上下载词典软件。单机版词典软件与光盘词典最主要的区别就是前者无须采用类似光盘这样的存储介质。它利用了无形的计算机网络,使得词典软件在用户之间的传播更加便捷。

3.1.2.1 国内单机版词典软件的发展概况

在个人电脑词典(PC 词典)发展伊始,就有个人和团体开始尝试编写程序,制作词典软件。然而,由于种种原因,这些词典软件并未制成光盘以商品的形式销售。进入 21 世纪后,随着计算机技术的迅猛发展和互联网的全面普及,这种民间的词典软件数量呈不断上升趋势。本着资源共享的原则,许多词典软件均在网络上提供免费下载。目前常见的词典单机版软件包括《有道词典》、《谷歌金山词霸》、《星际译王》(*Stardic*)、《灵格斯词霸》(*Lingoes*)等等。[①] 这些词典软件通常提供配套的词典资源库,使用者可以根据自己的喜好自行到网站上下载合适的词典文件导入该词典软件中。查询单词的时候,软

---

① 在本书校改过程中,有一款新的电子词典平台悄然流行,即 MDict(掌上百科),网址:http://www.octopus-studio.com/,值得关注。

件自动在已安装的词典中进行检索，最后把所有结果呈现在软件的界面上，方便用户对比查证。这些词典软件和词典文件都免费向用户开放下载。

3.1.2.2　国内单机版词典软件的主要功能和特色

这类词典软件最突出的技术特色莫过于它开放式的词库管理功能。在词典软件中，用户可以根据自己的需要下载安装词库，并能够自由设定它们在窗口中的排列方式。如此一来，用户使用查询功能的时候不单单局限于一部词典，可以真正做到跨词典、跨语种的查询。《星际译王》的字典库中包含英语、德语、法语、意大利语、葡萄牙语、印度语等多种语言在内的语文、专科、专项和百科词典。《灵格斯词霸》的词典库目前已经包含了80多种语言的上千部主题范围广泛的词典与百科全书，并且还在不断增加中。

除了提供各语种、各学科的词典外，《星际译王》和《灵格斯词霸》等词典软件还充分利用了丰富的网络资源，把一些常用的在线词典和网络版百科全书整合到软件中。用户在浏览传统词典给出的解释后，还可以直接在软件中检索网络上的信息。例如，在联网状态下，《灵格斯词霸》可显示关键词在海词在线、词典网、互动百科、维基百科英文版和句酷例句库中的搜索结果，帮助用户全方位地了解词汇的信息。

除了查询词典，《星际译王》和《灵格斯词霸》的另外一项重要的功能是全文翻译功能。《星际译王》中集成了谷歌翻译、雅虎翻译、Altavista 翻译、SystranBox 翻译、Excite Japan 翻译 5 个网络翻译引擎。《灵格斯词霸》则在软件中集成了包括谷歌翻译和百度翻译在内的 14 种翻译引擎。用户可从中选择翻译引擎来翻译文本，并对不同翻译结果进行比较。

此外，《灵格斯词霸》还提供各种各样的辅助功能，包括屏幕朗读功能（即通过机器合成发音朗读屏幕上任意选中的文字）、汇率和度量衡换算、计算器等等。

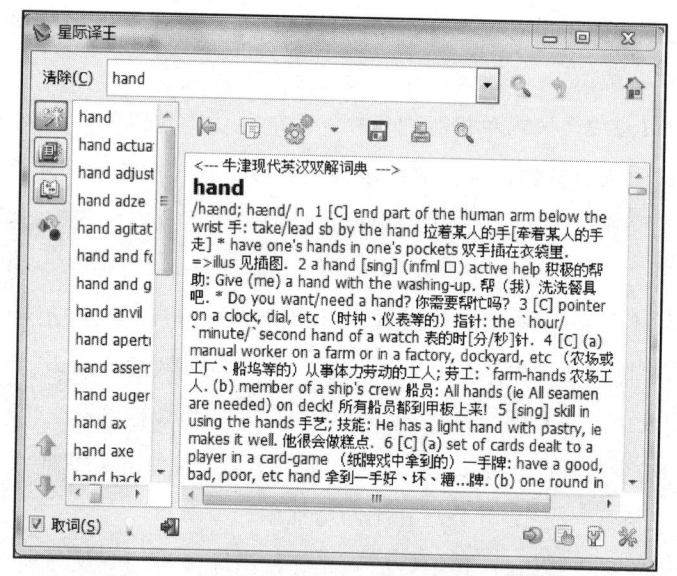

图 3-4 《星际译王》查询结果界面（电脑截图）

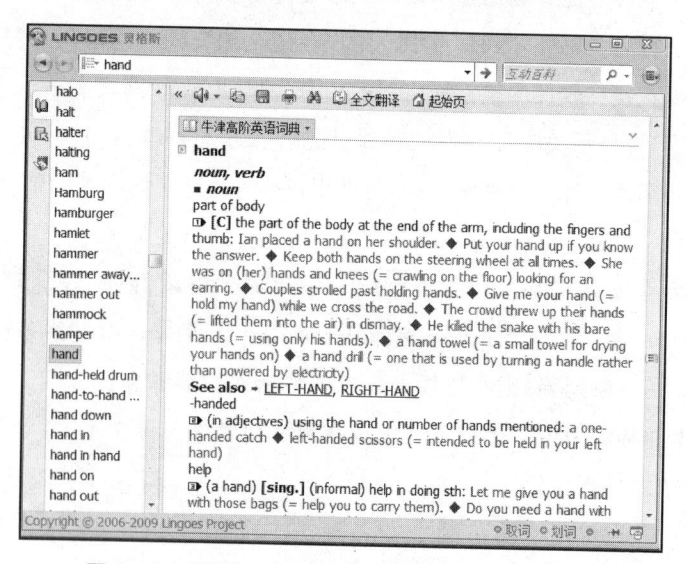

图 3-5 《灵格斯词霸》查询结果界面（电脑截图）

3.1.2.3 国内单机版词典软件的不足之处

单机版词典软件以其完全免费、可选词库多等优点受到了许多词典使用者的欢迎。然而,单机版词典软件并没有完全取代需要付费的光盘词典,其主要原因有以下三点:

首先,单机版词典软件所采用的词典文件基本上是从网络上搜集而来的,其可靠性和权威性都不能与纸质词典和版权词典的光盘版相比,这也是单机版词典软件最为人诟病的缺陷之一。

其次,这些词典软件仅仅是把几本词典的内容简单地叠加在一起,并没有经过任何的加工处理。比如《星际译王》词典软件,仅复制了词典的内容,而没有考虑词典文本的格式,从而导致词典中的标记符号、格式设置(如颜色、大小、字体、正斜体等)不能在软件上得到正确显示,造成阅读的障碍。

再次,单机版词典软件仅注重词典查询功能而缺乏学习功能。像光盘词典中专门为学习者设计的各种语言学习专栏,以及练习、生词库等辅助学习的人机交互功能在词典软件中都没有得到体现。这说明诸如《星际译王》、《灵格斯词霸》这样的单机版词典软件目前更适合于用户应付临时的查阅需求。

3.2 手机词典

在当今社会,手机早已成为人人必备的随身通信工具。随着技术的发展,手机的功能也逐渐从单纯的语音通信向多媒体化、多功能化转变。为了满足手机用户随时随地查询词典的需要,一些手机厂商在21世纪初就在手机的词典查询功能方面做出了尝试。早期的手机词典大多是厂商自行编纂,预先内置在手机产品中的。这种词典内容过于简单,只有汉语对应词,缺乏例句及词汇语言知识信息;除此之外,其收词量也不足以满足用户的查询需求。近几年来,得益于JAVA手机和智能手机的流行,手机用户可以在手机系统中随意安装第三方手机词典软件,这促使了一系列内容较为丰富、功能较为完善的手机词典的问世。由于目前第三方的词典软件是手机词典发展的主流趋势,本小节中主要对这种手机软件进行介绍。

表 3-4　几款常见手机词典的基本信息

手机词典名称	产品介绍主页	收词量	获取方式	是否需要联网	特色功能
手机词霸	http://mobile.iciba.com/powerword/	390 万词条	免费下载	部分功能需要	整句翻译、网络例句、真人发音
有道手机词典	http://m.youdao.com/help/cidian	超过 10 万词条	免费下载	部分功能需要	摄像头查词、网络释义、网络句库、长句翻译
外研社手机词典	http://dict.2u4u.com.cn/index.php	英语升级版收录《麦克米伦高阶英汉双解词典》、《新世纪汉英大词典》和大学英语四、六级词汇手册	实体店购买	不需要	真人发音、两种输入法(手机键盘和软键盘)、丰富资料(如阅读、会话等),另有小语种版本
DEC-学客手机词典	http://www.360dict.com/	英语版预安装《英汉高阶大词典(世纪版)》、《英汉双解大词典》、《英汉综合大词典》、《汉英综合大词典》(2008版)、《英语四六级背诵词典》、《学生汉语词典》、《汉语成语大词典》	网络直销	不需要	可到官网中下载其他专业词典,另有小语种版本和多语种综合版本词典

3.2.1 国内手机词典的主要功能和特色

手机词典经过数年的发展,在收录内容和技术功能方面都取得了较大的进展。现在有不少手机词典收录了一本或多本版权词典,收词量大大增加,所提供的词汇信息更加可靠。其功能也越来越多样化,除了最基本的查询词典功能外,还增加了搜索网络例句库和句子翻译等辅助功能,可以更好地满足使用者的需求。表3-4通过表格的形式介绍和对比了目前市面上几款比较常见的手机词典。

3.2.2 国内手机词典的不足之处

尽管随着手机内存容量的增大,一些手机词典的收词量已经可以与PC词典相媲美,但是在多媒体功能的实现方面,手机词典仍然稍逊一筹。许多手机词典不提供发音功能,而大部分手机词典不具备插图显示功能。此外,还有使用者反映一些手机词典软件不能很好地被手机操作系统兼容、操作比较麻烦、程序之间切换不流畅等问题。这些都可以作为今后手机词典改进的方向。

下篇 掌上电子类辞书
使用状况调查分析

如上篇的详细介绍,电子类辞书在我国的发展已经走过了约20年的历程,取得了非常了不起的成就,为我国辞书数字化发展起到了积极的促进作用。尽管以掌上电子词典为主的电子类辞书存在着诸多的问题和局限性,但在广大的语言学习者当中,它们却有着不可缺少的地位和很高的普及使用率。要使电子类辞书的未来发展有更加明确的方向,非常需要我们开展极其认真细致的专业调查研究与分析思考。为此,2008年11月初至2009年1月中旬,南京大学双语词典研究中心联合深圳华普电子科技有限公司,在江苏省35所高校展开了一次大规模的掌上电子词典使用调研,对掌上电子词典在广大外语学习者中的使用状况首次进行了全面客观的调查分析。[①] 这对于我们充分理解上篇的发展报告有着很重要的意义。下面将分项逐一结合调研数据来描述具体情况。

1. 调查对象及调查内容

因考虑到掌上电子词典作为电子类文化产品的价格因素,我们从江苏省高校中选择了35所高校,其中包括了苏南、苏北和苏中等不同经济发展水平的地区,力求调查面广泛而且有代表性,能够反映掌上电子词典用户使用状况的全貌。本次调查时间长达两个多月,

---

① 本研究所设计的调查问卷已放入书后的光盘,欢迎查阅。

调查对象为江苏省内 35 所高校的在校本科生(主要是大一和大二学生)及研究生(包括部分博士生),学生所学专业涉及英语专业和非英语专业两大类,总参与人数达到 3472 人。所调查的具体高校和调查人数请见表 3-5。

表 3-5 参与调查的高校和人数

高校名称	人数	高校名称	人数
常熟理工学院	106	盐城师范学院	100
常州工学院	97	扬州大学	90
东南大学	97	中国矿业大学	143
江南大学	142	中国药科大学	78
江苏大学	90	南京大学	97
中国人民解放军理工大学	101	南京工业大学	193
南京航空航天大学	103	南京国际关系学院	101
南京林业大学	81	南京海事学院	95
南京农业大学	126	淮阴师范学院	100
南京师范大学	96	南京理工大学	90
南京医科大学	97	南京财经大学	80
南京艺术学院	71	河海大学	70
南京邮电大学	106	泰州学院	98
南京中医药大学	91	南京审计学院	57
南通大学	94	南京海事学院	98
苏州大学	102	南京信息工程大学	101
南京晓庄学院	124	炮兵学院	36
徐州师范大学	121		

根据所调查学校的数据,南京大学双语词典研究中心共获取了 3472 份调查问卷,结合数据处理过程的分析和甄别,有效问卷 3361

份,即调查问卷有效率约为 96.8%①。在回收的 3361 份有效问卷中,3179 份填写了专业名称,182 份没有填写专业名,因为有一部分军事院校在涉及军事专业的时候出于安全和保密的需要就没有填写专业名称,还有一部分是由于参与调查的同学没有填写专业(对于专业的填写,我们未做硬性要求)。非英语专业涉及的范围比较广,有汉语言文学(包括对外汉语)、法学、历史、思想政治教育、艺术设计、涉外文秘、财会、工商管理等诸多文科专业,也有医学、机械工程、微电子、化工、测控、航空、航海、信息技术与工程、土木工程、生命科学等大量理工类专业。下面简单地列举排在前十位的专业名称,具体见表 3-6。在回收的问卷中,填写具体年级的问卷共有 3179 份,具体的学历分布见表 3-7。

表 3-6 调查对象专业名称和人数(前十位)

专业名称	人数
会计	164
法学	142
测控技术与仪器	111
航海技术	82
物流管理	81
应用化学	71
自动化	71
微电子	64
数学与应用数学	61
汉语言文学(师范类)	60

表 3-7 调查对象学历分布

年级	人数
2007 本	1622
2008 本	1332
2008 硕	150
2005 本	34
2006 本	21
2008 博	16
2006 硕	2
2007 博	1
2007 硕	1

---

① 如此高的问卷有效率,得益于参与调查学校的老师的热情协助及学生们的认真参与,在此谨致谢忱!我们负责调查的人员的现场监督与答疑也保证了问卷的有效率,在此一并致谢!

本次调查是以问卷形式进行的,调查问卷共有 91 道题目,涉及用户使用电子词典的整体情况、收词立目、收录词典类型、微观结构、信息处理功能、附加信息和功能、软硬件配置等。通过此次调查,我们旨在对目前掌上电子词典在广大外语学习者中的使用状况有一个整体的把握。问卷的设计主要由双语词典学专业师生经过反复研讨后完成,同时也吸纳了专业掌上电子词典生产厂商研发团队所提供的一部分内容,力求有较高的科学性和适用性。

2. 调查方法和步骤

为确保本次调研数据搜集的有效性和真实性,调查时一般是以教学班为单位,由南京大学双语词典研究中心的专业调研人员将提前打印好的调查问卷小册子逐一发到学生手中。学生回答问卷的整个过程他们都在场,随时为学生提供咨询和帮助。问卷回答完毕后,调研人员负责收回问卷并核实问卷数目。本次调查从 2008 年 11 月初开始,到 2009 年 1 月中旬结束,历时两个多月。从 2009 年 1 月 20 日至 2009 年 4 月 10 日,我们对调查数据进行了集中的录入和整理。以下内容是对我们调查结果和数据分析的概括性描述。

3. 调查结果和数据分析

本次调查结果显示,学生使用掌上电子词典的时间整体上并不算长,使用 1 年左右(包括 0 至 1 年和 1 至 2 年)的用户占约 66.67%。绝大多数用户平均每天使用掌上电子词典的时间也不算太长,大约 73.97% 的用户是在 1 个小时之内。如图 3-6 和图 3-7 所示。

而他们所使用的掌上电子词典则集中在几个主要品牌上,各品牌在学生中的流行度极不平衡。调查对象所使用的掌上电子词典数量分布具体情况见图 3-8。

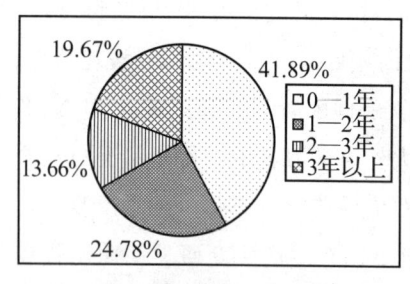

图 3-6 调查对象使用掌上电子词典的总时间

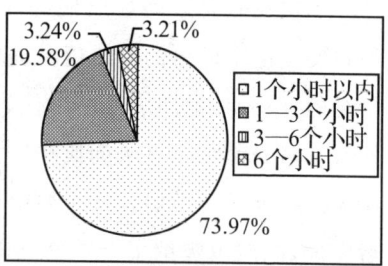

图 3-7 调查对象每天使用掌上电子词典的平均时间

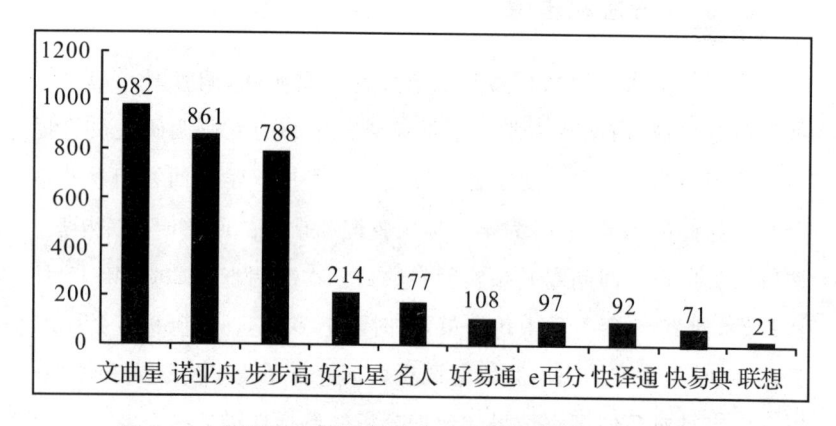

图 3-8 调查对象使用的掌上电子词典品牌分布(前十位)

从图 3-8 中可以看出,就江苏这个教育大省的掌上电子词典市场占有率而言,"文曲星""诺亚舟"和"步步高"雄踞前三位,而"e百分""快译通""快易典"和"联想"这四大品牌的市场占有率相对偏低。以下是基于数据的有关掌上电子词典本身的现状以及它们在外语学习者中使用现状的分析。主要分为总体信息、收录词典类型、收词立目考察、微观结构考察、信息处理功能、软硬件配置 6 个部分。

3.1 总体信息

本部分主要从宏观上考察了用户使用掌上电子词典的情况、对掌上电子词典的了解及需求,为我们的调查提供了必要的背景信息。

3.1.1 使用者信息

经我们调查发现,掌上电子词典用户接收信息来源的前三位分别是网络、电视和报纸。这说明当代大学生在获取资讯的时候,更加青睐信息丰富、更新速度快的互联网。在业余休闲方面,许多人选择看书、看电影和聊天的方式进行自我放松,也有一部分人喜欢通过上网和玩游戏来缓解压力。(见表3-8)晚会和运动会是大学生们比较乐于参加的校园活动,英语角、校园歌手大赛及征文比赛紧随其后。(见表3-9)

表3-8 调查对象接收信息的方式(前十位)

信息接收方式	具体数据
网络	2720
电视	2303
报纸	1689
广播	448
户外(公交、地铁等)	327
杂志	26
手机	17
手机报	10
同学	10
朋友介绍	8

表3-9 调查对象业余时间活动(前十位)

业余时间活动	具体数据
看书	2194
看电影	1678
聊天	1439
上网冲浪	1172
玩游戏	1035
社团活动	829
逛街	41
运动	41
听音乐	27
打球	26

在参加英语培训班方面,超过七成的学生称他们没有参加过英语培训班,余下的大学生均参加过至少一个英语培训班。我们的调查显示,比较受欢迎的培训机构有新东方学校和李阳疯狂英语等。尽管被调查的大学生参加英语培训班的比例并不算太高,可是他们

仍表示希望提高自己的英语水平。(见表 3-10)此外,经我们调查得知,掌上电子词典用户最希望得到提高的英语能力是口语能力,其次是词汇量、阅读能力和写作能力,语法知识位列第五。(见表 3-11)这似乎可以说明现在的大学生普遍看重对英语口语能力的发展,体现了他们急切地想要摆脱"哑巴英语"阴影的愿望。

表 3-10 调查对象参加英语培训班的情况(前十位)

培训班情况	具体数据
没有	2412
新东方	194
学校	72
李阳疯狂英语	26
博日	13
疯狂英语	13
恩波	10
学校组织的	10
家教	8
剑桥英语	6

表 3-11 调查对象希望提升的英语能力(前七位)

希望提升的英语能力	具体数据
口语能力	2698
词汇量	2424
阅读能力	1792
写作能力	1676
语法知识	1087
听力能力	161
交际能力	10

3.1.2 用户使用掌上电子词典的基本情况

如图 3-9 显示,纸质词典和掌上电子词典都使用的学生人数占总数的约 62.54%。而在仅使用一种类型词典的人群中,选择纸质词典的被调查者占约 21.84%,比使用掌上电子词典的人数略多。

大部分用户选择使用掌上电子词典主要是因为它便于携带和查询。造成一些消费者对掌上电子词典持保留态度的原因主要有三点:一、电子词典价格比纸质词典高出不少,超过用户的经济承受能力;二、电子词典内置词典的内容不够丰富,对学习帮助不大;三、许

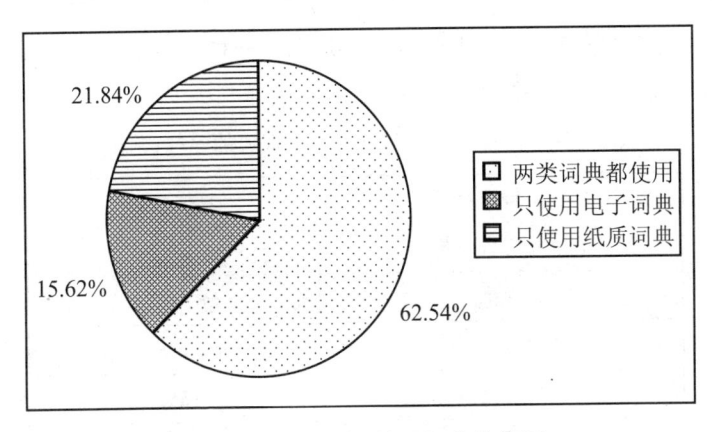

图3-9 调查对象使用词典的情况

饼图数据：
- 两类词典都使用：62.54%
- 只使用电子词典：15.62%
- 只使用纸质词典：21.84%

多英语教师反对学生使用电子词典。具体数据见表3-12和表3-13：

表3-12 使用掌上电子词典的原因

使用掌上电子词典的原因	具体数据
纸质词典不方便携带和查阅,电子词典使用方便	2863
同学们都在使用,所以我也使用	45

表3-13 不使用掌上电子词典的原因

不使用掌上电子词典的原因	具体数据
经济因素	332
电子词典的内容不够丰富,对学习帮助不大	331
老师不推荐使用电子词典	281

调查结果显示,从电视广告中获取掌上电子词典产品资讯的被调查者最多,同学推荐、亲友推荐和老师推荐分别排在第二、第五和第六位,这表明口碑也在较大程度上影响消费者对掌上电子词典的印象。排在第三的是报纸杂志上的宣传画,商场的海报紧随其后。虽然被调查者的信息来源主要是网络,然而在选择掌上电子词典方面,通过网络了解相关资讯的消费者却不多,仅仅排在第七位。这说

明大多数消费者对网络上的信息还是抱有一种半信半疑的态度。具体情况如表 3-14 所示：

表 3-14 调查对象了解掌上电子词典的途径(前十位)

了解途径	具体数据
电视广告宣传	1807
同学推荐	1569
所买杂志或报纸中附带的宣传画	773
商场海报宣传	665
亲友推荐	472
老师推荐	345
网络	13
卖家推荐	3
自己比较	3
自己买的	3

在消费者了解的掌上电子词典品牌中，"文曲星""诺亚舟"和"步步高"这三大内地厂商以绝对的优势位居前三。排在第四、第五的"好易通"和"快译通"都是老牌的掌上电子词典生产厂家，分别来自台湾和香港。排在第六的"名人"掌上电子词典是由内地和香港的合资公司生产的，在掌上电子词典市场上也具有一定的知名度。（见图 3-10）

我们从统计数据中发现，绝大多数的用户选择到商店去选购掌上电子词典产品，小部分选择在书店里购买掌上电子词典。此外，约有 13.78% 的用户称现有的掌上电子词典由亲友所赠。还有用户通过网上购物或是校园代理购买掌上电子词典，不过人数并不多。（见表 3-15）

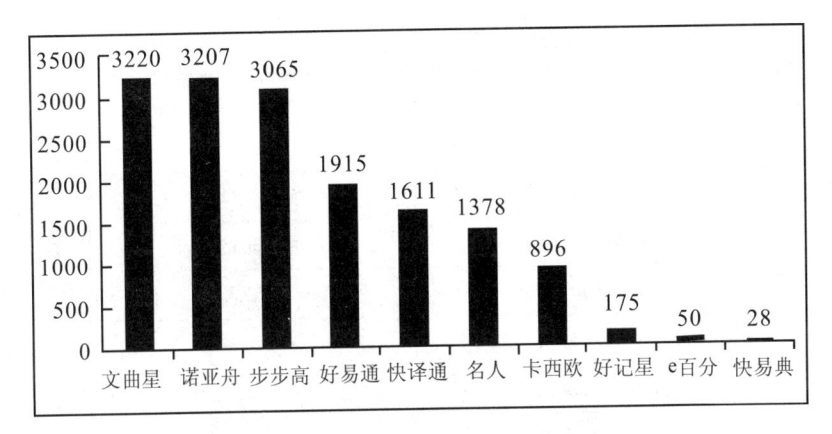

图 3-10 调查对象了解的掌上电子词典品牌（前十位）

表 3-15 调查对象购买掌上电子词典的途径（前六位）

购买途径	具体数据
商场	2432
亲友赠送	463
书店	393
网上购物	109
校园代理	80
比赛获奖	16

在影响用户对掌上电子词典购买的因素中，掌上电子词典的功能居首位。掌上电子词典的价位对消费者也是一个重要的参考，在所有影响因素中排列第二。词典的词汇量、品牌的知名度和外观分别排在第三、四、五位，而所收录的版权词典仅排在第六位。（见表3-16）我们可以看出，掌上电子词典消费者仍然处于追求功能和产品外形的阶段，对掌上电子词典的核心，即词典的内容不够重视。当然，这可能与被调查者对掌上电子词典功能的了解不全面也有关系。

表 3-16 影响调查对象购买掌上电子词典的因素(前九位)

影响购买因素	具体数据
词典的功能	2353
词典的价位	1977
词典的词汇量	1661
品牌的知名度	1627
时尚外观	1106
所收纸质版权词典	605
词典重量	299
品牌代言人	214
赠品(如电子词典小饰品)	115

我们的相关调查结果显示,用户对掌上电子词典主要功能的前五项要求依次是:查询便捷、词汇量大、实用、外观设计和附带娱乐游戏。(见表 3-17)他们购买掌上电子词典的最主要用途是查单词,其次是背单词和学口语,还有一部分用户买掌上电子词典是为了玩游戏和看电子书。(见表 3-18)这说明现在的用户购买掌上电子词典不但注重其查询功能,同时也关注它的娱乐功能。

用户目前正在使用的掌上电子词典中,价格在 300—500 元的中低档机型占主流,拥有超过 1000 元的高档掌上电子词典的用户占少数。(见图 3-11)

用户对黑白屏掌上电子词典的心理价位大多为 200—300 元,鲜有超过 500 元的。(见表 3—19)在彩屏掌上电子词典市场方面,用户倾向于选择定价 900—1000 元的产品,愿意购买 1000 元以上彩屏掌上电子词典的用户也比较少。(见表 3-20)这表明目前大部分消费者还是比较青睐性价比较高的低端产品。

表 3-17 调查对象对掌上电子词典功能的要求(前八位)

用户对词典功能的要求	具体数据
查询便捷	2926
词汇量	2906
词典的实用性	2551
外观设计	1344
娱乐游戏	551
功能齐全	12
便携	3
讲解详细	3

表 3-18 调查对象购买掌上电子词典的用途(前八位)

购买电子词典的主要用途	具体数据
查单词	3163
背单词	915
学口语	752
玩游戏	191
看纸质书	9
看电子书	6
提高英语水平	3
查短语	2

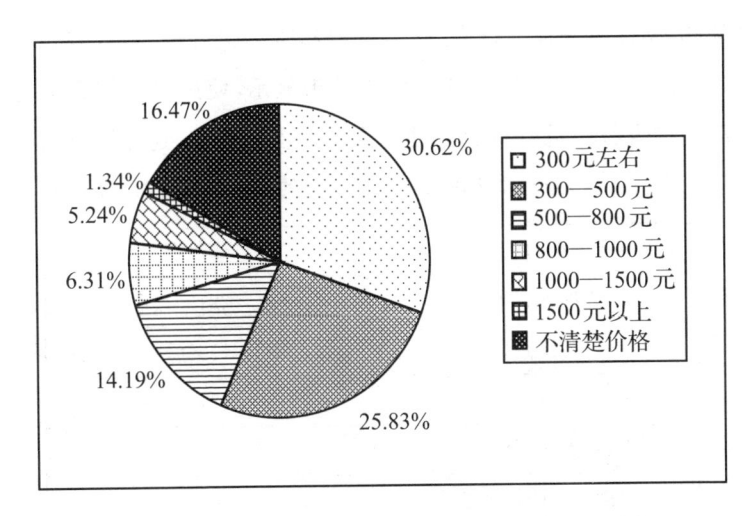

图 3-11 调查对象目前使用的掌上电子词典的价格

- 300元左右：30.62%
- 300—500元：25.83%
- 500—800元：14.19%
- 800—1000元：6.31%
- 1000—1500元：5.24%
- 1500元以上：1.34%
- 不清楚价格：16.47%

表 3-19 调查对象能接受的黑白屏掌上电子词典价格(前五位)

用户能接受的黑白屏电子词典价格	具体数据
200—300 元	2034
300—500 元	934
500—700 元	156
100—200 元	36
100 元	30

表 3-20 调查对象能接受的彩屏掌上电子词典价格(前五位)

用户能接受的彩屏电子词典价格	具体数据
900—1000 元	1979
1000—1200 元	701
1200—1500 元	141
1500—1800 元	42
2000 元左右	29

经调查发现,掌上电子词典用户需要掌上电子词典辅助的学习活动依次为:阅读理解练习、英汉翻译、汉英翻译、英文写作、阅读英文报纸杂志、听力练习和听英文讲座。我们知道,阅读理解练习、英汉翻译、阅读英文报纸杂志、听力练习和听英文讲座为解码活动,其余为编码活动。(见表 3-21)调查结果显示,使用电子词典进行解码活动的人数比进行编码活动的人数略多。当然,这也可能与

表 3-21 调查对象使用掌上电子词典的具体学习活动(前七位)

使用电子词典的具体学习活动	具体数据
阅读理解练习	2213
英汉翻译	1766
汉英翻译	1712
英文写作	1594
阅读英文的报纸杂志	1494
听力练习	251
听英文讲座	118

目前掌上电子词典在辅助编码功能方面的局限性有关系。

我们的调查结果显示,绝大部分用户只使用过1部掌上电子词典,少数使用过2部,使用过2部以上的人数很少。(见图3-12)这说明掌上电子词典的更换频率并不像其他流行电子产品那么高,这与掌上电子词典的价格较高有一定的关系。

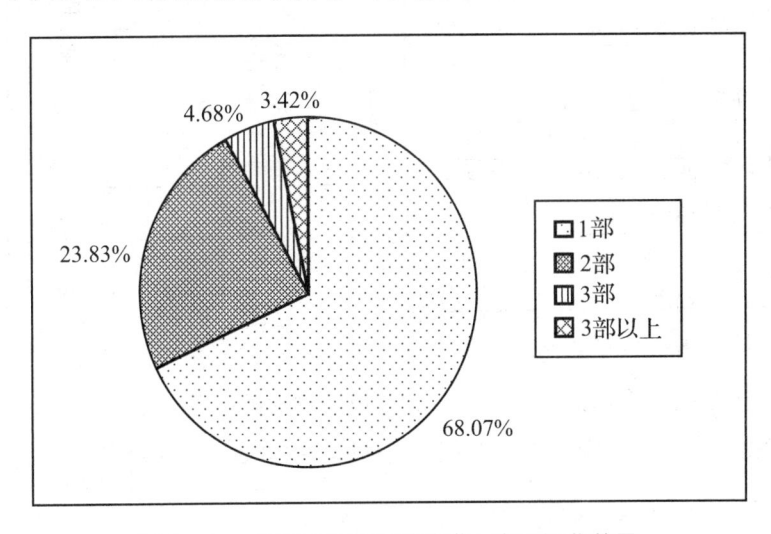

图3-12 调查对象使用过的掌上电子词典数量

对于那些使用过2部或2部以上掌上电子词典的用户来说,促使他们更换电子词典的原因是什么呢？我们调查发现,更换掌上电子词典最常见的原因是由于它使用寿命短,其次是部件故障。这说明掌上电子词典的质量还需进一步提高。排在第三位的原因是功能过少,已不能满足用户的需求。词汇量过少也是用户考虑更换掌上电子词典原因之一,在我们的调查结果中居于第四位。其他原因还包括操作不简便、外观设计过时、丢失以及被偷等。(见表3-22)

部件故障是造成用户更换掌上电子词典的主要原因之一。根据我们的调查结果显示,用户认为最容易出故障的部件是按键,其次是

屏幕转轴、屏幕和电池,只有5人认为掌上电子词典主板容易出故障。(见表3-23)

表3-22 调查对象更换掌上电子词典的原因(前八位)

更换电子词典的原因	具体数据
使用寿命短	1282
部件故障	746
功能少,不能满足要求	561
词汇量不能满足需求	506
操作不简便	244
外观设计过时	139
丢失	39
被偷	13

表3-23 掌上电子词典最容易出故障的部件(前五位)

最容易出故障的部件	具体数据
按键	2141
屏幕转轴	1043
屏幕	926
电池	566
主板	5

经我们调查发现,用户最喜欢的电子词典按键颜色中,白色、黑色和银色高居前几名;而在用户习惯的电子词典外壳颜色中,黑色、银白色和白色的得票数最多,位列前三,具体数据见表3-24和表3-25。

表3-24 调查对象喜欢的掌上电子词典按键颜色(前十位)

用户喜欢的按键颜色	具体数据
白	265
黑	247
蓝	176
银	100
透明	66
银白	61
灰	42
粉红	33
红	33
银灰	32

表3-25 调查对象喜欢的掌上电子词典外壳颜色(前七位)

用户喜欢的电子词典外壳颜色	具体数据
黑	174
银白	145
白色	142
蓝色	120
银色	113
银灰	49
红色	48

良好的售后服务可以提升消费者的满意度和忠诚度,是树立产品口碑的重要途径。然而,经我们调查发现,有约 33.35% 的被调查者认为掌上电子词典的售后服务一般,更有约 13.92% 的被调查者称他们所购买的产品根本没有相应的售后服务。(见图 3-13)这些数据说明了目前电子词典厂家在售后服务方面做得还不够,需要进一步改善。

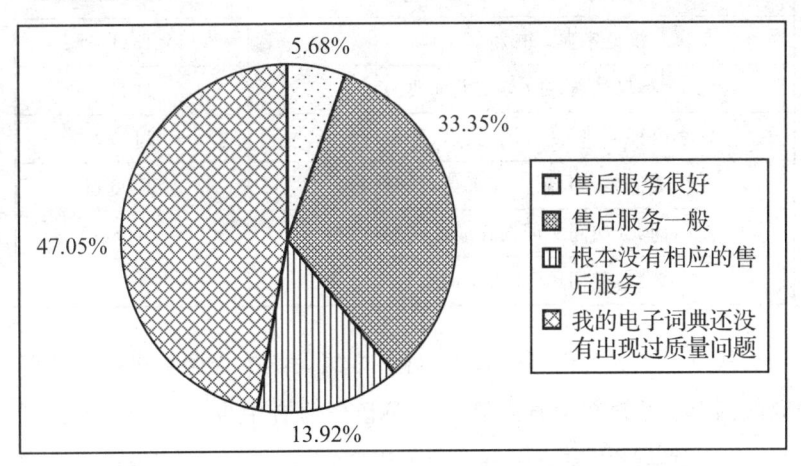

图 3-13 调查对象对掌上电子词典售后服务的看法

3.2 收录词典类型

我们的调查结果显示,3361 名被调查者中有 2223 人认为掌上电子词典收录英汉双解词典(如《牛津高阶英语学习词典》)会影响他们的消费选择。有 2025 人声称英语单语词典(如《牛津英语大词典》)对他们也具有一定的吸引力。此外,有 1669 人认为掌上电子词典收录考试词汇书(如 CET-4 等)也会增加他们的购买欲望。其他对消费者具有影响力的词典包括:汉语词典(如《现代汉语词典》)、英汉双语词典(如《英汉大词典》)、小语种词典、汉英双语词典(如《新世纪汉英大词典》)、专门词典(如同义词词典等)和专科词典(如《法律

词典》)。(见表3-26)

表3-26 对掌上电子词典用户的购买选择产生影响的词典种类(前九位)

电子词典中具有对用户购买产生影响的词典	具体数据
双解词典(如《牛津高阶英语学习词典》)	2223
英英(单语)词典(如《牛津英语大词典》)	2025
考试词汇书(如CET-4等)	1669
汉语字典(如《新华字典》)	1311
英汉词典(如《英汉大词典》)	1227
小语种词典(如日语、法语、德语等)	1169
汉英词典(如《新世纪汉英大词典》)	1095
专门词典(如同义词词典或反义词词典)	610
专科词典(如法律词典)	564

从以上数据我们可以看出,目前中国大学生普遍喜欢使用英汉双解词典。英语单语词典在中国英语学习者中也相当受欢迎。同时,由于中国学生需要应付大学英语四六级以及其他英语语言类考试,他们对考试词汇手册的需求所占的比重相当大。英汉和汉英双语词典虽然是学习英语必不可少的工具书,但其影响力仍然比不上以上三种词典类型。

统计数据显示,用户最需要的是《牛津高阶英汉双解词典》,其次是《现代汉语词典》。《新牛津英汉双解大词典》、《朗文当代高级英语辞典》和《牛津现代英汉双解词典》分别排在第三、四、五位。此外,也有众多调查者选择陆谷孙主编的《英汉大词典》,这反映出目前在我国,"牛津""朗文"系列词典的知名度和声誉都相当高,受到广大英语学习者的欢迎。国外英语学习型词典统领中国市场已久,若要国内的英语类词典打破这种局面,则必须从树立词典的权威性和增强词典的学习功能入手,编纂出最适合中国学习者学习需求的英语类词典,具体数据见表3-27。

表3-27 调查对象认为需要在掌上电子词典中增加的纸质词典(前十位)

用户认为需要增加的纸质词典	具体数据
《牛津高阶英汉双解词典》	2294
《现代汉语词典》(商务印书馆)	1636
《新牛津英汉双解大词典》	1481
《朗文当代高级英语辞典》	1255
《牛津现代英汉双解词典》	1054
《英汉大词典》(陆谷孙主编)	982
成语词典	9
《法律词典》	5
医学词典	4
医学大词典	4

3.3 收词立目考察

我们的调查结果显示,认为现有掌上电子词典的词汇量能够满足查询需要的用户约占26.66%,约61.83%的用户表示掌上电子词典有时候查不到所需的单词,而余下的约11.51%的用户称掌上电子词典不能满足他们的查询需求。(见图3-14)这固然与用户所使用的掌上电子词典品牌有着密切的关系,但是总体来说,目前掌上电子词典的收词量还是不能让大多数用户感到满意。

根据我们的调查结果,在掌上电子词典中无法查到的词汇中,专业词汇居首位。(见表3-28)这表明掌上电子词典主要关注综合性语文词典的收录,没有照顾到用户对专科词典的使用需求。无法查到的词汇还包括谚语和俚语,鉴于这两类词汇单位一直是英语学习中的难点,掌上电子词典应当考虑多收录一些这方面的信息。新词

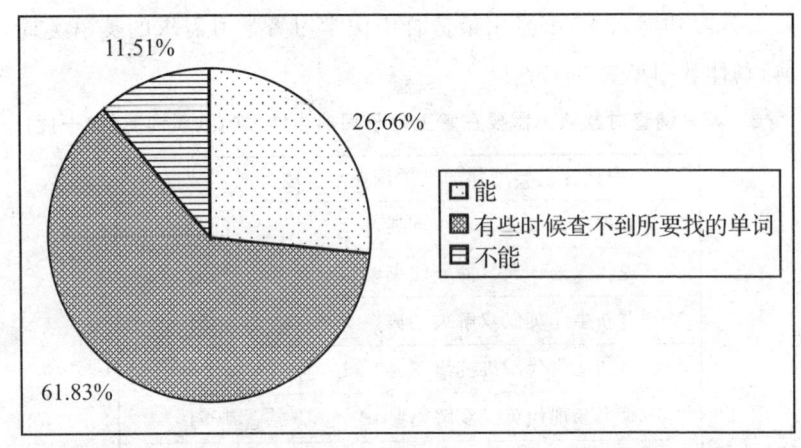

图 3-14 调查对象能否在掌上电子词典中查到所需的单词

也是用户经常无法查到的词汇类型之一。由于纸质词典的编纂周期较长,词汇更新速度较慢,因此一些新出现的词汇往往无法及时收录。要解决词汇更新速度慢的问题,掌上电子词典公司可以与语言研究者合作,定期从动态语料库及网络中筛选影响力范围比较大的新词新义,并在掌上电子词典网站上以数据更新包的形式向用户发布。

表 3-28 调查对象在掌上电子词典中查不到的词汇类型(前十位)

查不到的词汇类型	具体数据
专业词汇	1729
谚语	1135
俚语	1107
新词	1080
缩略语	1038
一些不常见的难词	980
惯用语	629
英文人名	535
普通词汇	519
英文地名	507

3.4 微观结构考察

本小节将从拼写、发音、释义、例句、词汇语言知识、插图等构件考察掌上电子词典在微观结构方面的处理方式以及用户的相关满意度。

3.4.1 拼写

我们的调查结果显示,约82.54%的用户称他们现有的掌上电子词典中没有拼写错误或错误很少。然而,仍有约6.58%的人认为他们的掌上电子词典中拼写错误很多。(见图3-15)希望掌上电子词典生产厂商能够重视这个问题,尽可能内置经过认真校对的词典文本内容,避免这方面的错误。

由于目前国内英语教材大多使用英式拼写形式,而在学生们平时接触到的英语语言信息(如电视节目、报纸杂志等)中,美式英语所占的比例相当大。这种情况常常造成学生在拼写英语单词时混用两种拼写形式。经调查发现,注明英式和美式拼写差异的掌上电子词典数量很少,需要改进。(见图3-16)当然,也有数据显示,有很大一部分学生根本没有注意过拼写方式的不同,我们认为,这跟词汇教学中教师的相关引导有关系。

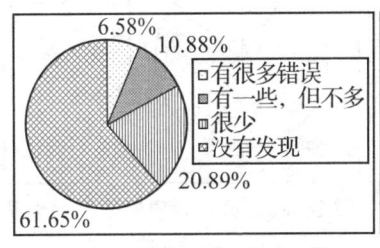

图3-15 调查对象是否在掌上电子词典中发现拼写错误

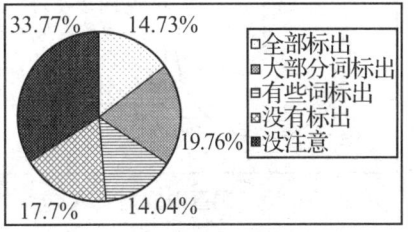

图3-16 调查对象所使用的掌上电子词典是否区分英式和美式拼写

3.4.2 音标和发音功能

在回答目前使用的掌上电子词典是否标明美式或英式音标这个

问题的时候,约 39.3% 的被调查者表示没有注意过这个问题,而有约 35.35% 的被调查者称他们所使用的掌上电子词典对英式和美式音标进行了区别标注,但所占的比例并不能令人满意。(见图 3-17)此外,约 68.55% 的被调查者希望掌上电子词典能够对英式和美式两种音标都加以标注。(见图 3-18)

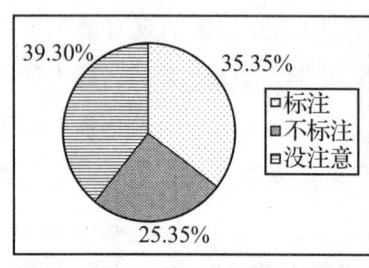

图 3-17 调查对象所使用的掌上电子词典是否标英式或美式音标

图 3-18 调查对象希望掌上电子词典标注哪种音标

约 63.73% 的被访问者是认可真人发音功能的,他们认为该功能可以帮助自己纠正发音。同时,也有约 30.44% 的使用者认为真人发音的效果不好,发音听上去很奇怪。(见图 3-19)

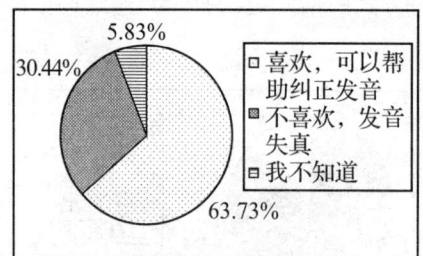

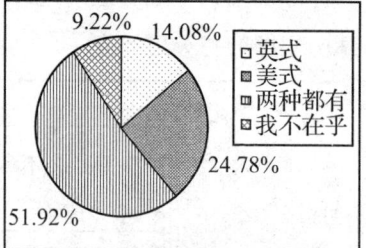

图 3-19 调查对象对真人发音功能的看法

图 3-20 调查对象希望掌上电子词典的发音是英式还是美式

在 3361 名被访者中,希望真人发音能够包括英式和美式两种发音的共有 1745 人,占被调查者的 51.92%。另外,倾向于美式发音的人数要比选择英式发音的人数略多,分别占约 24.78% 和

14.07%。(见图 3-20)

3.4.3 释义

我们的调查结果显示，大约 5.62% 的用户觉得掌上电子词典给出的词义很全面；66.86% 的用户觉得掌上电子词典给出的词义比较全面，仅个别词义查不到；约 15.98% 的用户认为信息不全面，经常查不到所需的词义。(见图 3-21)而在义项排列方面，认为掌上电子词典中义项排列合理的用户占全部用户的比例约为 57.63%；认为义项排列较乱，不便查找的用户约占 25.47%。(见图 3-22)这两项统计结果表明，虽然目前掌上电子词典包含的词义信息越来越完整，但是对各个义项的排列形式却仍然需要进一步完善和改进。

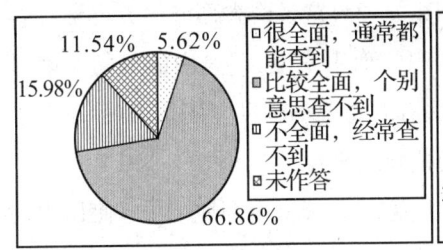

图 3-21 掌上电子词典词义收录情况

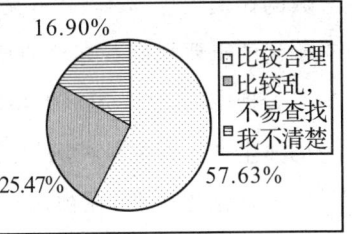

图 3-22 掌上电子词典义项排列情况

3.4.4 例句

我们的调查数据显示，目前市面上大多数的掌上电子词典 (74.03%) 均提供例句，但例句的数量并不能让大部分用户满意。被调查者中有约 8.06% 的人认为掌上电子词典中的例句数量比较多，另有约 41.06% 的人认为例句数量适中，而余下的约 50.88% 的用户认为掌上电子词典中例句的数量比较少或太少。(见图 3-23)这表明掌上电子词典需要通过设置补充例句库等方式来进一步满足用户对例句的需求，有条件的话甚至可以在掌上电子词典中内置一个小型的语料库。

图 3-23 掌上电子词典
收录的例句数量

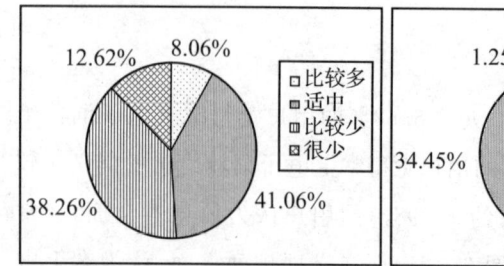

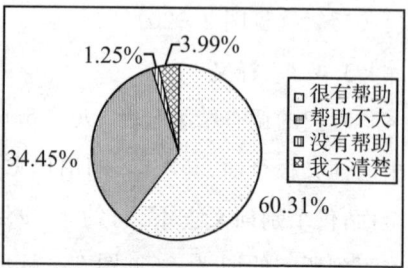

图 3-24 掌上电子词典中例句
对英语学习的作用

经调查发现,约 60.31% 的被调查者认为掌上电子词典中的例句很有帮助,而认为例句对他们没有帮助或帮助不大的用户人数占总数的比例约为 35.7%。(见图 3-24)这说明大部分的英语学习者对例句的重要性有着充分的认识。而事实上,词典中的例句的确对学习者理解词义、学习词汇用法有着重要的辅助作用。因此,掌上电子词典生产厂商要重视例句的选择与设置。

统计结果表明,在被调查者现有的掌上电子词典中,使用中英文对照例句的占 66.08%,而只提供英文例句的约 33.92%。(见图 3-25)结合前面对词典类型的统计结果来看,我们可以认为现在的学习者普遍比较喜欢使用包括汉语译文的双解和双语类词典。他们虽然对英语单语词典的权威性给予肯定,但却仍旧对其"望而却步"。

在例句类型方面,约 58.05% 的被调查者表示希望掌上电子词典能够提供短语和完整句两种类型的例证。另外,约 33.86% 的用户表示他们只需要完整句。(见图 3-26)从总体的比例来看,学习者对词汇的具体使用语境信息有更多的需求,符合语言认知的特点。

3.4.5 词汇语言知识信息

词汇语言知识信息指词典对语词所负载的各种语言知识收录和处理的情况。在这里,我们主要讨论的是掌上电子词典中语体、同义

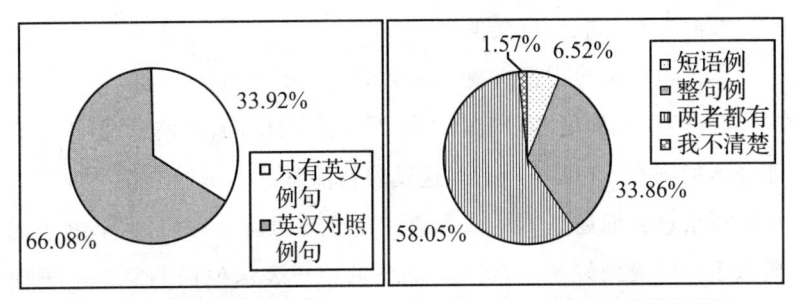

图3-25 掌上电子词典中例句的形式（66.08% 英汉对照例句，33.92% 只有英文例句）

图3-26 调查对象希望掌上电子词典收录的例句类型（58.05% 短语例，33.86% 整句例，6.52% 两者都有，1.57% 我不清楚）

词和反义词、搭配、习语和谚语、词源、派生词和词形变化等信息类别。

3.4.5.1 语体信息

语体信息对二语学习者进行编码活动起到重要作用，能帮助他们选择得体的词汇、用符合英语表达习惯的方法把思想表述出来。根据我们的统计数据，被调查者所使用的掌上电子词典中提供了语体信息的约44.45%，约27.88%的用户表示掌上电子词典中缺乏这一方面的信息。（见图3-27）

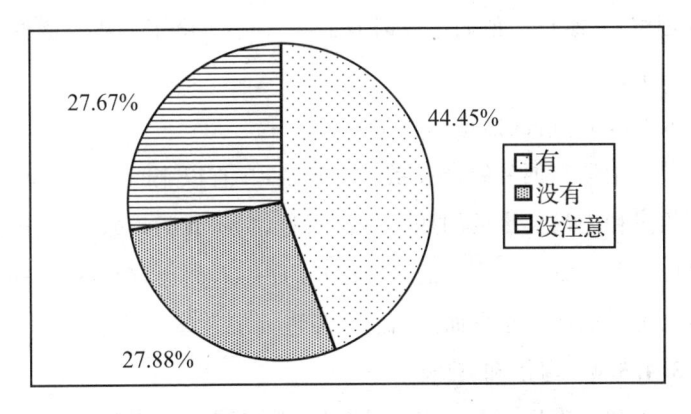

图3-27 掌上电子词典是否有收录语体信息

3.4.5.2 同义、反义信息

掌上电子词典中没有提供同义词信息的比例约为22.73%。约34.75%的用户称虽然掌上电子词典提供了这方面的信息,但是却不能令他们满意。(见图3-28)这反映目前掌上电子词典在呈现同义词辨析信息方面还是不尽如人意。在反义词信息方面,掌上电子词典似乎做得要稍好一点,约54.39%的用户表示他们的掌上电子词典中提供了反义词信息。(见图3-29)

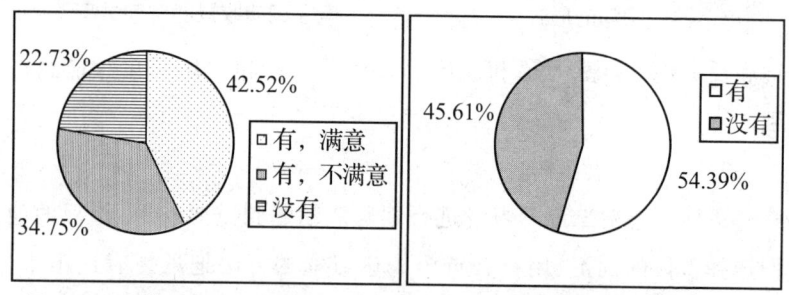

图3-28 掌上电子词典是否收录同义词辨析信息

图3-29 掌上电子词典是否收录反义词信息

同义词辨析和反义词信息可以增进学习者对相关词汇的全面和深入理解,并能帮助他们扩大词汇量,今后掌上电子词典应该更重视这一方面的内容。

3.4.5.3 搭配信息

英语中词与词的组合关系纷繁复杂,一直以来是中国学习者学习英语过程中最头疼的问题之一。通过调查,我们发现对掌上电子词典中搭配信息不是十分满意的用户约占47.69%,(见图3-30)表明掌上电子词典中这方面的信息还需进一步完善。

3.4.5.4 习语和谚语

习语和谚语是一个民族文化和智慧的浓缩,对学习者深入理解和地道使用所学语言大有裨益。我们的调查问卷中也考察了掌上电

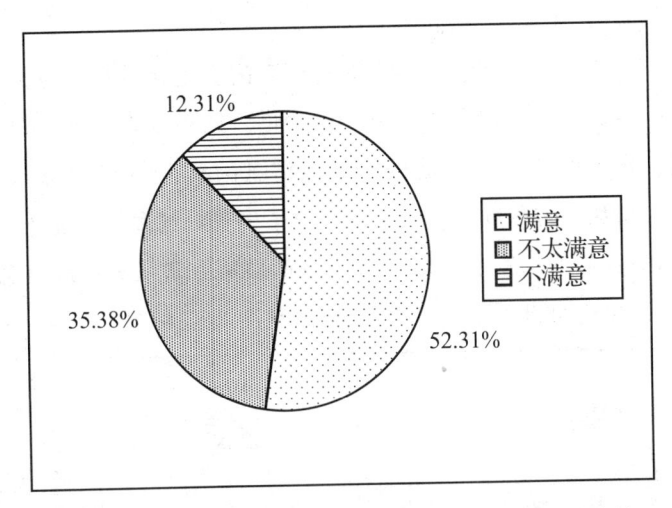

图 3-30　掌上电子词典用户对收录的搭配信息的满意度

子词典收录英语习语和谚语的情况以及用户的满意度。

我们的调查结果显示,约 53.91% 的被调查者认为英语习语和谚语对他们的学习很有帮助,应当多收录。(见图 3-31)然而,约 56.71% 的用户反映目前掌上电子词典中收录英语习语和谚语的数量比较少。(见图 3-32)从服务于用户学习的角度出发,掌上电子词典应当重视习语和谚语相关内容的收录。

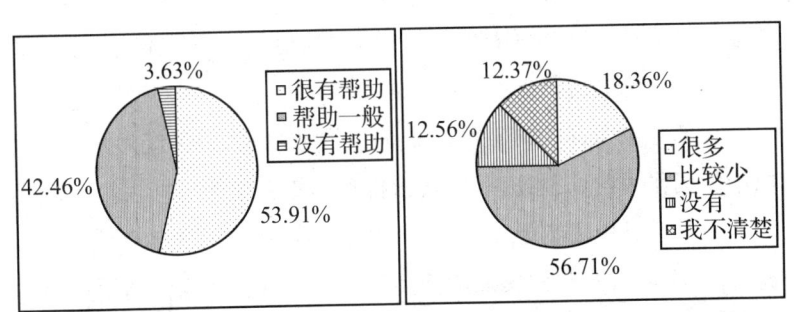

图 3-31　调查对象对英语习语和谚语作用的看法

图 3-32　掌上电子词典是否收录英语习语和谚语

3.4.5.5 词源信息

词典中的词源信息有助于展现词汇的文化背景和历史内涵,对激发学习者兴趣和记忆词汇有一定帮助。调查结果显示,用户目前使用的掌上电子词典中提供了词源信息的只占约 24.46%,(见图 3-33)这从一定程度上反映了掌上电子词典对词源信息的忽视。然而,通过我们的调查发现,约 58.05% 的被调查者认为词源信息还是有用的,觉得自己需要这一类信息。(见图 3-34)

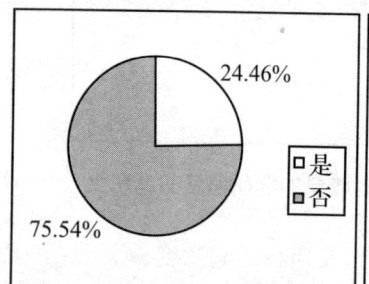

图 3-33 掌上电子词典是否收录词源信息

图 3-34 调查对象是否需要词源信息

3.4.5.6 派生词信息

我们的调查结果显示,约 52.13% 的用户所使用的掌上电子词典中收录了词汇的派生词信息。另外,有约 26.12% 的用户表示虽然他们现有的掌上电子词典上没有,但是他们希望掌上电子词典能够增加这一部分的内容。(见图 3-35)

大部分派生词的词义可以从词根推导出来,故传统做法中习惯把派生词作为内词条处理,仅给出拼写形式和词性信息。然而,派生词汇通常会发生读音上的变化,而且有些词的重音也有所改变。因此,许多学习者希望词典能给派生词加注音标。在我们的调查中,认为派生词需要加注音标的被调查者约占 81.32%。(见图 3-36)今后在研发掌上电子词典的时候可以适当考虑满足用户这方面的需求。

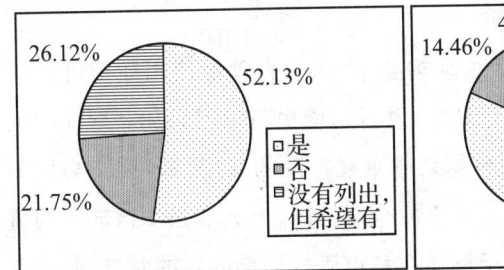

图3-35 掌上电子词典是否收录派生词信息

图3-36 调查对象是否需要派生词音标信息

3.4.5.7 词形变化形式

词形变化,又称屈折变化,指因单词的格、数、性等语法功能变化导致的书写形式变化,属于语言学习者应该掌握的信息。我们的调查结果显示,仅约51.32%的掌上电子词典包含了词形变化信息。(见图3-37)以词形变化对学习者的重要程度而言,这个比例是远远不够的,掌上电子词典生产厂商应当予以重视。

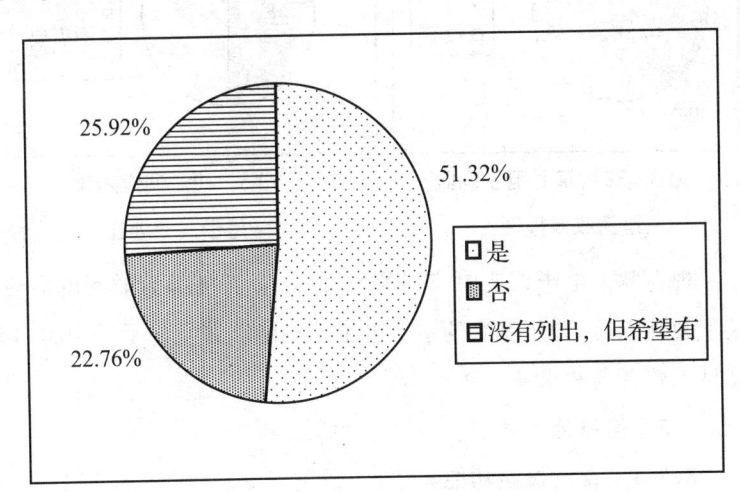

图3-37 掌上电子词典是否收录词形变化形式及调查对象对该项信息的态度

3.4.6 插图

插图是词典重要的微观结构要素之一,合理地使用插图可以扩大词典信息容量、辅助词汇认知,并且还能提高学习兴趣。现在的纸质词典,尤其是学习型词典越来越重视插图的使用,如《朗文当代英语辞典》(第4版)就配备了上千幅全彩插图,大大增强了该词典的可读性。遗憾的是,掌上电子词典在移植版权词典内容的时候,并没有把插图包含在内。

我们的调查结果显示,用户所拥有的掌上电子词典中,配备了插图的仅约13.69%,剩下约86.31%均不设插图。(见图3-38)然而,这并不表明用户不需要插图。相反,相当一部分被调查者(约49.69%)认为插图是必要的。(见图3-39)

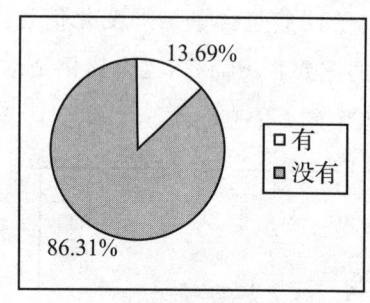

图3-38 掌上电子词典是否收录插图

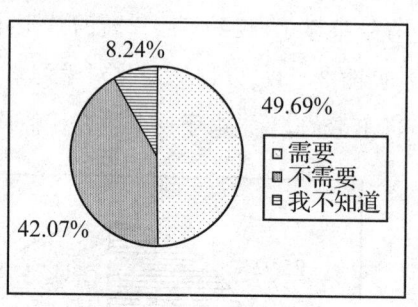

图3-39 调查对象是否需要插图

现在掌上电子词典中流行的大屏机、彩屏机都为插图的展现提供了硬件支持,希望将来的掌上电子词典能够普及显示插图的功能,满足消费者的需求。

3.5 信息处理功能

3.5.1 查询检索功能

查询检索功能是掌上电子词典最主要的功能之一,便捷性是其最主要的优势。外语学习者对掌上电子词典的这一优势还是极为肯

定的。我们的调查数据显示,认为掌上电子词典查询很方便的用户约占 78.58%。(见图 3-40)

图 3-40 中的这组数据在一定程度上说明了掌上电子词典在查询功能上的优势,这也是电子词典优于纸质词典之处。具体原因在于,电子词典可以通过超链接实现多种词典间的跳查、单词和短语的追加查询或者说反向检索等等。

通过快捷键实现单词间的跳查功能在用户中广受欢迎。从图 3-41 可以看出,约 84.08% 的用户都喜欢快捷键的链接方式。对于一个长期使用掌上电子词典的学习者来说,这种查询方式可以节省查询时间,提高查询速度。

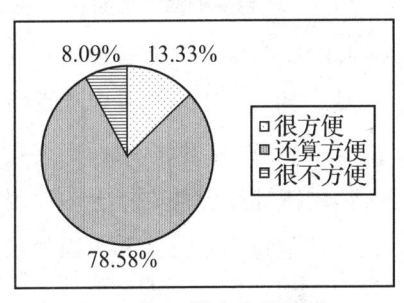

图 3-40 掌上电子词典查询是否方便

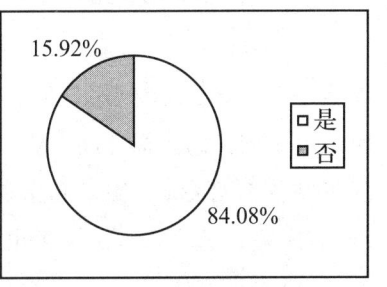

图 3-41 调查对象是否喜欢快捷键跳查功能

为了使查询更方便快捷,现在有些掌上电子词典设有反向检索功能。反向检索,又称追加查询或连续查询,即通过超链接由一个词追踪到一系列与之相关的词汇,这样可以帮助外语学习者系统学习单词和短语。但从图 3-42 中可以看出,具有反向检索功能的掌上电子词典只占约 36.54%。此外,约 22.61% 的用户希望掌上电子词典具有反向检索的功能。

模糊查询是方便学习者查询的另外一个功能。当用户记不清某一单词或者是输入单词错误时,掌上电子词典可提供数个形似的单词供用户选择。从图3-43中可以看出,约66.29%的掌上电子词典仍然没有模糊查询功能。这就意味着,如果不能输入准确单词拼写,要想查到所需信息就非常困难了。

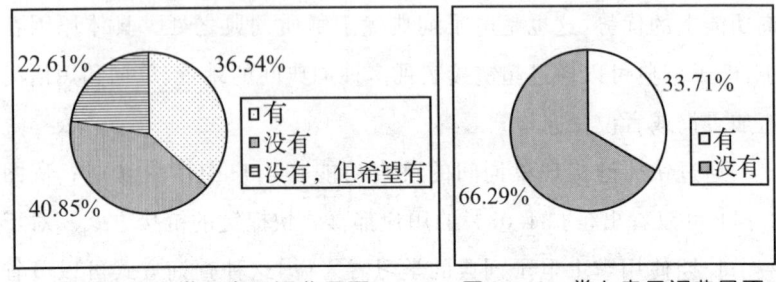

图3-42 掌上电子词典是否有反向检索功能

图3-43 掌上电子词典是否有模糊查询功能

由此可以看出,目前掌上电子词典的反向检索功能和模糊查询功能还没有普及,造成用户的查询不便。约52.72%的使用者反映掌上电子词典的查询速度一般,(见图3-44)这与追加、模糊查询功能不完备不无关系。除了超文本链接、快捷键等硬件支持上的原因外,有时查询速度慢也与掌上电子词典的信息显示方式和界面显示

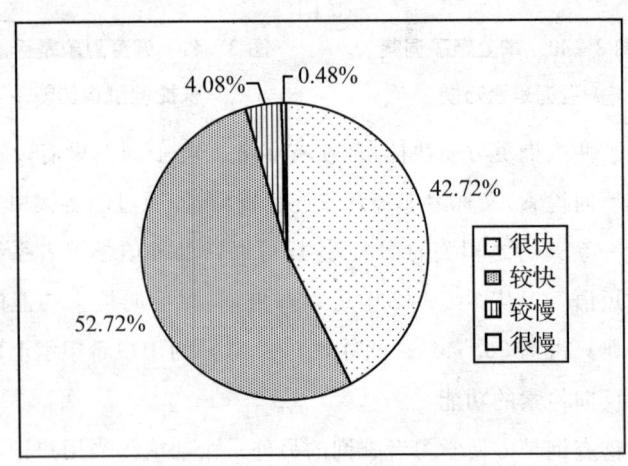

图3-44 掌上电子词典的查询速度

方式有关。

3.5.2 显示功能

现在的掌上电子词典尚且不能在同一个页面内显示所有的义项信息,通常都是逐条显示,(见图3-45)用户要查询某一单词或短语时,要将释义逐条往下翻,有时翻过几十页才查到自己需要的信息,这时倒不如纸质词典方便快捷。所以,约69.03%的用户希望单词所有释义能在同一页显示也不无道理。(见表3-29)

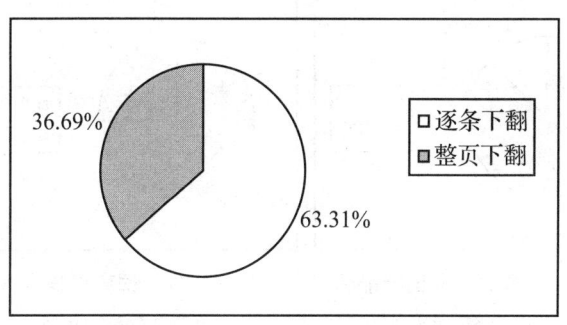

图3-45 掌上电子词典换页方式

表3-29 调查对象喜欢的内容显示方式

用户更喜欢哪种内容显示方式	百分比
一个单词的所有意思都在同一界面显示,例句隐藏,单击相关意义可链接到所需例句	60.93%
单词的每个意思之后紧跟相关的例句	34.34%
例句相对集中	4.73%

从表3-29的内容和数据来看,用户更喜欢显示内容丰富并且查找方便的第一种显示方式。除了这一内容显示方式外,与查询快捷方便与否紧密相关的是掌上电子词典的界面显示方式。

我们的调查数据显示,目前约87.03%的掌上电子词典都不能像电脑那样多窗口显示。(见图3-46)这就意味着,用户要想查询另一个窗口目录下的信息则必须退出当前窗口,要想回到原来的窗口就得重复同样的动作,极为不便。

掌上电子词典在多窗口显示功能方面还有很大的完善空间。例如,可以设置快捷键由当前窗口跳到菜单栏选择,然后多个窗口同时打开,方便用户随时在各窗口间切换。我们的调查数据显示,约81.26%的用户喜欢这种显示方式。(见图3-47)

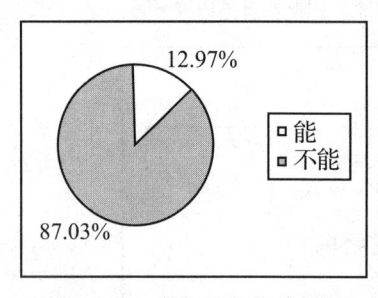

图3-46 掌上电子词典能否同时打开多个窗口

图3-47 调查对象喜欢的掌上电子词典界面显示方式

从以上数据可以看出,目前掌上电子词典在信息检索和显示功能方面还有待完善。当然,改进与完善的主要依据还在于如何使信息的查询更方便快捷,更有利于辅助使用者的语言学习与使用。

3.5.3 拼写校正功能

自动拼写校正功能,就是当用户拼写错误时,掌上电子词典可以提醒用户并予以纠正。这一功能既能方便用户拼写,又能节省用户的时间。但我们的调查数据显示,目前约75.31%的掌上电子词典都不具备这一功能,不能像电脑的文字编辑软件那样为用户检查纠错。同时,约31.33%的用户希望电子词典能配备该功能。(如图3-48所示)虽然掌上电子词典在这方面做出的尝试还很有限,但毕竟有些掌上电子词典已经迈出了可喜的第一步。

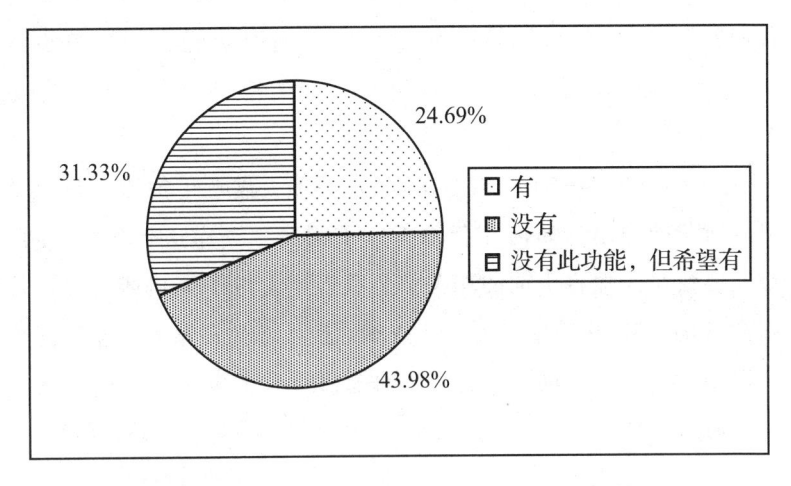

图 3-48 掌上电子词典是否有拼写校正功能

3.5.4 自建生词库功能

自建生词库,就是用户根据个人需要建立或下载自己的单词库,以满足自己的查询需求。目前具有这一功能的掌上电子词典不在少数。

我们的调查数据显示,目前约52.72%的掌上电子词典不具有自建生词库功能;(见图3-49)生产厂家或许是不知,抑或是不愿开发这一功能。那么用户对这一功能又是如何看待和使用的呢?

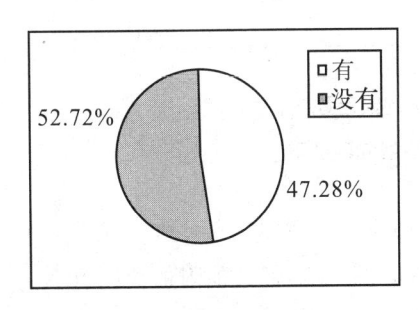

图 3-49 掌上电子词典是否有自建生词库功能

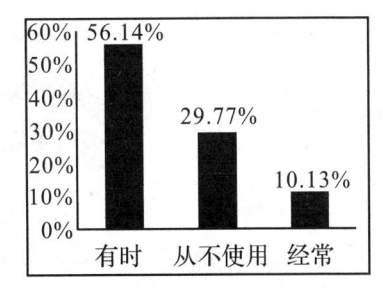

图 3-50 调查对象使用自建生词库的频率(前三位)

我们的调查数据显示,经常使用自建生词库功能的用户只占约10.13%,有时使用和从不使用这一功能的用户约85.91%。(见图3-50)

此外,从图3-51可以看出,用户并不太满意生词库在语言学习中所起的作用。如何完善掌上电子词典生词库这一功能,使用户能方便快捷地将生词的相关信息载入掌上电子词典或者是链接到内置的纸质词典进行进一步查询,让生词库成为用户复习记忆和运用单词的得力助手呢?这个问题值得掌上电子词典研发者进一步思考。

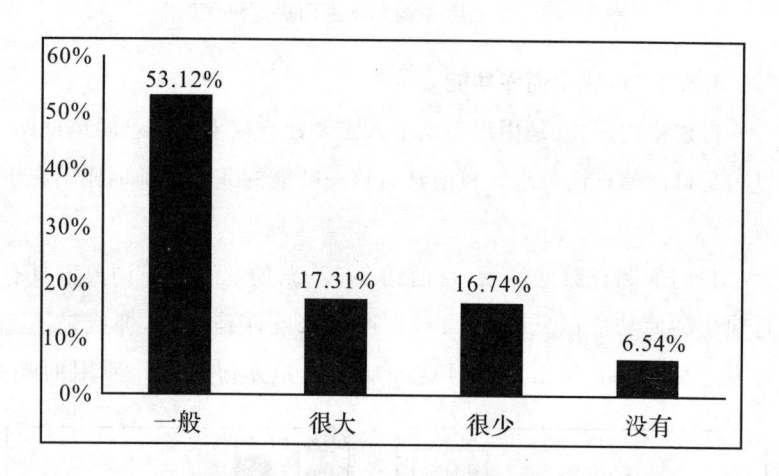

图3-51 掌上电子词典自建生词库功能对英语学习的帮助(前四位)

以上是关于掌上电子词典查询检索功能的数据分析。如上文所述,查询检索是掌上电子词典最核心的功能,但其他附加功能也不能忽略。细察现在的掌上电子词典,附加功能越来越多且大有增长之势,不容忽视。

3.5.5 附加信息和功能

一般掌上电子词典都具有很多附加功能,现在各大厂家开发新产品时还在争相增加其附加信息和功能,使自己产品的信息和功能更多、更全。从表3-30中我们可以看出,计算、游戏、记事本、万年历、个人资料管理、汇率换算、课程表、数理化公式、电子书等附加信息和功能已基本成为各掌上电子词典生产厂商的共识,音乐播放功能、录音功能也在不少电子词典中得以实现。

表3-30 调查对象所使用的掌上电子词典自带的附加功能(前十八位)

附加功能	具体数据	附加功能	具体数据
计算功能	3091	音乐播放	1558
游戏功能	2572	区号、邮编	1455
记事本功能	245	每日一句	1447
万年历	2449	化学周期表	1381
个人资料管理	2373	录音功能	1378
汇率换算	2189	星座解读	1280
课程表	2028	度量衡	1085
数理化公式	1909	录音笔功能	87
电子书功能	1907	视频播放	11

此外,用户认为电子词典还应该具有的附加功能有蓝牙、红外传输功能、拍照、语音输入和识别功能、手机短信功能等等,甚至有的用户还在问卷中写道"电脑有的功能掌上电子词典都应有"。总之,不少用户希望掌上电子词典的附加功能越多越好。我们的调查数据显示,在3361名被调查者中,约43.74%的用户认为掌上电子词典应该具备表3-30中所列的所有附加功能。(见表3-31)

表 3-31　调查对象对增加附加功能的态度

是否应该增加附加功能	百分比
以上功能应该全部具备	43.74%
不应该,只要能满足词汇学习需求就足够了	22.61%

在表 3-30 的所有附加功能中,需要着重指出的是录音功能。录音复读功能可以帮助用户模仿和纠正发音,提高会话能力。我们的调查数据显示,具备与不具备这一功能的比例基本持平,也就是说目前的掌上电子词典对开发这一功能的分歧较大,但用户对这一功能还是有所期待的。从图 3-52 可以看出,约 27.46% 的掌上电子词典还没有实现这一功能,同时约 21.6% 的用户希望掌上电子词典具有这一功能。

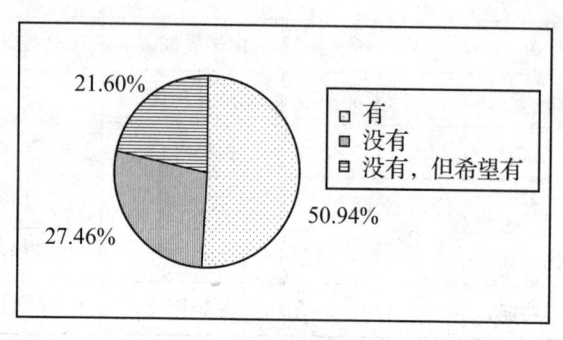

图 3-52　掌上电子词典是否有录音功能

除了增加附加功能,很多掌上电子词典也会增录不规则变化表等纸质词典的附加信息。从表 3-32 可以看出,目前的掌上电子词典或多或少都会收录一些相关的信息表。这些信息表可以帮助用户完善语法知识、记忆词汇和提高语言运用的准确性等。此外,约 78.64% 的用户认为有必要收录相关信息表。(见图 3-53)

表 3-32 掌上电子词典包含相关信息表的种类（前五位）

是否包含了相关信息表	具体数据
英语动词的不规则变化表	1654
英语形容词的不规则比较级、最高级变化表	1319
英语词缀表	1266
英语名词复数的不规则变化表	1217
以上信息表在电子词典中都没有收录	948

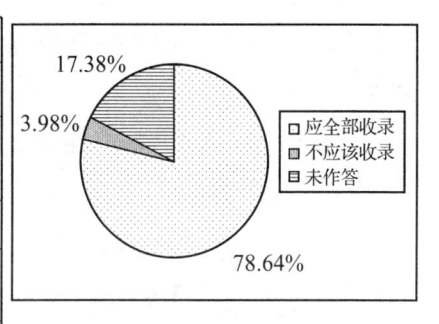

图 3-53 掌上电子词典是否有必要收录信息表
- 应全部收录 78.64%
- 不应该收录 3.98%
- 未作答 17.38%

3.6 软硬件配置

3.6.1 输入功能

现在的掌上电子词典一般都配有拼音、五笔、笔画等多种汉字输入法。在掌上电子词典配备的输入法中，拼音类的输入法占据了绝对优势。（见图 3-54）另外，大多数的掌上电子词典用户也比较倾向于使用拼音输入法。（见图 3-55）

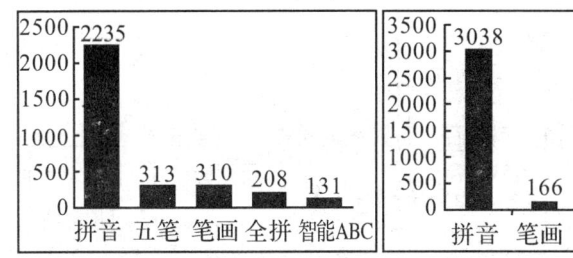

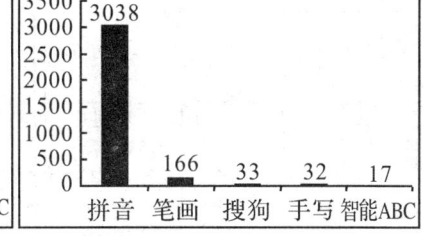

图 3-54 调查对象使用的掌上电子词典键盘输入法（前五位）
- 拼音 2235
- 五笔 313
- 笔画 310
- 全拼 208
- 智能ABC 131

图 3-55 调查对象喜欢的掌上电子词典键盘输入法（前五位）
- 拼音 3038
- 笔画 166
- 搜狗 33
- 手写 32
- 智能ABC 17

除了上述按键输入方式外,现在很多掌上电子词典又配备了手写输入方式。用户还期待有其他高智能的输入方式。从表3-33中可以看出,相对智能化的手写输入方式,传统的按键输入方式仍然是主流。

表3-33 调查对象喜欢的掌上电子词典输入方式(前五位)

用户更喜欢哪一种方式输入单词	具体数据
按键输入方式	1780
手写输入方式	1150
语音输入方式	357
手写和语音	10
按键和手写	7

3.6.2 电池

掌上电子词典的使用时间和电池的电量密切相关。目前约45.19%的掌上电子词典一般都是配备干电池,约27.88%的掌上电子词典使用纽扣电池,约26.93%的掌上电子词典使用充电电池。(见图3-56)然而,大多数用户(70.54%)希望掌上电子词典配备充电电池(锂电池);干电池则没有那么受欢迎,纽扣电池更是不受青睐。(见图3-57)

图3-56 调查对象所使用的掌上电子词典的电池类型

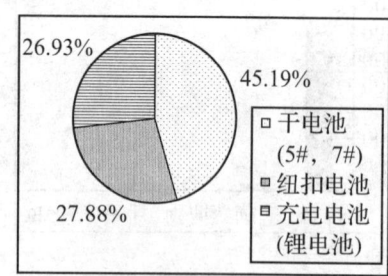

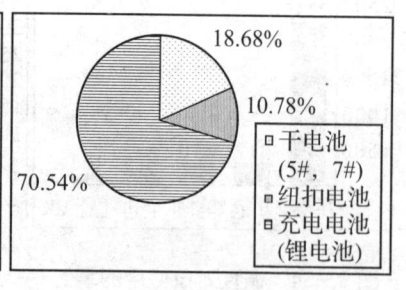

图3-57 调查对象希望的掌上电子词典配备的电池类型

3.6.3 显示屏

相对于电池而言,厂家对掌上电子词典显示屏投入的力度更大。黑白屏、彩屏、大屏幕、触摸屏、调节屏幕亮度、夜光功能等等,掌上电子词典在显示屏设计上正在不断完善。一般掌上电子词典屏幕大小还是比较适中的。从图 3-58 可以看出,约 61.41% 的用户对掌上电子词典的屏幕大小表示满意。

除了屏幕大小外,屏幕色彩也很重要。根据我们的调查数据,约 78.67% 的用户表示比较喜欢彩屏的掌上电子词典(见图 3-59),因为一般来说彩屏的视觉效果比较好。

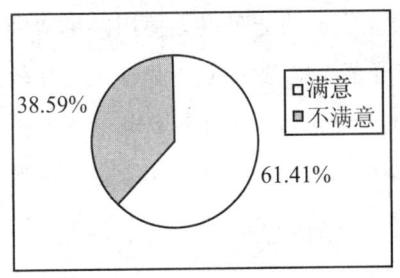

图 3-58 调查对象对掌上电子词典屏幕大小是否满意

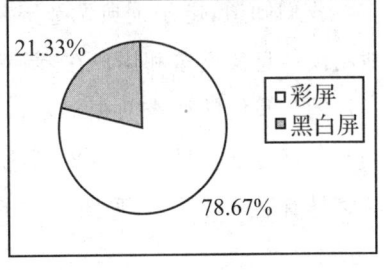

图 3-59 调查对象喜欢的掌上电子词典屏幕色彩

现在彩屏的掌上电子词典已经很常见。而且,随着相关技术的发展与完善,有些掌上电子词典还配备了触摸屏。我们的调查数据显示,目前约 77.48% 的用户使用的掌上电子词典不是触摸屏。(见图 3-60)此外,从图 3-61 可以看出,约 64.59% 的用户表示喜欢触摸屏电子词典,但不喜欢触摸屏电子词典用户的比例也占了约 35.41%。这说明用户对触摸屏的反应和意见还是有些分歧的。

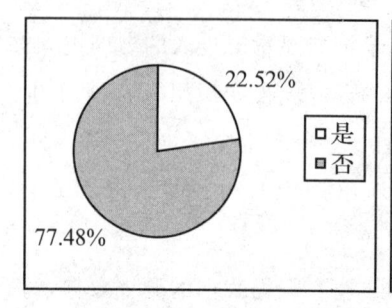

图 3-60 调查对象使用的掌上电子词典是否为触摸屏

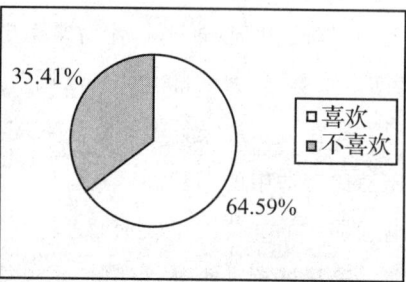

图 3-61 调查对象是否喜欢掌上电子词典配备触摸屏

我们知道,电子词典调节屏幕亮度的功能可以方便用户更清晰地阅读信息。厂家和用户在"调节屏幕亮度"这一点上做法还是比较一致的。我们的调查数据显示,目前约 65.34% 的掌上电子词典能调节屏幕亮度,(见图 3-62)而约 87.62% 的用户认为掌上电子词典应该具有这一功能。(见图 3-63)

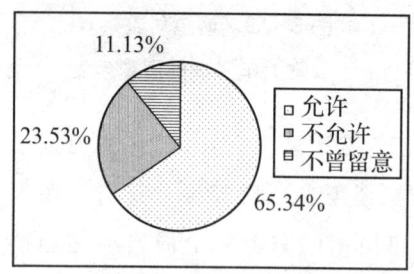

图 3-62 调查对象目前使用的掌上电子词典是否允许调节屏幕亮度

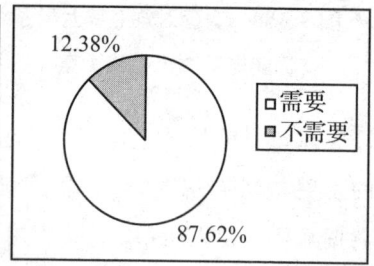

图 3-63 调查对象认为掌上电子词典调节屏幕亮度功能是否必要

而另一个可以方便用户随时随地查阅掌上电子词典的功能是夜光功能。单从字面意思就可以看出,利用这一功能,用户在没有光线或光线不充足的情况下同样可以查阅信息。但目前看来,夜光功能还没有普及。从图 3-64 可以看出,约 64.24% 的掌上电子词典并不具有夜光功能,其中有约 28.8% 的用户表示希望掌上电子词典能具有夜光功能,这样可以方便他们随时随地查找信息。

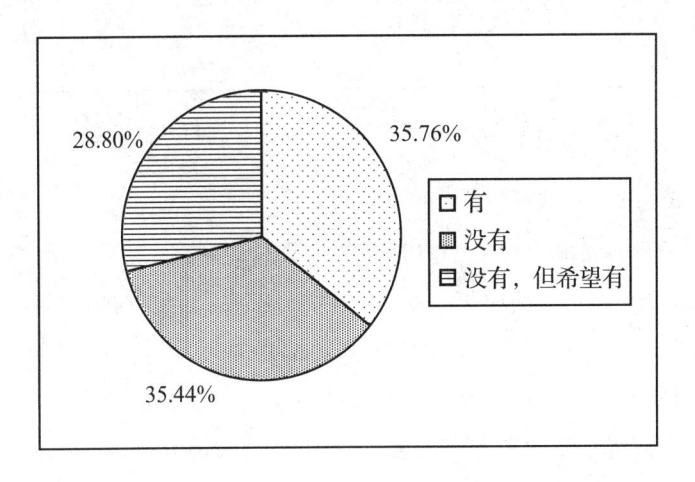

图 3-64 调查对象所使用的掌上电子词典是否有夜光功能

3.6.4 转轴

屏幕转轴,是掌上电子词典的重要部件,掌上电子词典以什么角度打开、屏幕可不可以旋转都取决于这一部件。从 3.1.2 小节的数据分析可以看出,转轴非常容易出故障,频率仅次于按键。(见表 3-23)掌上电子词典要经常开合,用户还要时不时地调整一下打开的角度,转轴使用频率比较高,故而容易出现故障。不管怎样,在保证产品质量的同时,转轴的设计要尽最大可能方便用户群。从图 3-65 中可以看出,约 78.01% 的用户希望能自由控制掌上电子词典的打开角度,这样更方便个人操作和使用。

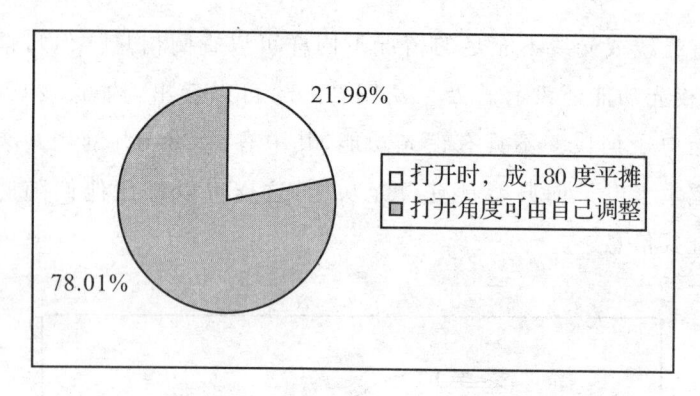

图 3-65 调查对象希望掌上电子词典打开的角度

3.6.5 按键

按键也是掌上电子词典最主要的硬件之一,一般掌上电子词典都是以按键输入,使用频次是各部件中最高的。按键是比较容易出故障的部件,也是用户要求比较高的部件。用户对按键颜色、舒适度、耐磨程度等等都有要求。从图 3-66 中可以看出,约 54.86% 的用户对按键舒适度还是比较满意的,但认为按键太小、不易操作的用户比例也占了约 38.56%。

用户对按键耐磨程度的意见也有较大分歧。从图 3-67 中可以看出,认为按键不易掉色的用户占了约 47.49%,但认为按键使用不

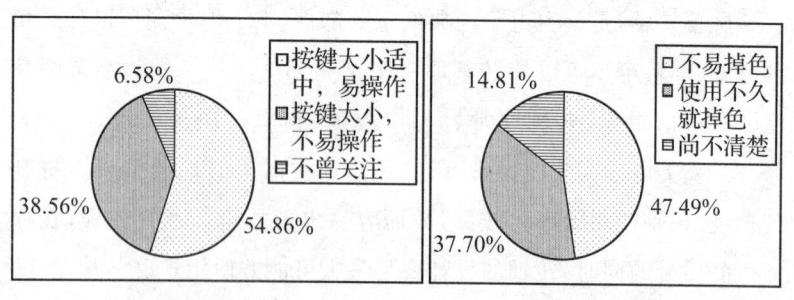

图 3-66 调查对象认为掌上电子词典按键是否舒适

图 3-67 调查对象认为掌上电子词典按键是否耐磨

久后就掉色的也占了约 37.7%。总之,用户关于按键舒适度和耐磨程度的意见应该可以为今后改进按键提供重要参考。

3.6.6 下载存储设备

最后,我们来探讨一下掌上电子词典的下载存储设备。下载存储,顾名思义,就是从网络或其他信息源下载资料并将其储存在掌上电子词典内。常见的下载内容有游戏、各种学习资料、专业词典等,还可以下载数据包联网升级系统。常见下载存储设备有扩展卡、USB 接口、蓝牙、红外数据传输设备等等。我们的调查结果显示,在被调查者使用的掌上电子词典中,约 69.47% 的掌上电子词典还没有扩展卡;(见图 3-68)同时,约 91.1% 的用户认为掌上电子词典应该配备这一设备。(见图 3-69)

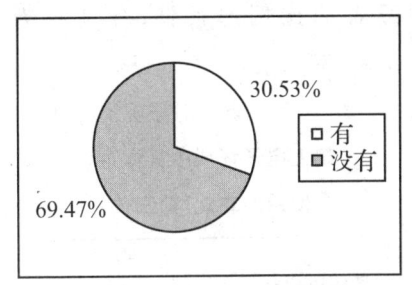

图 3-68 调查对象使用的掌上电子词典是否有扩展卡

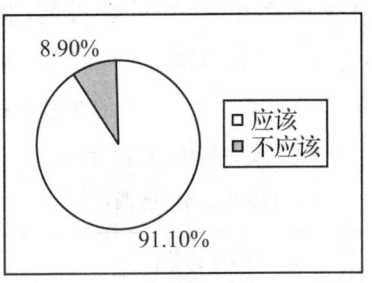

图 3-69 调查对象认为掌上电子词典是否该配备扩展卡

相较之下,具有 USB 接口的掌上电子词典比例要高一些。从图 3-70 中可以看出,在被调查者使用的掌上电子词典中,带有 USB 接口的掌上电子词典占了约 50.31%。上网升级系统与 USB 接口的情况很相似,具有此功能的掌上电子词典占了约 49.27%。(见图 3-71)

虽然很多掌上电子词典宣称具有扩展卡、USB 接口、上网升级等下载存储功能,但在实际使用过程中,有些功能根本就无法使用。

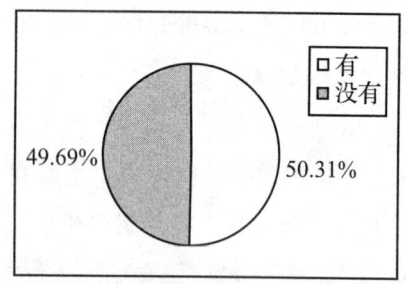

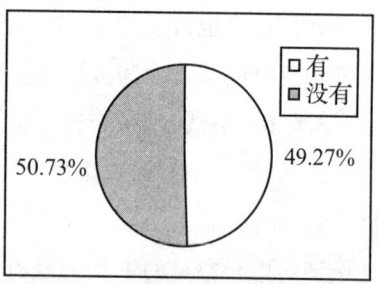

图 3-70 调查对象使用的掌上电子词典是否有 USB 接口(49.69% 有,50.31% 没有)

图 3-71 调查对象使用的掌上电子词典是否有上网升级功能(50.73% 有,49.27% 没有)

我们的调查数据显示,掌上电子词典广告中宣称的功能全部都能使用的只占约 30.59%。(见表 3-34)

掌上电子词典具体可以被使用的功能主要有:U 盘功能、软件升级功能和词典下载功能,但三者的比例都很低,分别约为 11.78%、11.07%和 5.39%。(见表 3-35)

表 3-34 调查对象使用的掌上电子词典是否能运行其广告中宣称的功能(前四位)

是否真正能运行宣称的功能	具体数据	百分比
我还没试过能不能用	1532	45.58%
全部都能使用	1028	30.59%
只有其中一项或几项能用	133	3.96%
尽管宣称具有以上功能,但都不能使用	130	3.87%

表 3-35 调查对象所使用的掌上电子词典中具体可以使用的功能(前三位)

具体可以使用的功能	具体数据	百分比
U 盘	396	11.78%
软件升级	372	11.07%
下载	181	5.39%

4. 小结

本部分下篇对江苏省35所高校的学生(共3361人)的掌上电子词典使用状况数据进行了简要的分析与总结,在较大程度上反映出目前我国掌上电子词典的真实使用状况,也为上篇我国掌上电子词典发展状况报告内容提供了一个颇有说服力的佐证。与上篇描述的我国最初掌上电子词典的发展状况相比,调查数据显示,目前我国掌上电子词典软硬件配置得到完善,信息处理功能大幅增强,收录内容更加丰富,对用户的帮助增大。但同时数据也反映出,上述四个方面仍有不少待完善之处,我国掌上电子词典的未来发展仍需词典学研究者、相关电子技术研发人员以及电子词典品牌厂商的共同努力。

结　　语

　　本部分研究报告的上篇分别对掌上电子词典、个人电脑词典和手机词典这三种电子类辞书在国内的发展概况、总体成就和主要问题进行了梳理。从1989年我国首部中英文电子词典诞生起至今的20多年的发展历程中，国内的掌上电子词典取得了一系列显著成就，产品硬件配置不断提高，软件功能逐步完善，收录内容日渐丰富化、规范化，在一定程度上满足了用户多方位的需求。然而，我们也应注意到目前中国的掌上电子词典发展所面临的不少问题，如产品的外观设计和硬件配置有待改善、软件功能（如翻译、写作等）不够成熟、收录纸质词典时不加甄别、不能完整收录版权词典、释义过于简略等等。在个人电脑词典方面，我国经过了长期的准备阶段，于20世纪90年代初取得了实质性的进展，一系列自主研发的光盘词典得以面世。随着互联网的发展和普及，以互联网为传播平台的单机版词典软件（或平台）也开始流行。这类词典内容丰富、查询便捷，受到了词典用户的欢迎。然而，国内的个人电脑词典在界面设计、信息呈现方式、多媒体功能的应用和交互功能的实现方面还有待进一步的完善。国内手机词典发展的时间较短，不过10年左右，但是其发展速度之快、应用潜力之大均不容忽视。目前的手机词典在收录内容和软件功能方面都取得了较大的进步，这类词典需要改善的不足之处主要集中于软件和手机系统的兼容性、操作的便捷性等方面。本研究报告的下篇呈现了我们面向江苏省35所高校在校学生开展的一项关于掌上电子词典的大型问卷调查结果。调查的统计数据客观地反映了目前国内掌上电子词典的真实用户使用情况，对今后掌上电子词典的发展规划具有积极的借鉴作用。

第四部分 在线类辞书发展状况

1. 在线类辞书的界定和发展状况

1.1 在线类辞书的界定

随着计算机和人工智能技术的快速发展,以共享性、开放性、安全性和多媒体化为特征的计算机网络正在以前所未有的速度不断推进世界的网络化进程。在这以"'网'和'天'为特征的网络新纪元"(魏向清、张柏然,2001)中,在线类辞书经历了从无到有且功能从单一到多元的发展过程。在线辞书以网络平台为媒介,通过使用某种计算机网络语言将机器可读的辞书文本转换为可在网络中检索的辞书文本,并向用户提供实时查询服务的数字化参考工具。在线类辞书的问世与发展代表新世纪我国辞书编纂与出版事业的革命性进步,是我国辞书业与世界辞书业发展接轨的主要表征,拉开了我国辞书后现代化进程的序幕。

在线辞书,也被称为网络辞书,根据辞书在网络上的呈现形式,我们将所有在网络上呈现并被检索的辞书统称在线辞书。这一工作定义出自以下考虑:

首先,以"网络辞书"与"在线辞书"为关键词在搜索引擎和学术数据库中的检索次数作为依据。结合汉语词语的特点,我们选择了"百度"搜索引擎,而学术数据库则选择了"中国知网"和"维普中文科技期刊全文数据库"。为了获取相对准确和有效的数据,我们对"网络辞书"对应的"网络词典"和"在线辞书"对应的"在线词典"也进行了相应的检索,并把检索结果分别添加到"网络辞书"和"在线辞书"上,具体的检索结果见表4-1。

表4-1 "网络辞书"与"在线辞书"为关键词的检索次数

关键词	搜索引擎	检索次数	学术数据库	检索结果	学术数据库	检索结果
网络辞书	百度[①]	1652700	中国知网[②]	1	维普[③]	25
在线辞书	百度	21537000	中国知网	3	维普	47

从表4-1的数据来看,广大普通网络用户使用"在线辞书"的次数是"网络辞书"的13倍之多,而学术研究者使用"在线辞书"的次数也几乎是"网络辞书"的2倍。这些数据在一定程度上直接并有力地支持了本报告采用"在线辞书"而非"网络辞书"的名称选择。

其次,根据"网络辞书"与"在线辞书"对应的英文翻译为关键词在搜索引擎和学术搜索引擎的次数作为参考。根据英语词语的特点,我们选择了Google搜索引擎,同时,学术搜索引擎则选择了Google Scholar。结合汉语关键词对应的英文翻译,"网络辞书"选择了"web dictionary",相应的"在线辞书"对应语言单位为"dictionary on-line"。检索结果见表4-2。

表4-2 "网络辞书"与"在线辞书"对应英语的检索次数

关键词	关键词对应英语	搜索引擎	检索次数	学术搜索引擎	检索次数
网络辞书	web dictionary	Google[④]	83700000	Google Scholar[⑤]	241000
在线辞书	dictionary on-line	Google	119000000	Google Scholar	686000

---

① 百度搜索引擎网址:http://www.baidu.com(检索时间:2010-03-17)。
② 中国知网网址:http://dlib.edu.cnki.net/kns50(检索时间:2010-03-17)。
③ 维普网址:http://202.119.47.6/index.asp(检索时间:2010-03-17)。
④ Google搜索引擎网址:http://www.google.com(检索时间:2010-03-17)。
⑤ Google Scholar搜索引擎网址:http://scholar.google.com/schhp?hl=en(检索时间:2010-03-17)。

从表 4-2 的数据来看，对普通用户而言"在线辞书"这一术语使用的次数是"网络辞书"的约 1.42 倍，而学术研究者使用"在线辞书"的次数是"网络辞书"的约 2.85 倍。这些数据间接支持了采纳本文"在线辞书"的命名。

最后，从避免称谓歧义的角度考虑，本报告采用"在线辞书"这一名称。"网络辞书"除了包含"供人实时检索的数字化工具"这一内涵外，还有另外一种含义，即指称"有关互联网络词汇的词典"（章宜华，2004:318）。而"在线辞书"这一称谓无论从外延还是从内涵来看都是唯一确定的，没有歧义；从学科的长远发展来看，有利于避免不必要的混淆，让普通用户更好地接受。

1.2 在线类辞书的发展状况

1.2.1 国外在线辞书发展状况

随着互联网的兴起，西方国家的在线辞书诞生于 20 世纪 80 年代末，在 90 年代得到了快速发展，（陆谷孙、王馥芳，2006）目前已经初步进入相对成熟的时期。国外在线辞书的发展现状主要表现为四个方面：第一，词典多且词条丰富。OneLook[①] 在线辞书可以检索 1049 部辞书中的 18229696 个词汇；在 YourDictionary[②] 在线辞书中，可以检索 300 种语言以上的 2500 多部辞书。第二，功能强大且界面友好。在线辞书设计依托计算词典学[③]的最新技术和知识，不断丰富和完善检索功能，因而检索速度非常快，比如 OneLook 在线辞书，它不但提供了关键词的相关搭配词或短语，还提供了该关键

---

① OneLook 搜索引擎网址：http://www.onelook.com（检索时间：2010-03-17）。

② YourDictionary 搜索引擎网址：http://www.yourdictionary.com（检索时间：2010-03-17）。

③ Ted, Briscoe. *Computational Lexicography for Natural Language Processing.* New York: Longman Publishing Group. 1989.

词几乎所有的相似词。在线辞书的界面一般都简洁明了,设计人性化,比如 OneLook 在线辞书的检索结果都是按照学科分类提供给用户的。第三,辞书种类齐全。现有国外在线辞书收集了几乎所有类型的辞书,不仅包括语文类的,还有百科、专科、专项(如俚语、谚语)等,种类繁多,不一而足。第四,形成了知名的在线辞书品牌。按照 Google 的搜索结果结合具体的用户使用情况,现有国外在线辞书的知名品牌已有不少,比如 Dictionary.com、Merriam-Webster Online、OneLook Dictionary、YourDictionary 和 Cambridge Dictionary Online,其中仅 YourDictionary 一个月的访问量就达到了 3 百万次。

1.2.2 国内在线辞书发展状况

与国外在线辞书的发展状况相比,我国在线类辞书的发展起步虽较晚一些,但发展的势头并不缓慢。在 20 世纪 90 年代末至 21 世纪初中国内地的互联网风起云涌的发展大潮下,(张敏,2004)同时也受到国外主要是英语为母语国家在线辞书发展的影响,国内的在线辞书也从无到有、从小到大逐步得到了发展。基于中国互联网络的发展状况,同时结合中国用户的具体需求,经过近十多年的发展,中国的在线辞书取得了相对可喜的成就。我国现有的在线类辞书种类繁多,用户既可以找到外语学习的在线辞书,也可以找到汉语类在线辞书,更可以找到各类百科、专科在线辞书,例如,一个在线类辞书网站集合[①],仅英汉类词典,就列举了 14 个。其次,我国在线类辞书词汇丰富,如 Dict.CN"全面收录了化学、生物、医药、计算机、土木、机械、工业、体育、政治、宗教、日常生活、工作求职、服饰打扮、食物菜

---

① 《网上在线字典辞典大全》,中文搜索引擎指南网,http://www.sowang.com/free/zidiancidian.htm(检索时间:2010-03-20)。

谱、职称岗位、影视书籍等各行各类生僻词汇,使它的词库量达到目前一般词典的 5 倍"[①]。第三,功能上更贴近用户,从中国网络用户的使用习惯出发,在线类辞书网站推出了更人性化的查询、互动等功能。

2. 在线类辞书的类型

国内在线辞书的内容基本上都是数字化、电子化的纸质辞书,在线类辞书在分类的时候主要参考了纸质辞书分类的原则,但由于在线类辞书存在于网络这一介质上,因此分类又不可避免地要考虑网络的特征。按照不同的分类标准,在线辞书的类型如下。

2.1 不同语种的在线辞书

根据在线类辞书包含的语种数目,分为单语在线辞书、双语在线辞书和多语在线辞书。

国内的单语在线辞书主要是以汉语辞书为主,其中又主要以语文辞书为重。国内比较常用的汉语单语在线辞书见表 4-3。

从表中数据可以看出,这些汉语单语在线辞书都是免费的,由于汉语词语与词语之间没有明显的分隔,所以检索基本都支持模糊检索,并且以语文类的在线辞书居多。相对于单语在线辞书而言,由于改革开放历史大潮的推动,我国双语在线辞书无论是数量还是规模都大大超过了单语在线辞书,尤其是在汉英/英汉在线辞书方面。此外,随着改革开放事业的不断深入与发展,除英语之外的其他非通用语种(俗称小语种)的相关需求大量增加,多语在线辞书也得到了较快的发展。这些多语在线辞书主要集中在汉英日,或汉英法,或汉英

[①] 《海词网站推出在线词典 幕后英雄走到台前》,新浪网,http://tech.sina.com.cn/other/2009-06-16/15293183969.shtml,2009-06-16(检索时间:2010-03-10)。

表 4-3 汉语单语在线辞书

在线辞书名称	网　址	注册编号	检索特点	服务方式	收录词典类型
C书	http://zh.cshu.org/	豫ICP备06008034号	模糊检索	免费	百科辞书
在线新华字典	http://xh.5156edu.com/	浙ICP备05019169号	精确检索	免费	语文辞书
中华在线词典	http://www.ourdict.cn/	吉ICP备05002412	精确和模糊检索	免费	语文辞书
爱诗词	http://www.ishici.com/	吉ICP备08100781号	模糊检索	免费	专科辞书
汉典	http://www.zdic.net/	粤ICP备05014301号	精确和拼音检索	免费	语文和百科辞书
成语词典	http://www.kingsnet.biz/Idiom	闽ICP备05026663号	模糊和拼音检索	免费	语文辞书

德这些语种之间,如有关日语的在线辞书 http://dict.veduchina.com/jp、有关法语的在线辞书 http://www.frdic.com/、有关德语的在线辞书 http://www.mydict.com/等。

2.2 单学科和多学科在线辞书

根据在线类辞书所涉及的学科多少,在线辞书又可分为单学科在线辞书和多学科在线辞书。表 4-4 列出了常用的单学科在线辞书。

表 4-4 列举了 5 种常用的单学科在线辞书,基本上都同时支持精确检索和模糊检索。根据中国网络发展的特点,单学科在线辞书的使用基本都是免费的,并且数量也比较多。此外,还有一部分在线辞书是多学科在线辞书,表 4-5 列举了几个有代表性的多学科在线辞书。

表 4-4 专科在线辞书

在线辞书名称	网址	注册编号	检索特点	服务方式	学科类型
英汉电子工程词典	http://www.eet-china.com/EGLOSSARY/GLOSSARY-QUEST.HTM	Copyright © 2010 eMedia Asia Ltd.	精确和模糊检索	免费	电子类
IT用语词典	http://e-words.cn/	Copyright 2006 GOGA, Inc.	模糊检索	免费	计算机类
纺织字典	http://www.texindex.com.cn/Dictionary/	浙B2-20090135	精确和模糊检索	免费	纺织类
化工词典	http://www.chemyq.com/xz.htm	京ICP备05016959号	模糊检索	免费	化工类
行业代码词典	http://www.wen8.net/html/hangyedaimabiao.htm	豫ICP备05014857号	模糊检索	免费	行业名称

表 4-5 多学科在线辞书

在线辞书名称	网址	注册编号	检索特点	服务方式	学科类型
CNKI专科词典在线	http://sdict.cnki.net/	京ICP证040431号	精确和模糊检索	免费	各学科关键词
全国科学技术名词审定委员会术语库检索系统	http://www.cnctst.gov.cn/pages/homepage/result.jsp	版权所有©2004全国科学技术名词审定委员会	精确和模糊检索	免费	学科术语
郑州大学在线英汉-汉英科技大词典	http://www3.zzu.edu.cn/zzjdict/	郑州大学网络中心2002—2008年	精确和模糊检索	免费	科技类
词博科技英语词典	http://www.kejiyingyu.com/	沪ICP备09089101号	模糊检索	免费	科技类
人文词典-艺术词典	http://www.scidict.org/art.html	京ICP备07007260	模糊检索	免费	人文社科

表4-5列出了主要的多学科在线辞书,根据检索,多学科在线辞书的数量相对比较少,并且主要集中在科技方面。涉及人文社会科学领域的多学科在线辞书非常少,要么是附着在科技类之后,要么是词汇的数量偏少或者检索效果不理想。科技类的多学科在线辞书的词汇量虽然大,但各在线辞书之间收词相似度非常高,区别度不明显。

2.3 搜索引擎类在线辞书和非搜索引擎类在线辞书

在界定搜索引擎类在线辞书之前,先介绍一下搜索引擎的概念。搜索引擎(search engine)是指根据一定的策略,运用特定的计算机程序搜集互联网上的信息,在对信息进行组织和处理后,将处理后的信息显示给用户,是为用户提供检索服务的系统。[①] 搜索引擎类在线辞书就是借助搜索引擎的强大功能和广泛的网络用户点击率,由各搜索引擎公司推出的、与搜索引擎绑定在一起的在线类辞书检索系统。随着搜索引擎市场竞争程度的加剧,各主要搜索引擎公司纷纷在自己搜索服务中添加了在线辞书检索的功能。虽然搜索引擎类在线辞书的数量不是很多,但依靠功能强大的搜索引擎系统,各搜索引擎类在线辞书在短时间内就取得了很高的市场占有率。国内主要的搜索引擎类在线辞书及其主要特点见表4-6。

从表4-6中可以看出,结合自身搜索引擎的强大功能,各搜索引擎类在线辞书不仅包含了常规辞书中的词条信息,还从网络的海量数据中挖掘出了相关的网络释义。此类网络释义不但极大地丰富了语言信息,而且还能及时"捕捉"到非在线类常规辞书无法及时提

---

① 该"搜索引擎"的定义引自百度百科,http://baike.baidu.com/view/1154.htm?fr=ala0_1_1(检索时间:2010-03-20)。

表 4-6　搜索引擎类在线辞书

搜索引擎在线辞书名称	网址	词汇来源	语言种类	服务方式	所属搜索引擎
谷歌在线词典	http://www.google.cn/dictionary?hl=zh-CN	辞书和网络释义	汉语、英语	免费	Google搜索引擎
有道词典	http://dict.youdao.com/	辞书和网络释义	汉语、英语	免费	有道搜索引擎
百度词典	http://dict.baidu.com/	辞书和网络释义	汉语、英语	免费	百度搜索引擎
搜搜词典	http://dict.soso.com/	Dict.cn海词	英语、汉语	免费	搜搜搜索引擎
中搜在线词典	http://www.scidict.org/art.html	网络海量语境	汉语	免费	中搜公司

供的新词新义等最新语言信息,例如"躲猫猫"[①]一词,有道词典不但给出了汉语释义、与汉语对应的英语翻译、具体使用例句,还给出了它作为网络流行语的新含义,这就非常方便用户了解和掌握词汇使用的最新动态信息。同样,各搜索引擎类双语或多语在线辞书从用户学习和使用外语的需求出发,十分注重各类外语辞书的搜集和查询,不但提供详细的释义,而且都提供了大量的例句或段落等具体的外语使用语境,从而方便外语学习者更好地掌握和使用外语词汇。所谓非搜索引擎类在线辞书则是指不依托于搜索引擎而存在的在线辞书,比如金山词霸、海词等。

---

① "躲猫猫"的具体释义请参见有道词典,http://dict.youdao.com/search?q=%E8%BA%B2%E7%8C%AB%E7%8C%AB&ue=utf8&keyfrom=dict.index(检索时间:2010-03-11)。

3. 在线类辞书的优势

诞生于网络环境的在线类辞书,与传统的纸质辞书和电子辞书相比,具有无可比拟的独特优势,下面结合具体实例,初步总结在线类辞书的优势。

3.1 检索的多样性和智能化

一般情况下,在线类辞书都是多部辞书的集合,它们借助计算机、计算词典学的技术和知识提供了多样性的查询方式,(孟伟根,2006)如精确查询、模糊查询、搭配查询、拼音查询、分类查询等。同时,在线类辞书的检索入口多并且比较方便。表4-7列举了常用在线类辞书检索的多样性和检索入口情况。

表4-7 在线辞书的检索多样性和入口

在线辞书名称	精确查询	搭配查询	拼音查询	分类查询	入口
金山词霸	是	是	否	否	方便
中国知网辅助翻译词典	是	是	否	是	方便
康熙在线词典	是	否	是	否	方便
有道在线词典	是	是	是	否	方便
中华在线词典	是	否	否	是	方便

如上表所示,很多在线类辞书都吸纳了计算词典学的知识并使用了相关的技术,如海词在线词典就"蕴涵了单词并类、中文分词、词频统计、相关性计算、语音分析、模糊匹配、自适应搜索等一系列的智能化技术"[①]。这些智能技术的融入确保了用户能从在线类辞书中

---

① 《海词——关于我们》,海词在线网,http://dict.cn/foot/about.htm(检索时间:2010-03-17)。

获取到更多原先仅依靠纸质词典查询所得不到的语言知识信息。

3.2 检索结果的丰富性

基于庞大的数据库和丰富的检索条件,在线辞书不但可以提供该词基本的释义,而且还能提供该词出现的语境、网络释义以及百科知识。表4-8通过以"society"为关键词查询了5个在线类辞书来考察检索结果的丰富性。

表4-8 在线辞书检索结果的丰富程度

在线辞书名称	释 义	出现语境	网络释义	百科知识
有道在线词典	英汉释义、英英释义	30个句子	5个	有
海词在线	英汉释义、英英释义	8个句子	无	有
知网在线翻译	无	60个句子	无	无
百度在线词典	英汉释义	无	有	无
词博词典	英汉、英英	12个短语或句子	无	无

从表4-8中列举的5个在线类辞书来看,目前的在线类辞书尤其是双语在线辞书非常注重语言的使用语境,如在有道在线词典中,就给出了30个society实际使用的例句。该在线词典不仅提供了英英释义,还提供了大量的英汉释义,甚至是英语对应的汉语释义,这些丰富的释义信息从很大程度上满足了用户对该词的认知需求。

3.3 检索结果呈现形式的科学性

纸质辞书通常只能提供给读者某一查询词固定的信息内容,(王宪洪,2009)而与该词有关的同义、反义和上下语义等语言信息则往往因篇幅等因素而不直接呈现。然而,集合多部辞书的在线类辞书就独具优势,能够很便利地提供与该词条相关的丰富语言信息。表4-9列举了在在线类辞书中检索"失败"一词的相关语言信息呈现情况。

表 4-9 检索结果呈现形式的科学性

在线辞书名称	同义词	反义	繁体	词源
中华在线辞书	有	有	无	无
在线新华字典	有	无	无	有
中文助手	有	有	有	有

从表 4-9 的具体检索样例来看，在线类辞书的检索结果呈现形式是较为科学合理的，如在"中文助手"在线辞书中，用户可以获取到"失败"的相关成语"得失成败、成败得失、败绩失据"，反义词"凯旋、获胜、胜利、成功"，甚至也可以获取它的具体使用语境（例句进行了自动分词），如："已经失败了两次，他不想再做了。"[①]在线类辞书在检索结果呈现形式方面的优势不言而喻，它所提供的大量丰富的词汇语言信息绝不是一本或几本普通纸质辞书所可以比拟的。

3.4 检索结果呈现形式的多样性

除了有效呈现纸质辞书中所收录条目的语义、语用和语法知识外，在线类辞书还可以提供纸质辞书不能提供的语音发声信息，同时也能够向读者展现精美图片或视频等动态信息。丰富多样的信息呈现方式加强了用户的直观感受，在一定程度上会提高用户对词条的理解和把握。此外对于外语学习者来说，发音功能尤为重要。目前，国内在线辞书的多样呈现形式主要是语音和图片。表 4-10 列举了呈现形式多样性的在线辞书。

---

① 中文助手网，http://cd.chinesehelper.cn/search.aspx(检索时间:2010-03-15)。

表 4-10 在线辞书呈现形式多样性的具体体现

在线辞书名称	语音呈现	图片呈现
金山词霸	机读发音	高清图片
有道词典	机读发音	高清图片
谷歌在线词典	机读发音	无图片
百度在线词典	机读发音	无图片
海词在线	机读发音	无图片

从表 4-10 中可以看出,目前比较常用的在线类辞书,尤其是辅助外语学习的在线类辞书基本上都添加了发音功能。考虑到语音存储所需空间较大,目前在线类辞书所提供的发音基本上采取机器发音,同时部分在线类辞书充分利用网络上存在的大量图片,给被释词汇配置插图(或给出词汇与其相应图片之间的超链接),以辅助用户直观地了解较为抽象的语义内容,增加查阅的兴趣,补文字表述之所不及。

3.5 在线辞书的良好开放性和互动性

在线类辞书的开放性和互动性是针对辞书使用和编纂来说的,(王宪洪,2009)作为网络组成部分的在线辞书充分体现了网络的开放性,用户基本上可以任意访问相关的在线类辞书。同时,用户还可以创建相关词条、提供例证,而在线类辞书的编辑则会针对用户上传的有关词条、例证进行筛选。国内的在线辞书,尤其是百科全书式的在线辞书都提供了"开放的、互动的、多元的知识平台",表 4-11 列举了部分在线辞书的互动功能。

表 4 - 11 有互动功能的在线辞书

在线辞书名称	可否创建	可否修改
金山词霸	可以	可以
百度百科	可以	可以
互动百科	可以	可以
中文维基百科	可以	可以
句酷	不可	可以

从表 4 - 11 可以粗略地看出，一些大型的在线类辞书，尤其是百科类的在线辞书在信息共享和互动方面均考虑人性化因素。如"互动百科"在线辞书上的"沙尘天气"这一词条，用户首先阅读它的"历史版本"，在此基础上对该词条进行讨论，然后自行编辑并进行附图和其他的操作。通过广大网络用户的共同努力，我们可以看到关于"沙尘天气"的类属、种类、形成原因、与沙尘暴的区别、危害和防御情况等各种信息。[①]

3.6 在线辞书访问的便捷性

这里所说的便捷性是针对手机在线类辞书而言的，手机在线辞书的产生和发展得益于 3G 技术的支持。所谓 3G 技术是指支持高速数据传输的蜂窝移动通信技术。3G 服务能够同时传送声音（通话）及数据信息（电子邮件、即时通信等），主要特征是提供高速数据业务。相对第一代模拟制式手机（1G）和第二代 GSM、CDMA 等数字手机（2G），第三代手机（3G）是指将无线通信与国际互联网等多媒

---

① 互动百科，http://www.hudong.com/wiki/%E6%B2%99%E5%B0%98%E5%A4%A9%E6%B0%94(检索时间：2010-03-15)。

体通信结合的新一代移动通信系统。[①] 正是依托3G技术,手机在线辞书才得以诞生和发展。手机在线辞书与依附于台式和笔记本电脑的在线辞书相比,最大区别是它可以使用户更加自由便捷地检索在线类辞书。目前,一部分在线辞书已经提供了手机版在线辞书查询功能,具体的手机在线辞书见表4-12。

表4-12 手机在线辞书

在线辞书名称	网址	检索内容	检索特点	服务方式
有道手机在线词典	http://dict.youdao.com/m?keyfrom=home.m&wid=RUycrAiOXto	释义和例句	精确检索	免费
爱词霸手机在线词典	http://wap.iciba.com/	释义和例句	精确检索	免费
句酷在线手机版	http://iphone.jukuu.com/	例句	精确和模糊检索	免费

虽然目前的手机在线辞书功能比较简单,检索内容相对比较少,但随着3G技术的进一步发展以及用户行为的逐步改变,考虑到手机在线辞书特有的便捷和不受时空限制的优势,手机在线类辞书的发展空间将无限广阔。

4. 在线类辞书的不足之处

相对于纸质辞书来说,在线类辞书具有很多优势,它们将是现代辞书未来发展的重要方向。但是,由于受到目前技术等因素的限制,在线类辞书仍然存在着诸多不足之处,需要引起关注和重视。

[①] 互动百科,http://baike.baidu.com/view/1465.htm(检索时间:2010-03-15)。

4.1 释义出处不明且新词释义缺乏规范

随着在线类辞书竞争的日趋激烈,各在线辞书所提供的相关条目释义内容越来越丰富,语言信息量越来越大,比如英语中 go 一词的释义内容。然而,遗憾的是,不少在线类辞书在提供丰富释义时,大多未列出相关释义内容的准确来源,研究者无法追本溯源,不利于开展释义内容的比较研究。此外,考虑到辞书的权威性和规范要求,在线类辞书也应该在给出丰富释义信息的同时提供其相关内容的具体出处。此外,虽然在线类辞书具有很强的互动性,但由于在线类辞书的新词释义作者往往并非专业的语言学者或辞书编纂者,他们对新词的释义处理通常较为随意,个性化特征明显,缺乏释义规范意识和科学性。有时新词新义也很难提供准确的释义,比如"飞鱼族""雷人"等,大多数在线类辞书并没有对这两个新词进行释义,极个别的在线辞书仅仅给出了这两个词的用例和百科知识介绍。如果在线类辞书能够结合自身互动性强的特点,及时邀请相关语言学者或辞书编纂者提供较为准确可信的新词释义和具体使用语境,那么,在线类辞书的优势便更加突出了。

4.2 存在错误和释义重复

在纸质辞书数字化的过程中,不可避免地会出现乱码和格式不一致的问题,一定程度上在线类辞书也可能出现此类错误。具体来说:(1)语音方面,如所有词汇在大多数情况下都只给出一种读音(以英语为主);(2)拼写存在一定程度上的错误;(3)句法方面出现时态不一致的问题等。上述都是形式上的错误,在用户与在线类辞书良好的互动性下,相信这些问题会逐步得到解决。这里所说的"释义重复"是指绝大多数在线辞书提供的释义大同小异,并且呈现方式也是雷同的。在线类辞书应该结合自身的特点找准用户定位,充分利用计算词典学、数据挖掘知识和技术给用户提供更全面、更准确的辞书查询服务。

4.3 网址变换不定

与纸质辞书不同,只要用户购买了某一本辞书就完全拥有了所有权,而在线辞书的资源,由于都保存在服务器的数据库中,用户只能检索。这就造成了只要在线辞书的提供者更换了服务器或变换了网址,用户就不能重新阅读在线类辞书上的内容了。一些免费的在线辞书,由于受到经费和技术的限制,往往会更换网址,这就给用户造成一定程度上的不便。笔者在写作过程中查询过的网站,现在不能重新访问了,如高技术词典网(http://techs-book.db66.com)。当然,随着网络技术的进一步发展和日益成熟,网址变换只会越来越少,尤其是大型出版社和知名IT公司所提供的在线类辞书网址。

4.4 界面不简洁

国内一些在线类辞书界面比较繁芜,颜色混搭,用户有时候会感觉比较杂乱,此外有些在线类辞书网站入口太多,很难找到检索入口,这在一定程度上造成用户查询困难。还有一些网站,广告太多,特别是当用户查询的时候,会不时地出现广告插件,或者是弹出广告页面,这在一定程度上也会干扰用户的查询过程,影响查询效果。因此,本着用户友好的原则,在线类辞书网站在做广告宣传时,应该更间接和隐蔽一些,而且尽可能地从用户需求的角度添加适当和适量的广告。

5. 在线类辞书的个案统计分析

在上文分析我国在线类辞书的发展状况、优势和不足的基础上,本报告选取5个英汉双语在线类辞书(金山词霸、海词、n词库、谷词、句酷)作为个案,使用统计分析和内容分析的专业技术方法,从内容上对这5个在线类辞书中的英汉双语短语和句子进行详细分析,旨在反映目前我国在线类双语辞书所提供的语言信息以及技术服务水平的具体状况。这里选择英汉在线类双语辞书作为个案分析研究的对象，主要是考虑到此类在线辞书有较高的用户使用频率及代表性。

本部分将选取这 5 个英汉双语在线辞书，通过网络抓取工具，借助基于英语语料库统计的抓取列表，从这些网站上获取一定量的含有英汉双语词汇和例证的网页，并使用文本抽取软件从网页中抽取出一定量的英汉对应语言单位。在具体分析过程中，本部分从这 5 种在线辞书中各抽取了 5000 对英汉对应短语对和句子对。在此基础上，分析这些英汉语言对的词汇频次分布情况、短语和句子的构成比率状况以及短语和句子的长度分布情况。希望从英汉双语短语对和句子对入手，分析探究一下英汉双语在线辞书提供内容的状况。

5.1 基于英汉双语在线类辞书的短语对和句子对自动获取流程

获取英汉双语短语对和句子对的步骤大致如下：首先，确定在线辞书网站并制定网站抓取词汇列表。根据随机抽取的在线辞书网页中短语对和句子对的基本分布情况，初步确定在线辞书网站。基于大规模英语语料库的统计数据，辅以人工内省的方法增加相应的词汇，确定具体的抓取词汇列表。其次，使用网络抓取工具 Wget 调用抓取词汇列表，从而自动获得可能含有英汉双语短语对和句子对的网页。再次，结合网页语言的标记特征和英汉双语短语对和句子对在网页中的分布特点，从网页中抽取出短语对和句子对并进行初步的整理和加工。最后，对整理加工之后的相关短语对和句子对进行简单的自动标注。具体的流程见图 4-1。

```
确定抓取在线辞书 → 抓取在线辞书网页 ← 制定抓取词汇列表
                        ↓
            提取在线辞书短语对和句子对
                        ↓
            加工和整理在线辞书短语对和句子对
                        ↓
            整理短语对和句子对和汉语分词
```

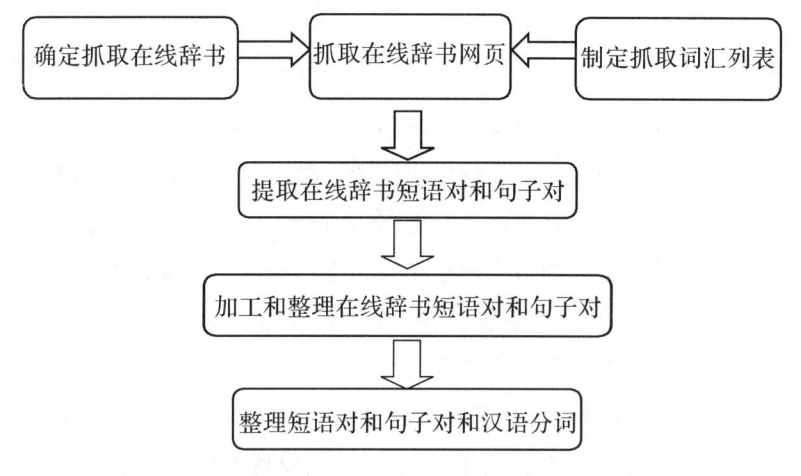

图 4-1 在线辞书英汉双语短语和句子对获取流程

5.2 抓取在线类辞书的确定和抓取词汇列表的制定

5.2.1 抓取在线类辞书的确定

抓取在线类辞书的确定就是根据具体的分析需要,同时结合网络上英汉双语短语对和句子对的资源,确定所抓取的在线类辞书。短语和句子的数量是确定抓取网站的一个基本指标,通过随机抽样统计的方法,确定网站资源丰富与否的量化指标,即网站短语对和句子对达到多大规模才可以抓取。数据规模有"小、一般、大"三个级别,分别用"A、A+、A++"表示。此外,短语和句子质量是确定抓取网站的另一个关键指标。以遵循"信、达、雅"的翻译标准为前提,结合语言研究者的内省过程,对随机从网站上获取的句子对进行评估,最终确定网站数据的质量。数据质量分"低、一般、高"三个级别,分别用"B、B+、B++"表示。

抓取在线类辞书确定的过程如下:首先,获取拟抓取在线类辞书的部分网页,从中提取出一定量的英汉双语短语对和句子对。其次,使用随机抽样工具,选取英汉双语短语对和句子对。最后,根据确定抓取网站的标准判断英汉双语短语对和句子对的数量和质量,进而确定是否抓取该网站上的数据。下面简单介绍一下具体要抓取的5种在线类辞书(简介内容均摘自相应网站)。

金山词霸在线辞书支持中、日、英三种语言查询,有取词、查词、查句、全文翻译、网页翻译等功能,包含词典、短句、翻译等众多在线工具。同时该在线辞书还创建了致力于英语学习交流的社区,在线互动性比较强,而且还有很多每天更新的其他知识板块。①

海词将自然语言处理技术与海量优秀语言材料相结合,打破了传统词典的局限性,开创了词典编纂的新模式。海词最大的特色是拥有互联网上最全面的词库,智能词库生成技术保证了海词收词的权威性和全面性。目前该在线辞书拥有几百万词条,包含了许多领域的专业术语和生僻词汇,在不重复词条的前提下,它所搜集的条目数量是其他同行网站拥有的传统词库的几十倍。此外,海词还推出在线课堂、快乐阅读、海词英语博客和海词英语社区,能够帮助用户快速查阅知识,提高英语应用水平等。②

n词酷在线辞书服务英语学习用户,有发音、图片、自动联想以及手写输入等智能搜索功能,词句翔实准确。此外还有情景会话、酷词公园、单词本以及提问吧等辅助学习板块。n词酷词典的内容出自外研社的汉英、英汉词典以及现代汉语规范词典,还有柯林斯的英汉、汉英和英英词典,图片则来自 Getty 和 Corbis 公司。③

谷词中英在线辞书收录了一百多万条的单词和短语,可为用户提供专业、快捷的中英文单词和短语用法查询,还可借助相关例句理解单词在不同句型中的使用。此外,网站还提供了以英语学习为主

---

① 金山词霸:http://web.iciba.com/adv/index.html(检索时间:2010-02-19)。
② 海词:http://dict.cn/foot/about.htm(检索时间:2010-02-11)。
③ n词酷:http://blog.nciku.cn/help/zh/?page_id=135(检索时间:2010-02-17)。

的论坛、博客和百科等web2.0元素,每日一句是wiki知识库的一部分。[①]

在目前机器翻译还远达不到令人满意的情况下,句酷率先提出了用搜索解决翻译问题的概念。依靠国内国际领先的中文词语处理、信息抽取及智能挖掘等技术,经过近4年的不断发展,句酷已经积累了上千万的双语例句,拥有中英、中日、日英三种语言对和覆盖全国的广大用户群,其中又以白领、译员和大学生居多。句酷的双语例句库已经具备了语料量大、覆盖面广、真实地道的特点,可以部分地解决以上两个问题。[②]

本报告具体抓取的5个在线类辞书的属性见表4-13。

表4-13 确定抓取的网站

抓取网站名称	网址	语言素材来源	平行种类	服务方式	检索特点
金山词霸	http://www.iciba.com/	辞书、自动加工	短语、句子	免费	模糊检索
海词	http://dict.cn	辞书	短语、句子	免费	模糊检索
n词酷	http://www.nciku.cn/	辞书	短语、句子	免费	精确和模糊检索
谷词	http://trans.netat.net/	辞书	短语、句子	免费	模糊检索
句酷	http://www.jukuu.com/	辞书和网络获取	短语、句子	免费	模糊检索

5.2.2 抓取词汇列表的制定

抓取词汇列表也就是抓取网页过程中的种子数据,在网页抓取

[①] 谷词:http://dict.netat.net/html/about06.html(检索时间:2010-02-16)。
[②] 句酷搜索引擎:http://www.jukuu.com/about.htm(检索时间:2010-03-06)。

过程中起着至关重要的作用,一定程度上决定网页抓取的速度、规模和质量。

一方面,从 MySQL 数据库中把南京大学双语词典研究中心英语语料库转存到文本文件中,总体规模约 9732934 词次。另一方面,用动态数组实现英语词频统计,具体使用 C++完成程序设计,主要设计了"WordTagCObArray:Found(CString Tag, int & id)"和"WordTagCObArray:Insert(CString Tag)"这两个函数(陈小荷,2001),用来完成查找和插入操作。在基于南京大学双语词典研究中心语料库统计的词汇表基础上,结合人工内省的词汇表和抓取实验的具体表现,最终制定抓取词汇列表。具体过程如下:首先,用程序比对统计方法获取的词汇表和人工内省确定的词汇表,进而合并两个词汇表。其次,通过人工核对合并后的词汇表并增加其他词汇,尽可能地扩大词汇表的规模。最后,在一定词汇量基础上通过逐步增加词汇抓取比率来进行抓取实验,计算当词汇量达到多大数量抓取实验是最理想的,即网页抓取速度快、数量多和质量高,从而最终制定抓取词汇列表。本研究最后制定了一个含有 134590 个英语词汇的抓取词汇列表。

5.3 在线类辞书网页的获取和英汉双语短语和句子对的提取及加工

5.3.1 在线类辞书网页的自动获取

网页抓取必须满足稳定性和高效性的要求,因此,我们选取了 Wget 抓取工具来抓取网页。Wget[①]是一个在网络上进行下载的简单而强大的自由软件,其本身也是 GNU 计划的一部分。它的名字

[①] "Wget"定义引自 Wget manual, http://www.gnu.org/software/wget/manual/wget.html(检索时间:2010-01-06)。

是"World Wide Web"和"Get"的结合隐含了软件的主要功能,目前它支持通过 HTTP、HTTPS 以及 FTP 这三个最常见的 TCP/IP 协议。该抓取工具有如下特征:支持递归下载、恰当转换页面中的链接、生成可在本地浏览的页面镜像和支持代理服务器。

在线类辞书的抓取过程大致由下面三个环节组成:首先,把抓取词汇列表中的词汇与要抓取在线辞书网站的网址绑定在一起形成抓取列表,构成抓取文件。具体操作见图 4-2,具体的抓取列表样例见图 4-3。

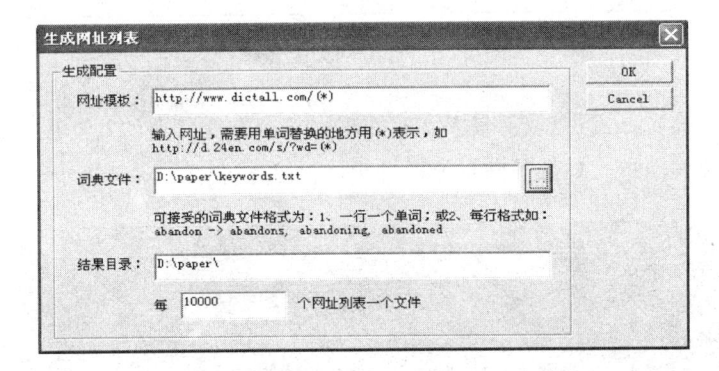

图 4-2 抓取网站网址列表生成工具

图 4-3 抓取列表样例

其次,根据 5 个在线辞书网页的特性,设置抓取软件 Wget 的各种参数,从而满足特定的抓取需要。具体设置见图 4-4。

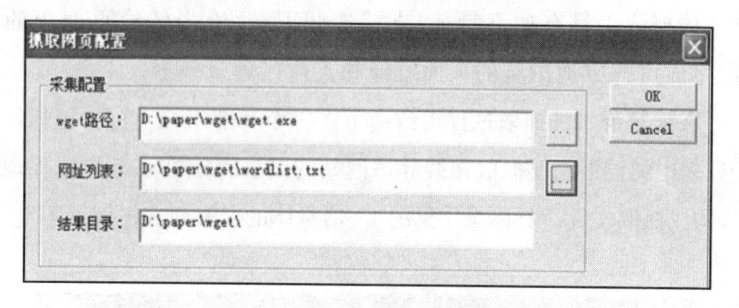

图 4-4 抓取网页配置样例

最后,运行抓取工具 Wget,并根据各个在线辞书的共享程度,做出适当调整。具体的网页抓取过程样例见图 4-5。

图 4-5 具体的网页抓取页面样例

在 134590 个英语词汇的抓取底表基础上,根据具体的研究需要,使用 Wget 抓取工具随机获取了可能含有英汉双语平行短语对和句子对的网页 125673 个。

5.3.2 英汉双语短语和句子对的提取和加工

在获取的125673个网页基础上,结合在线类辞书网页的标记特征以及英汉双语短语对和句子对在这些网页中的分布特点,自动提取英汉双语短语对和句子对并对其进行相应加工,(程岚岚,2008)具体内容如下:

根据不同网页的标记特征和英汉双语短语对和句子对在网页中的分布特点,总结英汉双语短语对和句子对提取规则。在此规则基础上,基于VC++中的字符串类CString,设计相应程序把平行短语对和句子对字符串提取出来并临时存储到文本文件中。具体的提取程序见图4-6。

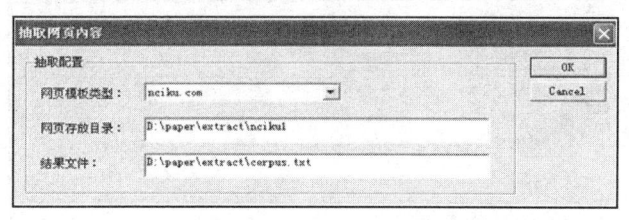

图4-6 英汉双语短语或句子对提取程序

由于抓取的网页中存在着重复页面并且有些网页的字符编码不一致,所以对于提取出来的英汉双语短语对和句子对字符串必须进行去重处理和编码转换。为了确保去重的精确性,本文通过比对英汉双语短语对和句子对中的汉语和英语是否完全一致来达到去重的目的。为了解决编码不一致的问题,去重后的平行短语对或句子对统一以UTF-8编码的方式存储。去重样例见图4-7。

图4-7 去重软件具体去重样例

根据分析的具体需要,从 125673 个网页中选取部分网页,从中共提取和加工出 25000 例英汉双语短语对和句子对。

5.3.3 汉语短语和句子自动分词

为了有效地考察英汉双语短语对和句子对在词汇频次,以及短语和句子的构成比率、短语和句子的平均长度等方面的情况,必须对汉语短语和句子进行分词。本部分使用基于条件随机场开发的自动分词软件对汉语短语和句子进行了自动分词。① 具体的分词软件见图 4-8、4-9 和 4-10。

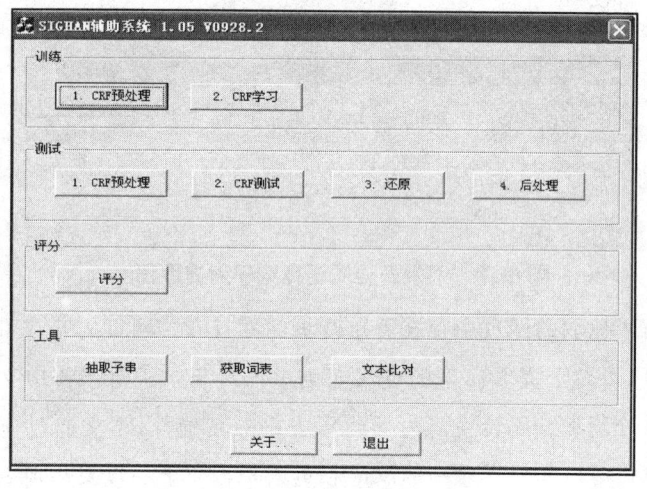

图 4-8 汉语分词软件整体框架

英汉双语短语对和句子对中汉语的分词流程如下:首先,从英汉双语短语对和句子对中单独提取出汉语短语和句子,按照一定的格式对其进行预处理。然后,使用分词软件完成对汉语短语和句子的分词。最后,把经过分词的汉语短语和句子与英语短语和句子再对

---

① 本软件由南京师范大学文学院语言科技实验室自动分词小组开发,在此表示感谢!

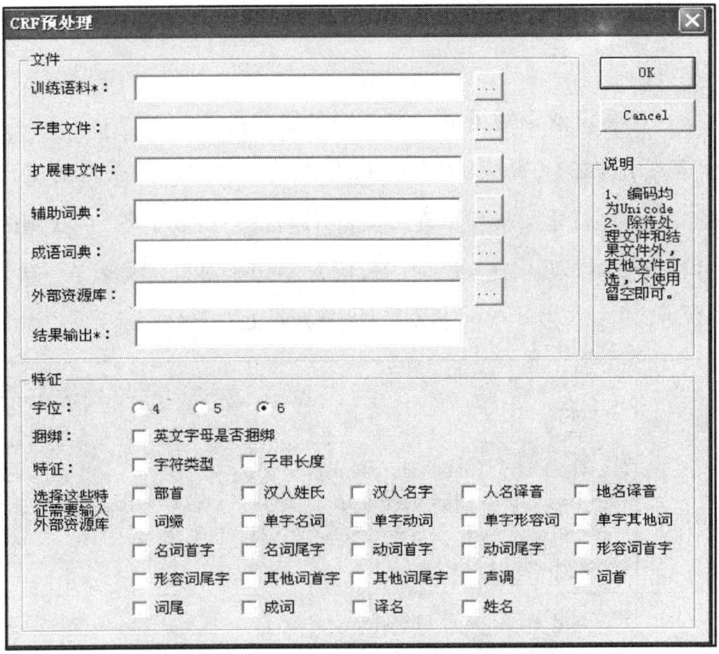

图4-9　汉语分词软件预处理界面

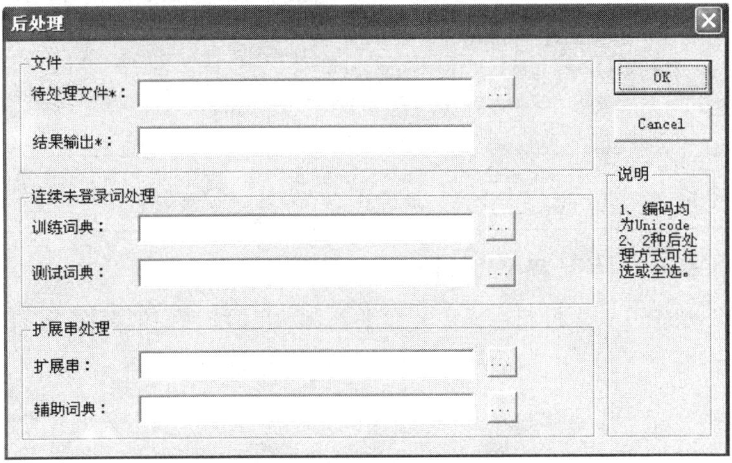

图4-10　汉语分词软件后处理界面

应起来。这样,汉语短语和句子与英语短语和句子就达到词汇级别上的对应。

5.4 英汉双语短语对和句子对的统计分析

基于上面的方法,为有效考察在线类辞书中相关条目的语言信息的质量,我们分别从 5 个在线类辞书网站中获取了各 5000 例的短语对和句子对,汉语被分过词的短语对和句子对样例见表 4-14。

表 4-14 英汉双语短语对和句子对样例

在线辞书名称	英语短语对和句子对	汉语短语对和句子对
金山词霸	He was a boy from a poor family who had hitched his wagon to a star and was determined to get a good education for himself.	他是个有雄心壮志的贫家子弟,打定主意要受好的教育。
海词	She had abandoned all attempts at remonstrance with Thomas.	她已经放弃了一切劝诫托马斯的尝试。
n 词酷	to assibilate the t of bastion	把 bastion 中的 t 发成齿塞擦音
谷词	If you see somebody wearing a T-shirt showing the name of a team probably he is an American.	如果你看到有人穿着写有球队名字的 T 恤衫,他很可能是个美国人。
句酷	We cannot stand by and watch while our allies are attacked.	我们不能袖手旁观,眼睁睁看着盟军遭到进攻。

5.4.1 统计程序的设计

基于 C++ 控制台程序开发平台,设计了统计词汇频次、统计短语和句子长度、统计短语和句子个数的三个程序。由于本部分的词汇频次统计任务比较小,词汇频次统计程序是基于动态数组开发的,主要由查找和插入函数组成。句子长度计算以词为基本单位,从研究的角度出发,英文凡是以".！？"结尾的字符串都认定为句子,汉语凡是以"。？！"结尾的字符串都认定为句子。

5.4.2 短语和句子的词汇频次统计

使用词汇频次统计软件，我们对 5 个在线类辞书网页上的短语和句子进行了词汇频次统计。词汇的总体情况见图 4-11。

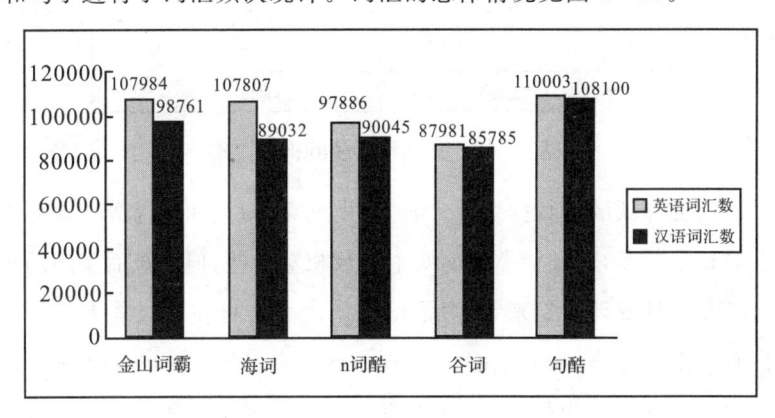

图 4-11 词汇频次统计整体结果

仅从抽样统计数据图上看，金山词霸、海词在线和句酷的词汇数相对多一些，同时也可以看出，同样多的短语和句子英语词汇数要比汉语词汇数多一些。

从 5 个在线类辞书的词汇频次统计结果来看，大部分都是常用词，很少有生僻的词汇出现，主要原因是在线辞书上的例证绝大部分来源于纸质辞书，而辞书例证中的词汇大多是基本词汇。极个别的生僻词汇基本上不是词典例证中的，而是在线辞书通过其他方式获取的，如网友上传、网络自动抓取等，并且这样的短语或句子一般比较长。

5.4.3 短语和句子的构成比率

使用程序统计了短语和句子的总体情况，并简要计算了它们之间的比率。具体的计算结果见图 4-12。

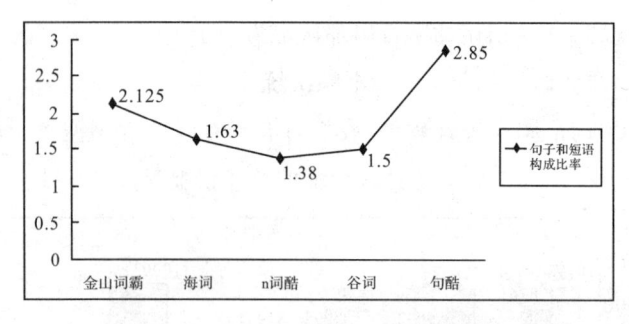

图 4-12 短语和句子的构成比率

从抽样获取的数据统计来看,金山词霸、海词和句酷等在线辞书上的句子较多,而 n 词酷上的句子总数相对少些,但简短而实用的短语较多。从统计数据来看,短语结构的语言素材在在线辞书网站上占有一定的比率,如 upper-class society、social measurement 等。从用户需求的角度出发,在线辞书应该分开呈现句子和短语的检索结果,而不是"一股脑"地、无任何区别地呈现给用户。

5.4.4 统计短语和句子的平均长度

使用程序统计了英语和汉语短语或句子的长度(长度计算以词为单位),并计算出了英语和汉语的平均长度。图 4-13 列举出了汉

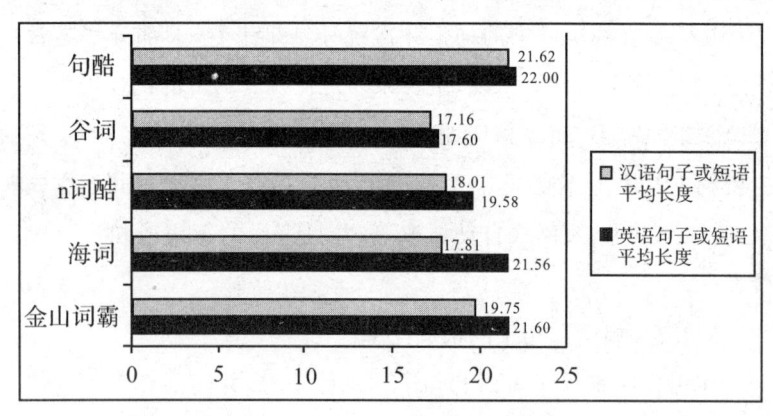

图 4-13 短语和句子平均长度

语和英语的平均长度。

从图 4-13 可以看出,金山词霸、海词和句酷的短语和句子偏长,而 n 词酷和谷词的短语和句子则相对偏短。由于这些在线辞书的短语和句子大部分都来自某一本或几本词典,与生活中实际使用的句子相比,整体上偏短。为了更有利于用户生成地道的英语句子,在线辞书网站应该结合用户的具体需求增加一些真实使用的英汉或汉英对照语言素材,辅助用户进行更加丰富、地道的英语表达。

6. 结语

本部分主要结合相关研究数据对我国改革开放后期,特别是新世纪以来在线类辞书的发展状况进行了较为全面的介绍和分析。首先,我们对"在线辞书"这一概念进行了较为合理的界定,明确提出了本课题研究的基本工作定义。其次,我们在搜集相关资料的基础上,较为具体地介绍了我国在线辞书的发展状况,并根据在线辞书的不同属性,对在线辞书进行了描述性分类,具体分为不同语种的在线类辞书、单学科和多学科在线类辞书、搜索引擎类和非搜索引擎类在线类辞书。然后,我们还进一步介绍了在线类辞书检索的多样性和智能化、检索返回结果的丰富性、检索结果呈现形式的科学性、检索结果呈现形式的多样性、良好的开放性和互动性及访问的便捷性等优势,同时也客观简要分析了释义出处不明、新词释义缺失、释义错误和释义重复以及网址变换不定和界面不简洁等在线类辞书的不足之处。最后,我们通过统计分析和内容分析的方法,利用词汇频次统计、短语或句子对个数统计、短语或句子长度统计分析等计算机专业技术手段,对我国目前比较具有代表性的 5 个双语在线类辞书进行了相关辞书数据的具体分析,试图反映其所提供的条目相关语言信息的具体质量状况。从中我们可以看出,我国现有主流双语在线辞书的条目相关信息仍主要依赖于现有纸质辞书的信息,未能更好地借助在线类辞书的独特优势而获取更多优质的、有特色的语言信息,尚不能充分发挥在线类辞书的巨大潜在优势。我们认为,今后提供更多更优质多元的辞书条目相关的语言信息将是在线类辞书需要重点努力的方向,因为只有优质的在线辞书资源才是在线类辞书生命力的决定性因素。事实上,这也是针对所有类型或载体辞书未来发展的一个不变的基本原则。

第五部分　少数民族语言类辞书发展简况

1. 有关少数民族辞书文化的简介

我国是一个多民族、多语言、多文字、多宗教的国家,也是一个辞书大国,编印辞书的历史非常悠久。辞书与语言文字的关系非常密切,每一种语言文字都承载了一个民族在长期发展过程中所创造的文化习俗,包含着丰富的历史文化内涵,是一笔宝贵的文化遗产。辞书作为社会文化传播的重要工具,除了应用功能外,各民族通过它使用自己的语言文字来表述对世间万事万物发展的精确阐释。辞书还是一个民族语言文字功能的充分展示,是一个民族对世界的认识水平的显著标志之一。因此,我们应该认真对待辞书文化,并了解有关民族文字的创造、发展和完善过程。

我国各民族的文字包括中国古代民族和当代民族曾使用过和正在使用的文字。我国与辞书文化有密切关系的少数民族文字可以做如下分类:第一,早已"死亡"的有6种西域古文字。①佉卢文(Kharosthi script),公元2世纪后流行于西域于阗、婼羌一带的拼音字母,为研究古代印度和西域文化历史提供重要参考价值,是中国新疆最古老的民族文字之一,最早发现的文献是《法华经》。②焉耆-龟兹文(Tocharian script),使用期大约为公元3—8世纪,它与印度波罗米文字十分相似,早已发现的有《弥勒会见记》的吐火罗文译本。③于阗文(Khotan script),大约流行于5—11世纪,它对伊朗语和西藏阿里的藏文也产生过深刻影响,与古藏文相似。④突厥文(Turkic script),它与古代北欧日耳曼民族使用的卢尼文(Turki Rune script),如尼文-鲁尼文外形相似,所以又被称为"突厥卢尼文"。根据发现地也称为"鄂尔浑-叶尼赛文",它还有"蓝突厥文""西伯利亚文"等名称。⑤粟特文(Sogdian script,西域和中亚细亚地区的古代粟特人使用),粟特人约于公元5世纪在古代波斯阿拉米文(Arami script,在腓尼基字母的基础上创制的西亚古代民族文)草书的基础上、根据中亚古代伊朗民族粟特人语的发音特点创制的。1906年在敦煌发现《粟特古书简》。⑥回鹘文(Uighur script),它兼容了粟特文和古突厥文的优点,又适合当地民族的文化传统,在公元8世纪广泛普及开来。回鹘文译出的佛教经典最多,因为它是中亚突厥语诸民族使用范围较广、保留文献最多的一种文字。第二,察合台文和新疆现使用的5种文字。察合台文(Chagatay Uighur script)是察合台汗国时期的维吾尔文,是察合台汗国的突厥人和突厥化的蒙古人使用的文字。它在喀喇汗王朝(公元10—13世纪,此王朝中心从中亚楚河延至中国新疆喀什)时期喀什为中心的官方语言——哈卡尼亚语(Khaqaniyä)和回鹘语的基础上发展形成。察合台是成吉思汗的次子,在其统治时期,西域维吾尔文化比较发达,该时期的语文吸收了西部突厥语的某些成分,又保留了东部突厥语的基本特点,并且从阿拉伯语和波斯语中借用大量词汇和一些语法模式,所以中亚西亚(包括新疆)、当年帖木儿后裔所统治的今阿富汗、伊朗东部及东北部、印度建立的莫卧儿帝国的创始者们都使用过,是受多种文化因素影响的察合台维吾尔语。另外,新疆现使用的维吾尔文、哈萨克文、柯尔克孜文、蒙古文和锡伯文。第三,北方民族的8种古文字(西夏文、契丹文、女真文、夷读朝鲜文——谚文、蒙古文——回鹘时蒙古文、八思巴字、满文、锡伯文)。第四,西南部民族的8种文字(东巴和哥巴文——纳西文、傈僳文、尔苏沙巴文、水文、白文、傣文、彝文、藏文)。第五，新中国成立前后新创造的民族文字共 15 种(土文、侗文、哈尼文、布依文、佤文、壮文、苗文、黎文、景颇文、拉祜文、瑶文、达斡尔文、羌文、土家文、独龙文)。

有一定的辞书文化历史和辞书内容的民族文字大约有 23 种。特别是藏、维吾尔、蒙古、朝鲜、哈萨克、柯尔克孜、锡伯(来源于满文)、塔吉克(来源于波斯文)、壮、彝、傣等民族语言文字的历史比较悠久，同时他们的文字和语言发展到今天也在本民族和本自治地区中被广泛使用并在与周边国家文化交流中起着重要作用。有些少数民族的古老文字或语言在历史变迁和社会发展中因种种原因逐渐退出了历史舞台，已成为了历史。纳西、景颇、苗、羌、土家、傣、达斡尔等民族的语言或有些文字还在本民族一定范围内使用，并仍然发挥着自己的社会交流作用。千百年来，我国各族人民不但以其勤劳的双手开垦、建设家园，日夜守卫着祖国的边疆，而且在以其智慧创造丰富的物质文明的同时，还拥有自己的语言和文字，开展了丰富多彩的文化活动。这些不仅是中华民族文化宝库的重要组成部分，也是世界文明的重要组成部分。早在汉代，在高昌、于阗、龟兹等地的西域居民以及北方、江南和西南高原的各民族人民根据自己的生活和语言文化就曾创造了自己的古文字并使之流传至今，其中留存至今的回鹘文、古藏文、西夏文、蒙文和满文文献等享誉世界。它们是中国民族文字古籍中较早的文献之一，在同时代的汉文古籍中也是不多见的。这与中原传统农业文明有一定内在联系又独具特色的文化活动和文明现象对丰富、完善和发展中华文明早已起到了积极作用，所以它也是我们中国特色社会主义文化建设的重要组成部分。这些都说明了我国少数民族语言文字所具有的承载历史文化的功用及其悠久性、多样性和先进性，是辞书多样基础理论和社会实践的重要资源。

与我国民族文字有关的最早的辞书有汉朝的《说文解字》、《尔雅》和《方言》。我国边疆民族地区的语言状况和语言资料，在古代典籍中多有记载。先秦文献中已有不少人名、地名、族名和其他语汇。以后如《史记》、《汉书》中的匈奴语词汇载于《东观汉记》、《后汉书·西南夷传》中用汉字记音的属于藏缅语族语言中的《白狼歌》载于刘向《说苑》的《越人歌》等，另外早在 11 世纪编写的《突厥语大词典》、《番汉合时掌中珠》和《文海》等，其水平足以与汉语语文典籍相提并论，为中外学者所熟知。

流传至今的各民族的语言学遗产也相当丰富。高昌古城发现了属于公元 1 世纪的《汉语回鹘语对照词汇》残卷。公元 10 世纪前后，传播佛教文化内容的辞书类古籍随着社会宗教活动的开展不断丰富起来，所以后来改信伊斯兰教的回鹘人，用粟特字母所创制的古回鹘文字也逐渐被阿拉伯的字母所排挤（也有当地学者和官方的选择原因），出现了察合台时代的维吾尔文。10—12 世纪，喀喇汗王朝的文化发展到极盛时期，长篇史诗《福乐智慧》和《突厥语词典》都是这一时期颇有影响的著作。世界突厥比较语言学大师马赫默德·喀什噶里于 11 世纪 70 年代编写的《突厥语大词典》（原稿遗失，现有 1266 年的抄本传世 638 页，词典正文共收 7500 个词条），于 1914 年被学术界发现，已先后出版了手抄本的铅印本、影印本、德文索引本以及土耳其文、乌孜别克文、英文、维吾尔文、汉文、俄文、波斯文和阿塞拜疆文等多种译本，对突厥语言研究的诸多方面做出了极其重要的贡献。我国历史上最具影响的传世辞书之一《康熙字典》便是由出身满族的康熙皇帝爱新觉罗·玄烨亲自指示编辑的。还有以党项族为主体的西夏人自己编写的各种类型的辞书等，其种类之多与水平之高足以与中古时期的汉语音韵、文字典籍相提并论。蒙古、满、藏等族也有编印语文学类辞书的传统和成果。明清时代的四夷馆（清代改称四译馆)、会同馆等编纂了一大批总称为《华夷译语》的对译辞书,其中包含了大量的民族语文资料。宋元明清历代王朝也都很注重汉语和少数民族语言对照的双语或多语辞书及少数民族辞书的编纂。如宋代编有《西夏国书字典》、《鸡林类事》(朝鲜语与汉语对照手册),元代编有《蒙古字韵》、《辽国语解》、《金国语解》,明代有《高昌馆杂字》、《女真馆杂字》,清代纂修了《五体清文鉴》、《满蒙文鉴》等。

明朝政府选派 2000 多人编辑完成的《永乐大典》(22937 卷,11095 册,辑入经、史、子、集、释藏、道经、戏剧、平话、工艺、农艺等图书共 7000—8000 种),是我国最大的大典。但正本早已焚毁,副本曾散失了一部分,八国联军侵入北京,两次被毁掠,目前存于国内外的仅有 300 余册。

康熙、雍正时,清朝政府组织许多民族学专家编辑了《古今图书集成》(1 万卷,包括历象、万舆、明伦、博物、理学、经济等六编),是继《永乐大典》又一个重大文化成果。乾隆时,清朝政府又选派名家 160 余人编辑《四库全书》(分为经、史、子、集四卷,收书 3457 种,79070 卷,装订成 36000 余册),是我国最大的一部丛书。此书编辑历时 10 年,书成之后,共抄录七部,分存于北京、热河、沈阳、扬州、镇江和杭州六地,现完整保存下来的还有四部。这几部书也是我国极其宝贵的文化遗产,是无价之宝。但是也应指出,根据专家学者的一番检查,其中不利于明清时期统治的书籍基本上没有列入,而列入的图书中有部分内容也被删改或抽毁。

多年来,我国很多权威的辞书专家认真考察了中国各民族辞书,论述了相关问题,提出了挖掘、整理和不断丰富中国辞书文化的很多好的建议。他们认为制定、规划并组织中外学者,群策群力,编译出版一批足以传承中华民族文化的各类民族双语词典,如《佉卢文词典》、《吐蕃藏语词典》、《古藏文词典》、《古突厥语词典》、《回鹘语词典》、《粟特语词典》、《于阗塞语词典》、《吐火罗语词典》、《契丹语和契丹文词典》、《女真语和女真文词典》、《八思巴文词典》、《中世蒙古语词典》、《察合台语词典》、《纳西文词典》、《摩尼教文现用语词典》、《伊斯兰教文现用语词典》等等,形成一个比较完整的系列。同时,还应编撰一批语源词典,如《汉藏语语源词典》、《藏缅语语源词典》、《阿尔泰语语源词典》和反映当今学术研究水平的《中国民族大词典》等。

新中国成立初期,为了适应新中国开展民族工作的需要,中国科学院和中央民族事务委员会分别于1956年、1958年和1959年,多次组织语言调查队(7个调查队,多个分队,共约1000多人次),分赴各少数民族地区,进行空前规模的语言文字普查工作,共查清15个省和自治区42个民族的80多种语言文字情况。当时的民族工作者认真细致地搜集了各种语言的语音系统、语法结构、词汇、词源和语言系属等大量珍贵的语言文字资料,发现了许多过去从未听过和见过的语言文字现象,这不仅为帮助少数民族传承、改革、创制及完善本民族语言文字和发展少数民族文化教育事业提供了科学依据,而且还为各类民族文字辞书的编译出版提供了丰富的资料并创造了良好的文化条件。这些成果为党和国家制定和完善民族政策,促进平等团结互助的社会主义民族关系提供了大量真实和珍贵的资料。这项工作充分反映了党和国家重视对我国各民族优秀文化的继承弘扬和健康发展,为今后的民族工作和民族问题的科学研究奠定了基础。在此基础上,经过长期的调研,国家民族事务委员会组织全国的各民族文化工作者编写了《中国少数民族》、《中国少数民族简史丛书》、《中国少数民族语言简志丛书》、《中国少数民族自治地方概况丛书》和《中国少数民族社会历史调查资料丛书》等5套丛书(这些项目于1958年启动,至1991年基本完成,历时30多年,相关图书分别由全国20多个出版社出版），成为编辑出版各种民族辞书的汉文理论基础图书。它记录了中国55个少数民族从起源至20世纪的历史发展进程。在国家民委和新闻出版总署的领导下，这套书于2005年重新修订，由民族出版社统一出版，并于2009年7月26日，在云南召开的国际人类学与民族学联合会第16届世界大会上正式发布。五套丛书的修订出版在各民族辞书文化工作中起到重要作用。所以我们说，少数民族辞书出版是我国民族平等政策在辞书领域的重要体现，是民族出版工作中的一项重要任务。

2. 部分民族辞书出版简况

辞书在人民心目中是最科学、最可靠而且随时能获得丰富知识的老师。历史上编写和出版的少数民族辞书品种很多，如本民族文字的单语辞书、两种文字对照的双语辞书、两种以上文字的多语种辞书等。这些辞书，多年来弘扬了民族文化，让各民族相互交流学习、尊重差异、共同进步，为各行各业提供了统一、准确、通俗的科学知识，为辞书工作的规范化、标准化、系统化和现代化提供了很好的文化资源和出版技术条件。

以下介绍蒙古、藏、维吾尔、哈萨克、朝鲜和柯尔克孜六个少数民族的主要辞书出版成果。

蒙古族——主要聚居在内蒙古自治区、东三省、河北、新疆维吾尔自治区、甘肃、青海等地，宁夏回族自治区、云南、四川、北京等省市也有分布，人口5981840人（2010年）。蒙古族始源于大约公元7世纪后在望建河（今内蒙古额尔古纳河）流域的"蒙兀室韦"（部落）。蒙古族兴起之前，生活在北方草原的许多部落一般都以"鞑靼"著称，使用的语言称为"阿尔泰鞑靼语"。蒙古语属阿尔泰语系蒙古语族蒙古语支，中国境内的蒙古语分内蒙古、卫拉特、巴尔虎-布里亚特三种方言。蒙古族在不同地区和时期曾使用过突厥文、回鹘式蒙古文、八思巴字、契丹文、索永布文、瓦金德拉文、托忒文（"陶德蒙古文"为新疆卫拉特蒙古族使用的地方性文字）、西里尔（斯拉夫）蒙古文，另外还有用汉文、阿拉伯文、满文等标记过的蒙古文。使用范围最广、影响较大的是13世纪初回鹘语言学家塔塔统阿等所创制的回鹘式蒙古文。我国元代蒙古语文学家搠思吉翰节儿（此法名意为"发光"，公元1311—1319年被尊为国师，他用蒙古文翻译印度学者寂天所著《菩提行论》，并撰《菩提行论疏》，还译有《五守护经》、《十二因缘经》等佛经辞书类多部）为了促进蒙古族语言文化的发展，还特别编撰过阐述语言、语法及词法的名著《蒙文启蒙》[（又译为《心耳》或《心箍》），此书后来失传，但18世纪的蒙古语言学家丹津达格巴的语法名著《心箍注疏·玛尼宝》，阐述蒙古文正字法的著作《蒙文启蒙诠译》（1275年成书）中保留了此书的部分内容]。用回鹘式蒙古文记录成书的此书后来被誉为蒙古族历史文化的百科全书。此外，《元朝秘史》（约1250年前后成书，当年藏在国史院内，秘不示人。朱元璋灭元后获此书。现有汉字译音写本，原书失传。后来被回鹘学者马沙亦黑收集补编，全书分为282段，流转到俄、日等国，此书的研究也已成为国际性学术课题）、《蒙古黄金史》（约17世纪成书）和《蒙古源流》（约1662年成书）等名著并列为蒙古文三大历史著作。另外还有元代的《至元译语》，明代的《华夷译语》、《武备志》、《登坛必究》，清代前后的《五体清文鉴》、《三合便览》、《满蒙合璧清文鉴》和《满蒙分类词典》等辞书类图书。后来使用广泛和影响比较大的辞书还有：在乌兰巴托出版的《蒙古语详解词典》（1926年）和《蒙古语简明诠释词典》（1962年）等，内蒙古日报社出版的《汉蒙简略辞典》（1955年），内蒙古人民出版社出版的《汉蒙词典》（1964年）、《汉蒙成语词典》（1972年）、《蒙汉词典》（1979年）、《蒙古语正言正字词典》（1979

年)、《外国地名蒙语译音手册》(1980年)、《汉蒙名词术语词典》(1981年)、《自然地理词典》(1985年)、《数理化词典》(1984年)、《蒙古语词典》(1997年)、《汉蒙学生词典》(1985年)、《蒙古文正字法词典》(上下册,1999年)、《蒙古族大词典》(2007年)和商务印书馆出版的《新蒙汉词典》(1999年)等。相关蒙古族辞书和辞书性质的图书自元代至今编撰印制出版了大约300部,上述提到的只是一部分在国内外有一定影响的辞书,其中民族出版社蒙古文编辑室编辑出版的30余部辞书中,比较有代表性的是《汉蒙词典(第三版)》(2005年)、《蒙汉缩略语词典》(2003年)、《汉藏蒙对照佛教词典》(2001年)、《蒙古语详解词典》(1996年,后来荣获第三届中国民族图书奖三等奖),另外在1993年分别荣获省区级图书一等奖和二等奖的有《四部医典》(1991年)、《方言词典》(1992年)和《汉蒙对照医学辞典》(1992年)等。这些辞书涵盖内容广泛、知识性强、且极具权威,堪称优质辞书。特别引以自豪的是2005年出版的《汉蒙词典(第三版)》(2006年民族出版社就该书与蒙古国签署了版权输出合同)在2007年获得首届中国政府出版奖,同年又获得中国少数民族双语科研成果一等奖。

藏族——主要聚居在西藏自治区以及青海的大部分地区和甘肃、四川、云南、北京等省市的部分地区,人口6282187(2010年)。此外,在毗邻我国西藏的印度、尼泊尔、不丹、锡金、缅甸等一些国家和地区也有藏族聚居。藏族始源于青藏高原,藏语属汉藏语系藏缅语族藏语支,分为卫藏、康、安多三个方言。为了本民族文化发展的需求,当年松赞干布派图弥三菩札(在中国和印度被尊称为贤哲)到印度求学,创制并进一步完善藏文。图弥三菩札根据梵文体系中的某种字体,结合藏语创制了藏文,后来经历了三次大的厘定。现在通用的藏文大约创制于公元7世纪前期。目前我国国内藏文文献资料是极为丰富的,数量仅次于汉文。在 14 世纪编译成的《藏文大藏经》(由甘珠尔-经部和丹珠尔-论部组成)中提出的图书类文选有 4600 多种。藏文典籍浩如烟海,由汉、藏、英三种文字近千页 16 开合排的《藏学典籍目录》共有三册,保存下来的图书资源也特别丰富。除精选本英雄史诗《格萨尔》外,还有历经百年沧桑,几乎失传,经 16 年发掘整理,被誉为"藏族传统文化的百科全书"并获得第五届国家图书奖的《显密文库》等名著,在国内外藏学学者中影响深远。在藏文双语词典中,公元 9 世纪已有了统一规模的梵文与藏文名词佛教术语翻译对照的分类词典《翻译名义大集》(283 类),对国内外翻译界也影响巨大,敦煌藏文写卷中的《瑜伽师地论·菩萨地》(有 368 组)等藏汉对照词汇也是如此。后来正字法的出现是一个明显的发展,如《正字法丁香帐》(第一本,1476 年),1985 年整理并加注汉文的《辞藻论·智者耳饰》(由民族出版社出版,共 12000 个条目)等对印度辞书文化界也有过很大帮助,并产生了积极影响。现代藏文词典中的《藏英词典》(1834 年)和《藏梵英对照词典》(印度出版,1902 年,25000 个条目)是首批具有现代意义的藏文词典。新中国成立以后出版的《格西曲札藏文词典》(共 26000 条词)于 1946 年整理完成,1953—1957 年 12 月由民族出版社出版,1982 年再版。此外,还有《梵藏汉对照词典》(1991 年出版后荣获第二届全国藏文图书奖三等奖)、《藏汉对照丹珠尔佛学分类词典》(1992 年出版后荣获中国民族图书奖二等奖)等具有实用价值和参考价值的词典。1978 年,邓小平同志亲自做出批示,《藏汉大辞典》于 1985 年 7 月由民族出版社出版,它是目前最权威的一部藏汉双解词典,先后印刷 10 次,共 59000 套,曾获国家图书奖等多种全国性的奖项,在国内外有广泛的影响力;另外《汉藏对照词典》(1991 年第 1 版荣获首届全国藏文优秀图书评比一等奖)、《英藏汉对照词典》(1988 年出版,参考上海、台湾和印度相关词典，收词5万条，荣获全国图书评比一等奖)、《藏医辞典》(1983年出版，荣获全国科技图书评比一等奖)等也是有一定社会影响的双语专业性词典。由于藏医在藏族社会中起着重要作用，所以关于藏医和藏药的《藏医药学大词典》(2007年)等专业工具书也不少，据初步统计已有十几种，其他专业辞书也如雨后春笋般涌现出来。据统计，藏族历史上大约印制出版了400余部辞书或具有辞书性质的图书。包括民族出版社藏文编辑室在内的各地藏文出版单位/部门为藏文辞书文化做出了很多努力。上文所提及的这些辞书是比较有代表性的，多年来深受广大藏族地区专家和读者的欢迎，在国内外学者中影响深远。

维吾尔族——主要聚居在天山南北的各个绿洲，在湖南常德市、桃源县、寿县，河南洛阳的盐池县、长葛市等地也有在元朝、明朝前后定居下来的维吾尔族后代。维吾尔与哈萨克、柯尔克孜、乌孜别克、塔塔尔、撒拉、裕固等民族语言同属阿尔泰语系突厥语族，语言上有许多共同之处，族源上也有密切的历史和地缘血缘关系，人口10069346(2010年)。维吾尔语属阿尔泰语系突厥语族西匈语支。维吾尔族的祖先在公元5世纪前后使用的是突厥卢尼文("鄂尔浑-叶尼塞文"，因碑铭出于蒙古鄂尔浑河、西伯利亚叶尼塞河流域而得名)，8—15世纪之间高昌等东部地区还用过以粟特字母为基础的回鹘文，10世纪改信伊斯兰教的喀喇汗王朝疆域内的维吾尔人开始使用根据阿拉伯字母拼写回鹘语的畏兀儿文，13世纪蒙古军队进入西域及广大中亚地区以后，察合台汗国时期从回鹘语基础上演变而来的突厥文(包括现代维吾尔语等)开始影响各地区的文化，随着察合台汗国的强大，突厥语在中亚部分地区进一步普及。15世纪，根据阿拉伯字母创制的察合台维吾尔文字基本上取代了回鹘文字，成为中亚各操突厥语民族基本统一使用的文字，开始主要在察合台汗国的领土使用,故被称为察合台文,此文一直用到1934年。后来,新中国成立前后,维吾尔族知识分子在察合台文字的基础上创制并不断完善了现代维吾尔文字,20世纪80年代前后维吾尔族还使用过以拉丁文为基础的维吾尔语新文字。1984年,复用现代维吾尔文字。维吾尔族曾经信仰萨满教、摩尼教、佛教和伊斯兰教,宗教活动对其语言和文字的变化和发展带来了革命性的影响。另外维吾尔族的名称和文字在每一个历史阶段多次易变,如丁零(突厥)、铁勒、袁纥、乌护(北魏时),韦纥(隋时),回纥、回鹘(唐时),畏兀儿(元明时)。明清时期,中国内地和新疆等信仰伊斯兰教的民族在内地一般都称为回回人,有时称回部人、回疆人和畏兀儿人等。

维吾尔族最有名的《突厥语大词典》(古代突厥语言学家马赫穆德·喀什噶里于1074年编著。收词近7500条,1981年出版维吾尔文本)用阿拉伯字母拼写并用阿拉伯语解释写成。它是当年比较全面记录天文、地理、历史、军事、政治、宗教、民俗、哲学、语言、历法、文学和艺术等多方面的古代社会生活的百科全书,此书的现代维吾尔文版在2002年出版,引起国际突厥学界的重视,为研究新疆和中亚地区的古代语言和文化提供了极其丰富的历史资料。另外喀喇汗王朝时期的著名维吾尔诗人玉素甫·哈斯哈吉甫用回鹘文写成的古典叙事长诗《福乐智慧》,内容涉及哲学、逻辑学、美学、社会学、法律、道德等方面,它是11世纪影响广大西域地区和东方文化的一部具有高度思想性、艺术性的优秀作品。《福乐智慧》是与北宋时期的《四书集注》有着共同思想追求的哲学著作。《四书集注》由南宋(1127—1279年)大儒朱熹在1190年汇辑刊行。治国安邦的政治哲学著作《福乐智慧》大约成书于1069年,它倡导善德修行,理论性较强、语句优美、意境深刻,属于长篇对话体叙事诗。《突厥语大词典》与《福乐智慧》、由著名维吾尔回鹘文翻译家僧古萨里都统(法名胜光法师,约高昌回鹘汗国时期)译成的《金光明经》,被誉为维吾尔古典文学中的"三大瑰宝"。另外,《高昌馆杂字》、《回回馆译语》(明朝时期整理编著)、《苏拉赫词典补编(波斯文)》(察合台汗国初期)、1690年在阿克苏编写的《莱塔依甫词典》、《比达意词典》(解释纳瓦依著作语言的详解词典)、《那瓦词诗解释词典》(桑拉合词典)、《穆卡迪木特阿达部》和清朝初期编纂的满藏蒙回(维吾尔语)汉合璧的大型辞书《五体清文鉴》、20世纪40年代社会活动家及突厥语学者包尔汗先生在狱中所编撰的《维汉俄词典》(1953年1月民族出版社出版,是新中国成立后民族辞书出版的开山之作)等,在各个历史时期,在文学界和辞书界起到过很重要的积极作用。另外,新中国成立以后,新疆人民出版社出版的《汉维词典》(1959年)、《汉维词典》(拉丁文字,1976年)、《汉维大词典》(1990年,2008年10月又出版了修订第三版)、《经济学词典》(1990年)、《现代维吾尔文学语言正字词典》(2009年)、新疆大学出版社出版的《维汉词典》(拉丁文字,1978年)、苏联出版的《俄维词典》(1968年)等,给广大读者提供了丰富的文化内容和各类专业知识。关于石油、医学、金融、宗教、文学、地名、人名等内容的词典也不少。维吾尔族编修印制的辞书和辞书性质的图书300余部,其中民族出版社维吾尔文编辑室从20世纪50年代至今出版的50余部辞书中,汉文版《突厥语大辞典》、《汉维成语词典》、《汉维新词语词典》(1979年出版,1994年获新疆社科优秀成果一等奖)、《维吾尔古典文学词语集注》(1986年)、《维吾尔语详解词典》(1990年出版,获第二届中国民族图书一等奖)、《维汉大辞典》、《现代维吾尔语正音词典》(1998年出版,荣获全国少数民族图书优秀奖)、《汉俄英维电子科技词典》(1999年)、《金融词典》(2002年)、《维汉规范字字典》(2007年)和《汉维新词语词典》(2008年)等都是比较经典的辞书,为促进民族语言文字的健康发展起到了重要作用。其中,当年周恩来总理特别指示说"这本书一定要出好"的《突厥语大辞典》分别荣获2003年国家图书奖、第六届中国民族图书一等奖。

哈萨克族——主要分布在新疆维吾尔自治区以及甘肃的阿克塞县,青海也有一些,人口1462588(2010年),长期生活在新疆天山北部。他与有些古代西域民族有渊源,仍有一些部落保留着古代的名称。哈萨克语属阿尔泰语系突厥语族克普恰克语支。"哈萨克"(自由人、避难者等意)早在公元15世纪前后就已形成。哈萨克人真正采用阿拉伯字的书面语是在19世纪前后。哈萨克著名诗人阿拜·库南巴耶夫、教育家依·阿勒腾萨林等著名文化人士的新文化运动对本民族语言、文字的进一步完善和繁荣起到了重要作用。哈萨克民族比较有代表性和包括丰富辞书类内容的图书有《哈萨克叙事长诗选》(250余部)、《阿勒帕米斯》和《英雄塔尔根》等历史文学名著。辞书方面,新疆人民出版社出版的较具代表性的有:《汉哈简明词典》(1960年)、《汉哈大词典》(2006年)、《哈萨克语解释词典》(共10册,前苏联引进)、《数学词典》(1993年)、《理论学习小词典》(1987年)、《汉哈财经词汇》(1994年),另外还有《汉哈医学词典》、《汉哈成语词典》、《汉哈化学词典》、《哈萨克语成语词典》等。历代有100余部辞书类典籍。民族出版社哈萨克文编辑室编辑出版的18部辞书中,《俄哈词典》、《哈汉词典》、《哈萨克苏维埃大百科辞典》1990年节选转抄本《汉哈石油词典》、《汉哈生物学词典》在广大的哈萨克族读者中获得了广泛的认可和赞扬。另外,特别是近十年在哈萨克斯坦出版的相关辞书类图书日益增多,这些辞书对中哈两国本民族学者们的相互学习、文化交流和开辟新的文化合作道路起着积极作用。

朝鲜族——主要分布在吉林等东北三省,河北、内蒙古、山东、北京、天津等省市、自治区。我国现有人口为1830929(2010年)。对朝文有两种说法(属阿尔泰语系或独立语言)。在秦汉时期,中原百姓与朝鲜人就有了密切接触。大约公元2—5世纪(汉末和三国时期),中原文化等开始大量传入朝鲜半岛。从1444年起,朝鲜民族总结了使用汉文和吏读(6世纪借用汉文创造的特殊文字形式)的经验,通过对梵文、回鹘文、八思巴字、女真文、日文等周边地区国家民族表音文字的参考,研究和利用当时的音韵学知识,创造了"训民正音"(谚文——通俗文字),学者认为这就是最早的朝鲜文字。朝鲜民族翻译家、文学家等当年编译的《训民正音》(1446年)、《龙飞御天歌》(1447年)是较早的文献,后来用朝鲜文创作的《月印千江之曲》(1447年—1449年整理,是歌颂释迦牟尼的歌词),另外1462年以后的《佛经谚解》、《四书五经谚解》和《古诗谚解》等包括诸多名著,对于亚洲文化的相互交流和发展产生过一定的积极影响。我国朝鲜族大约直接使用和整理出版的辞书和辞书性质的图书有180余部。从1980年6月延边朝鲜族自治州历史语言研究所编辑、民族出版社出版的《朝鲜语小词典》到1995年6月延边州语言研究所编辑、延边人民出版社出版的《朝鲜语词典》(上中下),朝鲜语类词典大约有20种。从1959年1月延边人民出版社出版的《朝鲜语常用虚词》,1959年12月民族出版社编纂出版的第一部语文工具书《汉朝字典》,黑龙江朝鲜民族出版社2007年出版的《朝鲜语古语词典》到2009年12月民族出版社出版的《中朝大词典》(2007年获得首届中国政府出版奖)等,中朝(中韩)双语类词典有30多种。此外,我国从朝鲜和韩国引进的辞书也不少,尤其是近几年与朝鲜和韩国合作出版的中朝、朝中、中韩、韩中语言类辞书更加发挥了文化交流作用。民族出版社朝鲜文编辑室编辑出版的30部辞书中,《中朝朝中法律词典》、《中朝大辞典》、《中朝词典》(1986年改革开放初期第一次中外合作的出版成果)、《中英韩体育词典》(2009年)等也填补了朝鲜文辞书出版的多项空白,在中朝和中韩文化交流中发挥了重要作用。另外还有《实用中韩翻译词典》(2004年)、《中韩汉字词典》(2007年)、《初级韩国语学习词典》(2005年)、《英中韩缩略语词典》(2009年)等,也深受国内外广大读者的欢迎。

柯尔克孜族——主要分布在新疆维吾尔自治区,另外黑龙江富裕县也有一部分居住,人口186708(2010年)。"柯尔克孜"(意为四十个部落或姑娘、草原等)先民原分布在蒙古高原叶尼塞河上游等,后来迁移到新疆天山南北和中亚伊塞克湖周围,他们早有自己的文字。公元8—10世纪,柯尔克孜族继用了突厥、回鹘人使用的突厥文,同时还保留了一些鄂尔浑-叶尼塞文文献。新中国成立后使用的是以阿拉伯字母为基础的柯尔克孜文。《玛纳斯》是长篇英雄史诗,是我国三大史诗之一,多年来它促进了柯尔克孜族文化的继承和弘扬,丰富了相关的辞书文化知识。另外,《柯尔克孜文正字法词典》(1988年)、《汉柯语言学词典》(1995年)和《柯尔克孜语同音词词典》(2008年)也是重要的柯尔克孜族文和柯汉双语词典。

另外,新疆的塔吉克族、乌孜别克族和塔塔尔族等少数民族一般通用维吾尔语言文字,有时还运用本民族特色方言交流,其中塔吉克族在本民族之间交流时还使用属于伊朗语族帕米尔语支的波斯语。

3. 中国北方古文字和其他民族文字及其辞书简况

西夏文——记录古代西羌的后裔党项羌人语言的文字。西夏文是古代党项羌人的语言,该语言中有大量汉语、藏语的借词。它与藏语比较接近,属于汉藏语系藏缅语族,与彝、傈僳、纳西等族语言属同一个语族。公元19世纪初,一位欧洲传教士来到燕京居庸关,发现云台过街塔门的洞壁上刻有元代石刻的6种文字(用汉文、藏文、梵文、回鹘文、八思巴文和西夏文石刻记录的《元如来心经石刻》等经文、咒语等),当时他不太了解的第六种文字就是后来被称为"女真小字"的西夏文。目前收藏在俄罗斯及我国西北黑水城发现的文献有西夏文、汉文、藏文、回鹘文、蒙古文等多种民族文字类型,其中西夏文占全部文献的80%以上。当年西夏人等所著的、保存至今的辞书主要有《番汉合时掌中珠》(西夏文-汉文双解通俗语汇本,1190年)、《同音》(是西夏文字书,1132年)和形音义字典《文海》(古代西夏文字书,约12世纪成书)、《五音切韵》(编于1220年)、《圣立义海》(此三本西夏古文书于1909年在中国黑水城遗址出土)、《同义一类》(1189年)、《三才杂字》(1223—1226年)等,这些是对古代、近代文字语系研究有珍贵参考价值的典籍。这充分说明当年西夏文应用比较普遍的事实。后来,反映此文化的《西夏学大辞典》由宁夏回族自治区人民出版社出版。

契丹文——契丹是古代北方游牧民族。契丹人建国(约公元980年)前本无文字,刻木为信,契丹语属阿尔泰语系。公元920年后使用的契丹大字是根据汉字创制的,契丹小字是根据回鹘文拼音而创制的。约1130年西迁的被中亚突厥人叫作"哈剌契丹"的西辽曾创造过灿烂的文化。关于他们最早与回鹘民族的接触还有这样一段故事:史载回鹘使臣来访,契丹人很希望与其交流,但是语言不通,太后便向阿保机推荐迭剌作陪。迭剌寸步不离回鹘使臣,早晚跟随,不到一月,便学会了该语言日常使用的基础部分,能识读其文字。契丹小字的拼音方法就这样受到回鹘文的启发而创制,后来又接受了汉字反切注音的影响。契丹字使用了200—300年,宋代王易的《燕北录》与元末陶宗仪的《书史会要》和《五代史》等书中记述过与契丹字相关的内容。契丹族也有部分辞书类典籍,其中《契丹文字研究》(1985年)对契丹文字的历史研究有划时代的意义。

女真文——女真人出现在五代时期。此文是金代参考契丹文和汉文创制的文字,文字由汉字的基本笔画组成,笔画最多10画,多数是采用契丹字、汉字加笔减笔等并参考原音、原义的方法而创制的。金国灭亡后,留居东北的女真人在元、明两朝统治下,仍有部分人使用女真文近200年之久。有关女真文文字的词典类文选图书有《女真议编》,另外1980年出版的《女真语言文字研究》是中国第一部研究女真文字的专著。1984年文物出版社出版的《女真文辞典》是第一部比较权威的女真词典。

八思巴文——元代官方使用的一种拼音文字,主要由藏文字母组成,也有一些梵文字母,还包括几个新造字母。事实上八思巴(1235—1280年,被元世祖忽必烈尊为国师,后升帝师)文在一段时间仅在部分上层人士及有些学者中使用。由于八思巴文字以音节为书写单位,不像回鹘式蒙古文,所以这种书写单位并不太适合蒙古语的特点,因此始终没有被广大蒙古族人民所接受,最后成为了一种过渡性的元朝国书文字,但它给后人留下了许多历史资料。现研究八思巴文的国内外专家已然存在,2008年编译出版的《鲍培八思巴字蒙古文献语研究入门》等图书对研究此文字工作仍然有重要的参考价值。

满族——主要分布在东北三省、北京、河北等省市,人口10387958(2010年)。公元12世纪初,建立金国的满人(女真后裔)逐渐进入中原地区。满语属阿尔泰语系满-通古斯语族满语支。他们1599年参照回鹘式蒙古文字创制了满文(老满文),它与蒙古文同属拼音文字。当年老满文仅使用30余年,我国最早的史书之一《满文老档》(现在存放在台湾"故宫"内)是用最老的满文编写的。早年精通满汉两种语文的中国满族语文家达海(1594—1632年)等学者们也对辞书文化的传承发展做出过很多努力。新满文的使用几乎与近300年的清代相始终。满文有很多重要的文史资料(原文已流失,但它的新满文译本流传至今),其中有满、蒙古、汉、回鹘、托忒文(现部分新疆蒙古族也在使用)所撰写的《西域同文志》等名著。清朝康熙、乾隆皇帝亲自提倡,后来多次组织各民族专家,花费100多年(1673—1795年,刊成不早于1805年)编著的《五体清文鉴》〔满、藏、蒙、回(维语)、汉〕在国际上有很大影响。此书是清代康熙、乾隆年代各民族历史文化专家和翻译家共同整理、修订、补充、完善的满、汉、藏、蒙古、维吾尔五种文字合璧的辞书,分上、中、下册,5100多页,收词1.8万余条,它是第一部多种文字对照的大型综合性工具书,是民族图书文化的最大宝贵遗产之一。1958年8月,在26个国家的艺术家和书籍出版组织者参加的德国莱比锡国际图书博览会上,此辞书还荣获装帧设计金奖。此套书在国内外特别是在国际突厥语学界引起过轰动。另外还有在满汉词典《大清全书》(1682年)基础上充实而成的满语教科书《清文启蒙》(1730年刊行),讲述满语语法的《清文虚字指南编》(1885年刊行)、《八旗通志》(约1739年成书)和《满族源流考》(约1779年前后成书)等包括丰富辞书文化资源的经典及《清汉对言字式》、《清文汇书》、《清文补汇》等重要字典。《满文大藏经》在清时又称《国语大藏经》,它是清代继《四库全书》之后的又一个巨大的文化工程。还有后来出版的《汉满词典》(2007年)等重要工具书。

锡伯族——最初游牧在大兴安岭东麓,与古代鲜卑有渊源。居住于东北、新疆维吾尔自治区伊犁等地区,人口190481(2010年)。锡伯语属阿尔泰语系满-通古斯语族满语支。锡伯文与满文基本一样,是回鹘文体系的拼音文字,其字母表与满文字母表基本相同。所以故宫博物院在1975年从北京、东北及新疆伊犁等地专门调来锡伯族、满族等翻译专家加强满文档案的整理和翻译工作。锡伯族是比较完整地保留满族文字与文化的民族。另外,五种文字合璧的大辞书《五体清文鉴》和《清文启蒙》在他们的文化传承工作中也起到了积极的作用。锡伯族还有《汉锡简明对照词典》等。

4. 中国南方其他民族文字及其辞书简况

纳西族——主要聚居在云南,四川也有分布,人口 326295 (2010 年),族源上属于秦时由西北河湟地带向东南移动,从三国到唐初的数百年间先民逐渐向西南迁徙的古羌人的一支。纳西语属汉藏语系藏缅语族彝语支,分东西两个方言。原有两种文字,一种是表意的象形文字,叫东巴文,另一种是表音的音节文字,叫哥巴文(还有玛丽马萨文),这些基本上都属于纳西族的西部方言。他们用这些文字记下了不少诗歌、传说和宗教经典等。专家们认为东巴文产生于公元 7 世纪左右,但纳西族现在基本上都使用汉语汉文。反映本民族古文字文化的辞书有《麽些象形文字字典》(1944 年)、《东巴文字典》(1945 年)、《麽些标音文字字典》(1945 年)、《纳西语英语百科辞典》(1948)、《麽些经典译注九种》(1978 年)、《纳西族象形标音文字字典》(1982 年)和《纳西东巴古籍译注全集》(1999 年)等。

傈僳族——主要聚居在云南、四川等省,人口有 702839(2010 年)。傈僳族、彝族和纳西族在族源上关系密切。傈僳语属汉藏语系藏缅语族彝语支。1957 年出版了《傈僳语小词典》等。傈僳族文字学家汪忍波(1900—1965 年)曾创造音节文字并编写了《识字课本》等 20 多种辞书类图书。另外,20 世纪 60 年代用傈僳文出版过《傈僳语文词典》以及 80 年代的《傈汉词典》等,这些辞书对研究傈僳族文化都有重要的参考价值。

白族——源于古代氐羌的一支,一说其俗尚白而称为白人。主要居住在云南,贵州、四川、湖南也有分布,人口 1933510(2010 年)。白语属汉藏语系藏缅语族彝语支。早在南诏时期(公元 738—902

年),白族使用过"方块白文""老白文"和"汉字白文"等。有12世纪留下来的《段政兴资发愿文》等白文碑。白族从元明时期留下的文献有《大元洪镜雄法师大寂塔铭》、《滇载记》等。

傣族——主要居住在云南南部,人口1261311(2010年)。傣语属汉藏语系壮侗语族壮傣语支,主要有德宏、西双版纳和金平3种方言。傣族也是一个历史悠久的民族,大约于公元12世纪前后,创制过自己的古傣文字,据说这种文字大约于8世纪前后来源于梵文字母的拼音文字,老傣文文化典籍中数量最大的是佛教小乘传教经典,据称有48000卷,现存一小部分。另外用傣文编著的佛教经典《大藏经》、《论傣族诗歌》和《多拉维梯》等傣文文献文学,包含了丰富的傣族民间文化内容。

彝族——主要分布在云南、四川、贵州和广西等省区,人口8714393(2010年)。彝族先民与远古时期的氐羌族群有渊源关系,是古羌人南下过程中与西南土人部落长期融合而成的民族。彝族居域广阔,方言众多。彝语属汉藏语系藏缅语族彝语支。在公元前,彝族先民已出现游牧部落与定居农业部落的分化。彝文是一种古老的文字,它有《尼木苏》木刻书片段和较为著名的文献《彝族源流》(原名《六祖源流》)、《六祖诗史》及《拦龙桥碑记》(1259年的石刻)等。用古彝文编写的史籍《西南彝志》(约1660年成书)等经典著作也有这方面的记载。反映彝族文化的辞书有《彝文单字汇集》、《彝汉字典》、《彝文字典》、《简明彝汉词典》、《彝汉词汇》、《汉彝词典》、《红河哈尼族彝族词典》、《威宁彝族词典》(2008年)等。具有悠久历史的彝语今天在彝族地区仍然在使用。

另外,土家族、瑶族、土族、水族、独龙族的辞书和辞书类图书分别有《汉语土家语词典》、《连南瑶族民间故事》、《土汉词典》、《水库文字研究》和《独龙语拼音方案》等。

5. 新中国成立后新创的部分民族文字及其辞书简况

布依族——据说由古老百越的一支发展而成,主要分布在贵州,其余在云南、广西、四川等地,人口2870034(2010年)。布依语属汉藏语系壮侗语族壮傣语支。1960年前后出现了以拉丁字母为基础创制、由布依文字编译出版的《布依汉词典》等。有人认为西汉时的"夜郎"国与今日的布依族有渊源关系,所以他们中还保留着古代越人的风俗习惯。

佤族——主要居住在云南各地,是云南古老民族之一,人口2870034(2010年)。佤语属南亚语系孟高棉语族佤德昂语支。用佤文出版的辞书有《佤汉词典》、《汉佤词典》等。

壮族——主要分布在广西壮族自治区,云南、广东、贵州、湖南等地也有分布,人口16926381(2010年)。是我国南方的土著民族,据说是先秦时期百越的一支,由中国古代越人的一支发展而来。壮语属汉藏语系壮侗语族壮傣语支,分南北两大方言,各方言区内又有数种土语。壮族的语言和南宋时期曾经使用过的"土俗字"也具有悠久的历史。唐宋时期,按照汉字造用的"方块壮字"也叫古壮文。壮族有长达1万多行的《嘹歌》、不同抄本的《摩经》、20多种不同写本的《布罗陀》神话、史诗等。约成书于1175年的《桂海虞衡志》(汉文)等经典著作也记录过有关上述文化遗产的内容。广西人民出版社在1989年9月出版的《古壮字字典》是历史上第一部较完整的壮字字典,共收入了民间普遍使用的古壮字4918个,另有音同义同写法不同的异体字10700个。壮族先民的《越人歌》是最早用少数民族语言与汉语对译的一首较长的古老民歌。它与今天壮语的基本词汇几乎一模一样。现在壮语在壮族地区仍然通用,特别在基层,壮语使用得比较广泛,所以《壮汉词汇》等辞书仍然很有使用价值。

苗族——一半以上分布在贵州，其他分布在云南、湖南、重庆、四川、广西、湖北、海南等省区，人口 9426007(2010 年)。苗族是历史悠久的古老民族，先民最早生活在黄河中下游一带，后来一些部落向南迁徙，在长江淮河等流域组成了三苗部落联盟。唐宋后均被称为"苗"。苗语属汉藏语系苗瑶语族苗语支。他们的口传文学作品《苗族古歌》，包括《开天辟地》、《枫木歌》、《洪水滔天》和《跋山涉水》等四部民间古诗，是反映历史、伦理、民俗、天文、服饰、建筑、冶炼等综合内容的著名民间百科全书。该书全长 15000 余行，塑造了 100 多位有名有姓的人物，充满着浪漫主义和理想主义的色彩。这些是祖先给他们留下的非常宝贵的辞书类古书。

景颇族——主要居住在云南，人口 147828(2010 年)。先民约唐代从西南高原始沿横断山脉南迁，他们使用两种语支的语言：景颇语，属汉藏语系藏缅语族景颇语支；载瓦语，属汉藏语系藏缅语族缅语支。以拉丁字母为基础的拼音文字——景颇文于 1895 年首先在缅甸境内推广，1906 年出版了有关景颇文的《克钦词典》等。20 世纪 50 年代后，云南民族出版社出版过《景汉辞典》、《汉景辞典》等。

达斡尔族——主要分布在内蒙古自治区东部和新疆维吾尔自治区塔城、霍城等地，人口 131992(2010 年)。达斡尔语属于阿尔泰语系蒙古语族。达斡尔人是辽代契丹人的后裔，1736—1795 年一部分达斡尔人从内蒙古迁到新疆，他们使用的辅助性质的文字是在清朝时期借用满文字母来拼写达斡尔语而成的，约产生于 19 世纪 30 年代。本民族的文化名人在清代前后编撰了《满洲达斡尔词汇》、《满汉达斡尔合璧辞典》等辞书。此外还有开英先生编写的《达斡尔、哈萨克、汉语对照词典》(1982 年)、恩和巴图先生编撰的《达汉小词典》(1983 年)和《达斡尔百科词典》(2008 年)等。

羌族——三千多年前的殷代甲骨文中，就记载有羌族人民的活动,那时他们主要分布在我国的西北和中原地区。羌人中的一支约春秋、战国时从甘肃、青海地区迁居于岷江上游一带,与当地居民相融合。隋唐以后部分羌族逐渐融入到藏族、汉族等同胞中,现在的羌族人口309576(2010年)。羌语属汉藏语系藏缅语族羌语支,分南北两大方言,每个方言内部各分5个土语。现在实际使用羌语的约15万人。羌族文字的创制,大体上始于20世纪80年代。《羌族拼音文字方案》审定后,从1990年开始,从事羌族文字文化工作的学者们还编写了《汉、羌文对照词汇手册》,后来他们又通过羌汉对照的《羌族释比经典》等,完成了数百万字的传说、故事、唱词的整理和翻译工作。

随着社会主义民族关系和新时期民族文化事业的不断繁荣发展,辞书的编辑、出版工作在各学科专家、学者们的不断努力下,通过积极培育辞书出版队伍,策划出版了一大批有关少数民族内容和少数民族文字的各类辞书,其中许多辞书填补了很多重要门类的空白,对促进民族间的文化交流与认同、传播少数民族优秀文化与文明起到了重要作用,所以在这个基础上从事相关文字、语言研究的学者们取得了很多新的文化成果。其中,主要致力于弘扬中国少数民族优秀文化的民族出版社,自1953年成立以来,通过蒙古、藏、维吾尔、哈萨克、朝鲜、汉等六种文字编辑室的各民族编辑的共同努力,在策划编辑出版各类图书方面也取得了可喜的成绩。民族出版社现在每年出版千余种图书,其中五种少数民族文字(蒙古、藏、维吾尔、哈萨克、朝鲜语)的图书600余种,汉文图书200余种,少数民族题材的汉文图书占整个汉文图书的90%以上。建社以来,还编辑出版了七种文字的180多种各类辞书。共有20余部辞书获奖,其中获得国家出版奖的有8种,获得中国民族图书奖的有6种,获得本文种奖项的有12种。该社的辞书出版工作有着优良的传统,至今仍有不少美好的回忆。特别是20世纪50年代,在敬爱的周恩来总理亲自关心和支持下出版的《五体清文鉴》(1957年)是我国少数民族辞书历史上最早的巨作之一,是该社辞书出版史上的重大工程。另外,特别值得一提的是全国民族文化研究领域的广大民族专家学者多次参与了《中国大百科全书·民族卷》、《民族辞典》、《中国历史大辞典·民族史》、《中国少数民族文化大辞典》、《中国少数民族历史辞典》、《中国民族百科全书》和《中国民族文化百科》等几十种少数民族内容的汉文权威性辞书的编写出版工作。这些反映少数民族历史、人物、事件、重要文化特征、民族理论知识和民间文化的辞书,确实为丰富和发展本民族语言文字,促进各民族相互了解、学习、相互尊重、认同,推进少数民族语言文字的规范化、标准化和信息化提供了更多的文化便利和科学根据。而且在民族凝聚力和创造力等方面起着重要的作用,同时也为进一步贯彻执行党的民族政策、普及民族知识以及促进民族平等、团结互助,与周边国家等进行文化交流等方面也奠定了坚实的基础。

民族辞书事业的发展和繁荣同社会的发展和民族文化教育的需求紧密相连。只有文化教育事业的兴旺和经济社会的发展,才能为辞书繁荣提出客观的要求并提供发展的条件。正是在这种情况下,2009年8月7日,首届全国民族辞书编辑出版学术研讨会在宁夏回族自治区银川市召开。会议对于民族类辞书编纂出版的历史现状和未来进行了回顾和展望,并对如何总结好辞书发展中的经验教训、整合编辑力量、规范辞书编辑程序,如何提高民族文化类辞书的编辑水平,如何开掘新的辞书门类和创建新的辞书品牌提出了很多建设性意见并展开了学术研讨。专家们在会上提出,辞书的质量关系到我们民族文字的健康、规范和纯洁,关系到民族文化的传承和弘扬,必须极为重视。一些出版社在充分讨论的基础上联合倡议,希望能够在中宣部、国家新闻出版总署、国家民委、教育部等单位的指导下,以全国性专家和各地各民族地区的专家、学者为基础组织编辑队伍,携手编纂一部多卷本的《中国民族大辞典》,并建议筹备成立中国辞书学会少数民族辞书专业委员会。所以在2011年9月在新疆召开的第二次研讨会后,中国辞书学会研究决定让民族出版社按照民政部的有关规定牵头筹建少数民族辞书专业委员会,并组织各方专家启动编纂《中国民族大辞典》的工作。

6. 结语

我国的辞书文化历史悠久而丰富。作为主要文化传播工具之一的辞书文化,是以相关各民族语言文字为基础,其中还包含着很多宝贵文化遗产内容,但由于历史、经济和地域等方面的原因,挖掘、继承、弘扬和发展各民族辞书文化建设措施在很多方面还落后于形势的发展和社会各界的要求,因此,这项工作有待大力促进和丰富,并进一步满足各民族学者、读者的需要。应根据各民族语言文字的悠久历史、地域特色、使用范围、社会文化教育作用和国际关系等要求来确定各民族辞书工作的发展方向。另外,在少数民族双语、多语辞书编译撰写的实践中要更加注重辞书的科学性、学术性、准确性、针对性和实用性,并严格把握辞书的编写质量,以"尊敬差异、包容多样"的和谐观为各民族语言文字功能的充分展示和继承弘扬各民族优秀文化做出贡献。

结束语：面向全媒体的未来中国辞书编纂出版

古往今来，辞书事业的盛衰起伏总是如同一面历史的镜子，映射出一国政治、经济和文化发展的强弱变迁，成为人类历史的忠实见证。我们可以历数汉代中叶以降的那一部部传世经典，比如，字书有汉之《说文解字》、晋之《字林》、南朝之《玉篇》、宋之《类篇》、明之《字汇》和《正字通》以及清之《康熙字典》，而韵书则有隋之《切韵》、唐之《唐韵》、宋之《广韵》和《集韵》及明之《洪武正韵》等等。中国古代辞书的伟大成就让我们从一个侧面领略到华夏文明灿烂辉煌的过去。同样，新中国成立60多年来，我国的辞书编纂出版事业也走过了极不平凡的发展历程，它与新中国成立以来的历史主旋律一起律动，成为这个甲子时代变迁的忠实回响。

新中国成立以来的辞书编纂出版事业发展大致可以分为两个时期，即前后各30年，前30年是我国辞书编纂出版的基础建设时期，后30年则是快速发展时期。中国当代辞书编纂出版的现状是这两个历史阶段发展后的产物，但在很大程度上更受后30年的直接影响。1978—2008年这30年，我国的辞书编纂出版事业有着空前的迅猛发展，非常合乎改革开放事业总体发展速度的强劲节拍。经过这30年的飞速发展，我国辞书编纂出版事业的进步确实令世界瞩目，呈现出辞书出版的"大国"气象，主要表现为：

(1) 从出版数量上看，改革开放30年间(1978.1—2008.12)，据我们的不完全统计数据，大陆共出版纸质辞书14090部/卷。其中，汉语类辞书 7466 部/卷，外语类辞书 6624 部/卷，出版速度平均为每年 455 部/卷（准确平均值为 454.52 部/卷）。

（2）在这些已出版的辞书中，不乏传世之作，如《现代汉语词典》、《辞海》、《辞源》、《汉语大字典》、《汉语大词典》、《中国大百科全书》、《英汉大词典》、《俄汉详解大词典》等。其中，由中国社会科学院语言研究所词典编辑室编纂、商务印书馆出版的《现代汉语词典》出版 30 多年来，"在我国内地发行量累计已达 4000 余万册"（路艳霞，2004），在中外汉语学习领域均成为使用频率极高的工具书。由陆谷孙领衔编纂、上海译文出版社出版的《英汉大词典》已成为联合国编译人员使用的主要英汉工具书。本发展报告的五个部分，即汉语类辞书、外语类辞书、电子类辞书、在线类辞书和少数民族语言类辞书部分，分别从不同的侧面对改革开放 30 年我国辞书编纂出版事业的总体发展面貌进行了较为客观的描述。

总体而言，我国改革开放 30 年各类辞书的发展是令人鼓舞和骄傲的，它充分反映了我国改革开放以来综合国力不断提升的发展状况，符合"盛世修典"的历史规律。

但是，毋庸讳言，我国的辞书编纂出版事业在过去 30 年的急速发展过程中，也暴露出不少实际问题。通过本次发展报告的数据统计与分析，我们发现并真实地感受到了隐存于"辞书大国"庞大出版数字背后的种种忧患。

首先，这其中最主要的问题就是辞书编纂出版的经济与社会效益问题。正如巢峰先生（2005）剖析中国图书出版业滞胀现象 10 大表现时所提到的，诸如"图书品种急剧上升，每种年平均销售册（张）数急剧下降"以及"出版利润停滞不前，已呈下滑趋势"等情况显然也包括辞书出版业在内，而其背后的因素也大多相似，比如："……成语词典全国不下一两百个版本；而各种语文词典，少说也要按千位计。

这些书,互相抄袭,改头换面,真正从卡片做起的原创之作,少而又少。"

其次,我国辞书在类别逐渐丰富、体系逐步完善的过程中,仍存在辞书结构不够合理的情况。具体来说,在各主要类别中,有些小类编纂出版数量重复过剩,而有些小类则非常短缺甚至严重匮乏。比如,我们的外向型辞书和百科类辞书还很少,我们的专科类和专项类辞书在学科及功能方面存在失衡的情况,我们的学习型语文辞书在数量和质量方面都有待提高等,而这就非常需要我们在未来国家辞书编纂出版规划的工作中有针对性地进行引导和补足。

第三,我国辞书,特别是外语类辞书面临日趋激烈的国际化市场竞争,目前的形势可谓挑战与机遇并存。就外语类辞书而言,畅销的或者说市场竞争力强的辞书品牌,大多非"牛津"即"朗文"等直接或间接的舶来品,而大多数本土的外语类(主要是双语)辞书所占市场份额则相形见绌。本次调研中外语类辞书国外品牌直接或间接引进出版比例的逐年攀升不能不引起我们对国内相关辞书未来发展的一些担忧,辞书编纂出版话语权的意识确实需要引起辞书编纂出版领域相关人士或机构的重视。

此外,上述这些问题存在的一个很重要的原因也在于我国的辞书编纂出版目前仍基本停留在非数字化的传统阶段,缺乏国际竞争力和可持续发展的基础。自20世纪中期开始,计算机时代的到来为辞书编纂出版数字化发展提供了技术基础,而经过几十年的发展,各类数字化载体的辞书编纂出版可谓日新月异。掌上电子词典、光盘词典和在线词典等数字化辞书的发展已经成为世界范围内辞书的主流范式,信息化时代的辞书模态已经深入人心,而且还将伴随人们数字化生存方式的演变而如火如荼地发展变化下去,比如3G手机的普及与手机词典的上市现象。我国当前的辞书编纂出版仍旧以非数字化的传统手段为主,尽管在掌上电子词典、光盘词典以及在线词典方面有了很多有益的尝试,但总体的发展态势不够明晰。这其中最最关键的问题在于缺乏应有的大型且可共享的国家级语言资源数据库,而且在词典编纂出版标准化方面尚未有实质性突破。当然,这也与相关的理论研究及实践探索水平发展缓慢有着直接的关系。因此,尽快解决传统辞书编纂出版手段的数字化和现代化,推动辞书编纂出版的标准化进程至关重要。否则,我国总体的辞书编纂出版水平与效率很难在短时间内得到快速的提升。

如果要彻底摆脱我国当前辞书编纂出版的困境,第一,要高度重视和积极参与第三次全国辞书规划工作。所谓重视与参与体现在两个层面:一方面要献计献策,积极参与国家辞书规划的制定工作,要有全局意识和大型辞书重点规划及辞书产品系列规划的意识;另一方面要高度重视本单位的局部规划问题,在理清家底的前提下,明确本单位的出版优势和特色,坚定各自的发展方向,走特色发展道路。第二,应认真审核和批准辞书选题。这个问题同样需要国家出版职能部门和各出版单位职能部门的共同努力。而这项工作的前提是对当前辞书的出版现状及未来发展有非常清楚的了解与判断。这样才能避免辞书的盲目跟风和重复出版,有效缓解辞书出版的"滞胀"现象。第三,积极开展服务全局的大型辞书数据库资源建设。应采取资源整合的办法,由相关国家职能部门牵头,建设大型共享的通用语料库,为我国未来辞书的数字化发展打下坚实的基础。当然,也应积极支持和鼓励相关单位承担特色语料库的研发和建设,倡导互通有无的合作。第四,建立长效的辞书质量审查制度。要充分发挥中国辞书学会下设的各分委员会以及相关科研机构的作用,努力形成辞书质量审查的制度,推进辞书产品的标准化建设,坚决淘汰伪劣抄袭产品,逐步恢复确立辞书的权威性。最后,加快辞书专业化队伍建设。这方面可以结合相关高等院校的辞书学和出版学的学科建设及人才培养优势,通过校企联合,进行专业人才的培养。同时,还要提升出版机构在业人员的专业素养,使辞书编纂出版走真正专业化的道路。

展望未来中国辞书编纂出版事业的发展,我们认为,包括纸质辞书、电子辞书和在线辞书在内的多模态辞书格局将成为趋势,即所谓的全媒体辞书编纂出版时代。我们对中国辞书未来发展走向的总体思考也无疑应该建立在这样一个认识的高度之上,目光应该更加长远。

我们知道,在出版业由传统向现代转型的今天,数字技术、网络技术越来越广泛地被应用于出版业,[①]人们逐步迈进数字化出版的时代。数字时代的出版是以"现代科技为依托的全方位出版时代,是传统出版与各种新型媒介整合出版的时代"(靳徐进、石磊,2009)。在目前的数字出版大潮下,虽然以纸质媒体为代表的传统图书出版仍然在出版业中占据主导地位,"但是以互联网、手机、手持阅读器等移动媒体为依托的面向全媒体的出版模式已呈现良好的发展势头"(周洋,2009)。全媒体是指"综合运用各种表现形式,如文、图、声、光、电,来全方位、立体地展示传播内容,同时通过文字、声像、网络、通信等传播手段来传输的一种新的传播形态"(周洋,2009)。从本质上来说,全媒体就是"要以不同的形式,通过不同的渠道、不同的平台,使想传达的资讯能够更有效地到传递到受众面前"(曹荣瑞等,2010)。而在全媒体技术基础上的全媒体出版则是"同一种内容通过多种媒体同步出版,包括纸质媒体,也包括互联网、手机、阅读器"(曹

---

① 《由新闻出版大国向强国迈进需要标准支撑》,http://cjr.zjol.com.cn/05cjr/system/2010/03/29/016467203.shtml(检索时间:2010-03-26)。

荣瑞等,2010)。全媒体出版具有出版时间的同步性、出版渠道的多样性和读者覆盖的广泛性等特点。

全媒体出版的优势对于辞书出版而言更为明显而有效。辞书作为面向大众的资源性出版物,其内容的丰富性、权威性和实用的便捷性将决定其被接受的广泛性和持久性。这些现代辞书出版特征借助全媒体传播无疑要优于传统辞书以及其他类别出版物的常规形态。现代辞书编纂与出版的数字化与标准化发展趋势也需要通过全媒体来实现,从而最终实现辞书出版的长远经济效益和广泛社会影响的双赢。

1978—2008年,中国辞书编纂出版事业走过了30年不平凡的发展历程,是值得我们在中国辞书发展史上留下宝贵记录的时期,因为它不仅见证了中国改革开放事业的波澜壮阔,而且也成就了新中国辞书编纂出版事业的迅速崛起。尽管我们离真正意义上的"辞书强国"目标还有很长一段路要走,但是,鉴往知来,这30年中国辞书编纂出版事业的蓬勃发展已经给了我们信心和期待。中国正在走向强国富民之路,"潮平两岸阔,风正一帆悬",我们未来的辞书编纂出版事业将走向全媒体的时代,继续谱写新的发展篇章。

参 考 文 献

阿迪拉·买买提《电子词典浅论》,《和田师范专科学校学报》(汉文综合版)2007(5)。

包和平《我国少数民族辞书编纂出版概况及其未来展望》,《中国出版》2009(8)。

曹荣瑞、洪卫林、俞雷《借鉴"全媒体战略"积极推进高校新闻网创新发展》,《思想理论教育导刊》2010(1)。

巢峰《中国图书出版业的滞胀现象——兼论出版改革的症结所在》,《编辑学刊》2005(1)。

陈小荷《现代汉语自动分析:Visual C++实现》,北京:北京语言文化大学出版社,2000。

程岚岚《基于正则表达式的大规模网页术语对抽取研究》,《情报杂志》2008(11)。

《第二次全国辞书编写出版规划座谈会》,载《中国出版年鉴》,北京:中国出版年鉴社,1989。

方厚枢《建国30年来辞书出版编目》,《辞书研究》1980(1—4)、1981(1—3)。

方厚枢《中国辞书编纂出版概况》,载《中国出版年鉴》,北京:中国出版年鉴社,1980。

《关于召开中外语文词典编写出版规划座谈会的请示报告》,国发[1975]第48号。

国家出版事业管理局《关于中外语文词典编写出版规划座谈会的报告》,国发[1975]137号。

黄芳《〈新世纪法汉大词典〉评介》,《辞书研究》2006(1)。

金常政《百科全书20世纪行》,《辞书研究》2000(2)。

金常政《我国百科全书事业的二十年——起点、繁荣、问题、新台阶》,《中国图书评论》1998(7)。

金常政《修订再版——百科全书的升级换代》,《出版科学》2002(3)。

金常政《中国百科全书的复兴时代——十年来的中国百科全书出版综述》,载《中国出版年鉴》,北京:中国出版年鉴社,1989。

金石《第二次全国辞书编写出版规划座谈会》,载《中国出版年鉴》,北京:中国出版年鉴社,1989。

靳徐进、石磊《全媒体出版——出版业的方向和趋势》,《东南传播》2009(12)。

李宇明《努力发展我国的辞书事业——在汉语辞书研究中心揭牌仪式上的讲话》,《鲁东大学学报》(哲学社会科学版)2008(2)。

李宇明《中国语言规划论》,北京:商务印书馆,2010。

林玉山《20世纪的中国辞书》,《辞书研究》2001(1)。

林玉山《编纂台湾省情工具书的尝试——谈谈〈台湾知识词典〉》,《编辑之友》1989(2)。

刘杲《重视辞书质量争取更大成就》,载《中国出版年鉴》,北京:中国出版年鉴社,1989。

鲁桓《〈大俄汉词典〉如是我见》,《辞书研究》1987(6)。

鲁健骥、吕文华《编写对外汉语单语学习词典的尝试与思考——〈商务馆学汉语词典〉编后》,《世界汉语教学》2006(1)。

陆谷孙、王馥芳《当代英美词典编纂五十年综述》,《外语教学与研究》2006(2)。

路艳霞《〈现代汉语词典〉30年发行4000万》,《北京日报》2004年8月5日。

孟伟根《在线词典的特点及在翻译中的应用》,《绍兴文理学院学报》(哲学社会科学版)2006(3)。

沙舟《面向未来的成功尝试——评〈中国少年儿童百科全书〉》,《中国图书评论》1991(3)。

孙东云、邱东林《电子词典的超文本性与词汇直接学习》,《辞书研究》2009(5)。

王德春《语言学探索60年》,载庄智象主编《中国外语教育发展战略论坛》,上海:上海外语教育出版社,2009。

王玮、朱庆《前无古人的方言词典编纂壮举——〈现代汉语方言大词典〉诞生记》,《光明日报》1999年4月5日。

王宪洪《网络词典特点探析》,《高校图书馆工作》2009(4)。

王秀《日渐流行的中英文电子词典》,《辞书研究》1992(5)。

网络与书编辑部《词典的两个世界》,北京:现代出版社,2005。

魏向清、郭启新主编《新时代·新理念·新词典——〈新时代英汉大词典〉全国学术研讨会论文集》,西安:陕西师范大学出版社,2005。

魏向清、张柏然《新世纪词典学理论研究趋势展望》,《外语与外语教学》2001(4)。

伍修琼《海外学汉语人数超4千万多纳入国民教育体系》,《人民日报》2008年12月18日。

武剑《"解剖"电子辞典》,《体育博览》(运动健康)2007(5)。

新闻出版署《关于全国辞书编写出版规划(1988—2000年)的报告》,载《中国出版年鉴》,北京:中国出版年鉴社,1989。

新闻出版总署图书出版管理司、中国ISBN中心编《2007中国出版者名录图书分册》,北京:中国 ISBN 中心,2007。

徐庆凯《专科词典论》,上海:上海辞书出版社,2011。

徐松《中国的百科全书出版业》,《辞书研究》2002(4)。

徐祖友《1978—1988 汉语语文词典全面丰收的十年》,载《中国出版年鉴》,北京:中国出版年鉴社,1989。

严庆龙《中国辞书编纂出版史上的光彩篇章——1979—1988 年辞书出版综述》,载《中国出版年鉴》,北京:中国出版年鉴社,1989。

杨薇《汉语成语词典编纂出版的回顾与思考》,《辞书研究》2004(2)。

杨祖希《专科辞典蓬勃发展的十年》,载《中国出版年鉴》,北京:中国出版年鉴社,1989。

雍和明等《中国辞典史论》,北京:中华书局,2006。

源可乐《电子词典对纸质词典的选用——〈袖珍电子词典的现状及展望〉之一》,《辞书研究》2008(4)。

源可乐《电子词典功能的比较——〈袖珍电子词典的现状与展望〉之二》,《辞书研究》2009(2)。

张敏《网络辞书发展的现状分析》,《现代情报》2004(6)。

章宜华《计算词典学与新型词典》,上海:上海辞书出版社,2004。

赵智奎主编《改革开放 30 年思想史》(上卷),北京:人民出版社,2008。

中国社会科学院和澳大利亚人文科学院合编《中国语言地图集》,伦敦:朗文出版社,1987—1989。

中国社会科学院语言研究所词典编辑室编《现代汉语词典》(第 5 版),北京:商务印书馆,2005。

钟剑《一份灿烂夺目的文化遗产——读〈中国书法大辞典〉》,《中国图书评论》1987(4)。

周洋《打造全媒体时代的核心竞争力——中央媒体新中国成立60周年报道思考》,《新闻前哨》2009(11)。

Hartmann, R. R. K. & James, G.《词典学词典》(*Dictionary of Lexicography*)。北京:外语教学与研究出版社,2000。

Ted, B. *Computational Lexicography for Natural Language Processing*. New York: Longman Publishing Group. 1989.

巢峰《中国图书出版业的滞胀现象——兼论出版改革的症结所在》,光明网,http://www. gmw. cn/content/2005-01/31/content_174788. htm. 2005-01-31/2010-05-03。

《电子词典—发音技术》,互动百科网,http://www. hudong. com/wiki/%E7%94%B5%E5%AD%90%E8%AF%8D%E5%85%B8. n. d. /2010-02-25。

《电子词典市场式微 "快译通"紧急转型》,新浪网,http://tech. sina. com. cn/it/2005-09-06/0205712403. shtml. 2005-09-06/2010-03-01。

《调查:你最常用的汉语词典是哪种》,哲学在线网,http://www. philosophyol. com/pol/? action-viewthread-tid-26329. 2010-02-22/2010-04-28。

《对外汉语教学的新发展》,汉语教学网,http://www. pep. com. cn/xgjy/hyjx/dwhyjx/jxyj/hjlw/200211/t20021122_7051. htm. 2002-11-22/2010-04-29。

风尘棋客《两万字详述如何选购电子词典》,百度贴吧-电子词典吧,http://tieba. baidu. com/f? kz=278316259. n. d. /2010-02-05。

《关注电子词典——"名人"电子词典为何热销》,ZOL博客网,http://blog. zol. com. cn/1390/article_1389337. html . 2009-10-29/

2010-02-25.

《海词——关于我们》,海词在线网,http://dict.cn/foot/about.htm. n. d. /2010-03-17.

《海词网站推出在线词典 幕后英雄走到台前》,新浪网,http://tech.sina.com.cn/other/2009-06-16/15293183969.shtml. 2009-06-16/2010-03-10.

《〈汉语方言大词典〉vs.〈现代汉语方言大词典〉》,北大中文论坛,http://www.pkucn.com/viewthread.php?tid=240510. 2009-06-15/2010-04-29.

《"好易通"产品展台》,"好易通"官网,http://www.besta.com.cn/product/product.asp. n. d. /2010-03-15.

激光菜鸟《电子词典发展历程10年风雨漫谈》(第九章),电子词典网,http://www.dzcd.net/viewthread.php?tid=6338&highlight=%D6%D0%B9%FA%B5%E7%D7%D3%B4%CA%B5%E4%CA%AE%C4%EA%B7%E7%D3%EA%C2%FE%CC%B8. n. d. /2010-01-01.

激光菜鸟《电子词典发展历程10年风雨漫谈》(第一至八章),华普点点论坛网,http://bbs.hwapu.com.cn/viewthread.php?tid=13917&highlight=%2B%2B%E6%BF%80%E5%85%89%E8%8F%9C%E9%B8%9F%2B. n. d. /2010-02-03.

《"快译通"EC3600说明书-使用手册》,IT168产品报价网,http://guide.it168.com/files/153/153002007001.asp. n. d. /2010-03-15.

《"快译通"产品介绍》,"快译通"官网,http://www.instant-dict.com.cn/product.php?id=36. n. d. /2010-03-15.

《"快译通"公司简介》,"快译通"官方网站,http://www.

instant-dict. com. cn/intro. php. n. d. /2010-03-02.

《"名人"产品参数》,"名人"官网,http://www. iq168. com/product/CS828. asp. n. d. /2010-03-15.

《"名人"电子词典》,中国价值(China Value)网,http://www. chinavalue. net/Wiki/ShowContent. aspx? titleid=412826. n. d. /2010-03-02.

《"诺亚舟"产品天地》,"诺亚舟"官网,http://noah. noahedu. com/product/ProdAllMessage. asp? Prod_code_id=23. n. d. /2010-03-16.

《庞中华坚持投稿 12 年终引发中国硬笔书法热潮》,新浪网,http://news. sina. com. cn/c/sd/2009-08-07/190018388414. shtml. 2009-08-07/2010-04-29.

《网上在线字典辞典大全》,中文搜索引擎指南网,http://www. sowang. com/free/zidiancidian. htm. n. d. /2010-03-20.

《"文曲星"产品介绍》,"文曲星"官网,http://www. ggv. com. cn/product/pages1. php? GID=4&CID=6&PID=100. n. d. /2010-03-15.

《〈英华大词典〉(修订第二版)前言》,中国互动出版网,http://www. china-pub. com/100162. n. d. /2010-04-28.

《〈英华大词典〉(修订第三版)图书详细资料》,中国互动出版网,http://www. china-pub. com/101204. n. d. /2010-04-28.

《由新闻出版大国向强国迈进需要标准支撑》,浙江在线,http://cjr. zjol. com. cn/05cjr/system/2010/03/29/016467203. shtml. n. d. / 2010-03-26.

《浙江教育出版社〈中国少年儿童百科全书〉彩图版(附光盘)全 4 卷》,有啊网,http://youa. baidu. com/item/f903551918fd2611de390ba8. n. d. /2010-04-28.

附　录

附录1　新中国成立以来有关辞书编纂出版的大事记(1950—2008年)

辞书是国家的重要语言资源之一,其编纂出版往往被视为重要的文化工程,尤其是大型辞书的编纂出版。新中国成立后,在毛泽东主席、周恩来总理等国家领导人的亲自关怀下,我国的辞书出版事业取得了长足的发展,一批大中型辞书项目得以顺利编纂出版,这些辞书文化工程的实施也带动了辞书编纂与出版事业整体的大发展。以下简略列出新中国成立以来我国辞书编纂出版事业发展过程中的主要历史事件。[①]

1950年

8月,商务印书馆出版《四角号码新词典》。

8月,由新华辞书社编纂、魏建功任主编的《新华字典》开始编纂。

1953年

8月,卫生部编印发行第一部《中华人民共和国药典》。

[①] 主要参考了中国出版网(http://www.chuban.cc/syzx/dlcbygk/zywz)、出版之门(http://www.publishing.com.hk/pubmaterial/PubEvents.asp)、《辞书研究》、《中国语文》、《出版史料》等。

10月，人民教育出版社印刷出版《新华字典》，主编为魏建功，叶圣陶负责终审。

1954 年

《新华字典》(1954年版)出版，封面的魏建功题字更换为拼集鲁迅先生字。

1956 年

2月，国务院发布关于推广普通话的指示，责成中国科学院语言研究所编纂《现代汉语词典》。

1957 年

6月，商务印书馆出版《新华字典》(新1版)。从此，《新华字典》改由商务印书馆负责编纂、修订与出版。率先贯彻1956年国务院公布的《汉字简化方案》，首次以简化字作为主体字头。

9月，毛泽东主席在上海接见原《辞海》主编舒新城，正式决定修订《辞海》。

12月，商务印书馆出版《汉语词典》，主编为黎锦熙。

12月，时代出版社出版《英华大词典》(修订第一版)，主编为郑易里等人。

1958 年

5月，中华书局辞海编辑所成立。

6月，《现代汉语词典》正式进入编纂阶段。

10月起，旧《辞源》的修订工作开始。

1959 年

1月,商务印书馆出版《日汉辞典》,主编为陈涛。

5月,商务印书馆出版《新华字典》(第2版)。

6月,陈翰伯接受了修订《辞源》的任务。同时,商务印书馆设立了"辞源组",由吴泽炎任组长。

6月,《辞海》编辑委员会成立,主编为舒新城,《辞海》的全面修订工作起步。

10月,商务印书馆出版《汉德词典》,编写者为北京外国语学院德语系。

1960 年

1月,由吕叔湘主持的《现代汉语词典》(试印本)完成编纂,商务印书馆分8册陆续刊印。

3月,《辞海》试写稿问世,供作者编纂参考。

8月,商务印书馆出版《俄汉大辞典》,主编为刘泽荣。

11月,在《辞海》试写稿基础上,形成《辞海》二稿样稿本,供作者编纂参考。

1961 年

10月,《辞海》试行本(16分册,另有总词目表1册)内部发行,供征求意见。

1962 年

7月,商务印书馆出版《新华字典》(第3版)。

1963 年

4 月,《辞海》(试排本)60 分册完成,在内部发行。

10 月,《辞海》(送审本 1 册)刊印。

1964 年

1 月,商务印书馆出版《简明德汉词典》,编写者为中山大学外语系德语专业相关人员。

7 月,《辞源》修订稿第一册出版。

1965 年

4 月,《辞海》(未定稿两卷本)内部发行,供继续征求意见用。

5 月,商务印书馆刊印《现代汉语词典》(试用本),并计划征求各方面意见后正式修订出版,但后因"文革"开始而中断。

《辞源》修订稿第二分册完成近半,第三、四分册完成初步加工,后因"文革"开始而中断。

1966 年

1 月,商务印书馆出版《新华字典》(第 4 版)。

3 月,商务印书馆出版《阿拉伯语汉语词典》,编写者为北京大学东方语言系阿拉伯语教研室。

1970 年

5—11 月,广大人民群众开展对《新华字典》的通读审查活动。周恩来总理专门组织会议,并指定科教组对《新华字典》进行修订。

1971 年

3月,外文出版社出版《汉西词典》,编写者为《汉西词典》编辑小组。

6月,在周恩来总理的关怀和推动下,《新华字典》(修订第1版)正式出版。这一版没有按版次顺序称为第5版,因此,也被通称为"1971年修订重排本"。

国家恢复出版工作,《辞源》等工具书的编纂、修订工作重新步入正轨。

1972 年

5月,原新闻出版署领导小组向国务院办公室请示,由中国科学院语言研究所对《现代汉语词典》(试用本)进行修订。

1973 年

2月,中华书局、商务印书馆邀请刘大年、吕叔湘、魏建功、翁独健、唐长孺、孙毓棠、启功等学者21人,座谈整理出版古籍问题。在本次座谈会上,讨论了有关尽快出版发行《辞源》、《辞海》,并着手编辑出版《大百科全书》的问题。

5月,商务印书馆用1965年的原纸型重印一批《现代汉语词典》,并于内部出版发行。

1975 年

5月23日—6月17日,经国务院批准,国家出版事业管理局在广州召开中外语文词典编写出版规划座谈会。会议经过讨论,制定了《1975年至1985年中外语文词典编写出版规划(草案)》,计划出版《汉语大字典》等中外语文词典160种。

7月16日,国家出版事业管理局向国务院提交了有关座谈会的报告并附词典出版规划(草案)。

8月21日,周恩来总理审阅同意,并批了一句:"因病在我处压了一下"。这是周恩来总理最后一次批复有关出版工作的文件。

8月22日,国务院向各省、市、自治区革命委员会和国务院各部委批转出版局的报告,要求各地贯彻实行。

9月1—5日,国家出版事业管理局在上海召集山东、江苏、浙江、安徽和上海五省市的出版部门负责人开会(后来福建省也参加了协作编写工作),商议关于协作编写《汉语大词典》的问题,该词典的编写工作从此开始启动。

12月起,《辞海》分册(修订本,即新一版,28分册)开始陆续出版(至1983年2月出齐)。

《辞源》修订工作列入辞书出版规划,继承1958年分工,中央指定由广东、广西、河南、湖南四省(区)分别成立修订机构,与商务印书馆编辑部共同开展修订工作。

1976年

1月15日,国家出版事业管理局在广州召开修订《辞源》协作座谈会,讨论了协作修订《辞源》的若干问题,制定编辑体例和修订细则。吴泽炎被指定为新《辞源》全稿的第一个读者,刘叶秋被指定为排样的第一个读者。

1977年

3月,商务印书馆出版《汉俄词典》,主编为夏仲毅。

《辞源》修订编写组确定修订方案第四稿,决定广泛收集古代汉语中常见的词语,删除旧《辞源》中自然科学、社会科学和应用技术的词语,收词止于鸦片战争(1840年)。

1978 年

10月,商务印书馆出版《汉英词典》,主编为吴景荣。

12月,《现代汉语词典》第一版出版。

1979 年

3月,广东人民出版社出版《简明德汉词典》,编写者为广州外国语学院《简明德汉词典》编写组。

4月,《辞书研究》在陈翰伯的积极倡议下得以创办,该期刊后成为中国辞书学会会刊。

5月14—24日,英国牛津大学出版社词典部总编辑伯奇菲尔德(R. W. Burchfield)博士,应商务印书馆邀请来我国访问,并在北京、上海两地做学术讲演。双方对合作编辑出版词典原则上达成协议。

5月15日,《汉语大词典》编写领导小组组长陈翰伯写信给中央宣传部并报胡耀邦同志,汇报《汉语大词典》自1975年上马以来的进展情况,并拟请在上海成立《汉语大词典》编纂处,作为五省一市编写领导小组和词典编委会的执行机构,由上海市出版局直接领导。次日,胡耀邦即做了批示:"原则同意,请努力进行。"

5月26—28日,《汉语大词典》编写领导小组在苏州召开会议,《汉语大词典》的编写工作从此进入了一个新的阶段。

7月,《辞源》修订本第一册正式出版,向国庆30周年献礼。

9月,商务印书馆总编辑陈原在北京为《辞源》(修订本)第一册出版举行座谈会。叶圣陶为《辞源》题写书名。

9月,上海辞书出版社出版三卷本的《辞海》(修订本·1979年版)。

10月,辽宁人民出版社出版《新日汉辞典》,编写者为大连外国语学院《新日汉辞典》编写组。

10月,上海译文出版社出版《法汉词典》,编写者为上海外国语学院《法汉词典》编写组。

11月2日,《汉语大字典》编写领导小组组长许力以向胡耀邦同志书面请示,汇报了《汉语大字典》自1975年上马以来的编写情况和存在的困难和问题,提出经征得四川省委有关领导的同意,拟在四川成立编纂处,作为编写领导小组和大字典编委会的执行机构,负责日常工作,由四川省出版局直接领导。胡耀邦同志于11月6日批示:"请川鄂两省有关部门大力协助进行。希望全体编写同志同心同德,克服一切困难,完成这项有历史意义的工作。"

11月22日,教育部向上海、四川等8个省(市)高教局、教育局和有关部门发出通知,传达了胡耀邦同志最近分别对《汉语大词典》和《汉语大字典》所做的批示。

11月,不列颠百科全书公司编委会吉布尼(Gibney, F. B.)副主席在该公司副总裁阿姆斯特朗(Armstrong)和林达光先生的陪同下,应中国大百科全书出版社的邀请,来华访问,受到邓小平同志的接见。在谈话中,邓小平同志欣然赞同吉布尼提出的中美双方合作编辑出版《不列颠百科全书》(中文版)的建议。

12月,商务印书馆出版《新华字典》第5版。

1980 年

1月,《辞源》修订本第二分册出版。

4月24日,美国不列颠百科全书出版公司与中国大百科全书出版社就合作编译出版中文版《简明不列颠百科全书》签订原则协议。

该书共 10 册,计划于 1985 年 6 月至 1986 年 8 月陆续出版。

8 月 8—24 日,中国大百科全书出版社负责人姜椿芳、刘尊棋等,应美国不列颠百科全书出版公司邀请,前往美国访问,并签署合作翻译出版中文版《不列颠百科全书·简编》的协议。后根据陈翰笙同志的提议,经中美双方同意,将书名改为《简明不列颠百科全书》。

8 月,《辞海》(1979 年版·缩印本)出版。

9 月 8 日,邓小平同志第二次会见由查尔斯·斯旺森(Charles Swanson)率领的美国不列颠百科全书出版公司董事会代表团。

12 月,《中国大百科全书·天文学卷》出版。这是我国第一部大型综合性百科全书 74 卷中率先出版的第一卷。

1981 年

1 月,《辞源》修订本第三分册出版;《辞源》修订本第二分册(港版)出版,向全世界发行。

10 月 28 日,中共中央办公厅转发陈翰伯、吕叔湘、罗竹风《关于加强〈汉语大词典〉工作的报告》。

12 月 15—18 日,国家出版事业管理局和教育部在北京召开《汉语大词典》工作会议,贯彻执行中共中央办公厅 10 月 28 日转发的陈翰伯、吕叔湘、罗竹风《关于加强〈汉语大词典〉工作的报告》等有关问题。

1982 年

2 月 26 日—3 月 2 日,为编好我国第一部大型地名词典,中国地名委员会、教育部、国家出版事业管理局在北京联合召开《中华人民共和国地名词典》工作会议。

2 月,吉林人民出版社出版《汉日词典》,编写者为吉林大学《汉日词典》编辑部。

3月,商务印书馆出版《新西汉词典》,编写者为北京外国语学院西班牙语系。

7月,上海市辞书学会在上海科学会堂举行成立大会。

8月,《辞海》四角号码查字索引本(供检索《辞海》1979年版用)出版。

12月,《辞海》语词增补本(与《辞海》语词分册修订本配套)出版;《辞海》百科增补本(与《辞海》百科分册修订本配套)出版。

1983年

1月,商务印书馆出版《现代汉语词典》(第2版)。

7月10—16日,《鲁迅大词典》编纂会议在福建省厦门市举行。

11月,上海译文出版社出版《德汉词典》,编写者为北京大学、同济大学、上海外国语学院联合编写组。

12月,《辞源》(1979年版)修订本第四分册出版,标志着《辞源》修订本全套出齐,共历时8年多(从1975年开始至1983年底结束)。

12月,《辞海》增补本出版,该版本由《辞海·语词增补本》和《辞海·百科增补本》合并出版,与《辞海》(1979年版三卷本、缩印本)配套。

1985年

6月1—3日,陕西省辞书学会成立大会暨陕西省辞书工作规划会议在陕西师范大学举行。陕西省辞书学会是继上海市辞书学会成立之后的我国第二个地方性辞书学会团体。

8月,商务印书馆出版《大俄汉词典》,编写者为黑龙江大学俄语系词典编辑室。

9月1日,在西藏自治区成立20周年之际,中国第一部兼有藏文字典和藏学百科全书性质的综合性藏汉双解大型工具书《藏汉大辞典》由民族出版社出版发行,主编为张怡荪。

9月10日,邓小平同志在人民大会堂第三次接见美国不列颠百科全书编委会副主席弗兰克·吉布尼(Frank Gibney)为首的美方代表团和中方负责人员,祝贺中美双方合作出版《简明不列颠百科全书》中文版。

1986年

4月17—20日,全国术语标准化技术委员会辞书编纂分委员会在上海成立。其主要职责是,加强对辞书编纂标准化的学术研究,探索制定有关标准,推进术语的统一。

8月起,《辞海》分册(新二版)26种相继出版(至1989年10月出齐)。

10月14日,《汉语大词典》第一卷首发式在北京王府井新华书店举行,胡乔木出席并讲话。

10月,《辞海》百科词目分类索引出版。

11月25日,《汉语大词典》第一卷由上海辞书出版社出版,新闻发布会在上海举行。自第二卷起《汉语大词典》改由汉语大词典出版社出版,计划于1994年出齐。

11月起,参照国际标准化组织(ISO)编制的标准 ISO1951-1973《辞书编纂符号(尤用于分类定义词汇)》,全国术语标准化技术委员会辞书编纂分委员会着手制定《辞书编纂符号》国家标准。

1987年

9月18—22日,由上海外国语学院双语词典研究中心主办的第一届双语词典研讨会在浙江省宁波市举行,本次会议是我国第一次就多语种、多类型的双语词典举行的全国性专题研讨会。

12月,商务印书馆出版《新华字典》(第6版)。

12月,知识出版社出版专为外国人学习汉语而编写的《简明汉法词典》,主编为翁仲福等。

1988年

3月29—31日,由上海辞书出版社《辞书研究》编辑部发起和组织的首届全国辞书学研讨会在上海举行,这次会议是辞书学界的首次全国性研讨会。

7月,《辞源》修订本(1—4)合订本出版。

11月21—25日,国家新闻出版署在成都召开全国辞书编写出版规划座谈会,讨论制定了《1988—2000年全国辞书编写出版规划(草案)》,计划出版辞书169种。

11月,新闻出版署在成都召开全国辞书编辑出版规划座谈会。

11月,《辞书编纂符号》国家标准审定会在浙江宁波召开。

1989年

3月,商务印书馆出版《汉俄词典》(2版修订本),编写者为上海外国语学院《汉俄词典》编写组。

4月,商务印书馆出版《现代汉语词典》(补编)。

4月14日,《辞书研究》杂志创刊10周年纪念座谈会在上海辞书出版社召开。

8月13—15日,福建省辞书学会成立大会暨首届学术讨论会在福州举行,学会秘书处设在福建人民出版社辞书编辑室。

9月,上海译文出版社出版《英汉大词典》(上卷),主编为陆谷孙,钱锺书为词典题写了书名。

9月,《辞海》(1989年版简体字版)三卷本和缩印本同时在香港地区出版发行。

10月12—16日,第二届全国辞书学研讨会在武汉召开。

10月,商务印书馆出版《汉语阿拉伯语词典》,编写者为北京大学阿拉伯-伊斯兰文化研究所、北京大学阿拉伯语言文化教研室。

10月,在增新、补缺、改错总方针指导下,《辞海》(1989年版三卷本)出版。

1990年

2月,商务印书馆出版《新华字典》(第7版)。

4月17日,新闻出版署发出经国务院批准的《关于全国辞书编写出版规划(1988—2000年)的报告》。列入这个规划的辞书共169部,由44家出版社承担出版任务。

5月12日,新闻出版署向国务院报送《关于编纂〈中华大典〉及其经费问题的请示报告》。国务院于8月29日批复,原则同意新闻出版署的请示。

7月,商务印书馆出版《汉法词典》,编写者为徐继曾、郭麟阁。

8月1—8日,全国双语词典学术研讨会在大连外语学院召开。

12月3日,《汉语大字典》8卷全部出齐。新闻出版署在人民大会堂召开出版总结表彰会。《汉语大字典》是有史以来规模最大的汉语工具书。

《辞源》修订本两卷本和特精装合订本先后出版,商务印书馆拟出版《辞源简编》、《辞源语词篇》、《辞源订补篇》、《辞源资料篇》等。

1991年

1月,《辞海》(1989年版缩印本)出版。

6月15—19日,安徽省辞书学会在黄山举行成立大会,会址设在安徽大学汉语言文字研究所。

10月,上海译文出版社出版《英汉大词典》(下卷),主编为陆谷孙。

10月29日—11月2日,第三届全国辞书学研讨会在成都举行。

1992年

7月,商务印书馆出版《新华字典》(第8版)。

10月27—29日,中国辞书学会成立大会在北京召开。大会讨论通过了《中国辞书学会章程》,选举产生了学会领导机构。学会下设学术委员会(秘书处设在商务印书馆),并分别在北京、上海、广州设立语文词典、双语词典、百科词典、百科全书、辞书理论及辞书史研究、辞书编纂现代化技术研究、辞书编辑出版研究共7个专业的研究机构。

10月起,《中国大百科全书》由台湾锦绣文化企业在台湾出版发行繁体字版,共60卷,计划于1994年年底全部出齐。

11月3—6日,由商务印书馆和南京大学外文系暨双语词典研究中心联合主持召开的全国双语词典学术研讨会在南京大学举行。

11月10—12日,《辞书编纂基本术语·第一部分》国家标准审定会在西安举行,该标准的制定填补了辞书编纂基本术语的空白,是中国有关辞书编纂的第二个国家标准。

1993年

7月6日,《中国医学百科全书》93个分卷出齐,在北京召开新闻发布会。该工具书由国家卫生部主持编著,上海科学技术出版社出版发行,是毛泽东在60年代初指示卫生部组织编写的,是中国科技出版10项重点工程之一。

7月,《辞海》(1989年版繁体字版)三卷本和10部分卷本同时在台湾地区发行。

8月,上海译文出版社出版《英汉大词典》(简体字缩印本),主编为陆谷孙。

9月,中国辞书学会语文词典专业委员会成立,秘书处设在中国社科院语言研究所词典编辑室;中国辞书学会辞书编辑出版专业委员会成立,秘书处设在商务印书馆。

10月8日,《中国大百科全书》胜利完成庆祝大会在北京人民大会堂隆重举行。

10月27日,新闻出版署在上海举行茶话会,庆祝《中国大百科全书》胜利完成。《中国大百科全书》是新中国成立以来规模最大的一项出版工程。

11月8—12日,由广州外国语学院和广东人民出版社联合主办的"中国辞书学会首届年会"在广州召开。在本次会议上,中国辞书学会双语词典专业委员会成立。

1994年

5月10日,《汉语大词典》编纂出版胜利完成庆功会在北京人民大会堂隆重举行。

7月16日,上海市委宣传部与市新闻出版局在上海联合召开《汉语大词典》编纂出版胜利完成座谈会。《汉语大词典》由43个单位共同编写,汉语大词典出版社出版。

7月25—31日,中国辞书学会双语词典专业委员会主办的首届全国双语词典学术研讨会在大连召开。

9月,中国辞书学会专科词典专业委员会成立并召开首届年会,秘书处设在上海辞书出版社。

11月22—24日,中国辞书学会辞书理论和辞书史专业委员会成立大会暨首届学术讨论会在上海举行。

1995年

7月20—24日,首届中国辞书奖颁奖大会暨中国辞书学会第二届年会在哈尔滨举行。

11月26—29日,中国辞书学会辞书理论与辞书史专业委员会第二届年会在福清举行。

12月,《辞海》(1989年版增补本)出版。

1996年

4月6日,《辞海》分科主编会议在上海举行。经上海市委批准,《辞海》编委会对《辞海》(1989年版)开始修订。

5月20—23日,中国辞书学会语文词典专业委员会首届学术研讨会在成都举行。

6月,中国辞书学会专科词典专业委员会第二届年会在庐山召开。

7月15—20日,中国辞书学会双语词典专业委员会主办的第二届全国双语词典学术研讨会在厦门召开。

7月,商务印书馆出版《现代汉语词典》(第3版),首发式在北京举行。

10月,辞书编辑与出版座谈会在北京召开。

1997年

1月8日,由中国大百科全书出版社与(台湾)棣南股份有限公司联合出版的《中华百科全书》(光盘版)面世,这是我国第一张综合百科全书光盘。

1月16日,《中国大百科全书》(简明版)出版座谈会在北京举行。中国大百科全书出版社与北大方正集团公司合作开发的"中国百科术语数据库"在北京通过了由新闻出版署主持的验收。该项目是国内首例多功能综合性术语数据库。

3月26—30日,第一届亚洲词典学会议暨亚洲辞书学会成立大会,经过半年多的筹备在香港科技大学召开。

10月26—30日,中国辞书学会辞书编辑出版专业委员会主办的首届全国辞书编辑与出版学术研讨会在杭州举行。

11月1—5日,中国辞书学会第三届年会在无锡召开。

1998年

1月,黑龙江人民出版社出版《俄汉详解大词典》(四卷本),编写者为黑龙江大学辞书研究所。

5月29日,《中国图书大辞典》出版座谈会在北京举行。该书从1949—1992年间出版的84万种图书中选取优秀和具代表性的图书提要10万余种,共15卷,由湖北人民出版社出版。

5月,商务印书馆出版《新华字典》(第9版)。

7月9—13日,中国辞书学会双语词典专业委员会主办的第三届全国双语词典学术研讨会在重庆召开。

8月5日,《新华字典》(1998年修订本)出版座谈会在北京举行。

9月11—14日,全国首届中青年辞书工作者学术研讨会在石家庄召开。

9月,中国辞书学会专科词典专业委员会第三届年会在大连召开。

10月20—24日,中国辞书学会语文词典专业委员会第二届语文辞书学术研讨会在西安召开。

11月,全国术语标准化技术委员会辞书编纂分委员会二分会暨第三届换届会议在上海召开。

1999年

1月14—16日,亚洲辞书学会第一届年会在广东外语外贸大学召开。

2月7日,伊朗总统向北京大学教授曾延生颁发了伊历1377年"世界杰出图书奖",以奖励曾延生为编辑《汉语波斯语词典》做出的贡献。这是中国教授首次荣获伊朗"世界杰出图书奖"。

4月5日,《现代汉语方言大词典》分卷本出版座谈会在北京举行。该词典由李荣任主编,全国高等院校和科研机构60多位专家学者参与编纂,共41卷本,由江苏教育出版社出版,是我国第一部方言词典。

4月,中国辞书学会会刊《辞书研究》创刊20周年。

5月25日,中国第一部《中华人民共和国职业分类大典》在北京举行首发式。

6月7—9日,由中国辞书学会辞书理论和辞书史专业委员会、安徽省辞书学会共同主办的全国第三届辞书理论研讨会在太平召开。

6月28日,《不列颠百科全书》(国际中文版)出版座谈会在北京举行。该书是中国大百科全书出版社与美国不列颠百科全书公司合作出版的新版大型工具书。全书20卷,在国内外同时发行。

7月,上海译文出版社出版《英汉大词典补编》,主编为陆谷孙。

9月15日,《辞海》(1999年版)彩图本第一套从上海中华印刷有限公司的装订流水线上成书下线,全套共5卷。

9月26日,江泽民同志在上海会见《辞海》(1999年版)的编写人员。

10月16日,《辞海》(1999年版)彩图本(部首,五卷本)、彩图珍藏本(部首,九卷本)和普及本(部首,三卷本)在全国同时发行。

11月27—29日,第三届国家辞书奖颁奖大会暨中国辞书学会第四届年会在南京召开。

《辞源》的新一次修订工作开始酝酿。

2000年

1月,《辞海》(1999年版缩印本,部首,一卷本)正式出版。

4月5日,上海辞书出版社出版《中国历史大辞典》。

4月,西南师范大学出版社出版《法汉大词典》,主编为黄新成。

8月26—29日,由中国辞书学会语文词典专业委员会主办、云南省教育出版社承办的第三届语文辞书学术研讨会在昆明召开。

8月,商务印书馆出版《新时代汉英大词典》,主编为吴景荣、程镇球。

8月,《辞海》(1999年版)彩图缩印本(音序,五卷本)正式出版。

8月,"商务印书馆辞书语料库及编纂系统"立项。

9月,中国辞书学会专科词典专业委员会第四届年会在肇庆召开。

2001年

4月24—26日,中国辞书学会辞书编纂现代化技术专业委员会成立大会暨第二届全国中青年辞书工作者学术研讨会在上海召开。

5月,商务印书馆出版《大俄汉词典》(修订版),编写者为黑龙江大学俄语语言文学研究中心辞书研究所。

6月,上海译文出版社出版《新法汉词典》,主编为张寅德,该词典是1978年版《法汉词典》的修订本。

7月,中国辞书学会双语词典专业委员会主办的第四届全国双语词典学术研讨会在南京召开。

8月21—23日,中国辞书学会辞书编辑出版专业委员会主办的第三次全国辞书编辑与出版学术研讨会在海盐召开。

9月15日,《辞海》(彩图缩印本)举行首发式,该版本的《辞海》以汉语拼音音节为序编排全部条目释文,是《辞海》面世以来第一次在编排形式上进行的彻底改革。

10月27—28日,中国辞书学会第五届年会在北京召开。

2002年

1月,《辞海》(1999年·缩印本·音序)(一卷本)出版问世。

5月,商务印书馆出版《现代汉语词典》(第4版)。

8月,《辞海》(1999年·缩印本·音序)(三卷本)出版问世。

9月12—15日,中国辞书学会的语文词典专业委员会和辞书史与辞书理论专业委员会共同主办、以辞书评论的理论和方法为主题的第四届学术研讨会在南昌召开。

9月24—28日,中国辞书学会第三届中青年辞书工作者学术研讨会在成都召开。

2003年

8月起,《大辞海》陆续出版,篇幅为《辞海》的2.5倍,按学科分38卷陆续出版。

9月12—15日,中国辞书学会辞书编辑出版专业委员会主办的第四次全国辞书编辑与出版学术研讨会在南京召开。

10月17—18日,中国辞书学会专科词典专业委员会主办的第五届专科词典研讨会在太原召开。

11月17—20日,中国辞书学会第六届年会在上海召开。

11月21—23日,中国辞书学会双语词典专业委员会主办的第五届全国双语词典学术研讨会在上海召开。

12月18日,中国社会科学院、商务印书馆推出《新华字典》第10版。

12月,外语教学与研究出版社出版《新世纪汉英大词典》,主编为惠宇。

2004年

1月,《新华字典》(第10版,实为"商务新10版")出版,此次是首次在书名后用数字标出新版版次。

4月,商务印书馆出版《新时代英汉大词典》,主编为张柏然,该词典的编纂基于南京大学双语词典研究中心与商务印书馆共建的CoNulexid语料库及双语词典编纂平台系统。

10月27—28日,中国辞书学会专科词典专业委员会第六届年会、百科全书专业委员会成立大会暨学术讨论会在长沙召开。

11月13—15日,中国辞书学会第四届全国中青年辞书工作者学术研讨会在杭州召开。

2005年

1月,外语教学与研究出版社出版《新世纪法汉大词典》,主编为陈振尧。

6月,《现代汉语词典》(第5版·大字本)出版,该版本对词目做了全面的词类标注。

10月22—27日,中国辞书学会语文词典专业委员会与安徽大学共同主办的第五届全国语文辞书学术研讨会在合肥召开。

11月26—28日,中国辞书学会双语词典专业委员会主办的第六届全国双语词典学术研讨会在广州召开。

12月1—4日,中国辞书学会辞书编辑出版专业委员会主办的第五次全国辞书编辑与出版学术研讨会在北京召开。

2006年

5月13—14日,中国辞书学会第七届年会在成都召开。

8月,商务印书馆出版《英华大词典》(修订第三版),原编者为郑易里、曹成修、徐式谷等负责修订。

中国出版集团批复商务印书馆关于启动《辞源》再修订的报告。

2007年

1月17日,中国辞书学会百科全书专业委员会第二届年会暨学术讨论会在北京召开。

4月,上海译文出版社出版《英汉大词典》(第2版),主编为陆谷孙。

5月12—13日,中国辞书学会语文词典专业委员会主办的第六届全国语文辞书研讨会在烟台召开。

8月22—25日,中国辞书学会辞书编纂现代化技术专业委员会学术研讨会暨第三届年会在烟台召开。

11月16—18日,中国辞书学会双语词典专业委员会主办的第七届全国双语词典学术研讨会在重庆召开。

12月18日,教育部语言信息管理司与鲁东大学共建"汉语辞书研究中心"揭牌仪式在烟台举行。

12月18日,商务印书馆《辞源》修订组正式成立,由杨德炎总经理任修订组组长。

2008年

1月,商务印书馆《辞源》修订项目组和《古汉语研究》编辑部商定在《古汉语研究》开设"《辞源》百年"栏目,呼吁专家学者为《辞源》新修订献计献策。

3月28—29日,中国辞书学会专科词典专业委员会主办的第七届年会暨学术研讨会在北京召开。

4月11—15日,中国辞书学会第五届中青年辞书工作者学术研讨会在武汉召开。

4月,中国古代重要字书《康熙字典》成书近300年来第二次修订,其数字化工作也同步完成,由中国社会科学院社会科学文献出版社出版。

4月,商务印书馆出版《新时代西汉大词典》,主编为孙义桢。

10月25—27日,中国辞书学会第八届年会在常熟召开。

附录2 荣获前十四届中国图书奖的辞书名录

中国图书奖是由中国出版工作者协会主办,在中宣部、新闻出版总署指导下,由中国图书评论学会承办的全国性、综合性图书奖。该奖筹办于1986年,创办于1987年,每年举办一次,从前一年全国出版的图书中评出获奖书10种,另设荣誉奖20种。

第一届中国图书奖(1987年)		
"中国图书奖"		
哲学小百科(上、下)	邢贲思主编	中国青年出版社
少年自然百科辞典(生物、生理卫生)	周本湘、赵尔宓等编撰	少年儿童出版社
"中国图书奖"荣誉奖		
汉语大字典(第一卷)	汉语大字典编辑委员会编	四川辞书出版社、湖北辞书出版社
当代干部小百科(上、下)	宋振庭主编	天津人民出版社
精选英汉汉英词典	朱原等编	商务印书馆
电影艺术词典	许南明主编,《电影艺术词典》编辑委员会编	中国电影出版社
现代汉语频率词典	北京语言学院语言教学研究所编	北京语言学院出版社
婴幼儿小百科	中国少年儿童出版社编	中国少年儿童出版社

第二届中国图书奖(1988年)		
"中国图书奖"		
中国乡镇企业管理百科全书	《中国乡镇企业管理百科全书》编辑委员会编	农业出版社

第三届中国图书奖(1989年)		
"中国图书奖"		
《资本论》辞典	宋涛主编	山东人民出版社
中国儒学辞典	赵吉惠、郭厚安主编	辽宁人民出版社
"中国图书奖"荣誉奖		
英藏汉对照词典	扎西次仁主编,刘德军副主编	民族出版社

第四届中国图书奖(1990年)		
一等奖		
心理学大辞典	朱智贤主编	北京师范大学出版社
英汉大辞典(上)	陆谷孙主编	上海译文出版社
英中医学辞海	王贤才主编	青岛出版社
二等奖		
汉语成语考释词典	刘洁修编著	商务印书馆
中华文化辞典	丁守和主编	广东人民出版社
全唐诗典故辞典(上、下)	范之麟、吴庚舜主编	湖北辞书出版社
中国书法鉴赏大辞典(上、下)	刘正成主编	大地出版社
汉维词典	彭宗禄、依不拉音·阿合买提主编	新疆人民出版社
中国工艺美术大辞典	吴山主编	江苏美术出版社

第五届中国图书奖(1991年)		
二等奖		
财经大辞典	何盛明主编	中国财经出版社
遥感大辞典	陈述彭主编	科学出版社

(续表)

评委提名表扬		
京剧知识词典	吴同宾、周亚勋主编	天津人民出版社

第六届中国图书奖(1992年)		
一等奖		
中国共产党历史大辞典	廖盖隆主编	中共中央党校出版社
中国少年儿童百科全书	林崇德主编	浙江教育出版社
中国中学教学百科全书	许嘉璐主编	沈阳出版社
汉藏对照词典	《汉藏对照词典》协作编纂组编	民族出版社
二等奖		
黑格尔辞典	张世英主编	吉林人民出版社
中国经济百科全书	陈岱孙主编	中国经济出版社
中国文学大辞典	马良春等编	天津人民出版社
环境科学大辞典	《环境科学大辞典》编辑委员会编	中国环境科学出版社
中国语言学大辞典	陈海洋主编	江西教育出版社
法学大辞典	邹瑜、顾明主编	中国政法大学出版社
中国文物鉴赏辞典	高大伦等主编	漓江出版社

第七届中国图书奖(1993年)		
投资知识百科全书	徐文通、林森木等主编	中国金融出版社
股票债券全书	金建栋、吴晓求等主编	北京理工大学出版社
彩图幼儿知识百科	朱为等编文,叶乃飞等绘图	中国少年儿童出版社
人生知识大辞典	邢贲思、周汉民主编	中国青年出版社

(续表)

佛学词典	王沂暖主编	青海民族出版社
教育大辞典	顾明远主编	上海教育出版社
西索简明汉外系列词典	邱懋如主编	上海外语教育出版社

第八届中国图书奖(1994年)		
中国婴幼儿百科	中国科普作家协会编	海燕出版社
现代临床医学辞典	鞠名达等主编	人民军医出版社
中华药海	冉先德主编	哈尔滨出版社
中国伦理学百科全书	罗国杰总主编	吉林人民出版社
中国读书大辞典	王余光、徐雁主编	南京大学出版社
港澳大百科全书	陈乔之主编,《港澳大百科全书》编委会编	花城出版社
藏族传统文化辞典	谢启晃等主编	甘肃人民出版社
中国古代名物大辞典	华夫主编	济南出版社
中国近现代人物名号大辞典	陈玉堂编著	浙江古籍出版社
汉英大辞典	吴光华主编	上海交通大学出版社

第九届中国图书奖(1995年)		
中学百科全书	袁运开主编	东北师范大学出版社、华东师范大学出版社
丝绸之路辞典	雪犁主编	新疆人民出版社
小学生自然百科	卢尚新等编	浙江少年儿童出版社
简明中华百科全书	中国大百科全书出版社编辑部编	中国大百科出版社
高技术百科辞典	卢嘉锡主编	福建人民出版社

(续表)

孙中山辞典	张磊主编	广东人民出版社
香港大辞典	曹淳亮主编	广州出版社

第十届中国图书奖(1996年)		
心理学百科全书	《心理学百科全书》编辑委员会编	浙江教育出版社
中国书法五体系列大字典	上海书画出版社编	上海书画出版社
现代汉语学习词典	孙全洲主编	上海外语教育出版社
汉英词典(修订版)	北京外国语大学英语系词典组编	外语教学与研究出版社
犯罪学大辞书	康树华等主编	甘肃人民出版社
中国邮电百科全书	徐善衍主编	人民邮电出版社

第十一届中国图书奖(1998年)		
英汉计算机技术大词典	白英彩主编	上海交通大学出版社
中国大百科全书(青少年版)	《中国大百科全书》编辑部编纂	海燕出版社
21世纪小小百科	赵寄石主编	浙江教育出版社
中国文学大辞典	钱仲联等总主编	上海辞书出版社
中国翻译词典	林煌天主编	湖北教育出版社
中国出版百科全书	许力以主编	书海出版社
中国大学生百科全书	李长喜等主编	辽宁教育出版社
蒙古族民俗百科全书(经济卷/蒙文)	《蒙古族民俗百科全书》编委会编	内蒙古科学技术出版社

第十二届中国图书奖(2000年)		
中国百科大辞典	《中国百科大辞典》编纂委员会编	中国大百科全书出版社
中华人民共和国法律大百科全书	许崇德等主编	河北人民出版社
会计大典	葛家澍等主编	中国财政经济出版社
澳门大辞典	黎小江、莫世祥主编	广州出版社
中国历代人名大辞典	张撝之等主编	上海古籍出版社
汉语大字典(袖珍本)	宛志文主编	湖北人民出版社、四川辞书出版社
汉语方言大词典	许宝华、[日]宫田一郎主编	中华书局
现代汉语八百词(增订本)	吕叔湘主编	商务印书馆
新世纪英语用法大词典(缩印本)	王文昌主编	上海外语教育出版社
最新英语短语动词词典	常晨光主编	外语教学与研究出版社
二十世纪俄罗斯文学词典	刁绍华主编	北方文艺出版社
中华大典(文学典分典·全五卷)	《中华大典》编纂委员会编	江苏古籍出版社
音乐百科词典	缪天瑞主编	人民音乐出版社
计算机科学技术百科全书	张效祥等主编	清华大学出版社

第十三届中国图书奖(2002年)		
现代汉语成语规范词典	李行健主编	长春出版社
现代汉语大词典(上、下)	阮智富等主编	汉语大词典出版社
中国小学英语学习词典(英汉对照)	霍庆文等主编	外语教学与研究出版社
中国电力百科全书(第二版/八卷)	谢绍雄主编	中国电力出版社

第十四届中国图书奖(2004年)		
学生探索百科全书(四册)	[英]乔治·哈特等编著,黄雁鸿、梁晓艳译	书海出版社
成语源流大词典	刘洁修编著	江苏教育出版社
汉英航空发动机工程技术词典	吕跃进主编,西安航空发动机(集团)有限公司词典编委会编	西北工业大学出版社

附录3 荣获前六届国家图书奖的辞书名录

国家图书奖是由国家新闻出版署为鼓励和表彰优秀图书的出版而设立的。该奖是全国图书评奖中的最高奖励,起始于1993年,每两年举办一次,分哲学社会科学、文学、艺术、科学技术(含科普读物)、古籍整理、少儿、教育、辞书工具书和民族文版图书九大门类,设国家图书奖、国家图书奖荣誉奖和国家图书奖提名奖三种奖项。

第一届国家图书奖(1993年)		
国家奖		
汉语大词典	罗竹风主编	汉语大词典出版社
汉语大字典	徐中舒主编	四川辞书出版社
现代汉语词典	中国社会科学院语言研究所词典编辑室编	商务印书馆
英汉大词典	陆谷孙主编	上海译文出版社
永乐大典(影印汇辑本)	(明)姚广孝著,中华书局编辑部编	中华书局
荣誉奖		
辞海(1989年版)	夏征农主编	上海辞书出版社
中国大百科全书	《中国大百科全书》编辑委员会编	中国大百科全书出版社
提名奖		
北京话儿化词典	贾采珠编	语文出版社
藏汉大辞典	张怡荪主编	民族出版社
简明不列颠百科全书(中文版)	刘尊棋主编	中国大百科全书出版社
普通话闽南方言词典	厦门大学中文系汉语方言研究室主编	福建人民出版社

（续表）

突厥语大词典（维吾尔文）	麻赫穆德·喀什噶里主编	新疆人民出版社
新汉日词典	尚永清主编	商务印书馆
哲学大辞典	冯契主编	上海辞书出版社
中国人名大辞典	廖盖隆、罗竹风、范源主编	上海辞书出版社
中国医学百科全书	《中国医学百科全书》编辑委员会编	上海科学技术出版社

第二届国家图书奖(1995年)		
国家奖		
朝鲜语词典（共3卷）	金琪钟主编	延边人民出版社
中国伊斯兰百科全书	宛耀宾等编	四川辞书出版社
荣誉奖		
中国军事百科全书（共58卷）	军事科学院军事百科研究部编	军事科学出版社
提名奖		
儿童辞海	巢峰等编	上海辞书出版社
二十八卷本辞典	那木吉拉玛整理	内蒙古人民出版社
汉越词典	侯寒江等编	商务印书馆
现代临床医学辞典	鞠名达等编	人民军医出版社
新满汉大词典	胡增益主编	新疆人民出版社
新中国文学词典	潘旭澜主编	江苏文艺出版社

第三届国家图书奖(1997年)		
国家奖		
普通话基础方言基本词汇集	陈章太等编	语文出版社
中国戏曲剧种大辞典	《中国戏曲剧种大辞典》编辑委员会编	上海辞书出版社
荣誉奖		
中国大百科全书(简明版)	中国大百科全书出版社编辑部编	中国大百科全书出版社
中国农业百科全书	本书编委会编	中国农业出版社
提名奖		
材料科学技术百科全书	师昌绪等编	中国大百科全书出版社
金文大字典	戴家祥主编	学林出版社
世界地名词典(修订版)	毛汉英等编	上海辞书出版社
中国民间文学大辞典	钟敬文等编	黑龙江人民出版社

第四届国家图书奖(1999年)		
国家奖		
敦煌学大辞典	季羡林主编	上海辞书出版社
俄汉详解大词典(共4卷)	黑龙江大学辞书研究所编	黑龙江人民出版社
农业大词典	本书编委会编	中国农业出版社
现代蒙古语频率词典	达·巴特尔等主编	内蒙古教育出版社
彝文经籍文化辞典	马学良主编	京华出版社
荣誉奖		
化工百科全书(共20卷)	本书编委会编	化学工业出版社
现代汉语方言大词典	李荣主编	江苏教育出版社
新华字典(1998年修订本)	中国社会科学院语言研究所词典编辑室编	商务印书馆

(续表)

提名奖		
法学大辞典	曾庆敏主编	上海辞书出版社
汉语波斯语词典	曾延生主编	商务印书馆
汉语大词典简编	罗竹风主编	汉语大词典出版社
教育大辞典（2卷）（增订合编本）	顾明远主编	上海教育出版社
少年军事百科全书（12册）	李维民主编	明天出版社
西藏历史文化辞典	王尧等主编	浙江人民出版社
现代汉语规范字典	李行健主编	语文出版社
彝语大辞典	本书编委会编	四川民族出版社
中国古陶瓷图典	冯先铭主编	文物出版社
中国图书大辞典	宋木文等主编	湖北人民出版社

第五届国家图书奖（2001年）		
国家奖		
王力古汉语字典	王力主编	中华书局
中国历史大辞典	郑天挺等主编	上海辞书出版社
最新玉篇	文淑东等主编	辽宁民族出版社
荣誉奖		
不列颠百科全书（国际中文版）	徐慰曾主编	中国大百科全书出版社
提名奖		
外国哲学大辞典	冯契等主编	上海辞书出版社
新时代汉英大词典	吴景荣等主编	商务印书馆
彝族尔比词典	沈伍己编著	四川民族出版社

(续表)

古今汉语词典	商务印书馆辞书研究中心编	商务印书馆
汉语方言大词典	许宝华等主编	中华书局
中国茶叶大辞典	陈宗懋主编	中国轻工业出版社

第六届国家图书奖（2003年）		
正式奖		
现代汉语方言大词典	李荣主编	江苏教育出版社
中国儿童百科全书	《中国儿童百科全书》编委会编	中国大百科全书出版社
突厥语大词典	麻赫默德·喀什噶里编	民族出版社
英汉双解莎士比亚大词典	刘炳善主编	河南人民出版社
伦理学大辞典	朱贻庭主编	上海辞书出版社
中国美术大辞典	沈柔坚名誉主编，邵洛羊总主编	上海辞书出版社
新华词典（2001年修订版）	商务印书馆辞书研究中心修订	商务印书馆
中国医籍大辞典	裘沛然主编，《中国医籍大辞典》编纂委员会编	上海科学技术出版社
新时代汉英词典	潘绍中主编	商务印书馆
蒙古学百科全书·医学卷	苏荣扎布等编著	内蒙古人民出版社
荣誉奖		
中国文物定级图典（一、二、三级品）	马自树主编	上海辞书出版社

附录4　荣获前五届国家辞书奖的辞书名录

国家辞书奖(原名"中国辞书奖",1997年更名为"国家辞书奖")由新闻出版署主办,中国辞书学会承办,是我国辞书、工具书专业奖的最高奖。该奖起始于1995年,每两年进行一次颁奖。国家辞书奖从第三届起被列为国家图书奖的分支奖项。

首届辞书奖(1995年)		
一等奖		
大俄汉词典	黑龙江大学词典室编	商务印书馆
古汉语常用字字典	本书编写组编	商务印书馆
中国文物精华大全	彭卿云主编	上海辞书出版社、(香港)商务印书馆
简明中华百科全书	中国大百科全书编委会编	中国大百科全书出版社
中药大辞典	江苏新医学院编	上海科学技术出版社
二等奖		
最新高级英语词典	蔡文萦、赵班、陈作卿、麻乔志主编	商务印书馆国际有限公司
综合英语成语词典	厦门大学外文系本书编写组编	福建人民出版社
波斯语汉语词典	北京大学东方语言文学系波斯语教研室编	商务印书馆
新印度尼西亚语汉语词典	梁立基主编	商务印书馆
英语委婉语词典	刘纯豹主编	江苏教育出版社
甲骨文字典	徐中舒主编	四川辞书出版社
中国成语大辞典	王涛主编	上海辞书出版社
红楼梦辞典	周汝昌主编	广东人民出版社

(续表)

引用语词典	朱祖延主编	四川辞书出版社
现代临床医学辞典	鞠名达主编	人民军医出版社
中国伊斯兰百科全书	宛耀宾总主编	四川辞书出版社
红楼梦大辞典	冯其庸、李希凡主编	文化艺术出版社
世界经济百科辞典	李琮主编	经济科学出版社
自然辩证法百科全书	于光远主编	中国大百科全书出版社
邓小平思想理论大辞典	巢峰主编	上海辞书出版社
人权大辞典	刘复之主编	武汉大学出版社
儿童辞海	巢峰主编	上海辞书出版社
三等奖		
英汉科学技术词典	清华大学外语系本书编写组编	国防工业出版社
日英汉土木建筑词典	高履泰主编	中国建筑工业出版社
英汉农学词典（上、下卷）	詹英贤主编	中国农业出版社
汉英中兽医词典	蒋次升主编	中国农业出版社
英汉纺织工业词汇	上海纺织工业局本书编写组编	纺织工业出版社
新编实用汉语词典	韩敬体主编	社会科学文献出版社
汉语成语词典	西北师范学院中文系本书编写组编	上海教育出版社
古汉语虚词用法词典	陕西师范大学词典编写组编	陕西人民出版社
金文常用字典	陈初生主编	陕西人民出版社
新编小学生字典	小学生字典编辑室编	人民教育出版社
苗汉词典	张永祥主编	贵州民族出版社

(续表)

犹太百科全书	徐新、凌继尧主编	上海人民出版社
会计辞典	龚清浩、徐政旦主编	上海人民出版社
中国行书大字典	范韧庵、李志贤主编	上海书画出版社
教育大辞典	顾明远主编	上海教育出版社
广州百科全书	广州百科全书编纂委员会编	中国大百科全书出版社
中国戏曲表演艺术辞典	余汉东主编	湖北辞书出版社
第二次世界大战百科词典	李巨廉、金重远主编	上海辞书出版社
孙中山辞典	张磊主编	广东人民出版社
禅宗词典	袁宾主编	湖北人民出版社
中国印学年表(增补本)	韩天衡主编	上海书画出版社
股份经济辞典	蒋一苇主编	中国发展出版社
中国舞蹈词典	王克芬、刘恩伯、徐尔充主编	文化艺术出版社
各国银行概览	吴念鲁主编	世界知识出版社

第二届辞书奖(1997年)		
一等奖		
中国大百科全书(简明版)	中国大百科全书出版社编辑部编	中国大百科全书出版社
汉英词典(修订版)	北京外国语大学英语系词典组编	外语教学与研究出版社
现代汉语词典(修订本)	中国社科院语言研究所词典编辑室编	商务印书馆

(续表)

普通话基础方言基本词汇集	陈章太、李行健主编	语文出版社
中国戏曲剧种大辞典	《中国戏曲剧种大辞典》编委会编	上海辞书出版社
二等奖		
全宋词典故词典	范之麟主编	湖北辞书出版社
国际贸易法大辞典	黎学玲主编	广东人民出版社
材料科学技术百科全书	《材料科学技术百科全书》编委会、中国大百科全书出版社编辑部编	中国大百科全书出版社
《红楼梦》语言词典	周定一、钟兆华、白维国主编	商务印书馆
中国古籍善本书目	《中国古籍善本书目》丛书编委会编	上海古籍出版社
俄汉翻译词典	张宝梁主编	商务印书馆
英中医学辞海	王贤才主编	青岛出版社
古汉语虚词词典	王海棻等著	北京大学出版社
汉书辞典	仓修良主编	山东教育出版社
世界地名词典	中科院地理研究所等编	上海辞书出版社
三等奖		
中国民间秘密宗教辞典	濮文起主编	四川辞书出版社
新编中国法律日用全书	李昌道主编	上海人民出版社
世界珠算通典	李培业、[日]铃木九男主编	陕西人民出版社
中国砖铭文字徵	殷荪编著	上海书画出版社
楚国历史文化辞典	石泉主编	武汉大学出版社

(续表)

汉语大字典(简编本)	李格非主编	四川辞书出版社、湖北辞书出版社
中国书院辞典	季啸风主编	浙江教育出版社
现代英汉服装词汇	王传铭主编	中国纺织出版社
精编汉语字典	张一舟主编	四川辞书出版社
中国电影大辞典	张骏祥、程季华主编	上海辞书出版社
学生英汉词典	刘正琰编著	上海科技教育出版社

第三届辞书奖(1999年)		
特别奖		
中国图书大辞典	宋木文、刘杲主编	湖北人民出版社
新华字典(1998年修订本)	新华辞书社编,中国社科院语言所修订	商务印书馆
一等奖		
现代汉语方言大词典	李荣主编	江苏教育出版社
敦煌学大辞典	季羡林主编	上海辞书出版社
俄汉详解大词典(4卷本)	赵洵、李锡胤、潘国民主编	黑龙江人民出版社
法学大辞典	曾庆敏主编	上海辞书出版社
农业大词典	本书编委会编	中国农业出版社
汉语波斯语词典	曾延生主编	商务印书馆
中国古陶瓷图典	冯先铭主编	文物出版社
汉语大词典简编	汉语大词典出版社编	汉语大词典出版社
现代汉语规范字典	李行健主编	语文出版社
新捷汉词典	北京外国语大学本书编写组编	商务印书馆

(续表)

二等奖		
西藏历史辞典	王尧、陈庆英主编	西藏人民出版社、浙江人民出版社
简明汉葡词典	王锁瑛、鲁晏宾编	上海外语教育出版社
古代汉语词典	陈复华主编	商务印书馆
宗教大辞典	任继愈主编	上海辞书出版社
中国儒学百科全书	中国孔子基金会编	中国大百科全书出版社
中华本草(精选本)	本书编委会编	上海科学技术出版社
英汉农业大词典	相重扬等编	中国农业出版社
中国曲学大辞典	齐森华、陈多、叶长海主编	浙江教育出版社
诗经词典(修订本)	向熹编著、修订	四川人民出版社
中国文学大辞典	钱仲联等主编	上海辞书出版社
英汉科技表达词典	周森冬主编	高等教育出版社
中华金融辞库	戴相龙、黄达主编	中国金融出版社
英汉医学辞典	陈维益主编	上海科学技术出版社
中国历朝事典	曹余章主编	浙江教育出版社
新世纪中学生百科全书	于明、赵利剑等编	中国大百科全书出版社
综合英汉科技大词典	顾仁敖主编	商务印书馆
中国文学通典	张炯、邓绍基等编	解放军文艺出版社
中国苏区辞典	陈立明、邵天柱等编	江西人民出版社
中国倡廉反贪史鉴事典	黄惠贤、金成礼编	四川辞书出版社
综合英汉文科大词典	刘纯豹主编	译林出版社
现代汉语虚词词典	王自强编	上海辞书出版社

第四届辞书奖(2001年)		
特别奖		
不列颠百科全书(国际中文版)	徐慰曾主编	中国大百科全书出版社
辞海(1999年版/彩图本)	夏征农主编	上海辞书出版社
一等奖		
王力古汉语字典	王力、唐作藩等编著	中华书局
中国历史大辞典	郑天挺、吴泽等主编	上海辞书出版社
外国哲学大辞典	冯契、徐孝通主编	上海辞书出版社
中国茶叶大辞典	陈宗懋主编	中国轻工业出版社
中国古籍版刻辞典	瞿冕良主编	齐鲁书社
古今汉语词典	商务印书馆辞书研究中心编	商务印书馆
新时代汉英大词典	吴景荣、程镇球主编	商务印书馆
新世纪英语新词语双解词典	陆国强主编	上海外语教育出版社
汉语方言大词典	许宝华、[日]宫田一郎主编	中华书局
二等奖		
汉语成语辞海	朱祖延主编	武汉出版社
古汉语大辞典	徐复主编	上海辞书出版社
应用汉语词典	商务印书馆辞书研究中心编	商务印书馆
汉英搭配词典	胡宛如主编	北京出版社
数学史词典	杜瑞芝主编	山东教育出版社
全唐诗大辞典	张忠纲主编	语文出版社
标准汉语字典	张书岩主编	汉语大词典出版社
国际商务英语大词典	冯祥春主编	中国对外经济贸易出版社

(续表)

当代英语习语大词典	秦秀白主编	外语教学与研究出版社、天津科学技术出版社
新法汉词典	张寅德主编	上海译文出版社
俄汉文学翻译词典	龚人放主编	商务印书馆
川剧剧目辞典	王定欧主编	四川辞书出版社
科学家大辞典	张奠宙等编著	上海辞书出版社、上海科技教育出版社
体育大辞典	陈安槐、陈萌生主编	上海辞书出版社
核化生防护大词典	总参兵种部防化编研室编	上海辞书出版社
语海	《语海》编辑委员会编	上海文艺出版总社
中国留学生大词典	周棉主编	南京大学出版社
中国汉语难词词典	倪宝元编	浙江教育出版社
中国诗学大辞典	傅璇琮、许逸民等主编	浙江教育出版社

第五届辞书奖(2003年)		
特别奖		
中国文物定级图典	马自树主编	上海辞书出版社
中国儿童百科全书	《中国儿童百科全书》编委会编	中国大百科全书出版社
一等奖		
现代汉语方言大词典	李荣主编	江苏教育出版社
伦理学大辞典	朱贻庭主编	上海辞书出版社
中国美术大辞典	沈柔坚名誉主编,邵洛羊总主编	上海辞书出版社
英汉医学词典	王晓鹰、章宜华主编	外语教学与研究出版社

(续表)

新时代汉英词典	潘绍中主编	商务印书馆
宋金元明清曲辞通释	王学奇、王静竹撰著	语文出版社
新华词典（2001年修订版）	商务印书馆辞书研究中心修订	商务印书馆
中国医籍大辞典	裘沛然主编，《中国医籍大辞典》编纂委员会编	上海科学技术出版社
二等奖		
中国歇后语大词典	温端政主编	上海辞书出版社
中共上海党史大典	中共上海市委党史研究室编	上海教育出版社
中国原始宗教百科全书	杨学政主编，《中国原始宗教百科全书》编纂委员会编	四川辞书出版社
新华成语词典	许振生主编，商务印书馆辞书研究中心编	商务印书馆
殷周金文集成引得	张亚初编著	中华书局
英汉双解莎士比亚大词典	刘炳善主编	河南人民出版社
实用汉英翻译词典	吴文智、钱厚生主编	漓江出版社
中国古代小说俗语大词典	翟建波编著	汉语大词典出版社
中国昆剧大辞典	吴新雷主编	南京大学出版社
化合物词典	申泮文、王积涛主编	上海辞书出版社
20世纪诺贝尔奖获奖者辞典	杨建邺主编	武汉出版社
明人室名别称字号索引	杨廷福、杨同甫编	上海古籍出版社
西方哲学英汉对照辞典	［英］尼古拉斯·布宁、余纪元编著，王柯平等译	人民出版社

(续表)

英日汉生物工程学辞典	刘进元编著	清华大学出版社
中国社会科学院图书馆新方志总目	赵嘉朱主编,中国社会科学院图书馆地方志收藏中心编	吉林文史出版社
简明汉希词典	朱圣鹏、王小英编	上海外语教育出版社
小学生英汉详解插图词典	广东外语外贸大学词典学研究中心编	广东教育出版社
汉字标准字典	许嘉璐主编	辽宁大学出版社
中国共产党历史大辞典	廖盖隆主编	中共中央党校出版社
汉语称谓大词典	吉常宏主编	河北教育出版社

附录5 荣获首届中国出版政府奖的辞书名录

中国出版政府奖是在原"国家图书奖"基础上,依据2005年《全国文艺新闻出版评奖管理办法》,整合若干奖项后设立的我国新闻出版领域的最高奖,每三年评选一次,含图书奖、音像制品、印刷复制、装帧设计、出版单位和出版人物6个奖项。

首届中国出版政府奖(2008年)		
图书奖		
现代汉语词典(第5版)	中国社会科学院语言研究所词典编辑室编	商务印书馆
故训汇纂	宗福邦、陈世铙、萧海波主编	商务印书馆
中国历史地名大辞典	史为乐主编	中国社会科学出版社
古文字诂林(共12册)	《古文字诂林》编纂委员会编	上海教育出版社
汉蒙词典(第3版)	达·巴特尔主编	民族出版社
汉哈大词典	那衣满主编	新疆人民出版社
图书奖提名奖		
中国共产党历届中央委员大辞典	中共中央组织部、中央党史研究室编	中共党史出版社
世界外交大辞典	钱其琛主编	世界知识出版社
中国空军百科全书(上、下)	《中国空军百科全书》编审委员会编	航空工业出版社
陶文图录(共6册)	王恩田编著	齐鲁书社
药学大辞典	中国药学会《药学大辞典》编辑委员会编	上海科学技术出版社

(续表)

西藏百科全书	《西藏百科全书》总编辑委员会编	西藏人民出版社
古人名字解诂	吉常宏、吉發涵著	语文出版社
英汉法律用语大辞典	宋雷主编	法律出版社
蒙医药学注释大辞典（蒙文版）	金玉主编	内蒙古科学技术出版社
朝鲜语古语词典（朝文版）	高丽语言研究院编著	黑龙江朝鲜民族出版社
音像电子网络奖		
工具书在线	商务印书馆	
音像电子网络奖提名奖		
中国六体书法大字典	浙江电子音像出版社	
中国大百科全书（在线版）	中国大百科全书出版社	

附录6　大陆主要辞书研究机构

　　大学及出版社成立的辞书研究机构是我国辞书研究的主要阵地。这些研究机构成立后，在从事辞书编纂与出版实践工作的同时，还组织召开辞书编纂和理论研究方面的学术会议，这些学术活动的开展，推进了我国辞书研究事业的发展。根据我们目前所掌握的相关资料，大陆主要辞书研究机构列举如下（按成立时间排列）：

中国社会科学院语言研究所词典编辑室(1956年)

内蒙古自治区社会科学院语言研究所词典研究室(1957年)

福建人民出版社辞书编辑室(1978年)

湖北大学古籍研究所(1984年)

上海外国语大学双语词典研究中心(1984年)

黑龙江大学辞书研究所(1986年)

南京大学双语词典研究中心(1988年)

陕西师范大学文学院辞书编纂研究所(1992年)

商务印书馆辞书研究中心(2000年)

广东外语外贸大学词典学研究中心(2001年)

温州大学双语词典翻译研究中心(2001年)

教育部语言文字应用研究所辞书研究中心(2002年)

大连大学双语辞书研究所(2003年)

南开大学词汇学与词典学研究中心(2003年)

西南大学翻译与辞书研究中心(2003年)

厦门大学双语词典与双语语言文化研究中心(2003年)

上海交通大学翻译与词典学研究中心(2004年)

大连交通大学英语辞书研究所(2006年)

人民教育出版社辞书出版研究中心(2006年)

汉语辞书研究中心(2007年,教育部语言文字信息管理司和鲁东大学共建)

快易典电子辞典研究中心(2008年)

上海海洋大学翻译与词典研究所(2008年)

附录7 常用在线辞书资源列表

在线辞书名称	网 址	辞书类别
Chinese Characters Dictionary Web	http://zhongwen.com/zi.htm	汉语语文
Tool在线（字）词典集合	http://tool.httpcn.com	汉语语文
第五代仓颉字典（繁体）	http://www.chinesecj.com/newdict	汉语语文
第五代简体仓颉字典	http://www.chinesecj.com/cj5gbdict	汉语语文
汉典	http://www.zdic.net	汉语语文
黄锡凌《粤音韵汇》电子版	http://humanum.arts.cuhk.edu.hk/Lexis/Canton	汉语语文
逸名字典	http://www.uname.cn/dict	汉语语文
在线新华字典	http://xh.5156edu.com	汉语语文
中华在线词典	http://www.ourdict.cn	汉语语文
1000dictionaries.com	http://www.1000dictionaries.com	英语语文
Cambridge Dictionaries Online	http://dictionary.cambridge.org	英语语文
Dictionary.com	http://dictionary.reference.com	英语语文
infoplease dictionary	http://www.infoplease.com/dictionary.html	英语语文
Merriam-Webster.com	http://www.merriam-webster.com	英语语文
One Look Dictionary Search	http://www.onelook.com	英语语文
Oxford English Dictionary	http://www.oed.com	英语语文
Wordsmyth	http://www.wordsmyth.net	英语语文
YOUR DICTIONARY	http://www.yourdictionary.com	英语语文

(续表)

CiBO.cn 词博	http://www.cibo.cn	双语语文
Daum 中韩在线字典	http://cndic.daum.net	双语语文
Diccionario chino-español	http://www.chino-china.com/diccionario	双语语文
Dict.cn 海词	http://dict.cn	双语语文
Dict.Li 里氏英汉/汉英词典	http://www.dict.li	双语语文
Infoseek 辞书	http://www.infoseek.co.jp/Honyaku?pg=honyaku_top.html	双语语文
Latin=English Dictionary	http://humanum.arts.cuhk.edu.hk/Lexis/Latin	双语语文
n 词酷	http://www.nciku.com	双语语文
SOSO 词典	http://dict.soso.com	双语语文
百度词典	http://dict.baidu.com	双语语文
查查在线词典	http://www.ichacha.net/search.aspx?q=％C0％E4％B6％B3％CA％B3％CE％EF	双语语文
法汉在线查询	http://fawen.cn	双语语文
洪恩双语词典	http://study.hongen.com/dict	双语语文
金桥翻译在线词典	http://trans.netat.net	双语语文
林语堂当代汉英词典	http://humanum.arts.cuhk.edu.hk/Lexis/Lindict	双语语文
吕氏英汉字典	http://www.lexiconer.com/ecresult.php	双语语文
千英翻译在线词典	http://www.qyen.com/online/dict2.htm	双语语文
上海天虹翻译在线词典	http://www.tianhongsh.com/Dict_onlinetranslation.html	双语语文
颜氏美语网络英英/英汉词典	http://www.onlinedict.com	双语语文

(续表)

有道词典	http://dict.youdao.com	双语语文
iciba.com 爱词霸	http://www.iciba.com	多语语文
J-server Office Personal 中日韩英在线词典	http://www3.j-server.com/KODENSHA/contents/trial/index.htm	多语语文
myDict 迈迪在线词典	http://www.mydict.com	多语语文
华翼在线电脑字典	http://dictionary.chinesewings.com	多语语文
亿容在线词典	http://www.erong.com/cy.htm	多语语文
成语知识系统	http://tool.cidu.net/chengyu/chengyu.asp	汉语专项
金石网成语词典	http://www.kingsnet.biz/Idiom	汉语专项
Aconym Finder	http://www.acronymfinder.com	英语专项
Synonym.com	http://www.synonym.com/synonyms	英语专项
Thesaurus.com	http://thesaurus.com	英语专项
英语常用缩写	http://www.wen8.net/html/407.htm	英语专项
A Dictionary of Scientific Quotations	http://naturalscience.com/dsqhome.html	百科知识
Bartleby 在线辞书	http://www.bartleby.com	百科知识
Britannica Academic Edition	http://www.britannica.com	百科知识
C 书	http://www.cshu.org	百科知识
eNature.com	http://www.enature.com/home	百科知识
FINS Glossary（鱼类学术语）	http://fins.actwin.com/glossary.php	百科知识
GardenWeb Glossary	http://glossary.gardenweb.com/glossary	百科知识
The Multilingual Birdsearch Engine	http://www.knutas.com/birdsearch	百科知识

(续表)

Urban Dictionary	http://www.urbandictionary.com	百科知识
Whatis.com-Computer Glossary	http://whatis.techtarget.com	百科知识
百度百科	http://baike.baidu.com	百科知识
石油百科	http://www.petrobaike.com/docview-3017.html	百科知识
世界各国家和地区代码表	http://www.wen8.net/html/409.htm	百科知识
维基百科	http://wikipedia.jaylee.cn	百科知识
英语缩略语在线查询	http://www.acronymfinder.com	百科知识
中国百科网	http://www.chinabaike.com	百科知识
爱诗词 IShiCi.com	http://www.ishici.com	诗词百科
CNKI 专科词典	http://sdict.cnki.net	专科知识
DictALL 词都科技词汇	http://www.dictall.com	专科知识
英汉电子工程词典在线	http://www.eet-china.com/EGLOSSARY/GLOSSARY_QUEST.HTM	电子专科
平民法律 Lawpanel	http://www.lawpanel.com	法律专科
全球纺织网-纺织字典	http://cn.globaltexnet.com/resources	纺织专科
中华纺织网-纺织英语词典	http://www.texindex.com.cn/dictionary/dictionary.asp	纺织专科
ChemNet 助手-化工字典	http://cheman.chemnet.com/dict/zd.html	化工专科
化工引擎在线词典	http://www.chemyq.com/xz.htm	化工专科
中国试剂信息网-化工字典	http://www.cnreagent.com/source/sdict.php	化工专科
FOLDOC-Online Dictionary of Computing	http://foldoc.org/contents.html	计算机专科

(续表)

IT用语词典 e-Words	http://e-words.cn	计算机专科
Online technology dictionary(计算机术语在线词典)	http://www.computeruser.com/resources/dictionary	计算机专科
郑州大学在线英汉-汉英科技大词典	http://www3.zzu.edu.cn/zzjdict	计算机专科
Barkley's Comprehensive Financial Glossary	http://www.oasismanagement.com/glossary	金融专科
Oxford Dictionary of Australian Investment Terms	http://www.invesco.com.au/web/webdict.nsf/pages/index	金融专科
TRADERS' GLOSSARY	http://www.traders.com/Documentation/RESource_docs/Glossary/glossary.html	金融专科
Cytokines & Cells Online Pathfinder Encyclopedia	http://www.copewithcytokines.de/cope.cgi	生物学专科
Genome Glossary	http://www.ornl.gov/TechResources/Human_Genome/glossary	生物学专科
Glossary of Biochemistry and Molecular Biology	http://www.portlandpress.com/pp/books/online/glick/search.htm	生物学专科
Kimball's Biology	http://users.rcn.com/jkimball.ma.ultranet/BiologyPages	生物学专科
UCMP Glossary	http://www.ucmp.berkeley.edu/glossary/glossary.html	生物学专科
英汉生物科词汇	http://www.cmi.hku.hk/Ref/Glossary/Bio/a.htm	生物学专科
生物医药大词典	http://www.biodic.cn	生物医药专科
食品伙伴网-食品词典	http://dict.foodmate.net	食品专科

(续表)

食品商务网-在线食品字典	http://www.21food.cn/directory	食品专科
英汉医学词典	http://www.esaurus.org	医学专科
句酷	http://www.jukuu.com	双语翻译
中国在线翻译网	http://www.chinafanyi.com	双语翻译
TravLang Translating Dictionaries	http://dictionaries.travlang.com	多语翻译
Encyberpedia	http://www.encyberpedia.com/glossary.htm	词典集合
Online Dictionaries	http://www.chinagemini.com/Onlinedict.htm	词典集合
THE FREE DICTIONARY	http://www.thefreedictionary.com	词典集合
线索中国-网上字典	http://findgo.net/cn/dictionary.htm	词典集合

后　　记

《中国辞书发展状况报告(1978—2008)》一书的初稿于 2010 年春完成,其后又经过近三年的修改与完善,终于即将付梓!随着手中鼠标的滑移,书稿一页页在电脑显示屏上翻动,前后近 5 年的课题研究与写作历程,那些令人难忘的情景,此时也正一幕幕在我的脑海中闪过。这部书稿的顺利完成与出版,确实离不开我们这个研究团队的辛苦付出,还有很多友人的积极支持与热情鼓励。

这些天一直犹豫,是否应该写这样一篇后记。我担心这些琐碎而感性的文字可能会削弱这部研究报告的学术性,但又觉得有必要为这期间大家共同艰苦努力的付出留下一点宝贵的文字记录,因而反复考虑、权衡利弊。最后,我想到大多数辞书类集体作品完成后主编写序言的传统。这种做法非但不会削弱辞书作品本身的学术性,反而常常能引起辞书使用者对作者艰辛编纂历程的理解,加大了辞书作品在使用者心目中的分量。这部研究报告的撰写,由于其中数据搜集、整理和统计分析过程的不易,能够最终顺利完成,有赖于课题组全体成员的不懈努力与坚持,当然还得益于友人们的鼎力相助。这其中的点点滴滴应该也算是为这部研究报告的可信度提供了一个个很好的注脚吧。

2008 年的 11 月,我们得到深圳华普电子有限公司的资助,首次对掌上电子词典的使用状况展开了大规模的调研工作。此次调研工作堪称同类调研当中规模最大的,涉及江苏这个教育大省的 35 所高等院校的在校生，有近4000份（实际发放3472份）的调研问卷需要完成。这期间，南京晓庄学院外国语学院院长顾维勇先生非常耐心细致地帮我们做了很多联系工作，为我们联系相关调研院校负责人提供了非常积极有效的帮助。在此，我们谨列出参与掌上电子词典调研活动的高校及合作教师名单，表达我们对参与调研活动的所有老师和同学由衷的感谢（以学校名称汉语拼音排序）：常熟理工学院（何兖等）、常州工学院（戎林海等）、东南大学（郑玉琪等）、河海大学（滕卫东等）、淮海工学院（徐岚等）、淮阴师范学院（黄育才等）、江南大学（董剑桥等）、江苏大学（陈红等）、江苏警官大学（赵鹏荣等）、南京财经大学（叶家泉等）、南京大学（王晓红、张子源等）、南京工程学院（李士芹等）、南京工业大学（王林燕等）、南京海事学院（龚海红等）、南京航空航天大学（范祥涛等）、南京理工大学（吴志杰、赵雪琴等）、南京林业大学（刘红蕾等）、南京农业大学（徐黎、陈筱婧等）、南京审计学院（程冷杰等）、南京师范大学（张媛、秦文华等）、南京晓庄学院（顾维勇、张宁等）、南京信息工程大学（何三宁等）、南京医科大学（秦志红等）、南京艺术学院（曹海英等）、南京邮电大学（王玉括等）、南京中医药大学（姚欣、易兵等）、南通大学（顾唯琳等）、苏州大学（孙倚娜等）、泰州学院（范建华等）、徐州师范大学（鲍继平等）、盐城师范学院（姜海清等）、扬州大学（俞洪亮等）、中国传媒大学南广学院（眭长亮等）、中国矿业大学（刘韶方等）、中国人民解放军国际关系学院（葛校琴等）、中国人民解放军理工大学（颜薇薇等）、中国人民解放军南京炮兵学院（相关联系老师）、中国药科大学（张国申等）等。

在这里，我们还要特别向42家出版社致以诚挚的感谢，他们对我们所编制的相关外语类辞书出版目录给予了积极的反馈，在很大程度上使我们的统计数据更具准确性，以下是这42家出版社的名录（按汉语拼音顺序排列）：北京大学出版社、北京工业大学出版社、北京航空航天大学出版社、北京语言大学出版社、兵器工业出版社、重庆大学出版社、电子工业出版社、东方出版中心、福建教育出版社、复旦大学出版社、湖南师范大学出版社、暨南大学出版社、江苏教育出版社、江苏科学技术出版社、金盾出版社、科学出版社、南京大学出版社、清华大学出版社、人民音乐出版社、山西教育出版社、商务印书馆、上海辞书出版社、上海交通大学出版社、上海外语教育出版社、上海译文出版社、四川辞书出版社、外文出版社、外语教学与研究出版社、西南师范大学出版社、译林出版社、浙江大学出版社、知识产权出版社、中国电力出版社、中国纺织出版社、中国金融出版社、中国科学技术大学出版社、中国社会科学出版社、中国石化出版社、中国统计出版社、中国医药科技出版社、中山大学出版社、中央编译出版社。

南京大学双语词典研究中心的徐海江老师，在整个调研过程中负责与调研经费资助方进行反复沟通，包括多次联系和安排调研纪念品的接收与调研用电子词典样机的接收与返还，特别是在安排研究生调研人员前往各地调研的差旅费用报销等非常琐碎的具体工作中，他一直耐心细致，不厌其烦，令人感动。南京大学双语词典研究中心的卜云峰老师在整个调研期间也协助我们做了不少具体工作，包括约4000份调研问卷的印刷工作、调研用品的领取与发放以及调研相关数据的整理统计，有几次还为提取调研所需用品奔波于火车站货仓与学校之间，任劳任怨，让人难忘。为了顺利有效地完成问卷调研工作，我们的十几位研究生调研员分别专程从南京前往江苏的苏南、苏中和苏北三个地区的十多个城市进行实地调研，而且这些调研工作都是利用课余时间完成的，车马劳顿，非常辛苦。最为难能可贵的是，这些研究生调研员为了节省调研经费，外出调研时都非常节俭，他们住小旅馆，吃小饭店。在他们当中，要特别提到两位年轻人，一位是耿云冬同学，另一位是王东波同学。他们主要负责了大规模调查问卷的设计和具体实施工作,还有调研后期的大规模数据录入和统计分析工作。这两位年轻人分别是南京大学双语词典研究中心和信息管理学院的博士研究生,他们对调研工作高度认真负责,而且,他们还能够积极开动脑筋,利用各自所学专业知识来提高调研工作的效率和质量。他们的团队精神特别强,不仅彼此分工配合默契,而且善于团结其他研究生同学共同完成各项调研任务。对于这些80后的年轻人,我真的为他们的聪明才智和优秀精神品质感到骄傲。他们身上有很多闪光的东西值得我学习。

2009年的4月,我们开始进行外语类辞书发展报告所需数据的搜集和整理工作。这项工作的难度在于缺少可以直接获取的相关数据,需要我们从多渠道的多种相关原始数据中对所需数据进行甄别、筛选、抽取和核对。在这一过程中,我们不仅要用到词典学的专业知识、计算机信息处理的技术,而且更为关键的是要有高度认真负责的工作态度。外语类辞书出版数据的统计工作由耿云冬、王东波和赵连振三人负责,他们一丝不苟,反复核实,不断地总结经验和教训,即使是在酷暑中也坚持工作,历经近半年的时间完成了这项任务,其中的辛苦和付出是很难用文字来表述的,但我却能时时感受到他们坚忍不拔的意志。

2009年的10月,我们在外语类辞书出版数据统计工作中积累了一些宝贵经验,在此基础上,又开始了汉语类辞书发展报告撰写所需的数据搜集整理和统计分析工作。与此同时,我们也展开了有关电子类及在线类辞书发展报告所需资料的搜集整理工作。这次我们又有两位年轻人加入了课题组,她们分别是南京大学双语词典研究中心的硕士生蒋莹和田翠云同学。她们先前也参加了电子词典调研工作,都很有责任心。由于这一阶段数据工作面广量大,特别是汉语类辞书相关数据比较复杂,电子类和在线类资料比较缺乏,而且其中数据的统计和分析工作还出现了一些问题,工作的进展曾一度非常缓慢。但是,这五位年轻人能够团结合作,互相鼓励,坚持不懈地努力,很好地完成了任务。

  2010年的1月,我们课题组六位主要成员开始分工合作,将前期准备的数据和资料汇总,分析讨论;然后撰写报告初稿。其间,我们也多次开碰头会,统一整部书稿的总体写作风格,商讨各种具体问题,大家也都非常认真。而且,在本报告初稿写作基本完成以后,为确保相关数据的准确性,大家还不厌其烦地对报告中所有的原始数据进行了一次从头至尾的核查与确认,以确保研究报告的质量与数据的可靠性。在核对数据的后期,我们又得到了郭岑、焦瑞娟、游梦雨、姜琳丽和黄燕等几位硕士研究生同学的鼎力支持。从2008年11月初算起,全部数据的收集、统计与核对工作一直持续到2010年4月初才宣告结束,时间跨度近一年半。也就是说,我们的数据工作一直在不断地累积和修正,直至最后核实确定。可以说,为确保辞书发展报告数据尽可能准确,我们大家尽了最大努力。书稿中有关少数民族语言类辞书的发展报告部分,我特邀北京民族出版社艾尔肯·哈德尔先生于百忙中拨冗撰写完成。艾尔肯先生对书稿高度认真负责,反复求证核查,数易其稿,其严谨细致的态度也让我们大家深受感动。由于事先花了很大功夫搜集整理和统计分析数据,书稿初稿的撰写过程较为顺利。大家都有不小的成就感,因为我们认真地做了一件事情,而且是非常有意义的事情。诚然,这是国内第一次关于这30年辞书出版现状的全方位扫描,但工作开展所面临的困难之大,也远超出我们当初的设想。本报告在数据的统计上难免有疏漏,希望将来有机会,我们能在广大读者和学界同行的协助下,进一步完善我们的辞书出版信息库的数据,为相关研究的开展提供扎实的数据支持。

2010年的4月8日下午，我把报告初稿的电子稿带到了商务印书馆。商务印书馆副总编周洪波先生热情接待了我，他找来语言学著作期刊编辑室的主任和相关编辑老师一起看了初稿的内容，听了我的介绍。商务印书馆的老师们对书稿一致给予了高度的认可，很快，这部书稿的出版合同就签订了。大家都开始期待这部研究报告的早日问世。

然而，好事多磨。在这部书稿的编辑加工过程中，本书责任编辑、认真细致的朱俊玄先生发现了初稿数据统计方面的一些疏漏。为确保整部书稿的数据统计与分析的准确性，我们又着手对全书的数据和所有的统计结果进行了全面的复查，逐一纠正了其中的一些疏漏。由于全书的数据量非常庞大，而且也主要是利用课余时间，整个复查工作又持续了近三个月的时间。这次书稿的数据复查与核改工作依然主要是由耿云冬、赵连振和王东波三位年轻人负责，他们再次以高度的责任感和耐心细致的工作态度，完成了这项耗时费力的任务。

2011年8月，为进一步提升这部书稿中所涉及的汉语辞书报告的学术研究水平，我们特意请教了南京大学中文系的李开先生，希望他对我们汉语类辞书部分的书稿提出修改建议。出乎我们意料的是，正在忙于主持《辞源》修订工作的李开先生不仅认真仔细地审读了我们的书稿，而且还用方格稿纸为我们一字一句添加了不少文字内容。从中我们看到的不仅是这位汉语辞书界前辈学者的深刻见解，而且更加感受到他对我们这些晚辈后学的真诚帮助与无私提携，令我们无比感动，实在难以言表。我敬爱的导师张柏然先生在百忙中也一直关注此项研究工作，还就外语类辞书编纂与出版的未来发展前景提出了他的真知灼见，给我们启发良多。此后，在书稿的编校过程中，我们还根据朱俊玄先生提出的诸多中肯建议，对相关的图表和附录进行了进一步的加工、删改与完善。至此,经过近三年的陆续修改,在大家的共同努力下,应该说这部书稿的整体质量与研究水平与最初的初稿相比已经有了很大的提高。然而,书中仍难免存在数据疏漏或相关信息未及时更新等问题,敬请读者批评指正。

2013年10月,这部书稿的编校工作渐进尾声。至此,这近五年的时光虽已渐渐远去,但这部书稿相关的人和事,那些令人难忘的记忆,早已融入了这部书稿的字里行间,增加了它的厚重感。而这文字外的一切其实远非这篇后记能够描述清楚的,它将留存在我们大家的心里。

魏 向 清

2013年秋于南京大学